이패스
합격예감
국제
무역사 1급

(과목별 이론+핵심문제+모의고사+IBT)

김동엽 저

epasskorea

이패스코리아 국제무역사 1급

머리말

단 한권으로 단기 합격하는 이패스 국제무역사 1급
- "핵심을 파악하고 기출분석을 통한 효율적인 학습이 필요"

국제무역사 1급 시험은 비슷한 난이도의 타 자격증 시험에 비해 과목이 많은 편이고, 각 과목별 분량도 결코 적지 않습니다. 현실적으로 출제 범위를 100% 공부하고 이해 및 암기하는 것은 불가능할뿐더러, 효율적인 방법도 아닙니다. 이에 따라, 기출 빈도가 높은 부분을 제외하고는 심도 있는 학습보다 핵심적인 부분을 위주로 공부하고 기출 분석을 통해 모자란 부분을 보충하는 학습 방법이 필요합니다.

본 교재는 최신 기출문제 경향을 분석 및 반영하였으며, 가장 효율적인 접근 방법을 통해 단시간에 국제무역사 1급 시험에 합격할 수 있게 구성 되어 있습니다.

본 교재는 수험적인 목적에 최대한 충실하였고, 무역거래에서 필요한 매매계약이 성립에서부터 운송 및 보험에 대한 전반적인 지식과 실전경험을 반영하였습니다. 따라서 본 교재에서는 국제매매계약과 관련된 국제상관습과 법률적 이해에 대한 전문적인 지식에 대하여 시험에서 다루는 분야와 실무를 적절하게 배합하였습니다. 또한 무역 관련 법규의 개정 내용과 새로이 적용되는 국제상거래관행을 반영하였습니다.

본 교재는 국제무역사 1급 시험이 전 과목 평균 60점 이상이면 합격이 된다는 사실에 주안점을 두어 이론 부분에서는 대략 85%에서 90% 정도의 내용을 담았습니다. 나머지 10% 내지 15%는 기출문제 및 예상문제 부분을 통해 보완할 수 있게 구성하였으므로, 목표 점수에 따라 강약을 조절하여 학습할 수 있습니다.

편저자 김동엽

출제경향분석

학습 순서는 과목과 시험 순서와 상관없이

무역계약(3과목) > 무역결제(2과목) > 무역규범(1과목) > 무역영어(4과목)

순서가 효율적입니다.

1부 무역계약 출제 빈도 분석

3과목 무역계약 30문항 중 출제비중

- 무역계약조항
- 선하증권, 국제복합운송, 항공운송/항만/철도

- 인코텀즈 2020
- 비엔나협약관련 내용
- 무역계약 실무(청약과 승낙) 등 무역계약관련 비중이 높음

2부 무역결제 출제 빈도 분석

2과목 무역결제 30문항 중 출제비중

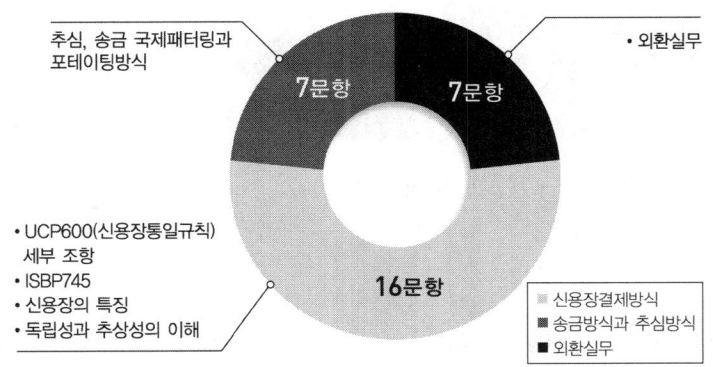

- 추심, 송금 국제팩터링과 포페이팅방식
- 외환실무
- UCP600(신용장통일규칙) 세부 조항
- ISBP745
- 신용장의 특징
- 독립성과 추상성의 이해

- 신용장결제방식
- 송금방식과 추심방식
- 외환실무

이패스코리아 국제무역사 1급

information

3부   무역규범 출제 빈도 분석

1과목 무역규범 30문항 중 출제비중

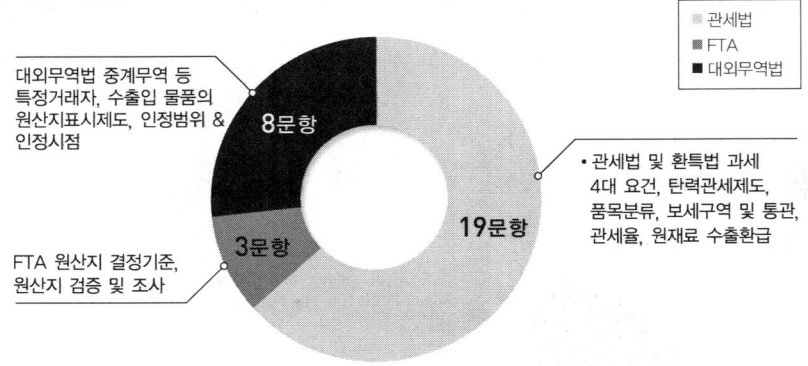

4부   무역영어 출제 빈도 분석

4과목 무역영어 30문항 중 출제비중

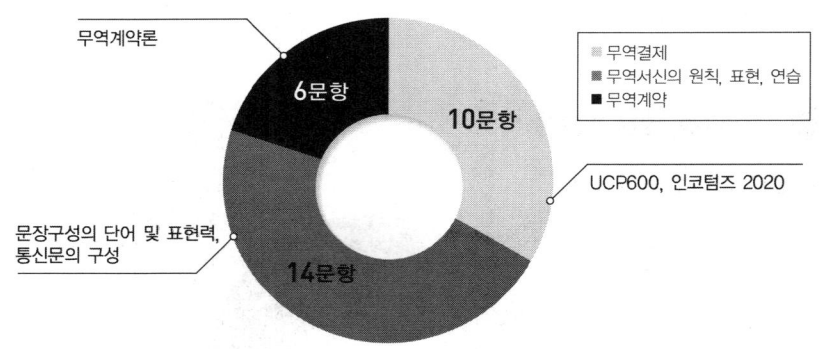

* 자세한 내용은 각 파트별 학습포인트에서 확인 가능합니다.

※ 더 자세한 내용(수험정보 등)은 당사 홈페이지 (www.epasskorea.com) 참조

합격까지 한 걸음, 합격전략

국제무역사 고득점 합격을 위한 전략

1 본인에게 맞는 과목을 선정 75~85점 획득 전략

전략 과목을 선택하여 해당 과목은 고득점을 위한 학습을 어렵게 느껴지는 과목은 평균적인 점수를 받을 수 있도록 학습 전략을 세우는 것이 중요합니다.

∨

2 출제 빈도를 고려한 학습

국제무역사 시험 문제는 학습내용이 방대하여 깊이 있는 문제가 출제되기 보다는 다양한 문제를 폭 넓게 다루는 경향이 있습니다. 반복적으로 출제되는 부분을 집중적으로 학습하는 것이 중요합니다.

∨

3 철저한 기출문제 분석

국제무역사는 기존 문제 은행에서 출제되는 경향이 강하기 때문에 반드시 철저하게 기출문제를 분석해야 하며, 적어도 3년간 기출 문제를 분석해야 합니다. 본 교재는 해당 내용을 반영하여 PART별 문제를 수록 하였습니다.

∨

4 학습기간은 2~3개월 정도

비전공자의 경우 충분하게 3개월 정도로 생각하고 공부를 하는 것이 좋습니다. 전공자의 경우도 2개월 정도 공부를 하고 있으며, 특히 법과 관련된 내용은 일상생활에서 접하기가 쉽지 않으므로 익숙해지기까지 시간이 걸립니다. 학습범위가 넓기 때문에 미리미리 준비하는 것이 좋습니다.

∨

5 독학보다는 전문 교육기관을 이용하는 것이 바람직

국제무역사는 독학이 가능합니다. 그런데 출제 문제 분석 및 비중이 중요하기 때문에 전문기관의 수업을 들을 것을 추천합니다. 그것이 합격으로 가는 지름길입니다.

※ 더 자세한 내용(수험정보 등)은 당사 홈페이지 (www.epasskorea.com) 참조

이패스코리아 국제무역사 1급

합격예감이 현실이 되는 한달 학습프랜

1일 ☐	2일 ☐	3일 ☐	4일 ☐	5일 ☐
무역계약의 기본 ~ 무역계약의 성립과정	무역계약의 주요조건 ~ 무역분쟁	INCOTERMS EXW~FOB	INCOTERMS CFR~DDP	무역결제 서류 ~ 무역운송
6일 ☐	7일 ☐	8일 ☐	9일 ☐	10일 ☐
선하증권 ~ 항공운송, 항만, 철도운송	해상보험	무역클레임	무역계약 핵심문제	무역계약 출제예상문제
11일 ☐	12일 ☐	13일 ☐	14일 ☐	15일 ☐
무역결제의 기본 ~ 환어음	기타결제방식 ~ UCP600	무역결제 핵심문제	무역결제 출제예상문제	외국환 ~ 환리스크 관리
16일 ☐	17일 ☐	18일 ☐	19일 ☐	20일 ☐
외환실무 핵심문제 ~ 출제예상문제	대외무역관리 ~ 특정거래형태의 종류 및 인정거래 대상	외화획득과 외화획득용 원료 ~ 권한의 위임 및 위탁	대외무역법 핵심문제 ~ 출제예상문제	관세법 이론 ~ 관세율
21일 ☐	22일 ☐	23일 ☐	24일 ☐	25일 ☐
탄력관세제도 ~ 납세의무의 소멸	관세법상의 납세담보제도 ~ 행정심판제도	관세법상 운송수단 ~ 원산지 확인	관세법 핵심문제	관세법 출제예상문제
26일 ☐	27일 ☐	28일 ☐	29일 ☐	30일 ☐
전자무역의 구성 및 발전	전자무역	무역서신의 원칙 ~ 간단한 예문 연습	무역계약 ~ 무역결제	무역영어 핵심문제
31일 ☐	32일 ☐	33일 ☐	34일 ☐	35일 ☐
무역영어 출제예상문제	무역계약, 무역결제, 외환실무 복습	대외무역법, 관세법, 전자무역, 무역영어 복습	기출문제	기출문제

information

5주 학습플랜은 국제무역사를 처음 공부하는 학습자를 위한 수료과정 플랜입니다.

1️⃣ 상기 학습 플랜은 하루 4시간 학습자를 기준으로 선정한 플랜입니다.

2️⃣ 처음에 무역계약을 학습하며, 무역에 대한 전반적인 감을 익히고, 다른 과목과의 연계성을 확인합니다.
⇨ 무역계약 파트는 무역결제 및 무역영어 파트와 연결됩니다.

3️⃣ 각 파트를 마무리하고, 최종실전모의고사 1회를 풀어보며 각 과목별 출제 유형 및 학습 방향성 확인합니다.
⇨ 전체 플랜을 마무리하고 최종실전모의고사 1회를 풀어봅니다.

4️⃣ 매일의 학습 플랜을 달성하면, 그 다음날의 학습 플랜에는 그 전날 학습 플랜을 복습하는 내용이 추가됩니다.

> ✅ **학습 TIP**
> 1. 무역 거래 과정에 대해 강의 영상에 등장하는 거래 절차도는 이해를 돕기 위해 필수적으로 학습하시기 바랍니다.
> 2. 무역규범은 법(관세법, 대외무역법)과 관련된 내용으로 가장 난이도가 높은 파트 중에 하나이기 때문에, 후순위로 학습하는 것이 좋습니다.
> 3. 각 과목별 등장하는 정의는 반드시 해당 내용을 이해한 후 다음 내용을 학습하시기 바랍니다.
> 4. 학습 중간에 등장하는 핵심문제 및 출제예상문제를 통해 각 과목별 어떠한 종류의 문제가 출제 되는지 확인하시기 바랍니다.

이패스코리아 국제무역사 1급

이패스코리아 국제무역사 특별함

✅ 강의력+실무를 겸비한 김동엽강사 저자 직강

본 교재의 저자이며 국제무역사 온라인강의를 진행하는 김동엽강사는 현직 관세업무를 하는 무역 전문강사입니다. 또한 이패스코리아에서 관세사1차, 무역영어등 무역과정을 전문으로 강의하는 강사이기도 합니다.

김동엽강사 특유의 부드러우면서 핵심을 알려주는 강의는 국제무역사를 쉽게 이해할 수 있도록 도와줍니다. 또한 2024년 현재 실무 사례를 바탕으로 강의가 진행되기 때문에 훨씬 유익합니다.

✅ 실전모의고사+최신 기출문제분석을 통한 합격 자신감UP

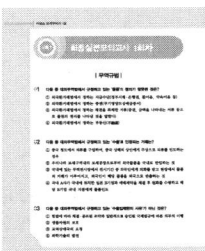

기출문제가 공개되는 국제무역사!

기존 기출문제 분석 뿐 아니라 예상문제까지 자세히 풀어봐야 합니다. 넉넉히 풀어볼 수 있도록 문제를 구성하였으며 무엇보다 자세한 해설이 함께합니다.

국제무역사1급 이패스코리아 온라인강의와 문제집 1권이면 바로 정복 가능합니다.!

✅ 궁금한건 언제든지 대답해주는 365일 운영 서비스

이패스코리아 고객센터는 365일 운영됩니다. 주중보다 주말에 공부할 경우가 많은데 온라인 수강에 불편함이 생기면 당황하시죠? 이패스코리아는 365일 고객센터 운영으로 학습 불편함을 제로!로 만들어 드립니다.

공부하면서 궁금한점 언제든지 질의 남겨주세요. 김동엽강사가 최대한 빠른 시간내로 답변드립니다.!

합격예감을 만드는 이패스 국제무역사 교재 구성 및 특징

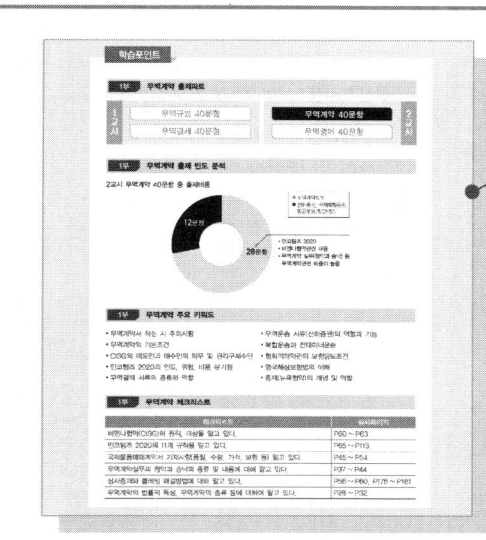

학습 시작 전 출제빈도 파악 및 핵심개념 완벽파악

[핵심 분석]

총 4개의 과목 각 파트별 세부 기출빈도, 필수 암기 체크리스트, 저자의 핵심포인트등을 정리하였습니다.

반드시 암기해야 하는 내용은 한번 더 체크포인트 강조

[핵심 강조]

기출문제 분석을 바탕으로 학습 시 반드시 암기해야 하는 파트와 쉽게 헷갈릴 수 있는 파트를 체크포인트로 한번 더 강조하였습니다.

이패스코리아 국제무역사 1급

information

Incoterms 2020 주요 개정사항

① 인코텀즈 2020 규칙 내 조항의 순서
- A1/B1 – 일반의무
- A2/B2 – 인도/인도의 수령
- A3/B3 – 위험이전
- A4/B4 – 운송
- A5/B5 – 보험
- A6/B6 – 인도/운송서류
- A7/B7 – 수출/수입통관
- A8/B8 – 점검/포장/하인표시
- A9/B9 – 비용분담
- A10/B10 – 통지

② 본선적재표기가 있는 선하증권과 인코텀즈 FCA 규칙
③ CIF(ICC-C)와 CIP(ICC-A)간 부보수준의 차별화
④ FCA, DAP, DPU 및 DDP에서 매도인 또는 매수인 자신의 운송수단에 의한 운송 허용
⑤ DAT에서 DPU로의 명칭변경
⑥ 운송의무 및 비용 조항에 보안관련요건 삽입
⑦ 사용자를 위한 설명문(사용지침(Guidance Note)에서 사용자를 위한 설명문(Explanatory Notes for Users)으로 변경]

무역거래조건의 표시 방법

① EX Works : EXW + 적출지의 지정 장소(Seller's Premises, Works, Factory, Warehouse 등)
② Free Carrier : FCA + 적출지의 지정 장소(Seller's Warehouse, CY, CFS, Road·Air Cargo Terminal 등)
③ Free Alongside Ship : FAS + 지정 선적항(Port)
④ Free On Board : FOB + 지정 선적항(Port)

최신 인코텀즈 2020 원문 및 해설 수록

[인코텀즈 2020 쉽게 이해]

UCP600과 인코텀즈 2020의 해석버전을 수록하였습니다. 무역계약과목의 합격을 좌우하는 인코텀즈를 2020 최신버전, 해석원문으로 만나보세요.

---

24 [출제키워드] 중재조항, 재판관할조항

무역계약서에 포함되는 계약조항에 대한 다음 설명 중 옳지 않은 것은?
① 명시적으로 약정한 것 이외에 제품에 대해 통상적으로 요구되는 정도의 안정성 또는 기능 등에 대해서는 보장하지 않음을 선언하는 조항을 Warranty Disclaimer Clause라 한다.
② 분쟁해결방법으로 중재를 약정하는 경우에 사용되는 조항은 Jurisdiction Clause, 소송을 약정하는 경우에 사용되는 조항은 Arbitration Clause이다.
③ 중재조항에 클레임 제기자의 선택에 따라 중재 또는 소송을 택할 수 있다고 기재하는 것은 가능하다.
④ 여러 언어로 계약서가 준비된 경우에 번역상의 오류 등으로 인해 계약의 내용에 대한 해석이 상이할 경우에 대비하여 특정 언어로 된 계약서를 우선하는 것으로 취급하였다는 취지의 조항의 경우 Conflict Clause라는 제목을 사용하는 경우가 많다.

25 [출제키워드] 정기선 및 부정기선, 차별운임

정기선 해상운임에 관련된 내용 중 잘못 기술한 것은?
① 컨테이너박스(Box Rate)기준에 의한 운임결정은 모든 화물에 일괄적으로 적용된다.
② 정기선 기본운임을 정하는 기준에는 용적기준, 중량기준, 가격기준, 컨테이너박스기준이 있다.
③ 정기선은 Berth Term 조건을 사용 한다.
④ Lump Sum Freight란 용선계약에서 실제의 적재수량과 관계없이 선복 또는 항해를 단위로 포괄적으로 정해지는 운임을 말한다.

정답 및 해설
24 ② 중재를 약정하는 경우에는 Arbitration Clause(중재조항)가 사용되고, 소송을 약정하는 경우에는 Jurisdiction Clause(재판관할조항)가 사용된다.
25 ① Box Rate에는 화물종류에 관계없이 적용되는 무차별운임(FAK : Freight All Kinds Rate), 화물의 성질별로 나누어 적용되는 등급운임(Class Rate), 화물의 품목별로 나누어 적용하는 품목별운임(CBR : Commodity Box Rate) 등이 있다.

이론정리 핵심정리문제 vs 실전 출제예상문제 수록

[실전 연습]

각 파트가 끝난 후 핵심정리문제와 출제예상문제를 수록하여 실전시험에 대비할 수 있도록 하였습니다.

특히 핵심정리문제는 핵심키워드를 분석하여 기재하였습니다. 최신 기출트렌드를 완벽 반영한 문제로 실전연습 하시기 바랍니다.

information

최종 실전모의고사 수록

[완벽 Final Review]

실제 시험에 최적화된 난이도와 출제예상 경향을 분석하여 최종실전모의고사를 수록하였습니다.

시험장 가기 전 반드시 풀어보세요.!

수험정보

1 기본정보

(1) **자격분류** : 민간자격증
(2) **시행기관** : 한국무역협회
(3) **응시자격** : 제한 없음
(4) **홈페이지** : www.kita.net
(5) **더 많은 정보** : http://newtradecampus.kita.net

2 자격정보

(1) **국제무역사**

폭넓고 깊이 있는 무역실무 지식을 검증하기 위해 한국무역협회 무역아카데미가 1993년부터 시행해 온 자격시험이다. 국내에서 무역 분야의 가장 공신력 있는 자격증으로 실무능력 검증뿐만 아니라, 무역 인력의 업무능력 강화 및 정보제공의 수단으로서 그 가치와 중요성이 날로 확대되고 있다.

(2) **시험내용**

국제무역사 자격시험은 "무역인력의 폭넓고 깊이 있는 무역실무 지식 함양"을 위하여 시행하는 자격시험이다.
- 대외무역법·통상, 전자무역 등 무역규범에 대한 폭넓은 이해
- 통관/환급 및 FTA에 대한 폭넓은 이해를 바탕으로 한 효율적 활용
- 각 유형별 대금결제에 대한 폭넓은 이해
- 각 유형별 무역계약에 대한 폭넓은 이해
- 환리스크 관리의 측면에서 유용하게 활용될 수 있는 외환실무의 이해
- 무역 서식 작성, 해석 및 활용에 대한 폭넓은 이해
- 운송 및 보험에 대한 폭넓은 이해
- 무역 업무에 필요한 중·고급 영어 실력 등 무역 업무에 다각도로 활용할 수 있는 심화된 무역 지식을 검증하는 자격시험이다.

3 시험정보

(1) **응시자격** : 연령, 학력, 경력 제한 없다.

(2) **시험과목**

시험시간	시험과목	세부내용
120분 (09:30~11:30)	무역규범(30)	대외무역법, 통관/관세환급, FTA
	무역결제(30)	대금결제, 외환실무
	무역계약(30)	무역계약, 운송, 보험
	무역영어(30)	무역영어, 무역 관련 국제규범, 무역서식

(3) **합격기준**

매 과목을 100점 만점으로 하여 과목별 40점 이상, 평균 60점 이상 획득 시 합격

(4) **시험 접수비** : 55,000원

(5) **온라인 시험 유의사항**

- **응시가이드 영상 필수 시청**
- 응시장소 : 인터넷 환경이 양호한 개인 독립공간(네트워크 속도 50bpms 이상)
- 준비물 : 신분증, 웹캠과 마이크가 탑재된 PC, 스마트폰, 스마트폰 거치대
- 절차 : 시험접수 ⇨ 테스트 초대 메일 확인 ⇨ 사전테스트 실시(D−5 ~ D−1) ⇨ 본시험

4 2025년도 시험일정

회차	원서접수	시험일자
제61회	03.03~03.16	03.29(토)
제62회	04.28~05.11	05.24(토)
제63회	07.14~07.27	08.09(토)
제64회	10.20~11.02	11.15(토)

차 례

이패스코리아 국제무역사 1급

제1부 | 무역계약

제1장　무역계약 기본 / 21

제2장　무역계약의 성립과정 / 24

제3장　무역계약의 주요 조건 / 30

제4장　무역분쟁 / 37

제5장　인코텀즈 2020(Incoterms 2020) / 43

제6장　무역결제서류 / 89

제7장　무역운송 / 91

제8장　국제복합운송 / 95

제9장　해상보험 / 97

제10장 무역클레임 및 상사중재 / 104

● 제1부 무역계약 핵심문제 / 107

● 제1부 무역계약 출제예상문제 / 135

contents

제2부 | **무역결제**

제1장 무역결제의 기본 / 153

제2장 무신용장 방식 / 154

제3장 환어음(Bill of Exchange, Draft) / 160

제4장 기타 결제 방식 / 164

제5장 신용장의 이해와 신용장 통일규칙 (UCP600) / 167

제6장 외국환 / 175

제7장 환율 및 환율결정 / 180

제8장 외환스왑 / 185

제9장 환리스크 관리 / 187

● 제2부 무역결제 핵심문제 / 193

● 제2부 무역결제 출제예상문제 / 231

이패스코리아 국제무역사 1급

contents

제3부 | 무역규범

제1장　대외무역관리 / 261

제2장　수출입거래의 개념 / 264

제3장　수출입실적 / 269

제4장　특정거래형태의 종류 및 인정 거래 대상 / 274

제5장　외화획득과 외화획득용 원료 / 275

제6장　구매확인서와 소요량 제도 / 277

제7장　전략물자의 수출입 / 281

제8장　원산지표시제도 / 285

제9장　관세법 이론 / 291

제10장 관세의 과세요건 / 299

제11장 관세율 / 307

제12장 탄력관세제도 / 315

제13장 관세납부방식 / 318

제14장 관세의 감면 / 325

제15장 납세의무의 소멸 / 333

제16장 환급특례법상 관세 환급 / 336

제17장 환급의 절차 및 필요서류 / 339

제18장 납세자의 권리구제 / 344

제19장 행정심판제도 / 347

제20장 보세구역 / 349

제21장 통관 / 358

제22장 원산지 확인 / 363

● 제3부 무역규범 핵심문제 / 365

● 제3부 무역규범 출제예상문제 / 402

제4부 | 무역영어

제1장   다양한 표현 / 435

제2장   간단한 예문 연습 / 463

제3장   무역계약의 성립과 이행 / 477

제4장   Bill of Lading(선하증권)의 종류 / 490

제5장   Air Transportation(항공운송) / 492

제6장   Marine Insurance(해상보험) / 493

제7장   무역결제 / 499

● 제4부 무역영어 핵심문제 / 511

● 제4부 무역영어 출제예상문제 / 549

| 최종실전모의고사   578

●●●● 이패스코리아 국제무역사 1급

무역계약 제1부

- **제1장** 무역계약 기본
- **제2장** 무역계약의 성립과정
- **제3장** 무역계약의 주요 조건
- **제4장** 무역분쟁
- **제5장** 인코텀즈 2020
- **제6장** 무역결제서류
- **제7장** 무역운송
- **제8장** 국제복합운송
- **제9장** 해상보험
- **제10장** 무역클레임 및 상사중재
- **제1부** 무역계약 핵심문제
- **제1부** 무역계약 출제예상문제

학습포인트

1부 무역계약 출제 빈도 분석

무역계약 30문항 중 출제비중

- 인코텀즈 2020
- 비엔나협약관련 내용
- 무역계약 실무(청약과 승낙) 등 무역계약관련 비중이 높음

1부 무역계약 주요 키워드

- 무역계약서 작성 시 주의사항
- 무역계약의 기본조건
- CISG의 매도인과 매수인의 의무 및 권리구제수단
- 인코텀즈 2020의 인도, 위험, 비용 분기점
- 무역결제 서류의 종류와 역할
- 무역운송 서류(선하증권)의 역할과 기능
- 복합운송과 컨테이너운송
- 협회적하약관의 보험담보조건
- 영국해상보험법의 이해
- 중재(뉴욕협약)의 개념 및 역할

1부 무역계약 체크리스트

체크리스트	상세페이지
무역계약의 법률적 특징을 알고 있다.	21
무역계약의 종류 등에 대하여 알고 있다.	24
국제물품매매계약서 기재사항(품질, 수량, 가격, 보험 등) 알고 있다.	30~42
INCOTEMRS 2020에 대해 알고 있다.	43~88
무역계약실무의 청약과 승낙의 종류 및 내용에 대해 알고 있다.	25~29
상사중재와 클레임 해결방법에 대해 알고 있다.	104~106

무역계약 기본

1 무역계약의 의의

무역은 상품의 이동이 비교적 가까운 국내에서 이루어지는 것이 아니라 국가 간의 거래로 범위가 확대되고 있다.

2 무역계약의 법률적 성격

1. 의의

본질적으로 국내의 매매계약과 동일하나 국제 상관습이 적용되며 국가별 무역관리로 비롯되는 내용상 절차상 제약이 가해진다. 일반 매매계약처럼 유상계약·쌍무계약(bilateral contract)·낙성계약(consensual contract)이라는 특징을 지닌다.

2. 물품 매매 계약의 법적 성질

(1) Consensual Contract(합의, 낙성계약)

당사자의 의사표시의 합의만 있다면 계약이 성립된다는 개념이다.

(2) Bilateral Obligation Contract(쌍무계약)

계약의 당사자 쌍방이 서로 의무를 부담하는 계약을 의미하며, 매매, 교환, 임대차, 청부, 고용 등은 모두 쌍무계약이다.

(3) Remunerative Contract(유상계약)

계약의 각 당사자가 서로 대가적 의미를 가지는 계약을 뜻한다.

(4) Informal Contract, Single Contract(불요식계약)

계약의 형식에 관하여 어떤 요건도 필요가 없다는 개념으로, 당사자 간의 자유전달의사에 의하여 체결되는 계약을 의미한다.

3 무역계약의 종류

(1) Case by Case Contract(개별계약)

매 거래 시마다 매도인과 매수인 간에 어떤 품목에 대한 거래가 성립되면 품목별 거래에 대해 계약서를 작성하고 그 계약에 대한 거래가 종결되면 그것으로써 계약이 종료되는 것이다.

(2) Master Contract(포괄계약)

매매당사자 간에 장기간 동안 거래를 하였거나 동일한 상품을 계속적으로 거래할 때, 매 거래 시마다 개별적으로 계약하는 것이 피차 불편하므로 연간 또는 장기간을 기준으로 계약을 체결하고 필요시마다 거래상품을 선적해 주는 경우의 계약이다.

4 특정 거래형태

특정거래형태의 수출입이란 수출입제한을 면탈할 우려가 있거나 산업보호에 지장을 초래할 우려가 있는 거래, 외국에서 외국으로 물품의 이동이 있고, 그 대금의 지급 또는 영수가 국내에서 이루어지는 거래, 대금결제가 수반되지 아니하고 물품 등의 이동만 이루어지는 거래를 말한다.

위탁판매수출	위탁판매수출(Consignment Sale Trade)은 위탁자가 물품을 무환으로 외국에 있는 거래상대방(수탁자, Consignee)에게 수출하여 해당 물품이 판매된 범위 내에서 일정한 판매수수료를 지급하고 물품대금을 결제 받는 수출
수탁판매수입	수탁판매수입(Import on Consignment)은 수탁자가 해외의 위탁자(Consignor)로부터 위탁을 받아 그 위탁자의 비용과 위험 하에 물품을 무환으로 수입하여 자국 내에서 판매하고 그 범위 내에서 대금을 결제하는 형태의 수입
위탁가공무역	위탁가공무역은 가공임을 지급하는 조건으로 외국에서 가공(제조·조립·재생·개조를 포함)할 원자재의 전부 또는 일부를 거래상대방에게 수출하거나 외국에서 조달하여 이를 가공한 후 이러한 가공물품을 수입하거나 외국으로 인도하는 수출입
수탁가공무역	수탁가공무역은 가득액(가공무역에서 순이익으로 얻게 되는 외화획득 금액)을 영수하기 위하여 원자재의 전부 또는 일부를 거래 상대방의 위탁에 의하여 수입한 후 이를 가공하여 위탁자 또는 그가 지정하는 제3자에게 가공물품을 수출하는 수출입

임대수출	임대방식에 의한 수출이란 임대계약에 의하여 물품을 수출하여 일정기간 후 다시 수입하거나 그 기간이 만료 전 또는 만료 후 당해 물품의 소유권을 이전하는 수출
임차수입	임차방식에 의한 수입은 임차계약에 의하여 물품을 수입하여 일정기간 후 다시 수출하거나 그 기간의 만료 전 또는 만료 후 당해 물품의 소유권을 이전하는 수입

연계무역	수출과 수입이 연계된 무역거래
	1. 물물교환(Barter Trade)
	  물품대금의 지급이 발생하지 않으며 물품 대 물품을 교환하는 거래로서 수출과 수입이 그 즉시 이루어지는 장점을 가지나, 유통이 극히 제한적이다.
	2. 구상무역(Compensation Trade)
	  수출입거래가 별도로 분리되지 아니하고 하나의 계약서를 통하여 약정되며, 수출상은 거래 상대방에 대하여 일정기간 이내에 일정비율에 해당하는 대응수입 의무를 이행하여야 하는 형태의 거래 방식이다. Back to Back L/C, Tomas L/C, Escrow L/C 등의 특수신용장을 사용할 수 있다.
	3. 대응구매(Counter Purchase)
	  수출상이 물품 등을 수출하는 조건으로 장래의 일정기간 이내에 수입상 또는 수입국으로부터 일정액 이상의 제품을 대응 구매하기로 약속하는 형태의 조건부 거래방식으로서, 그 개념에 있어서는 구상무역과 별반 다를 것이 없으나 수출입거래가 두 개의 계약서에 의하여 각기 별도로 이루어진다는 점에서 다르다.
	4. 제품환매(Product buy-back)
	  플랜트, 산업설비, 장비, 기술 등을 수출하는 대신, 그 조건으로 동 설비나 기술로 생산된 제품의 일정비율 이상을 구매하여 주기로 하는 형태의 거래 방식을 말한다.

외국인수수입	수입대금은 국내에서 지급되지만, 수입 물품 등은 외국에서 인수하거나 제공받는 방식의 거래를 말한다. 외국인수수입은 원칙적으로 외국 현지에서 인수하는 물품의 수하인이 본인이거나, 또는 국내의 수입상이 당해 물품의 소유권을 유지하는 경우이어야 한다.
외국인도수출	국내에서 통관되지 아니한 수출물품 등을 외국으로 인도하거나 제공하고, 그 대금은 국내에서 수령하는 방식의 거래를 말한다. 즉 외국에서 소유하고 있는 물품 등을 외국 수입상에게 인도하고, 국내에서 영수하는 형태의 거래를 말한다.
중계무역	수출을 목적으로 물품을 수입하여 보세구역 및 보세구역 외 장치의 허가를 받은 장소 또는 '자유무역지역의 지정 등에 관한 법률'에 따른 자유무역지역 이외의 국내에 반입하지 않고 수출하는 수출입을 말한다.
무환수출입	외국환거래가 수반되지 않는 물품 등의 수출/수입을 말한다.

무역계약의 성립과정

1 무역체결의 절차

1. 계약의 형태

(1) 개별계약(case by case contract)

개별계약은 거래가 성립될 때마다 매매당사자가 거래조건을 건건이 합의하여 계약서를 작성하는 경우를 말한다.

(2) 포괄계약(master contract)

동일한 거래상대방과 계속적으로 거래가 이루어지는 경우에 채택하는 방법으로 매매당사자 간에 표준화 내지 정형화된 매매계약서를 이용한다.

(3) 일반거래 조건협정서 (Agreement on General Terms and Conditions of Business)

대부분의 무역계약 체결 시에, 합의하여야 하는 품질조건(견본매매), 수량조건(최소주문수량), 가격조건(적용되는 Incoterms 조건과 적용통화 등), 할인(현금할인, 대량주문할인 등), 청약 및 승낙의 방법 등이 기재 되어 있고, 상세한 사항은 이들 일반거래조건을 기준으로 하여 매도인과 매수인이 실제 건수마다 합의하게 된다.

2. 계약서 작성방법

거래조건에 대한 최종 합의가 이루어지면 당사자 일방이 이를 서면으로 정리한 계약서 2통을 작성하여 서명한 후 상대방에게 송부하고, 상대방이 다시 여기에 확인서명(Counter Signature)하여 그 중 1통을 반송함으로써 각기 1통씩 보관하는 방법이다.

2 시장조사 및 상품조회 - Market Research

거래하고자 하는 상품을 선정하는 과정으로, 상품 및 거래선에 대해 조사하는 과정이다.

3 거래권유와 문의 - Circular letter & Inquiry

시장조사를 통해 거래선을 발굴하게 되면, 거래를 권유하기 위한 방법으로 거래제의장(Business Proposal) 또는 권유장(Circular Letter)등을 송부 하고 거래관계의 권유를 받은 자(수입업자)가 그 물품에 대한 관심 또는 구매할 의사가 있게 되면 그에 대한 조회(inquiry)를 하게 되는데 이를 거래조회, 무역조회(trade inquiry), 문의라고도 한다.

4 신용조회 - Credit Inquiry

국제무역거래는 국내거래에 비해 상대적으로 많은 위험이 존재하기 때문에 거래 상대방에 대한 사전적이고 정확한 신용조사를 필요로 한다.

> **체크 포인트**
>
> 신용조회의 내용
> ㉠ Character(인격, 거래성격, 상도덕) : 상대 업체의 개성(Personality), 성실성(Integrity), 평판(Reputation), 영업태도(Business Attitude)
> ㉡ Capacity(거래능력) : 손익계산서(Profit and Loss Statement)상의 사항들을 기준으로 연간매출액(Turnover), 업체의 형태, 회사의 연혁
> ㉢ Capital(자본, 대금지불능력) : 재무상태(Financial Status), 즉 수권자본금(Authorized Capital)과 납입자본금(Paid-up Capital), 자기자본과 타인자본의 비율
> ➡ Currency(통화), Country(국가), Condition(거래조건), Collateral(담보능력), 중 2개를 더해 5C's 4개를 모두 더해 7C'라고도 한다.

5 청약 - Offer

신용조회를 마친 후 상호 신뢰성이 확보되면 매도인은 정식으로 계약을 체결 하고자 하는 제안인 청약(offer)을 하게 되고, 매수인은 청약에 대한 동의의 의사표시인 승낙(acceptance)을 하게 된다. 일반적으로 증빙을 남기기 위하여 이 단계에서 계약조건 등이 합의된 무역계약서를 작성하게 된다.

1. 청약의 의의

① 청약은 청약자가 피청약자에게 일정한 조건으로 계약을 체결하고 싶다는 취지의 의사표시이다.
② 청약은 확정적 의사표시란 점에서 청약의 준비행위에 불과한 청약의 유인(invitation to offer)과는 구별되어야 한다.

> **체크 포인트**
>
> 〈CISG 제14조〉
> 1인 이상의 특정한 자에게 통지된 계약체결의 제의는 그것이 충분히 확정적이고 또한 승낙이 있을 경우에 구속된다고 하는 청약자의 의사를 표시하고 있는 경우에는 청약으로 된다. 어떠한 제의가 물품을 표시하고, 또한 그 수량과 대금을 명시적 또는 묵시적으로 지정하거나 또는 이를 결정하는 규정을 두고 있는 경우에는 이 제의는 충분히 확정적인 것으로 한다.

2. 청약의 종류

청약의 주체기준	• 매도청약(selling offer, offer to sell) • 매수청약(buying offer, offer to buy)
승낙회답의 유무기준	• 확정청약(Firm Offer) • 불확정청약(Free Offer)

기타
청약의 종류
	• 반대청약(Counter Offer)
	• 교차청약(Cross Offer)
	• 조건부청약(Conditional Offer)
	  – 최종확인 조건부청약(Offer Subject to Final Confirmation) : Sub-Con Offer이라고도 하며, 피청약자가 승낙했어도 청약자의 최종확인이 있어야만 계약이 성립된다는 조건의 청약으로 사실상 피청약자의 승낙이 청약에 해당하고 청약자의 확인이 승낙에 해당된다.
	  – 재고잔류 조건부청약(Offer Subject to Being Unsold) : 피청약자의 승낙만으로 계약이 성립되지 아니하고 당해 물품의 재고가 남아 있을 경우에 한하여 계약이 성립하는 조건부 청약을 말하며 Seller's Market일 때만 가능하다.
	  – 선착순매매 조건부청약(Offer Subject to Prior Sale) : 피청약자의 승낙만으로 계약이 성립되지 아니하고 재고물량의 범위 내에서 청약의 우선순위에 따라 계약이 성립하는 조건부청약을 말한다. 재고잔류 조건부청약과 유사하다.

6 청약의 효력발생 시기

일반적으로 청약은 피청약자에게 도달 하였을 때 효력이 발생한다. 한국의 민법도 "상대방 있는 의사표시는 그 통지가 상대방에게 도달할 때로부터 그 효력이 생긴다"라고 하여 청약의 효력은 도달주의 원칙이 준수되고 있다.

> **체크 포인트**
>
> 〈CISG 15조〉
> (1) 청약은 피청약자에게 도달한 때 효력이 발생한다.
> (2) 청약은 그것이 취소불능한 것이라도 그 철회가 청약의 도달 전 또는 그와 동시에 피청약자에게 도달하는 경우에는 이를 철회할 수 있다.

7 청약의 취소

CISG 제16조에서는 청약은 계약이 체결되기 전까지는 청약은 취소될 수 있다고 규정하고 있다. 다만 다음의 경우에는 취소될 수 없다.

① 청약이 승낙을 위한 지정된 기간을 명시하거나 또는 기타의 방법으로 그것이 취소불능임을 표시하고 있는 경우
② 피청약자가 청약을 취소불능이라고 신뢰하는 것이 합리적이고, 또 피청약자가 그 청약을 신뢰하여 행동한 경우

8 청약의 유인

거래의 제의를 의도하고 있으나 그 내용이 불명확한 경우에는 이를 청약의 유인(invitation to offer)으로 본다. 특히 불특정다수에게 하는 거래의 제의는 대부분 청약의 유인으로서, 청약에 유인에 대해서는 상대방이 동의하더라도 이를 승낙으로 보지 않기 때문에 계약이 성립되지 않는다. 최종확인조건부 청약이 대표적인 청약의 유인에 해당한다. 청약의 유인에는 불확정청약, 경매와 입찰, 광고와 카탈로그 등이 있다.

> **체크 포인트**
>
> 〈CISG 제14조 2항〉
> 1인 이상의 특정한 자에게 통지된 것 이외의 어떠한 제의는 그 제의를 행한 자가 반대의 의사를 명확히 표시하지 아니하는 한, 이는 단순히 청약을 행하기 위한 유인으로만 본다.(CIGS 제14조 2항)

9 청약의 효력소멸사유

청약은 다음과 같은 이유로 그 효력이 소멸된다.

① 청약의 철회(withdrawal of the offer)
② 청약의 취소(revocation of the offer)
③ 청약의 거절 또는 수정청약(rejection of the offer or counter offer)
④ 청약의 유효기간의 경과(lapse of time, passing of time)
⑤ 후발적 위법(subsequent illegality)
⑥ 당사자의 사망(death of parties)

10 승낙 – Acceptance

1. 의의

청약에 대하여 계약을 성립시킬 목적으로 특정의 피청약자가 청약자에게 행하는 의사표시로, 피청약자가 지정한 방법에 따라 청약조건에 대하여 구두나 행위로 청약에 대하여 그 청약의 내용 또는 조건들을 수락하고 계약을 성립시키겠다는 동의를 표시하는 것을 말한다. 승낙은 절대적(absolute), 무조건적(unconditional)이어야 하며, 청약의 조건과 일치해야 한다. 승낙은 유효기간이 설정되어 있는 경우에는 유효기간 내에, 유효기간이 정해져 있지 않은 경우에는 합리적인 기간 내에 이루어져야 한다.

> "A statement made by or other conduct of the offeree indicating assent to an offer is an acceptance. Silence or inactivity does not in itself amount to acceptance."(CISG, 18조)
> 청약에 대한 동의를 표시하는 피청약자의 진술 또는 기타의 행위는 이를 승낙으로 한다. 침묵 또는 부작위 그 자체는 승낙으로 되지 아니한다.

2. 승낙의 방법

(1) 승낙방법이 지정되어 있는 경우
청약에 그 승낙 방법이 지정되어 있는 경우에는 승낙도 그 방법을 따라야 한다.

(2) 승낙방법이 지정되지 아니한 경우
청약에 승낙 방법이 지정되어 있지 아니한 경우에는 합리적인 방법으로 승낙하면 된다. 즉, 청약이 전보로 된 경우에는 전보로, 팩스로 된 경우에는 팩스로 승낙하면 된다.

(3) Acceptance by Silence(침묵에 의한 승낙)
청약에 대해 피청약자가 적극적인 행위나 회신을 하지 않는 것으로 청약자에 대한 승낙의 통지가 없기 때문에 이에 의해서는 원칙적으로 승낙이 되지 않으며 따라서 계약은 성립되지 않는다.

3. 승낙의 효력발생
상이한 국가에 소재하는 청약자와 피청약자는 격지자 간이므로, 피청약자의 승낙의사표시가 청약자에게 도달하여 어느 시점에서 계약이 성립되는지 문제가 될 수 있고, 이것에 대해 각국은 서로 다른 입장을 취하고 있으며, 비엔나협약에서는 도달주의를 채택하고 있다.

제3장 무역계약의 주요 조건

1 무역계약의 체결

1. 무역계약의 정의

물품매매계약이란 매도인이 대금이라는 금전상의 약인을 대가로 매수인에게 물품의 소유권을 이전하거나 또는 이전하기로 약정하는 계약을 말한다.

2. 무역계약서 기재사항

무역계약서에는 당사자 간 상사분쟁을 예방하기 위해 계약당사자의 의무와 권리를 기재한 개별거래의 기본조건과, 모든 계약(거래)에 공통적으로 적용되는 일반거래조건이 기재되어야 한다.

2 무역계약조건

개별매매계약의 6대 기본조건은 품질(quality), 수량(quantity), 가격(price), 선적(shipping), 보험(insurance), 결제(payment) 등이다.

1. 품질조건

품질(Quality)은 매매계약의 가장 중요한 조건이다. 따라서 계약당사자는 계약에서 물품의 품질에 관하여는 가능한 한 상세하게 약정한다.

(1) 품질결정 방법

계약을 체결할 때 물품의 품질은 가장 중요한 요소 중 하나이나, 무역계약의 특성상 무역계약 체결 시 품질을 결정할 수 없는 경우가 많다. 이에 따라 견본을 활용하거나 상표로 보장하는 방법 등 여러 가지 품질결정 방법을 사용하고 있다.

① 견본매매(Sales by Sample or Pattern) : 수입상은 상품의 선적 이전에 견본을 자신에게 송부하도록 승낙을 요구하는 경우가 많다(견본에 근거해서 품질을 결정하겠다는 것으로 원견본, 반대견본, 선적견본, 보관견본 등이 있다).

② 점검매매(Sales by inspection) : 물품의 검사를 조건으로 하는 매매 방법이다. 일반적으로 수입상은 검사증명서(Inspection Certificate)를 요구하거나 상업송장 등에 검사자(일반적으로 수입상의 주재대리인)의 부서(Countersign)를 요구한다.

③ 상표매매(Sales by Trade Mark or Brand) : 상품의 상표 또는 브랜드가 국제적으로 널리 알려져 있는 경우에는 견본들을 사용할 필요 없이 단지 상품의 상표에 의하여 품질을 결정한다(예 나이키).

④ 명세서매매(Sales by Specification) : 견본제시가 어려운 경우 설계도면을 만들어서 주는 것을 말한다. 기계, 선박 등 정밀도를 요구하는 상품의 경우에는 청사진(Blue Print), 도해목록(Illustrated Catalogue), 설계도 등의 명세서로 품질조건을 결정하는 것이 일반적이다(선박, 운반기계, 의료기기, 철도, 차량).

⑤ 표준품매매(Sales by Standard or Type) : 농산물 같은 경우 정확하게 똑같은 것을 만들 수 없기 때문에 '표준품매매(Sales by Standard)'라고 말한다.

평균중등품질조건 (Fair Average Quality : FAQ)	주로 농산물과 같은 1차 상품의 매매에 이용이 되며 특정 연도(예: 전년도)의 동종생산품의 평균중등품질을 표준품으로 인정하는 조건이다. 이 조건은 물품의 선물거래(Futures Trading)에 많이 이용된다.(평균은 수출국 기준, 선적지품질조건에 해당)
판매적격품질조건 (Good Merchantable Quality : GMQ)	목재, 냉동어류 등과 같이 견본이용이 곤란하고 그 내부의 품질을 외관상으로 알 수 없는 거래에 이용되는 방법으로 매도인이 인도한 물품이 목적지에서 판매적격성을 지닌 것임을 보증하는 조건이다. (수입국가에 도착해서 최종 판단, 양륙품질조건에 해당)
보통품질조건 (Usual Standard Quality : USQ)	주로 원면거래에 이용이 되며 공인검사기관이나 공인표준기준의 판정에 의하여 보통 품질을 표준품의 품질로 결정하는 조건이다(국내에서는 인삼, 오징어거래에 사용된다).

(2) 품질결정 시기

품질결정의 기준을 선적 당시의 품질에 의한 것인지, 혹은 양륙 당시의 품질에 의하여 결정할 것인지에 따라 '선적품질 조건'과 '양륙품질 조건'으로 구별된다.

> **체크 포인트**
>
> ● 곡물의 품질결정시기
> ① T.Q.(Tale Quale) : T.Q(Tale Quale)의 의미는 "Such as it is", "Just as it comes."로서 수출자는 약정한 물품의 품질을 선적시 까지만 책임을 지는 조건이다. 런던의 곡물시장에서 정립된 곡물류 거래에 사용된다.
> ② R.T.(Rye Terms) : 호밀(Rye)거래에서는 도착 시에 물품이 손상된 경우에는 배상해주었는데 그런 관례에서 생겨난 조건이다. 수출자가 양륙 시까지 품질을 보장해야 한다.
> ③ S.D.(Sea Damaged) : 선적 시까지의 품질에 대해 책임을 지나 해상운송 중에 발생한 해수에 의한 품질손해는 매도인이 부담하는 조건으로 변형된 선적품질조건이다.

2. 수량조건

(1) 수량조건의 개념

상품의 개수, 길이, 면적(넓이), 용적(부피), 중량(무게), 포장단위 등의 수량 및 그 과부족 허용 여부 등에 대한 조건을 말한다.

[표] 수량단위에 대한 해설

개수의 표시	• Piece(pcs) : 낱개로 헤아릴 수 있는 물품 1개 • Dozen(doz) : 12 Pieces • Gross : 12 Dozen = 144 Pieces
톤(Ton)의 단위	• LT(Long Ton, English Ton, Gross Ton) : 2,240lb(약 1,016kg) • MT(Metric Ton, French Ton, Kilo Ton, Tonne) : 2,204lb(1,000kg) • ST(short Ton, American Ton, Net Ton) : 2,000lb(약 907kg)

포장단위(Packing Unit)의 표시	• Container(CNTR) : 컨테이너(화물 수송용 상자형 용기)
	• 컨테이너
	  − TEU(twenty feet equivalent unit)
	  − FEU(forty feet equivalent unit)
	• Carton(CTN) : 판지를 이용하여 만든 화물 포장용 상자(Box)

(2) 계량의 기준시기

선적수량조건 (Shipped Quantity Terms)	선적수량조건이란 상품의 수량이 약정수량과 일치하느냐의 여부를 상품 선적 시의 수량에 의하여 결정하는 방법으로, 공산품 등에 널리 이용되고 있다.
양륙수량조건 (Landed Quantity Terms)	양륙수량조건이란 상품의 수량이 상품의 양륙 시점에서 약정수량과 일치하느냐의 여부를 결정하는 조건으로, 수송 도중에 변질되기 쉬운 농산물이나 광산물 등에 주로 이용된다.

(3) 개산수량조건, 과부족 용인조항(More or Less Clause)

운송 중 분실 등의 사유로 계약 수량과 도착 수량이 상이해지는 경우를 대비하여, 과부족 허용에 관한 약정을 하는 경우를 말한다.

> **체크 포인트**
>
> 〈UCP 제30조〉
> A. The words "about" or "approximately" used in connection with the amount of the credit or the quantity or the unit price stated in the credit are to be construed as allowing a tolerance not to exceed 10% more or 10% less than the amount, the quantity or the unit price to which they refer.
> 신용장에 명기된 신용장의 금액 또는 수량 또는 단가와 관련하여 사용된 "약(about)" 또는 "대략(approximately)"이라는 단어는 이에 언급된 금액, 수량 또는 단가의 10%를 초과하지 아니하는 과부족을 허용하는 것으로 해석된다.
>
> B. A tolerance not to exceed 5% more or 5% less than the quantity of the goods is allowed, provided the credit does not state the quantity in terms of a stipulated number of packing units or individual items and the total amount of the drawings does not exceed the amount of the credit.
> 신용장이 명시된 포장단위 또는 개개의 품목의 개수로 수량을 명기하지 아니하고 어음발행의 총액이 신용장의 금액을 초과하지 아니하는 경우에는, 물품수량이 5%를 초과하지 아니하는 과부족은 허용된다.

3. 가격조건

무역거래에서 매매당사자 간에 가장 관심을 두는 것은 무엇보다도 좋은 품질의 물품을 적정한 가격으로 매매계약을 체결하고자 하는 것이다. 가격조건은 적정한 매매가격을 산정하는 데 있어서 기본적인 조건이며 중요한 조건이다. 가격조건에서는 가격의 구성요소, 가격의 결정방법이 있다.

4. 선적조건(shipment)

선적의 시기와 방법, 운송수단 및 운송서류의 종류(해상, 항공, 옥상, 복합), 선적지 및 도착지, 수하인(Consignee) 및 착화 통지처(Notify Party), 화인(shipping Mark), 운송회사의 지정 여부 등에 관한 제조건을 말한다. 무역계약에서의 선적조건은 계약물품을 어느 시기에 어떠한 방법으로 선적할 것인가를 약정하는 것이 목적이다.

> **체크 포인트**
>
> ● **기간 및 일자 용어(date term) 해석에 관한 신용장통일규칙 정의**
> - "From", "Till", "To", "Until", "between" : 선적기간을 결정하기 위하여 이러한 단어가 사용될 때 언급된 일자를 포함하고 "After", "Before"는 언급된 일자를 제외한다. 다만 "from", "after"가 환어음의 만기일 산정에 사용된 때는 언급된 일자를 제외한다.
> - On or About : 지정일 전후 5일을 포함한 약 11일간의 기간을 두는 조건
> - First Half, Second Half : 전반(1~15일), 후반(16일~말일)
> - Beginning, Middle, End : 상순(1~10일), 중순(11~20일), 하순(21일~말일)

5. 포장조건

(1) 포장조건의 정의

포장의 형태·단위 등에 대한 무역계약조건을 말한다. 무역계약에서 거래당사자간에 기본으로 약정하는 조건으로 화물의 파손을 방지하기 위하여 약정한다.

(2) 포장형태

포장형태는 화물의 종류나 원재료·완성품 등에 따라 달라지나 박스와 케이스·상자·드럼·번들 등으로 구분된다.

(3) 화인(Shipping Marks)

화인(Shipping Marks)이란 무역화물의 외장에 표시하는 기호로, 운송인이나 수입상으로 하여금 다른 물품과의 식별을 용이하게 하고, 그 화물의 내용을 표시하는 것을 주목적으로 한다.

주화인(Main mark)	화물을 쉽게 구별하기 위한 기호로서 삼각형과 마름모꼴·타원형 등의 도형 안에 수입상호의 약자 등을 써 넣는다. (수하인을 표시하는 가장 주요한 화인이다.)
부화인(Counter Mark)	송하인인 생산자 또는 공급자를 표시한다.
품질표시 (Quality Mark)	내용물의 품질이나 등급을 기호로 표시(수출검사를 받았을 경우에는 합격표시)한다.
중량표시(Weight Mark)	운임계산과 하역작업에 도움이 되도록 총무게와 순무게를 표시 한다.
착항표시(Port Mark)	화물의 하역작업을 용이하게 하고 화물이 타 장소로 운송되는 것을 막기 위한 표시 한다.

화물의 일련번호 (Case number)	포장물이 여러 개일 경우 포장에 표시한 고유번호로 총 개수 중 몇 번째의 화물인지 표시 한다.
원산지 표시 (Country of Origin Mark)	화물의 원산지를 나타낸다.
주의사항 (Side, Caution, Care Mark)	화물의 선적이나 운반에 주의할 점을 나타낸다. 이 중 주화인, 목적항, 화물의 일련번호는 반드시 표시해야 하는 것인데, 특히 목적항의 표시가 없는 화물을 무인화물(No Mark Cargo : NM)이라 한다.

6. 결제조건(Terms of payment)

대금결제조건은 결제방법을 어떻게 정하느냐에 따라 수출입 절차가 달라지기 때문에 매매계약에서 매우 중요한 계약조건이다. 국제무역거래는 그 거래방법에 따라 신용장에 의한 거래방식과 신용장이 수반되지 않는 무신용장방식으로 크게 구분할 수 있다.

(1) 결제방식

① 무신용장 방식 - 추심, 송금방식(CWO, COD, CAD), 송금환 방식, 청산계정에 의한 결제(Open Account), 팩토링 방식(factoring), 포페이팅 방식(forfaiting)
② 신용장 방식(Letter of Credit)

(2) 결제시기에 따른 지급방식

payment in advance (선지급)	수출입대금을 물품의 선적 또는 인도 이전에 미리 결제하는 방식이다. • 주문불방식(CWO : Cash With Order Basis) • remittance basis(단순송금방식) 송금수표, 우편송금환, 전신송금환 등 • 선대신용장방식(red-clause, packing L/C)
concurrent payment (동시지급)	현물 또는 현물과 동일한 선적서류(B/L 등 운송서류), 즉 선하증권(bill of lading) 등과 상환으로 대금지급이 일어나는 방식이다. • At Sight L/C - 일람출급신용장방식 • D/P(추심 - 지급인도방식) • COD(Cash on Delivery) - 현금상환지급방식 • CAD(Cash against Document) - 선적서류상환지급방식

deferred payment (연지급)	대금결제가 물품선적이나 인도 또는 어음의 일람 후 일정기일 내 이루어지는 방식이다. • 기한부신용장방식(Usance L/C basis) • 중장기연불조건(Deferred payment on long or mid-term basis) • Open account, escrow 방식 • D/A(추심 - 인수인도방식)
혼합방식	선지급, 동시지급, 연지급 중 2가지 이상을 혼합한 결제방식이다.

7. 보험조건(Terms of insurance)

(1) 보험조건의 의의

운송 도중 발생하는 손해를 보상받기 위해 계약서상에 명시되는 보험에 관한 조건으로 누구를 피보험자로 할 것인지, 누가 부보를 할 것인지 등은 통상 INCOTERMS상의 무역조건에 따라 결정된다. 특히 CIF 및 CIP조건은 매도인이 부보의무를 부담하며 EXW, FCA, FOB, CFR, CPT조건 등은 매수인에 의해 부보가 이루어진다.

(2) 손해보상 조건

① 구약관의 종류
  ㉠ 단독해손부담보(분손부담보)조건(FPA : Free from Particular Average)
  ㉡ 분손담보(단독해손)담보조건(W.A : With Average, With Particular Average)
  ㉢ 전위험담보조건(A/R : All Risks)

② 신약관의 종류
  1981년에 와서 ICC(협회적화약관)가 전면 개편되었는데, FPA 또는 ICC(C)약관은 담보하는 손해의 정도가 가장 좁아 보험료가 가장 싸며 A/R와 ICC(A)의 담보범위는 반대로 가장 넓은 반면 보험료는 고율이다.
  ㉠ ICC(C) - FPA와 유사
  ㉡ ICC(B) - W/A와 유사
  ㉢ ICC(A) - A/R과 유사

제4장 무역분쟁

1 무역계약 불이행

1. 무역계약의 위반

Breach of contract(계약위반)이란 채무자가 채무의 내용에 적합한 급부를 하지 않은 것으로 이행이 가능함에도 불구하고 계약기간을 경과하여 이행하지 않은 것이다. non-performance or non-fulfillment of contract(채무불이행 혹은 계약불이행)이라 한다.

2. 무역계약위반의 기본형태

(1) 이행지체(Delay)

이행지체란 이행자체가 가능함에도 불구하고 계약기간 내에 이행하지 않고 지연하는 것을 말한다(선적불이행, 지연선적, 대금지급의 지연).

(2) 이행거절(Renunciation or Repudiation)

이행거절이란 계약당사자의 일방이 계약을 이행할 의사가 없는 것을 표시하는 것이다.

(3) 이행태만

이행태만이란 정당한 이유없이 계약내용에 대해 매우 낮은 효율로 이행하는 것을 의미한다. 계약당사자의 일방이 계약을 이행할 의사가 거의 없는 것을 표시하는 것이다.

(4) 불완전이행

불완전이행이란 채무자가 이행은 했지만 그 이행이 완전한 것이 아닌 것을 말한다.

(5) 이행불능(Frustration)

① 이행불능의 종류

㉠ existing or initial frustration(원시적 이행불능) : 계약성립 당시 이미 실질상 또는 법률상으로 이행이 불능인 것으로 계약의 효력이 처음부터 발생하지 않은 것이 되고, 계약은 무효가 된다.

ⓒ subsequent frustration(후발적 이행불능) : 채무자의 귀책사유가 없는 이유로 후발적으로 불능이 되는 것을 말한다.

② 일반적 이행불능의 효과

당사자 사이에 계약이 성립된 후에 당사자 자신의 귀책사유 없이 계약성립의 기초가 되었던 상황이 후발적으로 현저히 변경됨으로써 계약상의 이행을 수행할 수 없게 된 경우에 계약이 자동적으로 소멸하게 된다.

3. Frustration(계약 좌절)

(1) 성립요건

구분	내용
계약목적물의 멸실	계약목적물의 멸실(선박의 화재, 침몰, 폭발 등) : 계약이행이 특정인이나 특정물의 계속적인 존재에 의존하는 경우 계약체결 후 계약목적물인 특정인이나 특정물이 실질적으로 멸실되었을 때 Frustration이 발생한다.
후발적 위법	• 새로운 법의 적용 • 전쟁의 발발, 수출입금지, 수출입 승인과 할당, 정부 제한 등을 말한다.
상황의 본질적 변화	• 계약상 계약이행수단이 약정된 경우 그러한 특정수단의 이용불능 • 계약당사자의 사망 또는 중병 • 농산물의 흉작 또는 불황 및 작황

(2) frustration의 효과

계약의 이행불능 상황이 발생하면 계약은 그 시점부터 자동적으로 소멸되고 양당사자의 의무가 면제된다. 그러나 계약은 소급되어 소멸되는 것이 아니라 계약이행불능 상황이 발생한 이후의 계약이행 사항만 면제된다.

2 분쟁해결과 관련된 조건

1. 불가항력조항(Force Majeure Clause)

불가항력이란 당사자의 통제를 넘어서서 발생하는 사건으로서 천재지변(Act of God)과 인재, 혹은 계약 당시에는 예견할 수 없었던 사건의 발생(contingencies)까지도 포함하며, 불가항력적 사건으로 말미암아 계약의 의무가 지연되거나 이행불능일 경우를 대비하여 약정하게 되는데 이 조항을 삽입하면 당사자는 계약의무의 지연이나 불이행에 대해 면책이 가능하다.

2. 클레임조항(Claim Clause)

① 클레임의 발생을 대비하여 클레임 제기기한, 통지방법, 정당성을 입증할 수 있는 공인된 감정인의 감정보고서(Surveyor's Reports)의 첨부 여부 등을 합의해 두는 것이 좋다.
② CISG의 원칙적 클레임의 제기기한은 2년으로 정하고 있다. 하지만 매도인과 매수인의 특약을 우선시 한다.

3. 중재조항(Arbitration Clause)

① 중재조항은 당사자 사이에 관계하는 계약상의 분쟁을 재판에 의하여 해결하지 아니하고, 중재판정에 의하여 해결하기로 하는 당사자간의 합의를 기재한 조항이다.
② 중재조항에는 중재에 붙일 사항, 중재장소, 중재기관, 중재규칙을 명시하여야 한다. 또 중재조항 혹은 중재합의서는 반드시 서면에 의해야 한다.

4. 준거법조항(Applicable Law : Proper Law : Governing Law Clause)

계약서를 아무리 상세히 작성한다 하더라도 상관습이 다른 국제간에는 계약의 성립·이행과 관련하여 해석상 의문이 전혀 없도록 한다는 것은 사실상 어렵다. 따라서 당해계약의 적용 법률에 대하여 준거법을 지정하여두면 최우선적으로 적용된다.

5. 재판관할조항(Jurisdiction Clause)

① 계약 중에 중재조항을 규정하지 않은 경우에는 그 계약을 둘러싼 분쟁은 최종적으로 국가가 행하는 소송(litigation)에 의하여 해결하게 된다.
② 중재조항이 존재하더라도 중재에 붙일 범위 외의 사항에 대하여는 마찬가지로 재판에 의하게 된다. 그 경우에 소송을 제기할 재판소를 당사자 간에 미리 약정하여 놓은 것이 재판관할조항이다.

6. 기타조건

품질보증조항 (Warranty Clause)	매도인이 인도한 상품이 주문서나 명세서 등과 일치하며 하자가 없다는 것을 보증하며 하자가 발생한 경우 매도인의 책임범위나 보상방법, 하자통보 제기기한이나 방법 등에 대해 기술한 조항이다. 미국은 통상적으로 5년의 보증기간을 두고 제정하고 있다.
완전합의조항 (Entire Agreement : Integration Clause)	본 계약이 성립한 이상 기존의 서면 또는 구두에 의한 합의, 교섭, 등은 모두 본 계약에 흡수되고 소멸된다고 약정하여 두는 것이 완전합의조항이다. 이것은 새 계약과 기존계약의 관계를 명확히 하는 것으로 후일의 분쟁예방과 해결에 도움을 준다.

증가비용조항 (Escalation Clause : Contingent Cost Clause)	계약 성립 이후의 국제물가나 환시세변동에 대비하여 계약 당시 원료비, 운임, 보험료 등이 상승하면 그에 비례하여 계약가격을 변경할 것을 정하는 것을 말한다.
권리침해조항 (Infringement Clause)	매도인이 매수인의 지시 또는 주문으로 상품을 수출한 경우 매수인의 국가나 제3국의 공업소유권(Industrial Property Right)이나 특허권 및 상표권, 저작권을 침해할 경우 매도인은 면책된다는 내용이다.
권리 불포기 조항 (Non-Waiver Clause)	권리포기는 일시적으로 어느 계약조건의 이행청구를 하지 않더라도 이를 인하여 그 후의 동 조항 또는 조건의 이행청구권을 포기하는 것으로 간주하여 이를 박탈할 수 없다는 조항이다.
가분성 조항 (Severability Clause) = Partial nullity clause	계약의 일부조항이 무효라고 해도 기타 조항은 유효하다는 것이다. 다만 계약조항의 중요한 부분이 무효가 되는 때에는 계약전부가 무효가 되는 경우가 있음을 유의하여야 한다.
보상조항 (Indemnification Clause 손해배상 가능 여부 기재), 손해배상예정액 조항 (Liquidated damage clause 보상금액 한계 설정 등)	한 당사자의 계약불이행이나 제3자에 대한 의무불이행으로 발생한 손해에 대하여 배상할 것을 규정하는 조항으로 책임의 범위(직접적 피해 혹은 간접적 피해까지 혹은 면책의 내용 등을 말함), 소송비용부담, 불이행시에 취해야 할 절차 등에 대해 언급한다.
계약양도조항 (Assignment Clause)	당사자가 계약양도에 대해 별다른 규정을 하지 않은 경우에는 계약양도가 가능하게 되므로 계약양도를 금지하려고 하는 때에는 계약양도금지조항을 두어야 한다.
계약의 수정·변경조항 (Modification : Amendment Clause)	계약서의 수정·변경은 구두 또는 서면에 의한 합의로서 이를 행할 수 있다. 그러나 계약서의 내용은 당사자 사이의 권리와 의무에 관하여 매우 중요한 사항이므로 그 내용의 일부 수정변경에 관하여 그 방법과 절차를 미리 약정하여 두는 것이 필요하다.

3 무역계약 위반의 구제(CISG 상)

1. 매수인의 계약위반에 대한 구제

(1) 손해배상청구권(Claim damages)

계약위반에 대한 손해배상액은 계약이 정상적으로 이행되었을 때 누릴 수 있는 이익과 동일한 정도로 배상하며, 그 범위는 계약 체결시 합리적으로 예견된 손해액을 배상한다.

(2) 특정 이행 청구권(Requiring performance)

매수인이 자신의 의무를 이행하지 않는 경우에 매도인은 매수인에게 대금의 지급, 인도의 수령, 기타 매수인의 의무이행을 청구할 수 있다.

(3) 추가이행기간 지정권(Additional period)

매도인은 매수인이 대금지급이나 물품수령을 할 수 있도록 추가기간을 지정할 수 있다. 추가기간은 매수인의 대금지급의무와 물품수령의무의 이행을 위해서 뿐만 아니라 계약에 따른 이행을 완료하기에 필요한 기타 의무이행의 어느 쪽에 대해서도 부여할 수 있다. 기간 내 의무이행이 되지 않는다면 매도인은 계약해제권을 행사할 수 있다.

(4) 계약해제권(Avoidance of the contract)

매도인은 매수인의 의무불이행이 근본적(중대한) 계약위반인 경우나, 지정된 추가기간 내 매수인이 대금지급 또는 물품수령의무를 이행하지 아니하거나, 지정된 기간 내 이행을 하지 않겠다는 선언을 한 경우에는 계약을 해제할 수 있다.

(5) 물품명세확정권(Make specification)

계약상 매수인이 물품의 형식, 규격, 기타 특징을 명세하여야 하는 경우, 매수인이 합의된 기일 또는 매도인으로부터 요청을 받은 후 상당한 기간 내에 이러한 물품명세를 확정하지 아니한 때에는 매도인은 매수인의 요구사항을 참작하여 스스로 물품명세를 확정할 수 있다.

2. 매도인의 계약위반에 대한 구제

(1) 손해배상청구권(Claim damages)

계약위반에 대한 손해배상액은 이익의 손실을 포함하여 그 위반의 결과로 입은 손실과 동등한 금액에 대해 손해배상을 청구할 수 있다.

(2) 특정 이행 청구권(Requiring performance)

매도인이 계약을 이행하지 않는 경우(계약물품을 인도하지 않은 경우)에 매수인은 원칙적으로 계약대로의 이행청구가 가능하다.

(3) 대체물품인도청구권(Substitute goods)

인도된 물품이 부적합한 경우 매수인이 대체품의 인도이행을 청구할 수 있기 위해서는 ① 그 부적합의 정도가 중대한 계약위반을 구성하는 것이어야 하고, ② 매수인이 물품검사 후 부적합 통지를 하여야 하며, ③ 매수인이 합리적인 기간내에 청구해야 한다.

(4) 하자보완청구권(Request for repair)

매수인이 인도된 물품이 계약물품과 비교해 적합하지 않은 경우 매도인에게 그 보수를 청구할 수 있다.

(5) 추가기간 지정권(Additional period)

매수인은 매도인의 의무이행을 위해 합리적인 추가기간을 지정할 수 있다.

(6) 계약해제권(Avoidance of the contract)

다음의 2가지 경우에 매수인은 계약을 해제 할 수 있다.
① 매도인의 의무위반이 중대한 계약위반인 경우
② 불인도의 경우, 매수인이 지정한 추가 기간 내에 물품을 인도하지 않거나, 그 기간 내에 자신의 의무를 이행하지 아니할 것을 명백히 한 때

(7) 대금감액청구권(Reducing the price)

물품이 계약에 일치하지 않는 경우 물품대금이 이미 지급되었는지 여부와 관계없이 매수인은 실제로 인도된 물품의 인도당시의 가치가 계약과 일치하는 물품이었더라면 그 당시에 가지고 있었을 가치에 대한 비율에 따라 대금을 감액할 수 있다.

 # 인코텀즈 2020(Incoterms 2020)

1 Incoterms 2020

Incoterms 2020(International Commercial Terms 2020)
"ICC Rules for the Use of Domestic and International Trade Terms"

① 인코텀즈(Incoterms)는 무역거래에 사용되는 정형거래규칙(rules for trade terms)으로 거래당사자의 권리와 의무를 국제적으로 통일시킨 것이다. 국가별 상관습 차이에 따른 거래당사자간 법률관계로 야기된 오해와 분쟁을 미연에 방지하기 위해 국제상업회의소(ICC)가 1936년 무역거래규칙 해석에 관한 국제규칙(International Rules for the Interpretation of Trade Terms, 일명 Incoterms)을 제정하였다. 정형거래규칙이 상관습에 기반하고 있기 때문에 변화하는 상관습을 수렴하기 위해 ICC에서는 10년에 한번 개정작업을 하고 있다.
② Incoterms 2020은 Incoterms 2010이 나온지 약 10년 만에 개정된 규칙으로 소개문(Introduction)과 총 11개의 개별규칙으로 구성되어 있으며, 각 규칙은 매도인의 의무 10개와 매수인의 의무 10개로 구성되어 있고, 해당 규칙 앞에는 각 규칙의 특징을 알려주는 설명문(Explanatory notes)가 첨부 되어 있다.

2 Incoterms 2020 조건의 공통특징

적용기준 (운송수단)	EXW, FCA, CPT, CIP, DAP, DPU, DDP 규칙은 선택된 운송방식을 가리지 않고 사용할 수 있으며 둘 이상의 운송방식이 채택된 경우에도 사용할 수 있다.	FAS, FOB, CFR, CIF 규칙은 오직 해상운송이나 내수로 운송의 경우에만 사용되어야 한다.
지점의 명확화	당사자는 합의된 인도장소를 가급적 정확하게 특정하는 것이 바람직하다(FOB는 언급 제외). CFR & CIF가 제외되지 않은 이유는 매도인이 본선적재를 하지만 목적항까지 비용을 부담하기 때문에 목적항을 명확하게 하여야 하기 때문이다.	

통관 및 보험의무	• EXW, DDP 제외한 전체 공통 : 매도인은 해당되는 경우 수출통관의 의무를 진다. 매도인은 수입통관의 의무가 없다. • EXW : 매도인은 수출통관의 협조제공의무를 지고 매수인은 물품의 수출에 관한 정보를 매도인에게 제공할 한정적 의무를 부담한다. 수출입통관은 필요한 경우 매수인이 부담한다. • DDP : 매도인은 수출입통관의무를 진다. • CIF, CIP : 매도인은 매수인의 위험에 대하여 보험부보의 의무를 가진다.
C, D 규칙의 양하비용	• DPU를 제외한 나머지 C, D 규칙 : 매도인이 목적지에서 부담한 양하비용은 당사자 간의 합의가 없다면 이를 매수인에게 구상할 수 없다. • DPU : 지정목적지에서 양하된 상태로 매수인의 처분 하에 두는 것을 인도로 본다.
C 규칙 인도의무	• 매도인의 의무는 물품 도착 시가 아닌 운송인에게 물품을 교부하는 때 인도의무를 이행한 것으로 본다. • 위험과 비용이 상이한 장소에서 이전되기 때문에 두 가지의 분기점을 가진다.

3 Incoterms 2020 11가지 규칙의 일반적인 특징

(1) EXW(EX Works, 공장 인도 조건)

① 매도인(수출상)이 약정된 물품을 자기의 영업장 구내 또는 적출지의 지정된 장소 (Works, Factory, Warehouse 등)에서 지정된 기간 내에 매수인(수입상)이 임의로 처분할 수 있는 상태에 적치함으로써 그 의무를 완수하게 되는 거래조건
② 11가지 무역거래조건 중 매도인의 위험과 비용부담이 가장 가벼운 조건(매도인의 최소의무)
③ 모든 운송방식에서 사용이 가능하며 운송비 및 보험료는 매수인이 부담
④ 매도인은 물품의 적재, 통관, 운송인의 선정 등에 관한 어떠한 책임도 지지 않는다.
⑤ 국제거래보다는 수출입 통관이 별도로 필요하지 않은 '국내거래'에 보다 더 적합한 조건
⑥ 국제거래의 경우로서 매수인이 직·간접적으로 수출통관 절차를 이행할 수 없을 때에는 사용 불가
⑦ '국제거래(Inrternational Trade)'에 대하여는 EXW 조건 대신에 FCA 조건을 사용하는 것을 권장
⑧ 당사자들은 지정장소 내의 지점을 가급적 명확하게 명시하는 것이 바람직하다.

(2) FCA(Free Carrier, 운송인 인도 조건)

① 수출통관 절차를 마친 후 적출지의 지정된 장소에서 매수인이 지정한 운송인(또는 다른 당사자)에게 물품을 인도함으로써 그 의무를 완수하게 되는 조건
② "운송인인도"는 매도인이 물품을 자신의 영업구내 또는 기타 지정장소에서 매수인이 지정한 운송인이나 제3자에게 인도하는 것을 의미
③ 매도인이 영업구내에서 물품을 인도하고자 하는 경우에 당사자들은 그 영업장의 주소를 지정인도장소로 명시하여야 한다.
④ 다른 어떤 장소에서 물품을 인도하고자 하는 경우에 당사자들은 그러한 다른 인도장소를 명시해야 함
⑤ 복합운송을 포함하여 모든 운송방식에 사용할 수 있음
⑥ 운송비 및 보험료는 매수인이 부담한다.
⑦ 물품의 수출통관은 매도인이 하여야 한다. 그러나 매도인은 물품을 수입통관하거나 수입관세를 부담하거나 수입통관절차를 수행할 의무가 없다.

(3) FAS(Free Alongside Ship, 선측 인도 조건)

① 매도인이 물품의 수출통관 절차를 마친 후 지정된 선적항에서 매수인이 지명한 선박(본선)의 선측(Alongside Ship)에 물품을 인도함으로써 그 의무를 완수하게 되는 거래조건
② 오직 해상운송이나 내수로 운송의 경우에만 사용되어야 한다.
③ 선측이라 함은 본선의 크레인 등 하역도구가 도달(작업)할 수 있는 거리의 장소
④ 당사자들은 지정선적항 내의 적재지점을 가급적 명확하게 명시하는 것이 바람직하다.
⑤ 운송비 및 보험료는 매수인이 부담한다(원목, 원면, 곡물 등 대량의 Bulk 화물에 주로 이용).
⑥ 물품이 컨테이너에 적재되는 경우에는 매도인이 물품을 선측이 아니라 터미널에서 운송인에게 교부하는 것이 전형적이다. 이러한 경우에 FAS 규칙은 부적절하며 FCA 규칙이 사용되어야 한다.
⑦ FAS에서 매도인은 해당되는 경우에 물품의 수출통관을 하여야 한다.

(4) FOB(Free On Board, 본선 인도 조건)

① 매도인이 물품의 수출통관 절차를 마친 후 지정된 선적항에서 매수인이 지명한 선박의 본선상(On board the vessel)에 물품을 인도함으로써 그 의무를 완수하게 되는 거래조건

② 모든 위험과 비용부담의 분기점은 물품이 본선상에 적재(On board the vessel)되는 시점
③ FOB, CFR, CIF 조건과 관련한 위험부담의 분기점은 '화물이 본선에 적재된 때'로 규정
④ 해상운송 또는 내수로 운송 시에만 가능
⑤ 운송비 및 보험료는 매수인이 부담
⑥ 물품이 컨테이너에 적입되어 운송되는 경우에 매도인은 대개 본선의 선상(on board the vessel)이 아닌 컨테이너 터미널(CY, CFS)에서 운송인에게 화물을 인도하게 되는데 이와 같은 경우에는 FOB 조건이 아닌 FCA 조건을 사용하여야 함.
⑦ FOB에서 매도인은 해당되는 경우에 물품의 수출통관을 하여야 한다. 그러나 매도인은 물품을 수입통관하거나 수입관세를 부담하거나 수입통관절차를 수행할 의무가 없다.

(5) CFR(Cost and Freight), 운송포함 인도 조건)
① 오직 해상운송이나 내수로 운송의 경우에만 사용되어야 한다.
② "운임포함인도"는 매도인이 물품을 본선에 적재하여 인도하거나 이미 그렇게 인도된 물품을 조달하는 것을 의미한다.
③ 물품의 멸실 또는 손상의 위험은 물품이 본선에 적재되는 때에 이전한다.
④ 매도인은 물품을 지정목적항까지 운송하는 데 필요한 계약을 체결하고 그에 따른 비용과 운임을 부담하여야 한다.
⑤ 계약에서 항상 목적항을 명시하면서도 선적항은 명시하지 않지만 위험은 선적항에서 매수인에게 이전한다.
⑥ 운송비는 매도인이 부담하고 보험료는 매수인이 부담한다.
⑦ 매도인은 물품을 수입통관하거나 수입관세를 부담하거나 수입통관절차를 수행할 의무가 없다.
⑧ 물품이 컨테이너에 적입되어 운송되는 경우에 매도인은 대개 본선의 선상(On board the vessel)이 아닌 컨테이너 터미널(CY, CFS)에서 운송인에게 화물을 인도하게 되는데 이와 같은 경우에는 CFR 조건이 아닌 CPT 조건을 사용하여야 함.

(6) CIF(Cost, Insurance and Freight, 운임·보험료포함 인도조건)
① 지정된 목적항까지 물품을 운반하는 데 필요한 운송비와 보험료는 매도인이 부담
② 선적항에서 본선상에 적재(On board the vessel)되는 시점부터 물품에 대한 모든 위험과 추가적인 비용부담이 매수인에게 이전되는 거래 조건

③ 보험계약 체결과 관련하여 매도인은 매매계약가격의 110% 이상에 대하여 단지 최소한의 담보조건(Clauses(C) of the Institute Cargo Clauses(LMA/IUA)으로 한다.
④ 이 규칙은 오직 해상운송이나 내수로 운송의 경우에만 사용되어야 한다.
⑤ 대부분의 내용은 CFR과 동일하다.

(7) CPT(Carriage Paid To, 운송비지급 인도 조건)
① 선택된 운송방식을 가리지 않고 사용될 수 있으며 둘 이상의 운송방식이 채택된 경우에도 사용될 수 있다.
② 매도인이 합의된 장소(당사자 간에 이러한 장소의 합의가 있는 경우)에서 물품을 자신이 지정한 운송인이나 제3자에게 인도하고 매도인이 물품을 지정목적지까지 운송하는 데 필요한 계약을 체결하고 그 운송비용을 부담하여야 하는 것
③ 매도인은 물품이 목적지에 도착한 때가 아니라 운송인에게 물품을 교부하는 때에 자신의 인도의무를 이행한 것으로 본다.
④ CPT에서 매도인은 해당되는 경우에 물품의 수출통관을 하여야 한다. 그러나 매도인은 물품을 수입통관하거나 수입관세를 부담하거나 수입통관절차를 수행할 의무가 없다.

(8) CIP(Carriage and Insurance paid to, 운송비·보험료지급 인도 조건)
① 선택된 운송방식을 가리지 않고 사용될 수 있으며 둘 이상의 운송방식이 채택된 경우에도 사용될 수 있다.
② 기본 개념은 CPT와 동일. CPT에서 보험부보의무가 추가된 것이 CIP이다.
③ 지정된 목적지까지 물품을 운반하는 데 필요한 운송비와 보험료는 매도인이 부담하되 물품이 적출지의 지정된 장소에서 지정된 운송인(또는 다른 당사자)에게 인도되는 시점부터 물품에 대한 모든 위험과 추가적인 비용부담이 매수인에게 이전되는 거래조건
④ 보험계약 체결과 관련하여 매도인은 매매계약가격의 110% 이상에 대하여 최대의 담보조건(Clauses(A) of the Institute Cargo Clauses(LMA/IUA)으로 한다.

(9) DAP(Delivered At Place, 목적지 인도 조건)
① 운송방식을 가리지 않고 사용될 수 있으며 둘 이상의 운송방식이 채택된 경우에도 사용될 수 있다.

② 매도인이 본인의 책임 하에 목적지까지 물품을 운반하여 수입 통관하지 아니한 상태로 운송수단으로부터 양하(Unloading)하지 않은 채, 매수인이 임의로 처분할 수 있는 상태(At the buyer)에 둠으로써 그 의무를 완수하게 되는 거래조건
③ 매도인이 자신의 운송계약에 따라 목적지에서 양하에 관한 비용을 지출한 경우에 당사자 간에 달리 합의되지 않았다면 매도인은 이를 매수인에게 구상할 수 없다.
④ DAP에서 매도인은 해당되는 경우에 물품의 수출통관을 하여야 한다.
⑤ 당사자 간에 매도인이 물품을 수입통관하고 수입관세를 부담하여 수입통관절차를 수행하도록 원하는 때에는 DDP가 사용되어야 한다.

(10) DPU(Delivered At Place Unloaded, 도착지 양하 인도)
① 운송방식을 가리지 않고 사용될 수 있으며 둘 이상의 운송방식이 채택된 경우에도 사용될 수 있다
② 매도인이 본인의 책임하에 지정 목적지(The named place of destination)까지 물품을 운반한 후 도착된 운송수단으로부터 화물을 양하(Unloading)하여 수입통관을 하지 아니한 상태로 매수인이 임의로 처분할 수 있는 상태에 적치함으로써 그 의무를 완수하게 되는 거래 조건
③ DPU에서 매도인은 해당되는 경우에 물품의 수출통관을 이행하여야 한다. 그러나 매도인은 물품을 수입통관하거나 수입관세를 부담하거나 수입통관절차를 수행할 의무가 없다.

(11) DDP(Deliverd Duty Paid, 관세지급 인도 조건)
① 운송방식을 가리지 않고 사용될 수 있으며 둘 이상의 운송방식이 채택된 경우에도 사용될 수 있다.
② 매도인이 본인의 책임하에 목적지까지 물품을 운반하여 수입통관 절차를 거친 후 지정된 목적지에서 운송수단으로부터 양하(Unloading)하지 않은 상태로 매수인이 임의로 처분할 수 있는 상태에 둠으로써 그 의무를 완수하게 되는 거래 조건
③ DAP와는 달리 수입통관의 의무가 매도인에게 있으며 수입관세 및 부가가치세 등(조세 및 기타 부과금을 포함)을 포함하여 목적지까지 물품을 운반하는 데 따르는 모든 위험과 비용을 매도인이 부담
④ EXW 조건이 매도인에 대한 최소한의 의무인 반면 DDP는 매도인의 위험 및 비용부담이 가장 무거운 거래조건

4 Incoterms 2020 주요 개정사항

① 인코텀즈 2020 규칙 내 조항의 순서
- A1/B1 – 일반의무
- A2/B2 – 인도/인도의 수령
- A3/B3 – 위험이전
- A4/B4 – 운송
- A5/B5 – 보험
- A6/B6 – 인도/운송서류
- A7/B7 – 수출/수입통관
- A8/B8 – 점검/포장/하인표시
- A9/B9 – 비용분담
- A10/B10 – 통지

② 본선적재표기가 있는 선하증권과 인코텀즈 FCA 규칙
③ CIF(ICC-C)와 CIP(ICC-A)간 보험 부보수준의 차별화
④ FCA, DAP, DPU 및 DDP에서 매도인 또는 매수인 자신의 운송수단에 의한 운송 허용
⑤ DAT에서 DPU로의 명칭변경
⑥ 운송의무 및 비용 조항에 보안관련요건 삽입
⑦ 사용자를 위한 설명문[사용지침(Guidance Note)에서 사용자를 위한 설명문(Explanatory Notes for Users)으로 변경]

5 Incoterms® 2020 하에서 위험과 비용의 이전시기

	위험이전	비용이전	비고
EXW	매도인의 작업장 구내에서 매수인이 임의처분할 수 있도록 물품을 인도하였을 때	매도인은 위험이전까지의 제 비용 부담	수출입통관 및 승인은 매수인의 의무
FAS	물품이 지정선적항의 부두에 혹은 부선으로 본선의 선측에 인도했을 때	〃	• 수출통관 : 매도인 • 수입통관 : 매수인
FOB	물품이 지정선적항에서 본선에 적재되었을 때	〃	〃
CFR	〃	매도인은 적재시까지의 제비용과 목적항까지의 운임과 정기선의 경우 양하비 부담.	〃
CIF	〃	매도인은 적재 시까지의 제비용 + 목적항까지의 운임 및 보험료 + 정기선의 경우 양하비 부담	〃
FCA	매도인이 매수인이 지정한 운송인에게 수출통관된 물품을 인도하였을 때	매도인은 위험이전까지의 제 비용 부담	〃
CPT	물품이 약정된 일자 또는 기간내에 지정목적지까지 운송할 운송인의 보관하에 또는 후속 운송인이 있을 경우 최초의 운송인에게 물품인도 시	매도인은 FCA조건 + 지정된 목적지까지의 물품운송비 (복합운송개념에서의 운송비)	〃
CIP	〃	매도인은 CPT + 지정된 목적지까지의 적하보험료 부담	〃
DAP	지정목적지에서 도착운송수단에 실린 채 양하 준비된 상태로 매수인의 임의처분하에 놓이는 때	매도인의 위험이전까지의 제 비용 부담	〃
DPU	지정목적지에서 도착운송수단으로부터 양하된 상태로 매수인의 임의처분하에 놓이는 때	〃	〃
DDP	〃	〃 (단, 관세 포함)	수출입통관 및 승인 : 매도인 의무

6 INCOTERMS 2020 원문 및 번역본

RULES FOR ANY MODE OR MODES OF TRANSPORT
(모든 운송방식에 적용되는 규칙)

EXW | Ex Works EXW (insert named place of delivery) Incoterms® 2020	EXW | 공장인도 EXW (지정인도장소 기입) Incoterms® 2020
EXPLANATORY NOTES FOR USERS 1. Delivery and risk—"Ex Works" means that the seller delivers the goods to the buyer ▸ when it places the goods at the disposal of the buyer at a named place (like a factory or warehouse), and ▸ that named place may or may not be the seller's premises. For delivery to occur, the seller does not need to load the goods on any collecting vehicle, nor does it need to clear the goods for export, where such clearance is applicable. 2. Mode of transport—This rule may be used irrespective of the mode or modes of transport, if any, selected.	사용자를 위한 설명문 1. 인도와 위험 – "공장인도"는 매도인이 다음과 같이 한 때 매수인에게 물품을 인도하는 것을 의미한다. ▸ 매도인이 물품을 (공장이나 창고와 같은) 지정장소에서 매수인의 처분하에 두는 때, 그리고 ▸ 그 지정장소는 매도인의 영업구내일 수도 있고 아닐 수도 있다. 인도가 일어나기 위하여 매도인은 물품을 수취용 차량에 적재하지 않아도 되고, 물품의 수출통관이 요구되더라도 이를 수행할 필요가 없다. 2. 운송방식 – 본 규칙은 선택되는 어떤 운송방식이 있는 경우에 그것이 어떠한 단일 또는 복수의 운송방식인지를 불문하고 사용할 수 있다.

3. Place or precise point of delivery—The parties need only name the place of delivery. However, the parties are well advised also to specify as clearly as possible the precise point within the named place of delivery. A named precise point of delivery makes it clear to both parties when the goods are delivered and when risk transfers to the buyer; such precision also marks the point at which costs are for the buyer's account. If the parties do not name the point of delivery, then they are taken to have left it to the seller to select the point "that best suits its purpose". This means that the buyer may incur the risk that the seller may choose a point just before the point at which goods are lost or damaged. Best for the buyer therefore to select the precise point within a place where delivery will occur.

4. A note of caution to buyers—EXW is the Incoterms® rule which imposes the least set of obligations on the seller. From the buyer's perspective, therefore, the rule should be used with care for different reasons as set out below.

5. Loading risks— Delivery happens—and risk transfers—when the goods are placed, not loaded, at the buyer's disposal. However, risk of loss of or damage to the goods occurring while the loading operation is carried out by

3. 인도장소 또는 정확한 인도지점 - 당사자들은 단지 인도장소만 지정하면 된다. 그러나 당사자들은 또한 지정인도장소 내에 정확한 지점을 가급적 명확하게 명시하는 것이 좋다. 그러한 정확한 지정 인도지점은 양당사자에게 언제 물품이 인도되는지와 언제 위험이 매수인에게 이전하는지 명확하게 하며, 또한 그러한 정확한 지점은 매수인의 비용부담의 기준점을 확정한다. 당사자들이 인도지점을 지정하지 않는 경우에는 매도인이 "그의 목적에 가장 적합한" 지점을 선택하기로 한 것으로 된다. 이는 매수인으로서는 매도인이 물품의 멸실 또는 훼손이 발생한 지점이 아닌 그 직전의 지점을 선택할 수도 있는 위험이 있음을 의미한다. 따라서 매수인으로서는 인도가 이루어질 장소 내에 정확한 지점을 선택하는 것이 가장 좋다.

4. 매수인을 위한 유의사항 – EXW는 매도인에게 최소의 일련의 의무를 지우는 인코텀즈규칙 이다. 따라서 매수인의 관점에서 이 규칙은 아래와 같은 여러 가지 이유로 조심스럽게 사용하여야한다.

5. 적재위험 – 인도는 물품이 적재된 때가 아니라 매수인의 처분하에 놓인 때에 일어난다. – 그리고 그때 위험이 이전한다. 그러나 매도인이 적재작업을 수행하는 동안에 발생하는 물품의 멸실 또는 훼손의 위험을 적재에 물리적으로 참여

the seller, as it may well be, might arguably lie with the buyer, who has not physically participated in the loading. Given this possibility, it would be advisable, where the seller is to load the goods, for the parties to agree in advance who is to bear the risk of any loss of or damage to the goods during loading. This is a common situation simply because the seller is more likely to have the necessary loading equipment at its own premises or because applicable safety or security rules prevent access to the seller's premises by unauthorised personnel. Where the buyer is keen to avoid any risk during loading at the seller's premises, then the buyer ought to consider choosing the FCA rule (under which, if the goods are delivered at the seller's premises, the seller owes the buyer an obligation to load, with the risk of loss of or damage to the goods during that operation remaining with the seller).

6. Export clearance—With delivery happening when the goods are at the buyer's disposal either at the seller's premises or at another named point typically within the seller's jurisdiction or within the same Customs Union, there is no obligation on the seller to organise export clearance or clearance within third countries through which

하지 않은 매수인이 부담하는 것은 으레 그렇듯이 논란이 될 수 있다. 이러한 가능성 때문에 매도인이 물품을 적재하여야 하는 경우에 당사자들은 적재 중 물품의 멸실 또는 훼손의 위험을 누가 부담하는지를 미리 합의하여두는 것이 바람직하다. 단순히 매도인이 그의 영업구내에서 필요한 적재장비를 가지고 있을 가능성이 더 많기 때문에 혹은 적용가능한 안전규칙이나 보안규칙에 의하여 권한 없는 인원이 매도인의 영업구내에 접근하는 것이 금지되기 때문에 매도인이 물품을 적재하는 것은 흔한 일이다. 매도인의 영업구내에서 일어나는 적재작업 중의 위험을 피하고자 하는 경우에 매수인은 FCA 규칙을 선택하는 것을 고려하여야 한다(FCA 규칙에서는 물품이 매도인의 영업구내에서 인도되는 경우에 매도인이 매수인에 대하여 적재의무를 부담하고 적재작업 중에 발생하는 물품의 멸실 또는 훼손의 위험은 매도인이 부담한다).

6. 수출통관 – 물품이 매도인의 영업구내에서 또는 전형적으로 매도인의 국가나 관세동맹지역 내에 있는 다른 지정지점에서 매수인의 처분하에 놓인 때에 인도가 일어나므로, 매도인은 수출통관이나 운송 중에 물품이 통과할 제3국의 통관을 수행할 의무가 없다. 사실 EXW는 물품을 수출할 의사가 전혀 없는 국내거래에 적절하다. 수출통관에 관한 매도인의

the goods pass in transit. Indeed, EXW may be suitable for domestic trades, where there is no intention at all to export the goods. The seller's participation in export clearance is limited to providing assistance in obtaining such documents and information as the buyer may require for the purpose of exporting the goods. Where the buyer intends to export the goods and where it anticipates difficulty in obtaining export clearance, the buyer would be better advised to choose the FCA rule, under which the obligation and cost of obtaining export clearance lies with the seller.

참여는 물품수출을 위하여 매수인이 요청할 수 있는 서류와 정보를 취득하는 데 협력을 제공하는 것에 한정된다. 매수인이 물품을 수출하기를 원하나 수출통관을 하는 데 어려움이 예상되는 경우에, 매수인은 수출통관을 할 의무와 그에 관한 비용을 매도인이 부담하는 FCA 규칙을 선택하는 것이 더 좋다.

FCA | Free Carrier
FCA (insert named place of delivery)
Incoterms® 2020

EXPLANATORY NOTES FOR USERS
1. Delivery and risk—"Free Carrier (named place)" means that the seller delivers the goods to the buyer in one or other of two ways.
   ▸ First when the named place is the seller's premises, the goods are delivered
   ▸ when they are loaded on the means of transport arranged by the buyer.
   ▸ Second, when the named place is another place, the goods are delivered
   ▸ when, having been loaded on the seller's means of transport,
   ▸ they reach the named other place and
   ▸ are ready for unloading from that seller's means of transport and
   ▸ at the disposal of the carrier or of another person nominated by the buyer.

Whichever of the two is chosen as the place of delivery, that place identifies where risk transfers to the buyer and the time from which costs are for the buyer's account.

FCA | 운송인인도
FCA (지정인도장소 기입)
Incoterms® 2020

사용자를 위한 설명문
1. 인도와 위험 – "운송인인도(지정장소)"는 매도인이 물품을 매수인에게 다음과 같은 두 가지 방법 중 어느 하나로 인도하는 것을 의미한다.
   ▸ 첫째, 지정장소가 매도인의 영업구내인 경우, 물품은 다음과 같이 된 때 인도된다.
   ▸ 물품이 매수인이 마련한 운송수단에 적재된 때
   ▸ 둘째, 지정장소가 그 밖의 장소인 경우, 물품은 다음과 같이 된 때 인도된다.
   ▸ 매도인의 운송수단에 적재되어서
   ▸ 지정 장소에 도착 하고
   ▸ 매도인의 운송수단에 실린 채 양하준비된 상태로
   ▸ 매수인이 지정한 운송인이나 제3자의 처분하에 놓인 때

그러한 두 장소 중에서 인도장소로 선택되는 장소는 위험이 매수인에게 이전하는 곳이자 또한 매수인이 비용을 부담하기 시작하는 시점이 된다.

2. Mode of transport—This rule may be used irrespective of the mode of transport selected and may also be used where more than one mode of transport is employed.

3. Place or point of delivery—A sale under FCA can be concluded naming only the place of delivery, either at the seller's premises or elsewhere, without specifying the precise point of delivery within that named place. However, the parties are well advised also to specify as clearly as possible the precise point within the named place of delivery. A named precise point of delivery makes it clear to both parties when the goods are delivered and when risk transfers to the buyer; such precision also marks the point at which costs are for the buyer's account. Where the precise point is not identified, however, this may cause problems for the buyer. The seller in this case has the right to select the point "that best suits its purpose": that point becomes the point of delivery, from which risk and costs transfer to the buyer. If the precise point of delivery is not identified by naming it in the contract, then the parties are taken to have left it to the seller to select the point "that best suits its purpose". This means that the buyer may incur the risk that the seller may

2. 운송방식 – 본 규칙은 어떠한 운송방식이 선택되는지를 불문하고 사용할 수 있고 둘 이상의 운송방식이 이용되는 경우에도 사용할 수 있다.

3. 인도장소 또는 인도지점 – FCA 매매는 지정장소 내에 정확한 인도지점을 명시하지 않고서 매도인의 영업구내나 그 밖의 장소 중에서 어느 하나를 단지 인도장소로 지정하여 체결될 수 있다. 그러나 당사자들은 지정인도장소 내에 정확한 지점도 가급적 명확하게 명시하는 것이 좋다. 그러한 정확한 지정인도지점은 양당사자에게 언제 물품이 인도되는지와 언제 위험이 매수인에게 이전하는지 명확하게 하며, 또한 그러한 정확한 지점은 매수인의 비용부담의 기준점을 확정한다. 그러나 정확한 지점이 지정되지 않는 경우에는 매수인에게 문제가 생길 수 있다. 이러한 경우에 매도인은 "그의 목적에 가장 적합한" 지점을 선택할 권리를 갖는다. 즉 이러한 지점이 곧 인도지점이 되고 그곳에서부터 위험과 비용이 매수인에게 이전한다. 계약에서 이를 지정하지 않아서 정확한 인도지점이 정해지지 않은 경우에, 당사자들은 매도인이 "자신의 목적에 가장 적합한" 지점을 선택하도록 한 것으로 된다. 이는 매수인으로서는 매도인이 물품의 멸실 또는 훼손이 발생한 지점이 아닌 그 직전의 지점을 선택할 수도 있는 위험이 있음을 의미한다. 따라서 매수인으로서는 인도가 이루어질 장소 내에 정확한 지점을

choose a point just before the point at which goods are lost or damaged. Best for the buyer therefore to select the precise point within a place where delivery will occur

4. 'or procure goods so delivered'—The reference to "procure" here caters for multiple sales down a chain (string sales), particularly, although not exclusively, common in the commodity trades.

5. Export/import clearance—FCA requires the seller to clear the goods for export, where applicable. However, the seller has no obligation to clear the goods for import or for transit through third countries, to pay any import duty or to carry out any import customs formalities.

6. Bills of lading with an on-board notation in FCA sales—We have already seen that FCA is intended for use irrespective of the mode or modes of transport used. Now if goods are being picked up by the buyer's road-haulier in Las Vegas, it would be rather uncommon to expect a bill of lading with an on-board notation to be issued by the carrier from Las Vegas, which is not a port and which a vessel cannot reach for goods to be placed on board. Nonetheless, sellers selling FCA Las

선택하는 것이 가장 좋다.

4. '또는 그렇게 인도된 물품을 조달한다' - 여기에 "조달한다"(procure)고 규정한 것은 꼭 이 분야에서 그런 것만은 아니지만 특히 일차산품거래(commodity trades)에서 일반적인 수차에 걸쳐 연속적으로 이루어지는 매매('연속매매', string sales')에 대응하기 위함이다.

5. 수출/수입통관–FCA에서는 해당되는 경우에 매도인이 물품의 수출통관을 하여야 한다. 그러나 매도인은 물품의 수입을 위한 또는 제3국 통과를 위한 통관을 하거나 수입관세를 납부하거나 수입통관절차를 수행할 의무가 없다.

6. FCA 매매에서 본선적재표기가 있는 선하증권 – 이미 언급하였듯이 FCA는 사용되는 운송방식이 어떠한지를 불문하고 사용할 수 있다. 이제는 매수인의 도로운송인이 라스베이거스에서 물품을 수거(pick up)한다고 할 때, 라스베이거스에서 운송인으로부터 본선적재표기가 있는 선하증권을 발급받기를 기대하는 것이 오히려 일반적이지 않다. 라스베이거스는 항구가 아니어서 선박이 물품적재를 위하여 그곳으로 갈 수 없기 때문이다. 그럼에도 FCA Las Vegas 조건으로 매매하는 매도인은 때로는 (전형

Vegas do sometimes find themselves in a situation where they need a bill of lading with an on-board notation (typically because of a bank collection or a letter of credit requirement), albeit necessarily stating that the goods have been placed on board in Los Angeles as well as stating that they were received for carriage in Las Vegas. To cater for this possibility of an FCA seller needing a bill of lading with an on-board notation, FCA Incoterms® 2020 has, for the first time, provided the following optional mechanism. If the parties have so agreed in the contract, the buyer must instruct its carrier to issue a bill of lading with an on-board notation to the seller. The carrier may or may not, of course, accede to the buyer's request, given that the carrier is only bound and entitled to issue such a bill of lading once the goods are on board in Los Angeles. However, if and when the bill of lading is issued to the seller by the carrier at the buyer's cost and risk, the seller must provide that same document to the buyer, who will need the bill of lading in order to obtain discharge of the goods from the carrier. This optional mechanism becomes unnecessary, of course, if the parties have agreed that the seller will present to the buyer a bill

적으로 은행의 추심조건이나 신용장조건 때문에) 무엇보다도 물품이 라스베이거스에서 운송을 위하여 수령된 것으로 기재될 뿐만 아니라 그것이 로스앤젤레스에서 선적되었다고 기재된 본선적재표기가 있는 선하증권이 필요한 상황에 처하게 된다. 본선적재표기가 있는 선하증권을 필요로 하는 FCA 매도인의 이러한 가능성에 대응하기 위하여 인코텀즈 2020 FCA에서는 처음으로 다음과 같은 선택적 기제를 규정한다. 당사자들이 계약에서 합의한 경우에 매수인은 그의 운송인에게 본선적재표기가 있는 선하증권을 매도인에게 발행하도록 지시하여야 한다. 물론 운송인으로서는 물품이 로스앤젤레스에서 본선적재된 때에만 그러한 선하증권을 발행할 의무가 있고 또 그렇게 할 권리가 있기 때문에 매수인의 요청에 응할 수도 응하지 않을 수도 있다. 그러나 운송인이 매수인의 비용과 위험으로 매도인에게 선하증권을 발행하는 경우에는 매도인은 바로 그 선하증권을 매수인에게 제공하여야 하고 매수인은 운송인으로부터 물품을 수령하기 위하여 그 선하증권이 필요하다. 물론 당사자들의 합의에 의하여 매도인이 매수인에게 물품의 본선적재 사실이 아니라 단지 물품이 선적을 위하여 수령되었다는 사실을 기재한 선하증권을 제시하는 경우에는 이러한 선택적 기제는 불필요하다. 또한 강조되어야 할 것으로 이러한 선택적 기제가 적용되는 경우에도 매도인은 매수인에 대하여 운송계약

of lading stating simply that the goods have been received for shipment rather than that they have been shipped on board. Moreover, it should be emphasised that even where this optional mechanism is adopted, the seller is under no obligation to the buyer as to the terms of the contract of carriage. Finally, when this optional mechanism is adopted, the dates of delivery inland and loading on board will necessarily be different, which may well create difficulties for the seller under a letter of credit.

조건에 관한 어떠한 의무도 없다. 끝으로, 이러한 선택적 기제가 적용되는 경우에 내륙의 인도일자와 본선적재일자는 부득이 다를 수 있을 것이고, 이로 인하여 매도인에게 신용장상 어려움이 발생할 수 있다.

CPT | Carriage Paid To CPT (insert named place of destination) Incoterms® 2020	CPT | 운송비지급인도 CPT (지정목적지 기입) Incoterms® 2020

EXPLANATORY NOTES FOR USERS	사용자를 위한 설명문

1. Delivery and risk—"Carriage Paid To" means that the seller delivers the goods—and transfers the risk—to the buyer

   ▸ by handing them over to the carrier
   ▸ contracted by the seller
   ▸ or by procuring the goods so delivered.
   ▸ The seller may do so by giving the carrier physical possession of the goods in the manner and at the place appropriate to the means of transport used.

   Once the goods have been delivered to the buyer in this way, the seller does not guarantee that the goods will reach the place of destination in sound condition, in the stated quantity or indeed at all. This is because risk transfers from seller to buyer when the goods are delivered to the buyer by handing them over to the carrier; the seller must nonetheless contract for the carriage of the goods from delivery to the agreed destination. Thus, for example, goods are handed over to a carrier in Las Vegas (which is not a port) for carriage to Southampton (a

1. 인도와 위험 – "운송비지급인도"는 매도인이 다음과 같이 매수인에게 물품을 인도하는 것을 – 그리고 위험을 이전하는 것을 – 의미한다.

   ▸ 매도인과 계약을 체결한 운송인에게
   ▸ 물품을 교부함으로써
   ▸ 또는 그렇게 인도된 물품을 조달함으로써.
   ▸ 매도인은 사용되는 운송수단에 적합한 방법으로 그에 적합한 장소에서 운송인에게 물품의 물리적 점유를 이전함으로써 물품을 인도할 수 있다.

   물품이 이러한 방법으로 매수인에게 인도되면 매도인은 그 물품이 목적지에 양호한 상태로 그리고 명시된 수량 또는 그 전량이 도착할 것을 보장하지 않는다. 왜냐하면 물품이 운송인에게 교부됨으로써 매수인에게 인도된 때 위험은 매도인으로부터 매수인에게 이전하기 때문이다. 그러나 매도인은 물품을 인도지로부터 합의된 목적지까지 운송하는 계약을 체결하여야 한다. 따라서 예컨대 (항구인) 사우샘프턴이나 (항구가 아닌) 윈체스터까지 운송하기 위하여 (항구가 아닌) 라스베이거스에서 운송인에게 물품이 교부된다. 이러한 각각의 경우에 위험을 매수인에게 이전시키는 인도는

port) or to Winchester (which is not a port). In either case, delivery transferring risk to the buyer happens in Las Vegas, and the seller must make a contract of carriage to either Southampton or Winchester.

2. Mode of transport—This rule may be used irrespective of the mode of transport selected and may also be used where more than one mode of transport is employed.

3. Places (or points) of delivery and destination—In CPT, two locations are important: the place or point (if any) at which the goods are delivered (for the transfer of risk) and the place or point agreed as the destination of the goods (as the point to which the seller promises to contract for carriage).

4. Identifying the place or point of delivery with precision—The parties are well advised to identify both places, or indeed points within those places, as precisely as possible in the contract of sale. Identifying the place or point (if any) of delivery as precisely as possible is important to cater for the common situation where several carriers are engaged, each for different legs of the transit from delivery to destination. Where this happens and the parties do not agree on a specific place or point of delivery,

라스베이거스에서 일어나고 매도인은 사우샘프턴이나 윈체스터로 향하는 운송계약을 체결하여야 한다.

2. 운송방식 – 본 규칙은 어떠한 운송방식이 선택되는지를 불문하고 사용할 수 있고 둘 이상의 운송방식이 이용되는 경우에도 사용할 수 있다.

3. 인도장소(또는 인도지점)와 목적지 – CPT에서는 두 곳이 중요하다. 물품이 (위험이전을 위하여) 인도되는 장소 또는 지점(있는 경우)이 그 하나이고, 물품의 목적지로서 합의된 장소 또는 지점이 다른 하나이다(매도인은 이 지점까지 운송계약을 체결하기로 약속하기 때문이다).

4. 정확한 인도장소 또는 인도지점 지정 – 당사자들은 매매계약에서 가급적 정확하게 두 장소(인도장소 및 목적지) 또는 그러한 두 장소 내의 실제 지점들을 지정하는 것이 좋다. 인도장소나 인도지점(있는 경우)을 가급적 정확하게 지정하는 것은 복수의 운송인이 참여하여 인도지부터 목적지까지 사이에 각자 상이한 운송구간을 담당하는 일반적인 상황에 대응하기 위하여 중요하다. 이러한 상황에서 당사자들이 특정한 인도장소나 인도지점을 합의하지 않는 경우에 [본 규칙이 규정하는] 보충적 입장은, 위험은 물품이 매도인이 전적으로 선택하고 그

the default position is that risk transfers when the goods have been delivered to the first carrier at a point entirely of the seller's choosing and over which the buyer has no control. Should the parties wish the risk to transfer at a later stage (e.g. at a sea or river port or at an airport), or indeed an earlier one (e.g. an inland point some way away from a sea or river port), they need to specify this in their contract of sale and to carefully think through the consequences of so doing in case the goods are lost or damaged.

에 대하여 매수인이 전혀 통제할 수 없는 지점에서 제1운송인에게 인도된 때 이전한다는 것이다. 그 후의 어느 단계에서 (예컨대 바다나 강의 항구에서 또는 공항에서) 또는 그 전의 어느 단계에서 (예컨대 바다나 강의 항구로부터 멀리 있는 내륙의 어느 지점에서) 위험이 이전되길 원한다면, 당사자들은 이를 매매계약에 명시하고 물품이 실제로 멸실 또는 훼손되는 경우에 그렇게 하는 것의 결과가 어떻게 되는지를 신중하게 생각할 필요가 있다.

5. Identifying the destination as precisely as possible—The parties are also well advised to identify as precisely as possible in the contract of sale the point within the agreed place of destination, as this is the point to which the seller must contract for carriage and this is the point to which the costs of carriage fall on the seller.

5. 가급적 정확한 목적지 지정 – 당사자들은 또한 매매계약에서 합의된 목적지 내의 지점을 가급적 정확하게 지정하는 것이 좋다. 그 지점까지 매도인은 운송계약을 체결하여야 하고 그 지점까지 발생하는 운송비용을 매도인이 부담하기 때문이다.

6. 'or procuring the goods so delivered'—The reference to "procure" here caters for multiple sales down a chain (string sales), particularly common in the commodity trades.

6. '또는 그렇게 인도된 물품을 조달함' – 여기에 "조달한다"(procure)고 규정한 것은 특히 일차산품거래(commodity trades)에서 일반적인 수차에 걸쳐 연속적으로 이루어지는 매매('연속매매', 'string sales)에 대응하기 위함이다.

7. Costs of unloading at destination—If the seller incurs costs under its contract of carriage related to unloading at the named place of destination, the seller is

7. 목적지의 양하비용 – 매도인이 자신의 운송계약상 지정목적지에서 양하에 관하여 비용이 발생한 경우에 매도인은 당사자간에 달리 합의되지 않은 한 그러한

not entitled to recover such costs separately from the buyer unless otherwise agreed between the parties.

8. Export/import clearance—CPT requires the seller to clear the goods for export, where applicable. However, the seller has no obligation to clear the goods for import or for transit through third countries, or to pay any import duty or to carry out any import customs formalities.

비용을 매수인으로부터 별도로 상환 받을 권리가 없다.

8. 수출/수입통관－CPT에서는 해당되는 경우에 매도인이 물품의 수출통관을 하여야 한다. 그러나 매도인은 물품의 수입을 위한 또는 제3국 통과를 위한 통관을 하거나 수입관세를 납부하거나 수입통관절차를 수행할 의무가 없다.

CIP | Carriage and Insurance Paid To
CIP (insert named place of destination) Incoterms® 2020

CIP | 운송비·보험료지급인도
CIP (지정목적지 기입) Incoterms® 2020

EXPLANATORY NOTES FOR USERS

1. Delivery and risk—"Carriage and Insurance Paid To" means that the seller delivers the goods—and transfers the risk—to the buyer
    ▶ by handling them over to the carrier
    ▶ contracted by the seller
    ▶ or by procuring the goods so delivered.

    ▶ The seller may do so by giving the carrier physical possession of the goods in the manner and at the place appropriate to the means of transport used.

    Once the goods have been delivered to the buyer in this way, the seller does not guarantee that the goods will reach the place of destination in sound condition, in the stated quantity or indeed at all. This is because risk transfers from seller to buyer when the goods are delivered to the buyer by handing them over to the carrier; the seller must nonetheless contract for the carriage of the goods from delivery to the agreed destination. Thus, for example, goods are handed over to a carrier in Las Vegas (which is not a port) for carriage to Southampton (a

사용자를 위한 설명문

1. 인도와 위험 – "운송비·보험료지급인도"는 매도인이 다음과 같이 매수인에게 물품을 인도하는 것을 – 그리고 위험을 이전하는 것을 – 의미한다.
    ▶ 매도인과 계약을 체결한 운송인에게
    ▶ 물품을 교부함으로써
    ▶ 또는 그렇게 인도된 물품을 조달함으로써.
    ▶ 매도인은 사용되는 운송수단에 적합한 방법으로 그에 적합한 장소에서 운송인에게 물품의 물리적 점유를 이전함으로써 물품을 인도할 수 있다.

    물품이 이러한 방법으로 매수인에게 인도되면, 매도인은 그 물품이 목적지에 양호한 상태로 그리고 명시된 수량 또는 그 전량이 도착할 것을 보장하지 않는다. 왜냐하면 물품이 운송인에게 교부됨으로써 매수인에게 인도된 때 위험은 매도인으로부터 매수인에게 이전하기 때문이다. 그러나 매도인은 물품을 인도지로부터 합의된 목적지까지 운송하는 계약을 체결하여야 한다. 따라서 예컨대 (항구인) 사우샘프턴이나 (항구가 아닌) 윈체스터까지 운송하기 위하여 (항구가 아닌) 라스베이거스에서 운송인에게 물품이 교부된다. 이러한 각각의 경우에 위험을 매수인에게 이전시키는 인도는

port) or to Winchester (which is not a port). In either case, delivery transferring risk to the buyer happens in Las Vegas, and the seller must make a contract of carriage to either Southampton or Winchester.

2. Mode of transport—This rule may be used irrespective of the mode of transport selected and may also be used where more than one mode of transport is employed.

3. Places (or points) of delivery and destination—In CIP two locations are important: the place or point at which the goods are delivered (for the transfer of risk) and the place or point agreed as the destination of the goods (as the point to which the seller promises to contract for carriage).

4. Insurance—The seller must also contract for insurance cover against the buyer's risk of loss of or damage to the goods from the point of delivery to at least the point of destination. This may cause difficulty where the destination country requires insurance cover to be purchased locally: in this case the parties should consider selling and buying under CPT. The buyer should also note that under the CIP Incoterms® 2020 rule the seller is required to obtain extensive insurance cover complying with Institute Cargo Clauses (A) or

라스베이거스에서 일어나고 매도인은 사우샘프턴이나 윈체스터로 향하는 운송계약을 체결하여야 한다.

2. 운송방식 – 본 규칙은 어떠한 운송방식이 선택되는지를 불문하고 사용할 수 있고 둘 이상의 운송방식이 이용되는 경우에도 사용할 수 있다.

3. 인도장소(또는 인도지점)와 목적지 – CIP에서는 두 곳이 중요하다. 물품이 (위험이전을 위하여) 인도되는 장소 또는 지점이 그 하나이고, 물품의 목적지로서 합의된 장소 또는 지점이 다른 하나이다(매도인은 이 지점까지 운송계약을 체결하기로 약속하기 때문이다).

4. 보험 – 매도인은 또한 인도지점부터 적어도 목적지점까지 매수인의 물품의 멸실 또는 훼손 위험에 대하여 보험계약을 체결하여야 한다. 이는 목적지 국가가 자국의 보험자에게 부보하도록 요구하는 경우에는 어려움을 야기할 수 있다. 이러한 경우에 당사자들은 CPT로 매매하는 것을 고려하여야 한다. 또한 매수인은 인코텀즈 2020 CIP 하에서 매도인은 협회적하약관의 C-약관에 의한 제한적인 담보조건이 아니라 협회적하약관의 A-약관이나 그와 유사한 약관에 따른 광범위한 담보조건으로 부보하여야 한다는 것을 유의하여야 한다. 그러나

similar clause, rather than with the more limited cover under Institute Cargo Clauses (C). It is, however, still open to the parties to agree on a lower level of cover.

5. Identifying the place or point of delivery with precision—The parties are well advised to identify both places, or indeed points within those places, as precisely as possible in the contract of sale. Identifying the place or point (if any) of delivery as precisely as possible is important to cater for the common situation where several carriers are engaged, each for different legs of the transit from delivery to destination. Where this happens and the parties do not agree on a specific place or point of delivery, the default position is that risk transfers when the goods have been delivered to the first carrier at a point entirely of the seller's choosing and over which the buyer has no control. Should the parties wish the risk to transfer at a later stage (e.g. at a sea or river port or at an airport), or indeed an earlier one (e.g. an inland point some way away from 石 sea or river port), they need to specify this in their contract of sale and to carefully think through the consequences of so doing in case the goods are lost or damaged.

당사자들은 여전히 더 낮은 수준의 담보조건으로 부보하기로 합의할 수 있다.

5. 정확한 인도장소 또는 인도지점 지정 – 당사자들은 매매계약에서 가급적 정확하게 두 장소(인도장소 및 목적지) 또는 그러한 두 장소 내의 실제 지점들을 지정하는 것이 좋다. 인도장소나 인도지점(있는 경우)을 가급적 정확하게 지정하는 것은 복수의 운송인이 참여하여 인도지부터 목적지까지 사이에 각자 상이한 운송구간을 담당하는 일반적인 상황에 대응하기 위하여 중요하다. 이러한 상황에서 당사자들이 특정한 인도장소나 인도지점을 합의하지 않는 경우에 [본 규칙이 규정하는] 보충적 입장은, 위험은 물품이 매도인이 전적으로 선택하고 그에 대하여 매수인이 전혀 통제할 수 없는 지점에서 제1운송인에게 인도된 때 이전한다는 것이다. 그 후의 어느 단계에서 (예컨대 바다나 강의 항구에서 또는 공항에서) 또는 그 전의 어느 단계에서 (예컨대 바다나 강의 항구로부터 멀리 있는 내륙의 어느 지점에서) 위험이 이전되길 원한다면, 당사자들은 이를 매매계약에 명시하고 물품이 실제로 멸실 또는 훼손되는 경우에 그렇게 하는 것의 결과가 어떻게 되는지를 신중하게 생각할 필요가 있다.

6. Identifying the destination as precisely as possible—The parties are also well advised to identify as precisely as possible in the contract of sale the point within the agreed place of destination, as this is the point to which the seller must contract for carriage and insurance and this is the point to which the costs of carriage and insurance fall on the seller.	6. 가급적 정확한 목적지 지정 – 당사자들은 매매계약에서 합의된 목적지 내의 지점을 가급적 정확하게 지정하는 것이 좋다. 그 지점까지 매도인은 운송계약과 보험계약을 체결하여야 하고 그 지점까지 발생하는 운송비용과 보험비용을 매도인이 부담하기 때문이다.
7. 'or procuring the goods so delivered' – The reference to "procure" here caters for multiple sales down a chain (string sales), particularly common in the commodity trades.	7. '또는 그렇게 인도된 물품을 조달함' - 여기에 "조달한다"(procure)고 규정한 것은 특히 일차산품거래(commodity trades)에서 일반적인 수차에 걸쳐 연속적으로 이루어지는 매매('연속매매', string sales')에 대응하기 위함이다.
8. Costs of unloading at destination—If the seller incurs costs under its contract of carriage related to unloading at the named place of destination, the seller is not entitled to recover such costs separately from the buyer unless otherwise agreed between the parties.	8. 목적지의 양하비용 – 매도인이 자신의 운송계약상 지정목적지에서 양하에 관하여 비용이 발생한 경우에 매도인은 당사자간에 달리 합의되지 않은 한 그러한 비용을 매수인으로부터 별도로 상환받을 권리가 없다.
9. Export/import clearance—CIP requires the seller to clear the goods for export, where applicable. However, the seller has no obligation to clear the goods for import or for transit through third countries, or to pay any import duty or to carry out any import customs formalities.	9. 수출/수입통관 CIP에서는 해당되는 경우에 매도인이 물품의 수출통관을 하여야 한다. 그러나 매도인은 물품의 수입을 위한 또는 제3국 통과를 위한 통관을 하거나 수입관세를 납부하거나 수입통관절차를 수행할 의무가 없다.

| DAP | Delivered at Place | DAP | 도착지인도 |
| DAP (insert named place of destination) Incoterms® 2020 | DAP (지정목적지 기입) Incoterms® 2020 |

EXPLANATORY NOTES FOR USERS

1. Delivery and risk—"Delivered at Place" means that the seller delivers the goods—and transfers risk—to the buyer
   - when the goods are placed at the disposal of the buyer
   - on the arriving means of transport ready for unloading
   - at the named place of destination or
   - at the agreed point within that place, if any such point is agreed

   The seller bears all risks involved in bringing the goods to the named place of destination or to the agreed point within that place. In this Incoterms® rule, therefore, delivery and arrival at destination are the same.

2. Mode of transport—This rule may be used irrespective of the mode of transport selected and may also be used where more than one mode of transport is employed.

3. Identifying the place or point of delivery/destination precisely—The parties are well advised to specify the destination place or point as clearly as possible and this for several reasons.

사용자를 위한 설명문

1. 인도와 위험 – "도착지인도"는 다음과 같이 된 때 매도인이 매수인에게 물품을 인도하는 것을 – 그리고 위험을 이전하는 것을 – 의미한다.
   - 물품이 지정목적지에서 또는
   - 지정목적지 내에 어떠한 지점이 합의된 경우에는 그 지점에서
   - 도착운송수단에 실어둔 채 양하준비된 상태로
   - 매수인의 처분하에 놓인때

   매도인은 물품을 지정목적지까지 또는 지정목적지 내의 합의된 지점까지 가져가는 데 수반되는 모든 위험을 부담한다. 따라서 본 인코텀즈규칙에서 인도와 목적지의 도착은 같은 것이다.

2. 운송방식 – 본 규칙은 어떠한 운송방식이 선택되는지를 불문하고 사용할 수 있고 둘 이상의 운송방식이 이용되는 경우에도 사용할 수 있다.

3. 정확한 인도장소/목적지 또는 인도/목적지점 지정 – 당사자들은 몇 가지 이유로 가급적 명확하게 목적지나 목적지점을 명시하는 것이 좋다. 첫째, 물품의 멸실 또는 훼손의 위험은 그러한 인도/목적지

First, risk of loss of or damage to the goods transfers to the buyer at that point of delivery/ destination—and it is best for the seller and the buyer to be clear about the point at which that critical transfer happens. Secondly, the costs before that place or point of delivery/destination are for the account of the seller and the costs after that place or point are for the account of the buyer. Thirdly, the seller must contract or arrange for the carriage of the goods to the agreed place or point of delivery/destination. If it fails to do so, the seller is in breach of its obligations under the Incoterms® DAP rule and will be liable to the buyer for any ensuing loss. Thus, for example, the seller would be responsible for any additional costs levied by the carrier to the buyer for any additional on-carriage.

4. 'or procuring the goods so delivered' —The reference to "procure" here caters for multiple sales down a chain (string sales), particularly common in the commodity trades.

5. Unloading costs—The seller is not required to unload the goods from the arriving means of transportation. However, if the seller incurs costs under its contract of carriage related to unloading at the place of delivery/

점에서 매수인에게 이전한다. — 따라서 매도인과 매수인은 그러한 결정적인 이전이 일어나는 지점에 대하여 명확하게 해두는 것이 가장 좋다. 둘째, 그러한 인도장소/목적지 또는 인도/목적지점 전의 비용은 매도인이 부담하고 그 후의 비용은 매수인이 부담한다. 셋째, 매도인은 물품을 합의된 인도장소/목적지 또는 인도/목적지점까지 운송하는 계약을 체결하거나 그러한 운송을 마련하여야 한다. 그렇게 하지 않는 경우에 매도인은 인코텀즈 DAP 규칙상 그의 의무를 위반한 것이 되고 매수인에 대하여 그에 따른 손해배상책임을 지게 된다. 따라서 예컨대 매도인은 추가적인 후속운송(on-carriage)을 위하여 운송인이 매수인에게 부과하는 추가비용에 대하여 책임을 지게 된다.

4. '또는 그렇게 인도된 물품을 조달함' – 여기에 "조달한다"(procure)고 규정한 것은 특히 일차산품거래(commodity trades)에서 일반적인 수차에 걸쳐 연속적으로 이루어지는 매매('연속매매', 'string sales')에 대응하기 위함이다.

5. 양하비용 – 매도인은 도착운송수단으로부터 물품을 양하(unload)할 필요가 없다. 그러나 매도인이 자신의 운송계약상 인도장소/목적지에서 양하에 관하여 비용이 발생한 경우에 매도인은 당사자간에 달리 합의되지 않은 한 그러한 비용

destination, the seller is not entitled to recover such costs separately from the buyer unless otherwise agreed between the parties.

6. Export/import clearance—DAP requires the seller to clear the goods for export, where applicable. However, the seller has no obligation to clear the goods for import or for post-delivery transit through third countries, to pay any import duty or to carry out any import customs formalities. As a result, if the buyer fails to organise import clearance, the goods will be held up at a port or inland terminal in the destination country. Who bears the risk of any loss that might occur while the goods are thus held up at the port of entry in the destination country? The answer is the buyer: delivery will not have occurred yet, B3(a) ensuring that the risk of loss of or damage to the goods is with the buyer until transit to a named inland point can be resumed. If, in order to avoid this scenario, the parties intend the seller to clear the goods for import, pay any import duty or tax and carry out any import customs formalities, the parties might consider using DDP.

을 매수인으로부터 별도로 상환받을 권리가 없다.

6. 수출/수입통관 DAP에서는 해당되는 경우에 매도인이 물품의 수출통관을 하여야 한다. 그러나 매도인은 물품의 수입을 위한 또는 인도 후 제3국 통과를 위한 통관을 하거나 수입관세를 납부하거나 수입통관절차를 수행할 의무가 없다. 따라서 매수인이 수입통관을 못하는 경우에 물품은 목적지 국가의 항구나 내륙터미널에 묶이게 될 것이다. 그렇다면 물품이 목적지 국가의 입국항구(port of entry)에 묶여있는 동안에 발생하는 어떤 멸실의 위험은 누가 부담하는가? 그 답은 매수인이다. 즉 아직 인도가 일어나지 않았고, B3(a)는 내륙의 지정지점으로의 통과가 재개될 때까지 물품의 멸실 또는 훼손의 위험을 매수인이 부담하도록 하기 때문이다. 만일 이러한 시나리오를 피하기 위하여 물품의 수입통관을 하고 수입관세나 세금을 납부하고 수입통관절차를 수행하는 것을 매도인이 하도록 하고자 하는 경우에 당사자들은 DDP를 사용하는 것을 고려할 수 있다.

DPU | Delivered at Place Unloaded
DPU (insert named place of destination)
Incoterms® 2020

EXPLANATORY NOTES FOR USERS

1. Delivery and risk—"Delivered at Place Unloaded" means that the seller delivers the goods—and transfers risk—to the buyer
   ▶ when the goods,
   ▶ once unloaded from the arriving means of transport,
   ▶ are placed at the disposal of the buyer
   ▶ at a named place of destination or
   ▶ at the agreed point within that place, if any such point is agreed.

   The seller bears all risks involved in bringing the goods to and unloading them at the named place of destination. In this Incoterms® rule, therefore, the delivery and arrival at destination are the same. DPU is the only Incoterms® rule that requires the seller to unload goods at destination. The seller should therefore ensure that it is in a position to organise unloading at the named place. Should the parties intend the seller not to bear the risk and cost of unloading, the DPU rule should be avoided and DAP should be used instead.

DPU | 도착지양하인도
DPU (지정목적지 기입)
Incoterms® 2020

사용자를 위한 설명문

1. 인도와 위험 – "도착지양하인도"는 다음과 같이 된 때 매도인이 매수인에게 물품을 인도하는 것을 – 그리고 위험을 이전하는 것을 – 의미한다.
   ▶ 물품이
   ▶ 지정목적지에서 또는
   ▶ 지정목적지 내에 어떠한 지점이 합의된 경우에는 그 지점에서
   ▶ 도착운송수단으로부터 양하된 상태로
   ▶ 매수인의 처분하에 놓인 때.

   매도인은 물품을 지정목적지까지 가져가서 그곳에서 물품을 양하하는 데 수반되는 모든 위험을 부담한다. 따라서 본 인코텀즈 규칙에서 인도와 목적지의 도착은 같은 것이다. DPU는 매도인이 목적지에서 물품을 양하하도록 하는 유일한 인코텀즈 규칙이다. 따라서 매도인은 자신이 그러한 지정장소에서 양하를 할 수 있는 입장에 있는지를 확실히 하여야 한다. 당사자들은 매도인이 양하의 위험과 비용을 부담하기를 원하지 않는 경우에는 DPU를 피하고 그 대신 DAP를 사용하여야 한다.

2. Mode of transport—This rule may be used irrespective of the mode of transport selected and may also be used where more than one mode of transport is employed.
3. Identifying the place or point of delivery/destination precisely—The parties are well advised to specify the destination place or point as clearly as possible and this for several reasons. First, risk of loss of or damage to the goods transfers to the buyer at that point of delivery/ destination—and it is best for the seller and the buyer to be clear about the point at which that critical transfer happens. Secondly, the costs before that place or point of delivery/destination are for the account of the seller and the costs after that place or point are for the account of the buyer. Thirdly, the seller must contract or arrange for the carriage of the goods to the agreed place or point of delivery/destination. If it fails to do so, the seller is in breach of its obligations under this rule and will be liable to the buyer for any ensuing loss. The seller would, for example, be responsible for any additional costs levied by the carrier to the buyer for any additional on-carriage.

2. 운송방식 – 본 규칙은 어떠한 운송방식이 선택되는지를 불문하고 사용할 수 있고 둘 이상의 운송방식이 이용되는 경우에도 사용할 수 있다.
3. 정확한 인도장소/목적지 또는 인도/목적지점 지정 – 당사자들은 몇 가지 이유로 가급적 명확하게 목적지나 목적지점을 명시하는 것이 좋다. 첫째, 물품의 멸실 또는 훼손의 위험은 그러한 인도/목적지점에서 매수인에게 이전한다. – 따라서 매도인과 매수인은 그러한 결정적인 이전이 일어나는 지점에 대하여 명확하게 해두는 것이 가장 좋다. 둘째, 그러한 인도장소/목적지 또는 인도/목적지점 전의 비용은 매도인이 부담하고 그 후의 비용은 매수인이 부담한다. 셋째, 매도인은 물품을 합의된 인도장소/목적지 또는 인도/목적지점까지 운송하는 계약을 체결하거나 그러한 운송을 마련하여야 한다. 그렇게 하지 않는 경우에 매도인은 본 규칙상 그의 의무를 위반한 것이 되고 매수인에 대하여 그에 따른 손해배상책임을 지게 된다. 따라서 예컨대 매도인은 추가적인 후속운송(On-carriage)을 위하여 운송인이 매수인에게 부과하는 추가비용에 대하여 책임을 지게 된다.

4. 'or procuring the goods so delivered, —The reference to "procure" here caters for multiple sales down a chain (string sales), particularly common in the commodity trades.

5. Export/import clearance—DPU requires the seller to clear the goods for export, where applicable. However, the seller has no obligation to clear the goods for import or for post-delivery transit through third countries, to pay any import duty or to carry out any import customs formalities. As a result, if the buyer fails to organise import clearance, the goods will be held up at a port or inland terminal in the destination country. Who bears the risk of any loss that might occur while the goods are thus held up at the port of entry in the destination country? The answer is the buyer: delivery will not have occurred yet, B3(a) ensuring that the risk of loss of or damage to the goods is with the buyer until transit to a named inland point can be resumed. If, in order to avoid this scenario, the parties intend the seller to clear the goods for import, pay any import duty or tax and carry out any import customs formalities, the parties might consider using DDP.

4. '또는 그렇게 인도된 물품을 조달함' - 여기에 "조달한다"(procure)고 규정한 것은 특히 일차산품거래(commodity trades)에서 일반적인 수차에 걸쳐 연속적으로 이루어지는 매매('연속매매', 'string sales')에 대응하기 위함이다.

5. 수출/수입통관－DPU에서는 해당되는 경우에 매도인이 물품의 수출통관을 하여야 한다. 그러나 매도인은 물품의 수입을 위한 또는 인도 후 제3국 통과를 위한 통관을 하거나 수입관세를 납부하거나 수입통관절차를 수행할 의무가 없다. 따라서 매수인이 수입통관을 못하는 경우에 물품은 목적지 국가의 항구나 내륙터미널에 묶이게 될 것이다. 그렇다면 물품이 목적지 국가의 입국항구(port of entry)나 내륙터미널에 묶여있는 동안에 발생하는 어떤 멸실의 위험은 누가 부담하는가? 그 답은 매수인이다. 즉 아직 인도가 일어나지 않았고, B3(a)는 내륙의 지정지점으로의 통과가 재개될 때까지 물품의 멸실 또는 훼손의 위험을 매수인이 부담하도록 하기 때문이다. 이러한 시나리오를 피하기 위하여 물품의 수입신고를 하고 수입관세나 세금을 납부하고 수입통관절차를 수행하는 것을 매도인이 하도록 하는 경우에 당사자들은 DDP를 사용하는 것을 고려할 수 있다.

DDP | Delivered Duty Paid
DDP (insert named place of destination)
Incoterms® 2020

EXPLANATORY NOTES FOR USERS

1. Delivery and risk—"Delivered Duty Paid" means that the seller delivers the goods to the buyer
   ▸ when the goods are placed at the disposal of the buyer,
   ▸ cleared for import
   ▸ on the arriving means of transport,
   ▸ ready for unloading,
   ▸ at the named place of destination or at the agreed point within that place, if any such point is agreed.

   The seller bears all risks involved in bringing the goods to the named place of destination or to the agreed point within that place. In this Incoterms® rule, therefore, delivery and arrival at destination are the same.

2. Mode of transport—This rule may be used irrespective of the mode of transport selected and may also be used where more than one mode of transport is employed.

3. A note of caution to sellers: maximum responsibility—DDP with delivery happening at destination and with the seller being responsible for the payment of import duty and applicable

---

DDP | 관세지급인도
DDP (지정목적지 기입)
Incoterms® 2020

사용자를 위한 설명문

1. 인도와 위험 – "관세지급인도"는 다음과 같이 된 때 매도인이 매수인에게 물품을 인도하는 것을 의미한다.
   ▸ 물품이 지정목적지에서 또는 지정목적지 내의 어떠한 지점이 합의된 경우에는 그러한 지점에서
   ▸ 수입통관 후
   ▸ 도착운송수단에 실어둔 채
   ▸ 양하준비된 상태로
   ▸ 매수인의 처분하에 놓인 때.

   매도인은 물품을 지정목적지까지 또는 지정목적지 내의 합의된 지점까지 가져가는 데 수반되는 모든 위험을 부담한다. 따라서 본 인코텀즈 규칙에서 인도와 목적지의 도착은 같은 것이다.

2. 운송방식 – 본 규칙은 어떠한 운송방식이 선택되는지를 불문하고 사용할 수 있고 둘 이상의 운송방식이 이용되는 경우에도 사용할 수 있다.

3. 매도인을 위한 유의사항: 최대책임 – DDP에서는 인도가 도착지에서 일어나고 매도인이 수입관세와 해당되는 세금의 납부책임을 지므로 DDP는 11개의 모든 인코텀즈 규칙 중에서 매도인에게

taxes is the Incoterms® rule imposing on the seller the maximum level of obligation of all eleven Incoterms® rules. From the seller's perspective, therefore, the rule should be used with care for different reasons as set out in paragraph7.

4. Identifying the place or point of delivery/destination precisely—The parties are well advised to specify the destination place or point as clearly as possible and this for several reasons. First, risk of loss of or damage to the goods transfers to the buyer at that point of delivery/destination—and it is best for the seller and the buyer to be clear about the point at which that critical transfer happens. Secondly, the costs before that place or point of delivery/destination are for the account of the seller, including the costs of import clearance, and the costs after that place or point, other than the costs of import, are for the account of the buyer. Thirdly, the seller must contract or arrange for the carriage of the goods to the agreed place or point of delivery/destination. If it fails to do so, the seller is in breach of its obligations under the Incoterms® rule DDP and will be liable to the buyer for any ensuing loss. Thus, for example, the seller would be responsible for any additional costs levied by the carrier to

최고수준의 의무를 부과하는 규칙이다. 따라서 매도인의 관점에서, 본 규칙은 아래 7번 단락에서 보는 바와 같이 여러 가지 이유로 조심스럽게 사용하여야 한다.

4. 정확한 인도장소/목적지 또는 인도/목적지점 지정 – 당사자들은 몇 가지 이유로 가급적 명확하게 목적지나 목적지점을 명시하는 것이 좋다. 첫째, 물품의 멸실 또는 훼손의 위험은 그러한 인도/목적지점에서 매수인에게 이전한다. – 따라서 매도인과 매수인은 그러한 결정적인 이전이 일어나는 지점에 대하여 명확하게 해두는 것이 가장 좋다. 둘째, 수입통관 비용을 포함하여 그러한 인도장소/목적지 또는 인도/목적지점 전의 비용은 매도인이 부담하고 수입비용을 제외한 그 후의 비용은 매수인이 부담한다. 셋째, 매도인은 물품을 합의된 인도장소/목적지 또는 인도/목적지점까지 운송하는 계약을 체결하거나 그러한 운송을 마련하여야 한다. 그렇게 하지 않는 경우에 매도인은 인코텀즈 DDP 규칙상 그의 의무를 위반한 것이 되고 매수인에 대하여 그에 따른 손해배상책임을 지게 된다. 따라서 예컨대 매도인은 추가적인 후속운송(on-carriage)을 위하여 운송인이 매수인에게 부과하는 추가비용에 대하여 책임을 지게 된다.

the buyer for any additional on-carriage.

5. 'or procuring the goods so delivered'— The reference to "procure" here caters for multiple sales down a chain (string sales), particularly common in the commodity trades.

6. Unloading costs—If the seller incurs costs under its contract of carriage related to unloading at the place of delivery/destination, the seller is not entitled to recover such costs separately from the buyer unless otherwise agreed between the parties.

7. Export/import clearance—As set out in paragraph 3, DDP requires the seller to clear the goods for export, where applicable, as well as for import and to pay any import duty or to carry out any customs formalities. Thus if the seller is unable to obtain import clearance and would rather leave that side of things in the buyer's hands in the country of import, then the seller should consider choosing DAP or DPU, under which rules delivery still happens at destination, but with import clearance being left to the buyer. There may be tax implications and this tax may not be recoverable from the buyer: see A9(d).

5. '또는 그렇게 인도된 물품을 조달함' – 여기에 "조달한다"(procure)고 규정한 것은 특히 일차산품거래(commodity trades)에서 일반적인 수차에 걸쳐 연속적으로 이루어지는 매매('연속매매', 'string sales')에 대응하기 위함이다.

6. 양하비용 – 매도인은 자신의 운송계약상 인도장소/목적지에서 양하에 관하여 비용이 발생한 경우에 당사자간에 달리 합의되지 않은 한 그러한 비용을 매수인으로부터 별도로 상환받을 권리가 없다.

7. 수출/수입통관 – 위의 3번 단락에서 보듯이, DDP에서는 해당되는 경우에 매도인이 물품의 수출통관 및 수입통관을 하여야 하고 또한 수입관세를 납부하거나 모든 통관절차를 수행하여야 한다. 따라서 매도인은 수입통관을 완료할 수 없어서 차라리 이러한 부분을 수입국에 있는 매수인의 손에 맡기고자 하는 경우에 인도는 여전히 목적지에서 일어나지만 수입통관은 매수인이 하도록 되어 있는 DAP나 DPU를 선택하는 것을 고려하여야 한다. 세금문제가 개재될 수 있는데 이러한 세금은 매수인으로부터 상환받을 수 없다. A9(d)를 보라.

RULES FOR SEA AND INLAND WATERWAY TRANSPORT
(해상운송과 내수로운송에 적용되는 규칙)

FAS | Free Alongside Ship
FAS (insert named port of shipment)
Incoterms® 2020

EXPLANATORY NOTES FOR USERS
1. Delivery and risk—"Free Alongside Ship" means that the seller delivers the goods to the buyer
   ▸ when the goods are placed alongside the ship (e.g. on a quay or a barge)
   ▸ nominated by the buyer
   ▸ at the named port of shipment

   ▸ or when the seller procures goods already so delivered.
   The risk of loss of or damage to the goods transfers when the goods are alongside the ship, and the buyer bears all costs from that moment onwards.
2. Mode of transport—This rule is to be used only for sea or inland waterway transport where the parties intend to deliver the goods by placing the goods alongside a vessel. Thus, the FAS rule is not appropriate where goods are handed over to the carrier before they are alongside the vessel, for example where goods are handed over to a carrier at a container terminal. Where

FAS | 선측인도
FAS (지정선적항 기입)
Incoterms® 2020

사용자를 위한 설명문
1. 인도와 위험 – "선측인도"는 다음과 같이 된 때 매도인이 물품을 매수인에게 인도하는 것을 의미한다.
   ▸ 지정선적항에서

   ▸ 매수인이 지정한 선박의
   ▸ 선측에(예컨대 부두 또는 바지(barge)에 물품이 놓인 때
   ▸ 또는 이미 그렇게 인도된 물품을 조달한 때. 물품의 멸실 또는 훼손의 위험은 물품이 선측에 놓인 때 이전하고, 매수인은 그 순간부터 향후의 모든 비용을 부담한다.

2. 운송방식 – 본 규칙은 당사자들이 물품을 선측에 둠으로써 인도하기로 하는 해상운송이나 내수로운송에만 사용되어야 한다. 따라서 FAS 규칙은 물품이 선측에 놓이기 전에 운송인에게 교부되는 경우, 예컨대 물품이 컨테이너터미널에서 운송인에게 교부되는 경우에는 적절하지 않다. 이러한 경우에 당사자들은 FAS 규칙 대신에 FCA 규칙을 사용하는 것을 고려하여야 한다.

this is the case, parties should consider using the FCA rule rather than the FAS rule.

3. Identifying the loading point precisely —The parties are well advised to specify as clearly as possible the loading point at the named port of shipment where the goods are to be transferred from the quay or barge to the ship, as the costs and risks to that point are for the account of the seller and these costs and associated handling charges may vary according to the practice of the port.

4. 'or procuring the goods so delivered' – The seller is required either to deliver the goods alongside the ship or to procure goods already so delivered for shipment. The reference to "procure" here caters for multiple sales down a chain (string sales), particularly common in the commodity trades.

5. Export/import clearance—FAS requires the seller to clear the goods for export, where applicable. However, the seller has no obligation to clear the goods for import or for transit through third countries, to pay any import duty or to carry out any import customs formalities.

3. 정확한 적재지점 지정 – 당사자들은 지정선적항에서 물품이 부두나 바지(barge)로부터 선박으로 이동하는 적재지점을 가급적 명확하게 명시하는 것이 좋다. 그 지점까지의 비용과 위험은 매도인이 부담하고, 이러한 비용과 그와 관련된 처리비용(handling charges)은 항구의 관행에 따라 다르기 때문이다.

4. '또는 그렇게 인도된 물품을 조달함' – 매도인은 물품을 선측에서 인도하거나 선적을 위하여 이미 그렇게 인도된 물품을 조달하여야 한다. 여기에 "조달한다"(procure)고 규정한 것은 특히 일차산품거래(commodity trades)에서 일반적인 수차에 걸쳐 연속적으로 이루어지는 매매('연속매매', 'string sales')에 대응하기 위함이다.

5. 수출/수입통관 – FAS에서는 해당되는 경우에 매도인이 물품의 수출통관을 하여야 한다. 그러나 매도인은 물품의 수입을 위한 또는 제3국 통과를 위한 통관을 하거나 수입관세를 납부하거나 수입통관절차를 수행할 의무가 없다.

FOB | Free On Board
FOB(insert named port of shipment)
Incoterms® 2020

EXPLANATORY NOTES FOR USERS
1. Delivery and risk—"Free on Board" means that the seller delivers the goods to the buyer
   ▸ on board the vessel
   ▸ nominated by the buyer
   ▸ at the named port of shipment
   ▸ or procures the goods already so delivered.

   The risk of loss of or damage to the goods transfers when the goods are on board the vessel, and the buyer bears all costs from that moment onwards.

2. Mode of transport—This rule is to be used only for sea or inland waterway transport where the parties intend to deliver the goods by placing the goods on board a vessel. Thus, the FOB rule is not appropriate where goods are handed over to the carrier before they are on board the vessel, for example where goods are handed over to a carrier at a container terminal. Where this is the case, parties should consider using the FCA rule rather than the FOB rule.

FOB | 본선인도
FOB (지정선적항 기입)
Incoterms® 2020

사용자를 위한 설명문
1. 인도와 위험 – "본선인도"는 매도인이 다음과 같이 물품을 매수인에게 인도하는 것을 의미한다.
   ▸ 지정선적항에서
   ▸ 매수인이 지정한
   ▸ 선박에 적재함
   ▸ 또는 이미 그렇게 인도된 물품을 조달함.

   물품의 멸실 또는 훼손의 위험은 물품이 선박에 적재된 때 이전하고, 매수인은 그 순간부터 향후의 모든 비용을 부담한다.

2. 운송방식 – 본 규칙은 당사자들이 물품을 선박에 적재함으로써 인도하기로 하는 해상운송이나 내수로운송에만 사용되어야 한다. 따라서 FOB 규칙은 물품이 선박에 적재되기 전에 운송인에게 교부되는 경우, 예컨대 물품이 컨테이너터미널에서 운송인에게 교부되는 경우에는 적절하지 않다. 이러한 경우에 당사자들은 FOB 규칙 대신에 FCA 규칙을 사용하는 것을 고려하여야 한다.

3. 'or procuring the goods so delivered'—The seller is required either to deliver the goods on board the vessel or to procure goods already so delivered for shipment. The reference to "procure" here caters for multiple sales down a chain (string sales), particularly common in the commodity trades.

4. Export/import clearance—FOB requires the seller to clear the goods for export, where applicable. However, the seller has no obligation to clear the goods for import or for transit through third countries, to pay any import duty or to carry out any import customs formalities.

3. '또는 그렇게 인도된 물품을 조달함' – 매도인은 물품을 선박에 적재하여 인도하거나 선적을 위하여 이미 그렇게 인도된 물품을 조달하여야 한다. 여기에 "조달한다"(procure)고 규정한 것은 특히 일차산품거래(commodity trades)에서 일반적인 수차에 걸쳐 연속적으로 이루어지는 매매('연속매매', string sales')에 대응하기 위함이다.

4. 수출/수입통관 – FOB에서는 해당되는 경우에 매도인이 물품의 수출통관을 하여야 한다. 그러나 매도인은 물품의 수입을 위한 또는 제3국 통과를 위한 통관을 하거나 수입관세를 납부하거나 수입통관절차를 수행할 의무가 없다.

CFR | Cost and Freight
CFR (insert named port of destination)
Incoterms® 2020

EXPLANATORY NOTES FOR USERS

1. Delivery and risk—"Cost and Freight" means that the seller delivers the goods to the buyer
   ▸ on board the vessel
   ▸ or procures the goods already so delivered.

   The risk of loss of or damage to the goods transfers when the goods are on board the vessel, such that the seller is taken to have performed its obligation to deliver the goods whether or not the goods actually arrive at their destination in sound condition, in the stated quantity or, indeed, at all. In CFR, the seller owes no obligation to the buyer to purchase insurance cover: the buyer would be well-advised therefore to purchase some cover for itself.

2. Mode of transport—This rule is to be used only for sea or inland waterway transport. Where more than one mode of transport is to be used, which will commonly be the case where goods are handed over to a carrier at a container terminal, the appropriate rule to use is CPT rather than CFR.

CFR | 운임포함인도
CFR (지정목적항 기입)
Incoterms® 2020

사용자를 위한 설명문

1. 인도와 위험 – "운임포함인도"는 매도인이 물품을 매수인에게 다음과 같이 인도하는 것을 의미한다.
   ▸ 선박에 적재함
   ▸ 또는 이미 그렇게 인도된 물품을 조달함.

   물품의 멸실 또는 훼손의 위험은 물품이 선박에 적재된 때 이전하고, 그에 따라 매도인은 명시된 수량의 물품이 실제로 목적지에 양호한 상태로 도착하는지를 불문하고 또는 사실 물품이 전혀 도착하지 않더라도 그의 물품인도의무를 이행한 것으로 된다. CFR에서 매도인은 매수인에 대하여 부보의무가 없다. 따라서 매수인은 스스로 부보하는 것이 좋다.

2. 운송방식 – 본 규칙은 해상운송이나 내수로운송에만 사용되어야 한다. 물품이 컨테이너터미널에서 운송인에게 교부되는 경우에 일반적으로 그러하듯이 둘 이상의 운송방식이 사용되는 경우에 사용하기 적절한 규칙은 CFR이 아니라 CPT이다.

3. 'or procuring the goods so delivered' — The reference to "procure" here caters for multiple sales down a chain (string sales), particularly common in the commodity trades.

4. Ports of delivery and destination—In CFR, two ports are important: the port where the goods are delivered on board the vessel and the port agreed as the destination of the goods. Risk transfers from seller to buyer when the goods are delivered to the buyer by placing them on board the vessel at the shipment port or by procuring the goods already so delivered. However, the seller must contract for the carriage of the goods from delivery to the agreed destination. Thus, for example, goods are placed on board a vessel in Shanghai (which is a port) for carriage to Southampton (also a port). Delivery here happens when the goods are on board in Shanghai, with risk transferring to the buyer at that time; and the seller must make a contract of carriage from Shanghai to Southampton.

5. Must the shipment port be named?— While the contract will always specify a destination port, it might not specify the port of shipment, which is where risk transfers to the buyer. If the shipment port is of particular interest

3. '또는 그렇게 인도된 물품을 조달함' — 여기에 "조달한다"(procure)고 규정한 것은 특히 일차산품거래(commodity trades)에서 일반적인 수차에 걸쳐 연속적으로 이루어지는 매매('연속매매', 'string sales')에 대응하기 위함이다.

4. 인도항(port of delivery)과 목적항(port of destination) - CFR에서는 두 항구가 중요하다. 물품이 선박에 적재되어 인도되는 항구와 물품의 목적항으로 합의된 항구가 그것이다. 위험은 물품이 선적항에서 선박에 적재됨으로써 또는 이미 그렇게 인도된 물품을 조달함으로써 매수인에게 인도된 때 매도인으로부터 매수인에게 이전한다. 그러나 매도인은 물품을 인도지부터 합의된 목적지까지 운송하는 계약을 체결하여야 한다. 따라서 예컨대 물품은 (항구인) 사우샘프턴까지 운송을 위하여 (항구인) 상하이에서 선박에 적재된다. 그러면 물품이 상하이에서 적재된 때 여기서 인도가 일어나고, 그 시점에 위험이 매수인에게 이전한다. 그리고 매도인은 상하이에서 사우샘프턴으로 향하는 운송계약을 체결하여야 한다.

5. 선적항은 반드시 지정되어야 하는가? — 계약에서 항상 목적항을 명시할 것이지만, 위험이 매수인에게 이전하는 장소인 선적항은 명시하지 않을 수도 있다. 예컨대 매수인이 매매대금에서 운임요소가 합리적인지 확인하고자 하는 경우에

to the buyer, as it may be, for example, where the buyer wishes to ascertain that the freight element of the price is reasonable, the parties are well advised to identify it as precisely as possible in the contract.

6. Identifying the destination point at the discharge port—The parties are well advised to identify as precisely as possible the point at the named port of destination, as the costs to that point are for the account of the seller. The seller must make a contract or contracts of carriage that cover(s) the transit of the goods from delivery to the named port or to the agreed point within that port where such a point has been agreed in the contract of sale.

7. Multiple carriers—It is possible that carriage is effected through several carriers for different legs of the sea transport, for example, first by a carrier operating a feeder vessel from Hong Kong to Shanghai, and then onto an ocean vessel from Shanghai to Southampton. The question which arises here is whether risk transfers from seller to buyer at Hong Kong or at Shanghai: where does delivery take place? The parties may well have agreed this in the sale contract itself. Where, however, there is no such agreement, the default position is that

그러하듯이 선적항이 특히 매수인의 관심사항인 경우에 당사자들은 계약에서 선적항을 가급적 정확하게 특정하는 것이 좋다.

6. 양륙항 내 목적지점 지정 – 당사자들은 지정목적항 내의 지점을 가급적 정확하게 지정하는 것이 좋다. 그 지점까지 비용을 매도인이 부담하기 때문이다. 매도인은 물품을 인도지로부터 지정목적항까지 또는 그 지정목적항 내의 지점으로서 매매계약에서 합의된 지점까지 물품을 운송하는 단일 또는 복수의 계약을 체결하여야 한다.

7. 복수의 운송인 – 예컨대 먼저 홍콩에서 상하이까지 피더선(feeder vessel)을 운항하는 운송인이 담당하고 이어서 상하이에서 사우샘프턴까지 항해선박(ocean vessel)이 담당하는 경우와 같이, 상이한 해상운송구간을 각기 담당하는 복수의 운송인이 운송을 수행하는 것도 가능하다. 이때 과연 위험은 매도인으로부터 매수인에게 홍콩에서 이전하는지 아니면 상하이에서 이전하는지 의문이 발생한다. 즉 인도는 어디서 일어나는가? 당사자들이 매매계약 자체에서 이를 잘 합의하였을 수도 있다. 그러나 그러한 합의가 없는 경우에 [본 규칙이 규정하는] 보충적 입장은, 위험은 물품이 제1운송

risk transfers when the goods have been delivered to the first carrier, i.e. Hong Kong, thus increasing the period during which the buyer incurs the risk of loss or damage. Should the parties wish the risk to transfer at a later stage (here, Shanghai) they need to specify this in their contract of sale.

8. Unloading costs—If the seller incurs costs under its contract of carriage related to unloading at the specified point at the port of destination, the seller is not entitled to recover such costs separately from the buyer unless otherwise agreed between the parties.

9. Export/import clearance—CFR requires the seller to clear the goods for export, where applicable. However, the seller has no obligation to clear the goods for import or for transit through third countries, to pay any import duty or to carry out any import customs formalities.

인에게 인도된 때 즉 홍콩에서 이전하고, 따라서 매수인이 멸실 또는 훼손의 위험을 부담하는 기간이 증가한다는 것이다. 당사자들은 그 뒤의 어느 단계에서 (여기서는 상하이) 위험이 이전하기를 원한다면 이를 매매계약에 명시하여야 한다.

8. 양하비용 – 매도인은 자신의 운송계약상 목적항 내의 명시된 지점에서 양하에 관하여 비용이 발생한 경우에 당사자간에 달리 합의되지 않은 한 그러한 비용을 매수인으로부터 별도로 상환받을 권리가 없다.

9. 수출/수입통관 – CFR에서는 해당되는 경우에 매도인이 물품의 수출통관을 하여야 한다. 그러나 매도인은 물품의 수입을 위한 또는 제3국 통과를 위한 통관을 하거나 수입관세를 납부하거나 수입통관절차를 수행할 의무가 없다.

| CIF | Cost Insurance and Freight | CIF | 운임·보험료포함인도 |

CIF (insert named port of destination) Incoterms® 2020

CIF (지정목적항 기입) Incoterms® 2020

EXPLANATORY NOTES FOR USERS

1. Delivery and risk—"Cost Insurance and Freight" means that the seller delivers the goods to the buyer
    ▸ on board the vessel
    ▸ or procures the goods already so delivered.

    The risk of loss of or damage to the goods transfers when the goods are on board the vessel, such that the seller is taken to have performed its obligation to deliver the goods whether or not the goods actually arrive at their destination in sound condition, in the stated quantity or, indeed, at all.

2. Mode of transport—This rule is to be used only for sea or inland waterway transport. Where more than one mode of transport is to be used, which will commonly be the case where goods are handed over to a carrier at a container terminal, the appropriate rule to use is CIP rather than CIF.

3. 'or procuring the goods so delivered' —The reference to 'procure'' here caters for multiple sales down a chain (string sales), particularly common in the commodity trades.

사용자를 위한 설명문

1. 인도와 위험 – "운임·보험료포함인도"는 매도인이 물품을 매수인에게 다음과 같이 인도하는 것을 의미한다.
    ▸ 선박에 적재함
    ▸ 또는 이미 그렇게 인도된 물품을 조달함.

    물품의 멸실 또는 훼손의 위험은 물품이 선박에 적재된 때 이전하고, 그에 따라 매도인은 명시된 수량의 물품이 실제로 목적지에 양호한 상태로 도착하는지를 불문하고 또는 사실 물품이 전혀 도착하지 않더라도 그의 물품인도의무를 이행한 것으로 된다.

2. 운송방식 – 본 규칙은 해상운송이나 내수로운송에만 사용되어야 한다. 물품이 컨테이너터미널에서 운송인에게 교부되는 경우에 일반적으로 그러하듯이 둘 이상의 운송방식이 사용되는 경우에 사용하기 적절한 규칙은 CIF가 아니라 CIP이다.

3. '또는 그렇게 인도된 물품을 조달함' – 여기에 "조달한다"(procure)고 규정한 것은 특히 일차산품거래(commodity trades)에서 일반적인 수차에 걸쳐 연속적으로 이루어지는 매매('연속매매', 'string sales')에 대응하기 위함이다.

4. Ports of delivery and destination—In CIF, two ports are important: the port where the goods are delivered on board the vessel and the port agreed as the destination of the goods. Risk transfers from seller to buyer when the goods are delivered to the buyer by placing them on board the vessel at the shipment port or by procuring the goods already so delivered. However, the seller must contract for the carriage of the goods from delivery to the agreed destination. Thus, for example, goods are placed on board a vessel in Shanghai (which is a port) for carriage to Southampton (also a port). Delivery here happens when the goods are on board in Shanghai, with risk transferring to the buyer at that time; and the seller must make a contract of carriage from Shanghai to Southampton.

5. Must the shipment port be named?—While the contract will always specify a destination port, it might not specify the port of shipment, which is where risk transfers to the buyer. If the shipment port is of particular interest to the buyer, as it may be, for example, where the buyer wishes to ascertain that the freight or the insurance element of the price is reasonable, the parties are well advised to identify it as precisely as possible in the contract.

4. 인도항(port of delivery)과 목적항(port of destination) - CIF에서는 두 항구가 중요하다. 물품이 선박에 적재되어 인도되는 항구와 물품의 목적항으로 합의된 항구가 그것이다. 위험은 물품이 선적항에서 선박에 적재됨으로써 또는 이미 그렇게 인도된 물품을 조달함으로써 매수인에게 인도된 때 매도인으로부터 매수인에게 이전한다. 그러나 매도인은 물품을 인도지부터 합의된 목적지까지 운송하는 계약을 체결하여야 한다. 따라서 예컨대 물품은 (항구인) 사우샘프턴까지 운송을 위하여 (항구인) 상하이에서 선박에 적재된다. 그러면 물품이 상하이에서 선적된 때 여기서 인도가 일어나고, 그 시점에 위험이 매수인에게 이전한다. 그리고 매도인은 상하이에서 사우샘프턴으로 향하는 운송계약을 체결하여야 한다.

5. 선적항은 반드시 지정되어야 하는가? - 계약에서 항상 목적항을 명시할 것이지만 위험이 매수인에게 이전하는 장소인 선적항은 명시하지 않을 수도 있다. 예컨대 매수인이 매매대금에서 운임요소 또는 보험요소가 합리적인지 확인하고자 하는 경우에 그러하듯이 선적항이 특히 매수인의 관심사항인 경우에 당사자들은 계약에서 선적항을 가급적 정확하게 지정하는 것이 좋다.

6. Identifying the destination point at the discharge port—The parties are well advised to identify as precisely as possible the point at the named port of destination, as the costs to that point are for the account of the seller. The seller must make a contract or contracts of carriage that cover the transit of the goods from delivery to the named port or to the agreed point within that port where such a point has been agreed in the contract of sale.

7. Multiple carriers—It is possible that carriage is effected through several carriers for different legs of the sea transport, for example, first by a carrier operating a feeder vessel from Hong Kong to Shanghai, and then onto an ocean vessel from Shanghai to Southampton. The question which arises here is whether risk transfers from seller to buyer at Hong Kong or at Shanghai: where does delivery take place? The parties may well have agreed this in the sale contract itself. Where, however, there is no such agreement, the default position is that risk transfers when the goods have been delivered to the first carrier, i.e. Hong Kong, thus increasing the period during which the buyer incurs the risk of loss or damage. Should the parties wish the risk to transfer at a later stage (here, Shanghai) they need to specify this in their contract of sale.

6. 양륙항 내 목적지점 지정 – 당사자들은 지정목적항 내의 지점을 가급적 정확하게 지정하는 것이 좋다. 그 지점까지 비용을 매도인이 부담하기 때문이다. 매도인은 물품을 인도지로부터 지정목적항까지 또는 매매계약에서 그러한 지점이 합의된 경우에는 그 지정목적항 내의 지점까지 운송하는 단일 또는 복수의 계약을 체결하여야 한다.

7. 복수의 운송인 – 예컨대 먼저 홍콩에서 상하이까지 피더선(feeder vessel)을 운항하는 운송인이 담당하고 이어서 상하이에서 사우샘프턴까지 항해선박(ocean vessel)이 담당하는 경우와 같이, 상이한 해상운송구간을 각기 담당하는 복수의 운송인이 운송을 수행하는 것도 가능하다. 이때 과연 위험은 매도인으로부터 매수인에게 홍콩에서 이전하는지 아니면 상하이에서 이전하는지 의문이 발생한다. 즉 인도는 어디서 일어나는가? 당사자들이 매매계약 자체에서 이를 잘 합의하였을 수도 있다. 그러나 그러한 합의가 없는 경우에, [본 규칙이 규정하는] 보충적 입장은, 위험은 물품이 제1운송인에게 인도된 때 즉 홍콩에서 이전하고, 따라서 매수인이 멸실 또는 훼손의 위험을 부담하는 기간이 증가한다는 것이다. 당사자들은 그 뒤의 어느 단계에서 (여기서는 상하이) 위험이 이전하기를 원한다면 이를 매매계약에 명시하여야 한다.

8. Insurance—The seller must also contract for insurance cover against the buyer's risk of loss of or damage to the goods from the port of shipment to at least the port of destination. This may cause difficulty where the destination country requires insurance cover to be purchased locally: in this case the parties should consider selling and buying under CFR. The buyer should also note that under the CIF Incoterms® 2020 rule the seller is required to obtain limited insurance cover complying with Institute Cargo Clauses (C) or similar clause, rather than with the more extensive cover under Institute Cargo Clauses (A). It is, however, still open to the parties to agree on a higher level of cover.

9. Unloading costs—If the seller incurs costs under its contract of carriage related to unloading at the specified point at the port of destination, the seller is not entitled to recover such costs separately from the buyer unless otherwise agreed between the parties.

10. Export/import clearance—CIF requires the seller to clear the goods for export, where applicable. However, the seller has no obligation to clear the goods for import or for transit through third countries, to pay any import duty or to carry out any import customs formalities.

8. 보험 – 매도인은 또한 선적항부터 적어도 목적항까지 매수인의 물품의 멸실 또는 훼손 위험에 대하여 보험계약을 체결하여야 한다. 이는 목적지 국가가 자국의 보험자에게 부보하도록 요구하는 경우에는 어려움을 야기할 수 있다. 이러한 경우에 당사자들은 CFR로 매매하는 것을 고려하여야 한다. 또한 매수인은 인코텀즈 2020 CIF 하에서 매도인은 협회적하약관의 A-약관에 의한 보다 광범위한 담보조건이 아니라 협회적하약관의 C-약관이나 그와 유사한 약관에 따른 제한적인 담보조건으로 부보하여야 한다는 것을 유의하여야 한다. 그러나 당사자들은 여전히 더 높은 수준의 담보조건으로 부보하기로 합의할 수 있다.

9. 양하비용 – 매도인은 자신의 운송계약상 목적항 내의 명시된 지점에서 양하에 관하여 비용이 발생한 경우에 당사자간에 달리 합의되지 않은 한 그러한 비용을 매수인으로부터 별도로 상환 받을 권리가 없다.

10. 수출/수입통관 – CIF에서는 해당되는 경우에 매도인이 물품의 수출통관을 하여야 한다. 그러나 매도인은 물품의 수입을 위한 또는 제3국 통과를 위한 통관을 하거나 수입관세를 납부하거나 수입통관절차를 수행할 의무가 없다.

 # 무역결제서류

1 운송서류(Transport Documents)

운송서류란 운송물품의 적재(loading on board), 발송(dispatch), 또는 수탁(taking in charge)을 표시하는 서류를 말한다.

1. 해상선화증권(Marine Bill of Lading)
① 권리증권 : 해상선화증권은 해상물품운송계약에 따라 운송물의 수령 또는 선적을 증명하고 해상 운송인에 대한 운송물의 인도청구권을 나타내는 유가증권이다. 이에 따라 화물인도청구권 및 처분권을 갖는다.
② 계약(운송)체결의 증거 : 계약물품을 운송하기 위해서 송화인(shipper)은 선박회사나 그 대리인과 운송계약을 체결하여 물품을 해상운송인에게 인도하고 운송인으로부터 선화증권을 발급받는다.
③ 화물수취증 : 송하인이 운송인에게 물품을 인도한 물품인도의 증거가 된다.

2. 비유통 해상 화물운송장(Non-Negotiable Sea Waybill)
① 운송계약의 증거로서 해상운송인이 송하인에게 발행하는 화물수취증을 말한다.
② 기명식으로 발행되며 선하증권과 달리 물품에 대한 권리증권성은 없으므로 유통되지 못한다.

3. 복합운송증권(Multimodal Transport Documents : MTD)
복합운송증권이란 선박·철도·항공기·자동차에 의한 운송방식 중 적어도 두 가지 이상의 다른 운송방식에 의하여 운송물품의 수탁지와 인도지가 상이한 국가의 영역 간에 이루어지는 복합운송계약을 증명하기 위하여 복합운송인이 발행한 증권을 말한다.

4. 항공화물운송장(Air Waybill : AWB)

① 항공운송서류에는 항공화물운송장(Air Waybill : AWB)과 항공화물수탁서(Air Consignment Note)가 있다.
② 보통 미국에서는 전자, 유럽에서는 후자를 사용하고 있다.
③ 항공운송서류는 화물을 항로로 운송하는 경우에 항공운송인(air carrier)이 발행하는 운송장으로 선화증권과 같이 운송계약상의 권리를 유가증권화한 권리증권은 아니고 단순한 수취증에 불과한 것이다.

2 무역결제 보험 서류 및 기타 서류

1. 보험서류(Insurance Document)

① 보험서류란 무역물품의 운송 도중 해상의 위험에 기인하는 손해에 대하여 보험을 부보하고 이에 대하여 보험자로부터 발급받는 증거서류를 말한다.
② 보험서류에는 보험증권(Insurance Policy : I/P), 보험증명서(Insurance Certificate), 확정통지서(Declaration)가 있다.
③ 보험증권은 담보화물에 대한 보험계약의 존재 및 내용을 표시한 증권으로서 개별적 거래에 대한 보험내용이 확정된 경우에 발행되며 무역거래에서 대부분 통용되고 있는 전형적인 보험서류의 일종이다.

2. 무역결제 기타 서류의 종류

기타서류는 결제 시 필요한 서류 중 기본서류 이외의 서류를 말한다. 신용장통일규칙에 별다른 수리규정을 두지 않고 있기 때문에 신용장 개설시 필요한 조건에 대해 상세히 언급해야 한다. 별다른 언급이 없는 경우 은행은 제시된 그대로 수리한다.

포장명세서 (Packing List)	포장명세서란 선적물품의 포장 및 포장단위별 명세, 순중량(net weight), 총중량(gross weight), 용적(measurement), 화인(shipping marks), 포장개수(number of packages) 등을 기재한 상업송장의 보조서류이다.
중량 및 용적증명서 (Certificate of Weight and Measurement)	중량 및 용적증명서란 수출물품을 선적하기에 앞서 공인검량인(public weight ; sworn measurer)에 의해 물품의 순중량·총중량 용적을 계량하여 발급해 주는 서류이다.

제7장 무역운송

1 해상 운송

해상운송이란 해상에서 선박이라는 운송수단을 이용하여 사람이나 화물을 운송하여 그 대가로서 운임을 획득하는 상행위를 말한다. 운송비가 항공운송에 비해 저렴하지만 운송기간이 길다는 단점이 있다.

2 해운시장 및 운임부담

1. 정기선과 부정기선

(1) 정기선(Liner)

① 의의 : 정기선(Liner)은 정해진 기항항 사이를 정해진 운항일정에 따라 항해하며 주로 완제품이나 반제품 등의 일반화물(General cargo)을 운송한다.

② 운송계약의 성립
정기선에 의한 개품운송계약은 송하인 또는 그 대리인이 선박회사에 화물의 운송을 신청하면 운송인은 이것을 승낙, 즉 선복을 예약(booking)함으로써 운송계약이 성립된다.

(2) 부정기선(Tramper)

① 의의와 운영형태 : 부정기선(Tramper)은 일정한 항로나 화주를 한정하지 않고 화물의 수송수요에 따라 화주가 원하는 시기와 항로에 선복을 제공하는 선박을 말하며, 부정기선 화물은 대체로 원유, 철광석, 석탄, 곡물, 시멘트 등 벌크화물과 대량화물이 많다. 부정기선을 이용하기 위해서는 용선운송계약을 체결하여야 한다.

② 특징 : 상대적으로 운임은 낮지만, 규칙성이나 신속성이 떨어진다. 벌크화물이 주된 화물이며, 원자재, 연료, 식량, 광물, 목재 등이 해당된다. 특정 업체의 시장점유율이 높지 않으므로 정기선과 달리 해운동맹을 만들 수 없다.

2. 용선계약의 종류

정기(기간)용선(Time charter), 항해용선(Voyage charter), 선박임대차(Demise charter 또는 Bare boat charter) 등 세 가지가 있으나, 이중에서 수출입 화주가 주로 이용하는 것은 항해용선(계약)이다.

3. 선적비 및 하역비 부담조건

개품운송계약과 용선운송계약의 선적비 및 하역비 부담조건은 아래와 같이 구분된다.

> **체크 포인트**
>
> ① Berth term(Liner term) : 선적 시 및 양륙시의 하역비를 모두 선주가 부담하는 조건이다.
> ② FI(Free In) : 선적항에서의 선적 시에 그 하역비를 화주가 부담하는 조건으로 양륙 시에는 선주가 부담한다.
> ③ FO(Free Out) : 선적항에서 선적시에 하역비를 선주가 부담하고 도착항에서 양륙 시에는 화주가 부담하는 하역조건을 말한다.
> ④ FIO(Free In & Out) : 선적 및 양하시의 하역비를 모두 화주가 부담하는 조건이다.
> ⑤ FIOST(Free In & Out & Stowage & Trimming) : 선적, 양하 시 및 창고 보관료 모두 화주가 부담하는 조건이다.

3 용선계약의 종류

용선계약의 종류는 기간용선(Time charter), 항해용선(Voyage charter), 선박임대차(Demise charter 또는 Bare boat charter)로 나눌 수 있다.

항해[항로]용선계약 (Voyage[Trip] Charter]	화주인 용선자가 특정항로(양 항구간의 일정항해)를 정하여 선박을 용선하는 것인데 이 경우 용선자가 선박회사에 지급하는 보수는 용선료가 아니라 운임이다.
정기(기간)용선계약 (Time Charter)	운송인인 용선자가 다른 선주(Owner)로부터 일정기간을 정하여 선박을 용선하는 것이고 이 경우에 용선자가 지급하는 보수를 용선료라고 한다.
나용선계약(Bareboat [Demise] Charter)	특히 나용선의 경우에 선주는 선박만을 임대하며, 용선자는 일정의 용선료를 지불하고 선원, 항구세, 수선비, 보험료 등을 전부 자신이 부담하는 단순한 선박임대차계약(Demise of Vessels)을 말한다.

체크 포인트

● **정박기간(Layday : Laytime)의 표시**

용선계약에서 화주가 화물을 선적 또는 양륙하기 위해서 본선을 선적항이나 양륙항에 정박시킬 수 있는 기간으로 기간 초과 시 화주가 선주에게 체선료를 지급하고, 기간 단축 시에는 선주가 화주에게 조출료를 지급하게 된다. 정박기간의 산정기준은 다음에 의한다.

① 관습적 조속하역(Customary Quick Dispatch : C.Q.D) : 관습적 하역방법 및 하역능력에 따라 가능한 한 빨리 적·양하 하는 조건으로 불가항력에 의한 하역 불능은 기간에 산입되지 않으며 일·공휴일 및 야간작업일의 산입여부는 특약이 없는 한 그 항구의 관습에 따른다.

② 지속일(Running Laydays) : 하역 개시 일부터 종료 시까지 경과일수를 계산하는 방법으로 우천·파업·기타 불가항력 등 어떤 원인에도 관계없이 하역개시 이후 종료 시까지의 일수를 모두 정박 기간에 계산하는 방법이다. 일·공휴일도 특약이 없는 한 정박기간에 포함한다.

③ 호천하역일(Weather Working Days : W.W.D.) : 하역 가능한 좋은 일기 상태의 날만 정박기간에 산입하며 악천후는 제외하는 방법으로 가장 많이 사용된다. 하역 가능한 상태여부는 화물의 종류에 따라 차이가 있으며, 선주와 화주가 협의하여 결정한다.
  ㉠ SHEX(Sundays and Holidays Excepted) : 일요일과 공휴일의 작업은 정박기간에서 제외
  ㉡ SHEXUU(Sundays and Holidays Excepted Unless Used) : 일요일과 공휴일에 한 작업은 정박기간에 포함된다.
  ㉢ SHEXEIU(Sundays and Holidays Excepted/Excluded Even if Used : 일요일과 공휴일에 작업을 하더라도 정박기간에 산정하지 않는다.

체크 포인트

1. 체선료(Demurrage) : 계약된 기간 내에 화물을 선적하거나 하역하지 못하여 발생하는 비용이다. 항구의 하역능력에 문제가 있거나 항만 노동조합의 동맹파업 등으로 인하여 양륙이 어려울 때 선박회사가 손실을 막기 위해 화주 또는 화물 인수자에게 징수하는 할증료이다.
2. 조출료(Dispatch Money) : 약정정박기일 이전에 작업이 완료된 경우 선주가 용선자(화주)에게 지급하는 금액으로 통상 체선료의 $\frac{1}{2}$이다.

4 해운동맹

특정 정기항로에 배선을 하고 있는 선박회사들이 상호간의 과당경쟁을 방지하기 위한 목적으로 결성된 국제카르텔을 말한다.

1. 동맹의 종류

(1) 개방적 동맹

가입이나 탈퇴가 자유로움, 단결미약, 당해 항로가 불안정, 미국은 미국정부의 독점금지법 또는 해운법에 의해 폐쇄동맹은 제한을 받고 있다.

(2) 폐쇄적 동맹

가입이나 탈퇴가 어려움, 단결이 강함, 당해 항로의 변동 미약, 폐쇄적 동맹은 대내적 방법과 대외적 방법으로 나뉜다.

2. 구속의 방법

(1) 대내적 방법

① 배선협정(Sailing Agreement) : 선복과잉에 의한 과당경쟁을 방지하기 위하여 특정 항차로의 항차 및 화물에 제한을 둔다.
② 공동계산제(Pooling system) : 각 선사가 일정기간 내에 획득한 운임을 미리 정해진 배분율(pool point)에 따라 동맹선사간에 수익을 배분하는 방법이다.
③ 운임협정(Rate Agreement) : 동맹회원간에 약정된 운임률표에 따라 공통으로 준수되는 운임을 말한다.

(2) 대외적 방법

① 계약운임제(Contract Rate System : Dual Rate System) : 자신의 적하 전부를 동맹선에 선적할 것을 동맹과 계약한 화주에게는, 동맹선·비동맹선의 어느 쪽인가를 묻지 않고 자신이 원하는 선박에 적재하는 화주[비계약화주]에게 부과하는 일반운임률[비계약운임률] 보다도 저렴한 계약운임률을 적용하는 이중운임제이다.
② 운임연환불제(운임연환급제)(Deffered Rebate System) : 어느 일정기간(보통 6개월 : 계산기간 Account Period) 동맹선에만 선적한 화주에 대하여 그 기간 중에 지급한 운임의 일부를 돌려주지만, 그 기간에 계속되는 일정기간(유보기간 Deferred Period)에도 동맹선의 사용을 의무지우고, 그 계속되는 일정기간 경과 후, 운임의 일정비율을 환급하는 제도이다.
③ 운임할려제[성실환불제(Fidelity Commission System)] : 일정기간 적하 전부를 동맹선에만 선적한 화주에게 운임이 선불이든 후불이든 관계없이 그 기간 내에 지급한 운임의 일정 비율을 유보기간을 두지 않고 일정기간 경과 후에 환급하는 제도이다.

제8장 국제복합운송

1 복합운송 개요

1. 복합운송의 의의
국제(일관)복합운송(International Multimodal/Combined Transport)이란 화물이 단일 운송계약에 의거, 최소한 2개 이상의 다른 운송수단(Mode)에 의해 송하인의 문전에서 수하인의 문전까지(Door to Door) 국제간 일괄해서 운송하는 것이다.

2. 복합운송의 장점
① 수송기관의 접점에서 비용을 절감할 수 있다.
② 서류를 단순화할 수 있다.
③ 운송책임이 일원화되어 있다.
④ 화물 추적이 쉽다.

2 복합운송인(Multimodal Transport Operator : MTO)

1. 복합운송인의 의의
복합운송인이란 화주와 복합운송계약을 체결하고 송화인이나 복합운송작업에 관여한 운송인의 대리인으로서가 아닌 주체로서 행동하며 운송계약의 이행에 책임을 지는 사람을 말한다.

2. 복합운송인의 종류
(1) 실제 운송인형(Carrier형)
복합운송인 중 실제운송인은 운송수단을 보유하고 실제로 운송을 이행하는 운송인으로 이들이 복합 운송 서비스를 이행하게 되면 실제운송인형 복합운송인이라 한다.

(2) 계약운송인형(Forwarder형)복합운송인

계약운송인은 운송수단을 실제로 보유하지 않으면서도 운송 주체자로서 기능하고 운송에 대해 책임을 수행하는 자이다. 해상, 항공운송주선인이 대표적이다.

3 복합운송증권

1. 복합운송증권의 의의

복합운송증권은 복합운송인이 물품을 인수한 것과 계약상의 조항에 따라 물품의 인도를 약속한 복합운송계약을 증명하는 증권이다. 종래의 선하증권은 해상운송구간만의 수요에 대응한 것이기 때문에 육·해·공이 복합된 운송에는 부적합하여 거래상의 필요에 의하여 복합운송증권이 탄생되었다.

2. 특징

① 전체 운송구간 커버 : 화물의 멸실, 손상에 대한 일괄책임
② 선하증권과 달리 운송인뿐만 아니라 운송주선인도 발행
③ 화물이 적재되기 전에 복합운송인이 수탁 또는 수취한 상태에서 발행

제9장 해상보험

해상보험에서의 보험목적물에는 크게 화물에 관한 위험을 담보하는 적하보험과 선박의 위험을 담보하는 선박보험으로 분류된다.

1 적하보험의 의의

선박으로 운송하는 화물이 운송 중에 일어나는 사고로 손해를 입었을 경우 보상하는 해상보험을 의미한다.

2 해상보험의 기본원리

1. 실손보상의 원칙

해상보험계약의 이득금지 원칙에 의해 피보험자에게 지급되는 손해보상은 손해발생시의 손해금액을 한도로 지급되어야 한다.
해상보험의 보상원칙은 손해만 보상하는 실손보상의 원칙이 적용된다.

2. 최대선의의 원칙(Utmost good faith)

당사자의 일방이 최대선의를 준수하지 않는 경우에는 다른 당사자는 당해 계약을 무효로 할 수 있다. 피보험자는 자신이 알고 있는 일체의 중요한 사항을 보험계약의 체결 전에 보험자에게 고지(고지의무 : duty of disclosure ; 계약전 알릴 의무, MIA 제18조 ~ 제19조)해야 한다.

3. 근인주의

보험자는 담보위험으로 인하여 생긴 손해에 대해서만 보상책임을 지며, 면책위험에 기인하여 발생된 손해에 대해서는 보상할 책임이 없다. 이러한 위험과 손해와의 관계를 인과관계라 하며, 영국 해상보험법에서는 근인설에 따라 인과관계를 규명하도록 규정하고 있다. 현재 영국에서 근인은 손해를 발생시킨 '효과면에서 근접한 원인'(cause proximate in efficiency)을 가리키며, 반드시 '시간적으로 가장 가까운 원인'(cause nearest in time)은 아니라는 견해가 지배적이다.

4. 고지의 시기

보험계약당시 보험계약자 또는 피보험자는 보험자에게 보험인수의 승낙여부 또는 계약내용의 결정에 영향을 미치는 중요한 사항을 고지해야 한다. 이는 최대선의의 원칙에 바탕을 두고 있다. 보험계약체결의 교섭이나 계약의 성립 전까지 고지해야 한다.

3 주요 용어

1. 보험계약의 관계당사자

Insurer/Assurer/Underwriter(보험자)	보험계약을 인수한 자로서 보험계약자로부터 보험료를 받는 대신에 보험기간 중 보험사고가 발생할 경우 보험금을 지급할 것을 약속한 자를 말한다.
Policy holder (보험계약자)	자기명의로 보험자와 보험계약을 체결한 자로서 보험료 납부의무, 중요사항의 고지의무 및 위험변경증가의 통지의무 등을 부담한다.
Assured/Insured (피보험자)	보험사고가 발생한 경우에 보험자로부터 손해의 보상을 받는 자를 말한다. 보험계약자와 피보험자는 동일인이 될 수도 있고, 그렇지 않을 수도 있다.
Insurance agent (보험대리점)	일정한 보험자를 위하여 계속적으로 보험계약의 체결을 대리하거나 매개하는 자를 말하며 특정 보험자를 위하여 계속적으로 대리, 또는 중개한다는 점에서 보험중개인과 다르다.
Insurance broker (보험중개인)	특정한 보험자를 위하여 보험자와 보험계약자 사이의 보험계약의 체결을 중개하는 것을 업으로 하는 자를 의미한다. 특정한 보험자에게 종속되지 않는다는 특징이 있다.

2. 소급보험

소급약관("lost or not lost" 문구)은 보험계약의 효력을 보험계약의 성립시점으로부터 그 이전 시점으로 소급시키는 것을 인정하고 있으므로 이 약관에 의하여 보험계약을 체결한 시점에 보험사고가 이미 발생하였고, 따라서 사고발생시점에서는 피보험이익이 존재하지 않는 경우에도 보험자로부터 그 손해를 보상받을 수 있게 된다.

3. Double insurance(중복보험)

동일 피보험이익 및 동일위험에 대하여 동일한 피보험자를 주체로 하여 수개의 보험계약이 존재하고 또 각 계약의 보험금액 합계가 보험가액을 초과하는 경우를 중복보험이라 하며, 각 보험자는 보험계약상 자기 부담 금액의 비율에 따라 비례적으로 손해를 보상할 의무가 있다. 어떠한 경우에도 각각의 보험자가 부담하는 보험금액의 합계가 보험가액을 초과할 수는 없다.

전부보험(full insurance)	보험가액 = 보험금액
초과보험(over insurance)	보험가액 < 보험금액
일부보험(under insurance)	보험가액 > 보험금액
중복보험(double insurance)	보험가액 < 보험금액
공동보험(co-insurace)	보험가액 = 보험금액

4 해상위험과 해상손해

1. 해상위험

해상위험은 항해에 관한 우연한 사고로 그 위험의 종류는 다양하나 대표적인 것으로 '해상 고유의 위험(Peril of the Seas)'이 있다. 해상고유의 위험이란 바다에서의 우연한 사고 또는 재난을 의미하는데 예컨대 침몰(Sinking), 좌초(Stranding), 충돌(Collision), 풍파의 이례적 작용(Heavy weather), 선박 및 적하의 행방불명 등이 이에 해당한다.

2. 해상위험과 보험기간

보험자가 부담하는 위험은 보험기간 중의 위험에 한정되며 보험기간 중의 보험자의 책임은 위험부담책임이지 손해보상책임이 아니다. 따라서 보험기간 중에 손해가 발생했어도 그 원인이 되는 위험이 보험기간 개시 전에 발생한 경우에는 보험자가 그 손해를 보상할 책임이 없다.

3. 해상위험에 대한 인과관계 입증책임

(1) 포괄책임주의 보험증권[A/R 또는 ICC(A)조건] : 보험자

ICC(A/R : All Risks)과 ICC(A)조건은 보험자는 보험 기간 중에 발생하는 일체의 위험을 부담하는 것이므로 보험 기간 중에 발생한 손해는 일단 보험자가 부담하는 위험에

의해 발생한 것으로 추정됨으로 피보험자는 손해보상의 청구를 위하여 우연적인 사고에 의한 손해가 보험 기간 중에 발생하였다는 것을 입증하고, 손해의 원인에 관한 거증책임은 보험자가 증빙한다.

(2) 열거책임주의 보험증권[FPA, W/A, ICC(B), ICC(C) 조건] : 피보험자

FPA, W/A, ICC(B), ICC(C) 조건은 보험자의 담보책임을 일일이 열거하고 있다. 따라서 손해의 거증책임은 피보험자에게 있다.

5 해상손해

해상보험에서 손해(Loss)는 피보험자가 해상위험으로 인해 보험의 목적인 선박, 적하 또는 운임에 입는 재산상의 불이익을 의미한다. 그 손해의 유형은 일반적으로 물적 손해, 비용손해 및 배상책임손해로 구분된다.

1. 물적 손해

보험목적물 자체의 멸실이나 훼손으로 인하여 피보험자가 입은 손해를 말하며, 이를 직접 손해라고도 한다.

2. 비용손해

목적물이 위험에 놓인 경우 그 목적물을 보존하기 위하여 피보험자가, 또는 피보험자를 위하여 경비를 지출함으로써 입은 손해이다.

3. 책임손해

선박충돌손해, 배상책임 등 책임의 부담에 따른 손해이다.

[표] 손해의 정도에 따른 구분

Total Loss (전손)	보험목적물이 멸실한 경우, 즉 피보험이익이 전부 멸실된 경우를 전손이라고 한다. 전손은 현실전손과 추정전손으로 구분된다. ① Actual Total Loss(현실전손) : 보험목적물이 현실적으로 그 경제적 가치를 상실하는 것을 의미하며, MIA 제58조에서는 선박이 행방불명되어 상당한 기간이 경과해도 소식이 없는 경우에는 현실전손으로 간주하고 있다 (Marine Insurance Act, 제57조 제1항). ② Constructive Total Loss(추정전손) : 보험목적물이 전멸하지 않았어도 손해 정도가 심하여 본래의 목적에 사용할 수 없거나 그 손해를 수선할 수 있다고 하여도 수선비가 많이 소요되는 경우의 손해를 추정전손이라고 한다.
Average / Partial Loss (분손)	분손이란 전손이 아닌 손해, 즉 피보험이익의 일부에 생긴 손해를 말한다. ① General Average(공동해손) : 선박 및 적하가 공동의 위험에 놓여 있을 때, 즉 공동해손행위(general average act)로 인하여 발생한 손해 또는 공동해손행위의 직접적인 결과로 발생한 손해를 말한다. ② Particular Average(단독해손) : 분손 중 공동해손이 아닌 손해를 말하며, 이것은 손해를 입은 자가 단독으로 부담하여야 하는 것이다.
비용손해	보험자의 보험보상의 대상이 되는 비용손해는 구조료(비), 특별비용, 손해방지비용 및 부대비용 등이다. ① Salvage Charge(구조비) 보험사고가 발생한 경우에 계약상의 의무 없이 임의로 구조한 자에게 해상법에 의하여 지급되는 보수를 구조료 또는 임의구조료라 한다. ② Salvage Award(구조보수) 구조에는 구조자와 피구조자간의 구조계약에 의하여 행하는 계약구조(contract salvage)와 구조자가 임의로 행하는 임의구조(voluntary salvage)가 있다. 구조계약에 대하여 지급되는 보수는 구조보수라고 하는데, 이것은 보험의 목적 단독의 이익에 대한 것이면, 특별비용이 되고, 선박과 적하 공통의 이익에 대한 것으로 공동해손이 선언된 때는 공동해손비용이 된다. ③ Particular Charges(특별비용) 보험목적물의 안전 또는 보존을 위하여 피보험자에 의해서 또는 피보험자를 위하여 소요된 비용으로서 공동해손비용 및 구조료 이외의 비용을 말한다. ④ Sue and Labor Charge(손해방지비용) 피보험위험 발생 시 이로 인한 보험목적물의 손해를 방지 또는 경감하기 위하여 피보험자 또는 그의 사용인 및 대리인이 지출한 비용을 말한다. 손해방지비용은 손해방지의무에 의하여 지출된 비용이므로 특약이 없어도 보험자가 이를 부담하고, 더욱이 물적 손해 등 다른 손해에 대한 보상액과 손해방지비용의 합계액이 보험금액을 초과하는 경우에도 이를 보험자가 부담한다.

6 위부(Abandonment)와 대위(Subrogation)

1. 위부(Abandonment)의 의의
위부란 추정전손의 사유로 전손에 대한 보험금을 청구하기 위하여 피보험자가 보험목적물에 대해 갖는 일체의 권리, 즉 잔존화물의 소유권 및 잔존가액, 기타 관리 등을 보험자에게 양도하는 것을 말한다.

2. 위부의 통지
① 피보험자가 보험자에게 위부 할 것을 결정한 경우에는 보험자에게 통지하여야 한다.
② 통지의 방식은 구두나 서면 모두 가능하다.
③ 위부에 대한 보험자의 승낙은 명시적 또는 묵시적으로 할 수 있으나 침묵은 승낙이 아니다.

3. 위부의 효과
유효한 위부가 있는 경우에는 보험자는 보험의 목적에 남아 있을 수 있는 모든 권리를 양도받는다(피보험자는 전손보험금을 받는 것보다 분손으로 처리하는 것이 유리하다고 판단되면 위부의 통지를 하지 않고 분손으로 처리 할 수 있다).

4. 대위(Subrogation)의 의의
보험자가 피보험자에게 보험금을 지급한 경우 피보험목적물에 대한 일체의 권리와 손해 발생에 과실이 있는 제3자에 대한 구상권 등을 승계하는 것을 말한다. 위부가 통지를 통하여 전손을 완성하며 전손 보험금을 청구할 수 있는 권리를 발생시키는 데 비해 대위는 보험금을 지급한 보험자에게 자동으로 승계, 취득되는 권리를 말한다. 보험은 부당이득 금지의 원칙이 적용되기 때문에 보험을 통하여 이중, 실 손해 이상으로 지급받는 것을 방지하기 위함이다. 대위에는 잔존물 대위 및 구상권 대위가 있다.

7 신약관의 담보위험약관

(1) 2009년 ICC의 기본조건과 보험금을 지급하는 주된 경우

보상하는 손해	ICC(A)	ICC(B)	ICC(C)
화재 · 폭발	○	○	○
선박 또는 부선의 침몰 · 좌초	○	○	○
육상운송용구의 전복 · 탈선	○	○	○
선박 · 부선 · 운송용구와 물 이외의 타물과의 충돌	○	○	○
조난항에서의 화물양륙	○	○	○
본선 또는 부선에의 선적 · 양륙도중 낙하에 따른 포장단위당의 전손	○	○	×
해수 · 호수 · 강물의 운송용구 · 보관장소에의 유입	○	○	×
지진 · 화산의 분화 · 낙뢰	○	○	×
비 · 눈 등에 의한 누손	○	×	×
파손 · 곡손 · 찰손 · 갈고리로 인한 손해	○	×	×
도난 · 발하 · 불착	○	×	×
외적인 요인을 수반하지 않은 누출 · 부족	○	×	×
공동해손 · 구조비 · 투하	○	○	○
갑판유실	○	○	×

(2) 2009년 약관의 보험자의 일반면책약관

면책위험	A조건	B조건	C조건
피보험자의 고의의 위법행위에 기인한 멸실 · 손상 또는 비용	○	○	○
보험의 목적의 통상의 누손, 중량 또는 용적의 통상의 감소 및 자연소모	○	○	○
포장의 불완전 · 컨테이너에의 적부불량에 의한 손해(다만 위험개시 후에 피보험자 이외 또는 그 사용인 이외의 자에 의해 행해진 경우 제외)	○	○	○
화물 고유의 하자 또는 성질에 의한 손해(자연소모, 통상의 감소, 부패, 변질, 녹 등)	○	○	○
항해, 운송의 지연에 기인하는 손해	○	○	○
선박의 소유자, 관리자, 용선자 또는 운항자의 파산 또는 재정상의 궁핍으로 인한 멸실 · 손상 또는 비용	○	○	○
보험의 목적 또는 그 일부에 발생된 일체의 사람들의 불법행위에 의한 고의적인 손상 또는 고의적인 파괴	×	○	○
원자력 · 방사능 오염위험으로 인한 손해	○	○	○

무역클레임 및 상사중재

1 개념

무역클레임(claim)은 계약당사자의 일방이 매매계약 내용을 불이행 하여 상대방에게 손해를 끼쳤을 때 손해를 입은 당사자가 상대방에게 권리회복 또는 손해배상을 요구하는 것을 말한다. 무역클레임은 주로 물품의 성질, 선적지연, 선적불이행 등으로 수입자가 수출자에게 제기하는 경우와 대금결제와 관련하여 수출자가 수입자에게 제기하는 경우가 대부분이지만, 무역거래과정에서 관련되는 선박회사, 보험회사, 외국환은행 등이 클레임의 대상이 되기도 한다.

2 내 용

1. 클레임의 유형

상품에 대한 클레임	계약물품과 직접 또는 간접적으로 관련된 클레임을 말한다. • 직접 클레임 : 품질, 색상, 치수, 손상, 수량 및 중량 등 • 간접 클레임 : 포장, 화인, 선적, 운송, 서류, 계약, 가격 및 결제 등
일반적 클레임	• market claim(마켓 클레임) : 수입업자가 물품 수입과 관련하여 거의 손해를 보지 아니하였거나, 극히 적은 손해를 보았음에도 불구하고 수출업자의 사소한 과실을 구실로 가격인하를 요구해 오거나 손해배상을 청구해 오는 클레임을 말한다. • 계획적 클레임(의도적 클레임) : 거래상대방의 고의에 의한 클레임으로서 처음부터 계약체결을 통한 무역거래 보다는 고의적인 클레임을 이용하여 이득을 보려는 행위를 말한다.

2. 클레임의 제기기간

무역계약에 클레임의 제기(하자 통지)기간을 약정할 경우에는 그 계약조항에 따르면 되지만 약정이 없으면 법률 또는 관습에 따라 합리적으로 결정해야 하는데, 국가마다 그 기간을 달리하고 있다.

① 우리나라 : 발견 즉시 통지하되 발견할 수 없는 하자에 대해서는 6개월 기간을 인정하고 있다(수량부족의 경우 1년 이내로 규정).
② CISG(국제물품계약에 관한 UN협약) : 단기간 내 검사, 합리적인 기간 내 통지, 제기기간은 2년을 초과하지 못한다.

3. 클레임 통지

클레임의 사유가 결정되면 먼저 가장 빠른 방법으로 신속하게 클레임이 발생한 사실을 상대방에게 통지한 후 즉시 정식 클레임을 서면으로 제기해야 한다. 따라서 클레임 통지는 모든 증빙자료를 갖추기에 앞서 클레임 발생사실을 상대방에게 통보하는 것이다.

4. 클레임 해결방법

무역클레임이 발생하면 신속하게 대응하여 해결하도록 해야 한다. 가장 바람직한 방법은 당사자 간 합의에 의한 것이지만 우호적으로 해결되지 않으면 제3자를 이용해야 한다.

(1) 당사자 간 해결

① waiver of claim(청구권 포기, 클레임 포기) : 경미한 클레임에 대해서 클레임을 포기하고 단순 경고를 하는 것을 말한다.
② compromise(타협) and amicable settlement(화해) : 당사자가 직접적인 협의를 통하여 상호평등 원칙에 따라 납득할 수 있는 타협점을 모색하는 것이다.

(2) 제3자를 통한 해결

① Intermediation(알선) : 상공회의소, 대한상사중재원, 대사관, 영사관 등 공정한 제3자 기관이 당사자의 일방 또는 쌍방의 의뢰로 사건에 개입하여 원만한 타협이 이루어지도록 돕는 방법이다.
② Conciliation(조정) : 당사자의 일방 또는 쌍방의 요청으로 거래당사자가 공정한 제3자를 조정인으로 선임하여 분쟁해결방안을 제시해 줄 것을 의뢰하고 조정인이 제시하는 조정안에 양당사자가 합의하면 분쟁이 해결되는 방식이다.
③ Arbitration(중재) : 분쟁 당사자간의 중재계약에 따라 사법상의 법률관계에 관한 현존 또는 장래에 발생할 분쟁의 전부 또는 일부를 법원의 판결에 의하지 아니하고, 사인인 제3자를 중재인으로 선정하여 중재인의 판정에 맡기는 동시에 그 판정에 복종함으로써 분쟁을 해결하는 자주법정제도이다. 조정은 당사자 일방의 요청으로도

가능한 데 비해, 중재는 반드시 양당사자의 합의가 있어야 가능하다. 조정은 양당사자의 자유의사에 의해 해결하지만, 중재는 중재인의 중재판정에 절대 복종해야 하는 강제성을 가질 뿐 아니라 그 효력이 법원의 확정판결과 동일하며 외국에서도 집행이 보장되므로 소송에 비해 효력의 범위가 넓다. 분쟁의 해결에는 보편적으로 소송이 있지만, 급격히 증대되는 전문적이고 기술적인 분야의 모든 분쟁을 수용하기에는 한계가 있다. 때문에 최근에는 신속하고 저렴한 대체적 분쟁해결제도를 많이 활용하고 있다.

㉠ 중재계약 방식

사전중재합의	분쟁이 발생하기 전에 계약서의 이면 등에 합의해 두는 방식
사후중재합의	이미 발생되어 있는 분쟁을 사후에 중재로 해결하기로 합의하는 방식

㉡ 중재의 3요소 : 중재지, 중재기관, 준거법의 명시

④ Litigations(소송) : 무역클레임 중에는 당사자 간의 교섭이나 알선, 그리고 중재에 의한 해결이 불가능한 경우가 있다. 이러한 경우 최후수단으로 국가의 사법기관인 법원의 판결에 의해 분쟁을 강제적으로 해결하는 방법인 소송이 있다.

3 중재판정(award)의 의의와 효력

1. 중재판정의 의의
중재계약의 당사자가 부탁한 분쟁에 대하여 중재인이 내리는 최종결정(final decision)이다.

2. 국내적 효력
중재판정은 당사자간에 있어서는 법원의 확정판결과 동일한 효력을 가진다.

3. 국제적 효력
중재판정의 국제적 효력, 즉 외국중재판정의 승인 및 집행에 대하여는 1958년 '외국중재판정의 승인 및 집행에 관한 유엔협약'에 의해 외국에서도 그 승인 및 집행이 보장된다.

제1부 무역계약 핵심문제

01 | 출제키워드 | 인코텀즈, DPU, 물품하역비용 부담자

다음은 인코텀즈(INCOTERMS) 2020의 거래조건에 대한 설명이다. 그 내용이 옳은 것을 고르시오.

① 수출업자가 물품을 철도를 이용한 후 선박을 이용하여 국제운송 하고자하는 경우에는 CIP보다는 CIF를 이용하는 것이 현명하다.
② EXW규칙과 DDP규칙에서 수출통관의무부담자는 모두 수출업자이다.
③ CFR규칙에서 수출업자는 수입항구까지의 화물운송에 관련된 비용을 부담하는 것이므로 항구에 정박 중인 본선내에 화물을 선적한 이후 도착항에 선박이 도착되지 않으면 이에 대해 책임져야 한다.
④ DPU규칙으로 수출할 때, 수출업자는 수입항구에서 발생되는 물품하역비용을 부담해야 한다.

정답 및 해설

01 ④ 수입국 내 지정장소에서 물품을 운송수단으로부터 양하하여 인도하는 DPU 규칙이므로 양하비용을 수출업자가 부담 한다.

02
| 출제키워드 | 선하증권, 백지배서, 서명

신용장거래에서 사용되는 선하증권(Bill of lading : B/L)에 대한 설명으로 적절하지 못한 것은?

① Stale B/L이란 선적일 다음날로부터 21일이 경과하여 지정은행에 제시된 선하증권을 말한다.
② '선하증권에 백지배서한다'는 말의 의미는 B/L 이면에 아무런 표시도 하지 말라는 지시이다.
③ 선적국이 공휴일인 경우라 할지라도 신용장상의 선적일자는 그 다음날로 자동연장 되지 않는다.
④ 운송주선인이 선박회사와 화주사이에서 선박회사로부터 Master B/L을 받고 화주에게 발급해주는 것을 House B/L이라고 한다.

03
| 출제키워드 | UCP600 3조, 선적기간, 만기일

무역계약의 협상조건 중 품질조건, 선적조건, 결제조건에 대한 다음 설명 중 옳은 것을 고르시오.

① 신용장거래시 환어음의 만기 기재란에 "at 90 days from sight"과 같이 기재된 경우, 만기일은 일람일을 포함하여 계산하여야 한다.
② Bulk Cargo란 통상 중량기준으로 매매되는 1차 산품을 말하는 것으로, 신용장거래 시 이들 물품은 운송 및 취급 중 감량의 문제를 피하기 위해 계약서에 중량을 기재할 때 about를 기재하는 것이 현명하다.
③ 1 Metric ton은 kilo ton이라고도 불리며, 약 907kg에 해당한다.
④ 신용장거래시 선적기간과 관련하여 from, to, till, until이 사용되는 경우에 당해일은 포함하는 것으로 해석한다.

정답 및 해설

02 ② 백지배서는 이면에 배서인이 서명하여 배서하면서 피배서인을 기명하지 않고 비워두는 것을 말하므로 아무런 표시도 하지 않는다는 설명은 잘못된 설명이다.

03 ④ UCP 600 3조
[해석] 선적기간을 결정하기 위하여 사용된 경우 "to", "until", "till", "from" "between"이라는 단어는 언급된 일자 및 일자들을 포함하며, "before" 및 "after"라는 단어는 언급된 일자를 제외한다.

04 | 출제키워드 | 위험분기점, 수출입통관 의무자

인코텀즈(INCOTERMS) 2020의 거래규칙에 대한 다음 연결 중 옳지 않은 것을 고르시오.

① DAP, DPU, FAS, CIF – 물품 납품장소로 항구를 약정하는 규칙
② FOB, CFR, CIF – 위험의 분기점이 모두 동일한 규칙
③ EXW, DDP – 수출입업자 중 어느 한쪽이 수출입 통관을 모두 담당하는 규칙
④ CIF, CFR – 수출업자가 해상운송계약을 체결해야 하는 의무가 있는 규칙

05 | 출제키워드 | FAS 인도의무 분기점, DAP 양하의무 부담자

다음은 인코텀즈(INCOTERMS) 2020의 거래조건에 대한 설명이다. 그 내용이 옳지 않은 것을 고르시오.

① DDP조건으로 수입하고자 하는 경우, 최종목적지에 도착된 화물을 수입업자 자신이 운송수단으로부터 양하해서 인도받아야 한다.
② FAS 규칙에서 선박이 부두에 접안해 있지 않고 해상에 있는 경우에도 물품인도 의무는 통상적인 선측인 부두에 인도하는 것으로 이행가능하다.
③ FCL cargo를 CIF조건으로 수출하고자 하는 경우, 수출업자는 수출단가 계산 시 수출항구에서 발생되는 CFS Charge를 고려하지 않아도 된다.
④ DAP조건으로 수입하고자 하는 경우, 최종목적지에 도착된 화물을 수입업자 자신이 운송수단으로부터 양하해서 인도받아야 한다.

정답 및 해설

04 ① DAP, DPU 규칙에서의 납품장소는 목적장소(insert named place of destination)이다.
05 ② 선측이라 함은 협의적으로는 부두에 접안해 있는 선박에 크레인 작업이 가능한 공간을 말하며 광의적으로는 해상에 있는 선박의 크레인 작업이 가능한 공간을 말한다.

06 | 출제키워드 | 품질조건, 견본매매

무역계약의 여러 협상조건에 대한 다음 설명 중 옳은 것을 고르시오.

① 테디베어인형 등 수작업을 통해 제작되는 물품을 거래하는 경우에 견본을 기준으로 품질을 결정하고 그 표현으로 "similar to the sample"과 같은 문장을 사용하는 것이 현명하다.

② Claims clause(클레임조항), Liquidated damages clause(손해배상예정액 조항), Infringement clause(권리침해조항)은 모두 사전에 당사자의 손해배상금액을 확정하기 위하여 기재하는 조항들이다.

③ 장기공급계약과 같이 상당기간 반복적인 거래를 함에 있어서 발생되는 문제를 해결하기 위해 이용되는 조항 중 Non-waiver Clause는 특정 권리를 행사함에 따라 장차 해당 권리에 구속되는 것으로 해석되는 경우를 막기 위해 사용되는 조항이다.

④ D/P방식이라 함은 수출업자는 환어음을 발행하여 선적서류를 첨부하여 은행을 통해 대금을 회수하는 방식으로, 이 때 발행되는 환어음의 종류는 일람후정기출급환어음이다.

정답 및 해설

06 ① 수작업을 통해 제작되는 물품을 거래하는 경우에는 제공되는 샘플과 인도물품의 일치성을 느슨하게 규정하는 것이 매도인에게 유리하다. 매수인 입장에서는 너무 느슨한 규정은 낮은 품질 또는 상이한 물품을 인도 받을 수 있기 때문에 당사자 간에 적절한 확인과 합의가 필요한 부분이다.

07
| 출제키워드 | 가분성조항, 권리 불포기 조항

다음은 일반거래협정문(General Terms and Conditions)에 포함되는 계약조항에 대한 설명이다. 그 설명이 옳지 않은 것은?

① 계약서에 포함된 내용 중 하나 또는 몇몇 조항이 법원의 판정 또는 법률의 개정 등의 원인으로 인해 무효로 되는 경우에 그와 같은 일부 조항으로 인해 당해 계약 전체를 무효로 하는 일이 없도록 하기 위해 활용되는 조항을 Severability Clause라 한다.

② 계약위반으로 인해 손해발생시 발생된 손해액을 입증하는 어려움을 피하기 위해 계약위반시 청구 또는 지급할 손해액을 약정하여 규정하는 조항을 liquidated damage clause라 한다.

③ 계약의 이행과정에서 상대에게 주장할 수 있는 어떠한 권리를 미행사한 경우나 착오로 주장하지 못한 경우, 이후 그와 같은 권리가 완전히 사라졌다는 해석이 뒤따를 수 있으므로 이를 막기 위해 활용하는 조항을 hardship clause라 한다.

④ 전쟁, 파업 등 계약당사자들이 예견하지 못한 불가피한 사정으로 인한 계약불이행 또는 이행지연 등에 대비하여 불가피한 사정 및 면책 등을 규정하는 조항을 Force Majeure Clause라 한다.

정답 및 해설

07 ③ Non-Waiver Clause(권리 불포기 조항)에 대한 설명이며, 이는 권리포기는 일시적으로 어느 계약조건의 이행청구를 하지 않더라도 이를 인하여 그 후의 동 조항 또는 조건의 이행청구권을 포기하는 것으로 간주하여 이를 박탈할 수 없다는 조항이다.

08
| 출제키워드 | 중재판정, 소송, 뉴욕협약

다음 분쟁해결방법 및 그에 관련된 조항에 대한 설명으로 옳은 것은?

① 중재판정은 소송을 통한 확정판결과 마찬가지로 법원의 강제집행절차를 거쳐 강제할 수 있으므로 강제성면에서는 중재와 소송상의 차이를 볼 수 없으며, 이와 같이 외국 중재판정의 강제집행을 위해 만들어진 규범으로 뉴욕협약이 있다.
② 조정은 조정인이 제시하는 조정안에 당사자가 구속됨으로 쌍방은 조정안을 수락해야 할 의무가 있다.
③ 소송을 통한 분쟁해결방법을 합의함에 따라 계약서상에 포함시킨 재판관할조항(Choice of Venue/Jurisdiction Clause)에 의해 관할지의 법률이 준거법이 되므로 별도로 준거법에 대해 합의할 필요가 없다.
④ 중재는 3심제이므로 중재판정에 불만이 있더라도 법원에 항소할 수 있음은 물론 서면에 의한 중재합의가 있어야 진행될 수 있다는 특징을 가진다.

09
| 출제키워드 | CISG, 계약해제의 조건, 근본적 계약위반, 추가기간 위반

다음은 국제물품매매계약에 관한 UN협약 상 권리구제에 대한 설명이다. 그 설명이 옳지 않은 것은?

① 위반의 상대방이 추가이행기간을 설정했으나 위반당사자가 추가 설정된 기간 내에 이행할 의사가 없음을 표시한 경우, 당초의 계약위반이 근본적 계약위반인 경우에 한해 추가기간의 경과를 기다리지 않고 계약을 해제할 수 있다.
② 상대방이 기대하는 바를 실질적으로 박탈할 정도의 계약위반이 있는 경우에 이를 근본적 혹은 본질적 계약위반(fundamental breach of contract)이라 하며, 이와 같은 경우에 계약의 해제 및 대체품으로의 교환을 청구할 수 있게 된다.
③ 계약위반으로 인해 입은 손해 배상청구는 당해 계약을 해제한 경우에도 행사 할 수 있는 것으로, 다른 구제수단과 함께 행사가 가능한 유일한 구제수단이다.
④ 분할인도되는 물품에 계약위반이 존재하는 경우에는 계약에 부적합한 당해 분할분에 대해서만 계약을 해제하는 등 구제수단을 행사할 수 있는 것이 원칙이다.

정답 및 해설

08 ① 외국에서의 중재판정의 승인 및 집행을 위한 국제협약인 뉴욕협약(New york)에 대한 설명이다.
09 ① 추가이행기간의 설정 후 이행기간이 경과되기 전에 의무를 이행하지 않거나 이행거절의사를 밝히는 경우에는 계약위반이 근본적 계약위반이 아니더라도 계약을 해제할 수 있다.

10 | 출제키워드 | 중재조항, 완전합의조항, 준거법조항, 클레임조항

일반거래협정문 속에 포함되는 다음 조항 중 무역클레임이 발생될 것에 대비하여 삽입되는 조항을 모두 고르시오.

① Arbitration Clause
② Entire Agreement Clause
③ Governing Law Clause
④ Claims Clause

11 | 출제키워드 | EXW, 국내거래조건, 수출통관 의무자 구분

다음 인코텀즈(INCOTERMS) 2020에 대한 설명으로 가장 적절하지 않은 것은?

① CFR 조건에서 목적항에서의 양륙비는 수입상이 부담한다.
② EXW 조건에서 수출통관의무자는 수출자이다.
③ CIP 조건에서 매도인은 ICC(A)에 해당하는 보험을 부보하여야 한다.
④ DDP 조건에서 수입통관의무자는 수출자이다.

12 | 출제키워드 | 본인 대 본인 거래, 대리인

국제거래에서 당사자의 진정성을 확인하고, 분쟁이 발생할 경우 대리인이 아닌 본인이 직접 모든 거래의 내용을 책임지기로 약속하고자 하는 내용을 표시하고자 한다면 무역계약의 조항으로 가장 적합한 내용은 무엇인가?

① Non-waiver
② Privity
③ Entire Agreement
④ Indemnification

정답 및 해설

10 ①, ②, ③, ④
  ① 중재조항
  ② 완전합의조항
  ③ 준거법조항
  ④ 클레임 조항
11 ② EXW 조건에서 수출통관의무자는 수입자이다.
12 ② 본인 대 본인 거래(Principal to Principal)의 표시는 일반적으로 Privity 조항에서 표시한다.

13 | 출제키워드 | 침묵, 부작위, 승낙의 방법

다음은 국제물품매매계약의 체결에 관한 설명이다. 그 내용이 가장 적절하지 못한 것을 고르시오.

① 전화상담 등 구두협의를 통해서도 계약은 성립될 수 있으나 차후의 분쟁을 예방하기 위해서는 계약의 내용을 문서로 남기는 것이 바람직하다.
② '유효기간내의 거절통지가 없으면 승낙으로 취급할 것'이라는 취지가 기재된 청약에 대한 침묵은 원칙적으로 승낙으로 취급된다.
③ 청약을 수령한 피청약자가 달리 승낙의 의사를 표시하지 않은 채, 청약에 포함된 조건에 따른 이행을 한 경우 계약의 성립을 인정할 수 있다.
④ 수입업자가 사용한 구매주문서 양식의 인쇄된 사항과 수출업자가 사용한 주문확인서 양식의 인쇄된 사항이 상이한 경우에 계약은 성립될 수 없게 된다.

14 | 출제키워드 | 문서합의, 구두합의

국제거래에서 계약내용의 안정을 기하기 위한 조항으로 계약서는 당사자의 합의를 전부 표시하고 있기 때문에 계약서가 유일한 합의서이며 그 이외의 내용은 인정할 수 없다고 하는 조항으로 거래교섭 중에 주고받는 문서·구두의 표시 등을 무효로 하는 조항은 무엇인가?

① Privity
② Entire Agreement
③ Indemnification
④ Non-waiver

정답 및 해설

13 ② 당사자 간에 반복적인 거래관계가 이어지고 있는 상황과 같이 합리적으로 승낙이라고 생각할 수 있는 상황을 제외하고 침묵은 원칙적으로 거절로 취급된다.
14 ② Entire Agreement(완전합의조항)에 대한 내용이다.

15 | 출제키워드 | 손해배상, 손해배상예정액 조항과 구분

국제거래에서 계약의 당사자 중 일방이 특정행위 또는 일정 사유로 인한 손해를 입게 된 경우 다른 당사자가 그 손해에 대하여 배상을 하겠다는 내용을 담고 있는 조항은 무엇인가?

① Privity
② Entire Agreement
③ Indemnification
④ Non-waiver

16 | 출제키워드 |

국제거래에서 계약당사자의 어느 일방이 계약상의 어떤 조항에 의한 이행청구를 하지 않았더라도 이를 이유로 미래의 동일 조항에 의한 이행청구권을 포기한 것으로 보거나 이를 박탈할 수 없다는 내용을 담고 있는 조항은 무엇인가?

① Privity
② Entire Agreement
③ Indemnification
④ Non-waiver

17 | 출제키워드 | 천재지변, 불가항력

다음의 내용과 관련이 있는 조항을 고르시오.

> lock out of works
> requisition of vessel
> tempest

① Non-waiver clause
② Governing Law clause
③ Force Majeure Clause
④ Arbitrator Clause

정답 및 해설

15 ③ Indemnification(손해배상조항)에 대한 내용이다.
16 ④ Non-waiver clause(권리 불포기조항)에 대한 설명이다.
17 ③ 공장의 강제폐쇄, 선박의 징발, 폭풍우와 같은 불가항력에 의해 계약이행이 지연 또는 불가능하게 되는 경우를 대비하여 불가항력조항을 미리 넣어 둘 필요가 있다.

18 | 출제키워드 | House B/L, Master B/L

다음 운송서류에 관한 설명 중 가장 거리가 먼 것은?

① AWB : 화물수취증이고, 유가증권은 아니다.
② SWB : 기명식으로 발행되고 양도할 수 없다.
③ HBL : 선사에 의해 Freight Forwarder에게 발행되는 운송서류이다.
④ MTD : 모든 운송 방식에 사용할 수 있다.

19 | 출제키워드 | 행위에 의한 승낙, 구두승낙

국제물품매매계약의 성립에 대한 다음 설명 중 옳은 것을 고르시오.

① 수출업자와 수입업자 사이에 구두협의 후 제공된 수입업자의 주문서에 응해 수출업자는 주문확인서를 발송하지 않고 바로 물품을 선적했다. 이 경우, 주문확인서를 발송하지 않았다 하더라도 본 거래는 성립된다고 볼 수 있다.
② 수입업자의 주문에 대한 승낙의 의사표시로 수출업자가 사용한 주문승낙서에 청약서에 포함되어 있지 않은 상사중재조항(Arbitration)이 포함되어 있다고 하더라도 승낙은 효력을 발생한다.
③ 수출자의 견적서에 포함된 단가를 인하하는 내용의 승낙서를 발송한 후 다시 원래 단가로 구입하겠다는 취지의 팩스를 발송한 경우에 계약은 무조건 성립된다.
④ 국제물품매매계약에 관한 UN협약에 따르면, 청약에 유효기간(validity)이 포함된 경우에도 청약의 취소(revocation)를 허용하고 있다.

정답 및 해설

18 ③ House Bill of Lading은 Freight Forwarder에 의해 개별 화주에게 발급되는 운송서류이다.
19 ① 물품의 선적과 같이 청약의 내용과 일치되는 행동은 승낙을 구성한다.

20 | 출제키워드 | UCP600 제30조, 과부족용인조항, 포장화물, 살화물

다음은 무역계약의 주요 협상조건 중 품질조건과 수량조건에 대한 설명이다. 옳지 않게 기술된 것을 고르시오.

① 1 english ton은 long ton이라고도 불리며, 약 1,016kg에 해당한다.
② 여성용 의류 등 견본(sample)을 이용하여 거래를 협상하는 품목의 경우에는 품질 불량에 대한 클레임에 대비하여 Keep sample을 보관할 필요가 있다.
③ 개별단위로 포장된 화물을 신용장을 결제수단으로 하여 거래하는 경우에는 신용장의 금액 앞에 about 등의 기재가 없더라도 과부족은 용인된다.
④ 수산물류 등 GMQ(Good Merchantable Quality)조건으로 거래되는 물품의 경우, 수입국에 도착된 물품을 검사기관의 검사증명서(inspection certificate)를 통해 수입국에서의 품질을 기초로 클레임을 제기하면 된다.

21 | 출제키워드 | 인도시점, 비용분기점

무역계약의 성립 및 협상조건 등에 대한 다음 설명 중 옳지 않은 것은?

① EXW 규칙에서 수출상은 수출통관비용을 물품가격에 포함시켜서는 안 된다.
② 국제물품매매계약에 관한 UN협약에서 물품명세의 확정(지정)권은 수출업자만이 행사할 수 있는 구제수단이나 손해배상청구권은 수출업자와 수입업자가 모두 행사할 수 있는 구제수단이다.
③ DDP조건으로 물품을 수출하고자 하는 경우에 수출단가 계산 시 최종목적지에서 운송수단으로부터의 양하비용을 포함시켜야 한다.
④ 수출업자의 견적서에 대해 수입업자가 단가가 인하된 내용으로 작성된 구매승낙서를 발송한 후 수출업자가 물품을 선적하고 수입업자에 대해 물품의 인수 및 대금의 지급을 요청한 경우에 수입업자는 당초 수출업자의 견적서에 기재된 단가로 결제할 책임이 없다.

정답 및 해설

20 ③ 신용장 조건하에서 살화물(Bulk cargo)을 거래하는 경우에는 about, approximately와 같은 표현이 사용되지 않더라도 수량에 대한 5%의 과부족이 허용된다.
21 ③ 수입자의 의무이므로, 포함시켜서는 안된다.

22 | 출제키워드 | 최종선적일, 신용장 유효기일, 신용장 최종제시일

무역계약의 협상조건 및 조항에 대한 다음 설명 중 옳지 않은 것을 고르시오.

① 신용장상에 최종선적일이 선사의 휴일인 경우 휴일 이후의 최초영업일까지 최종선적일은 연장된다.
② 침묵은 원칙적으로 거절로 취급되므로, 청약서에 "유효기간내에 거절의 답신이 없는 경우 승낙된 것으로 볼 것임"과 같은 취지의 문장은 포함시키지 않는 것이 좋다.
③ 신용장상에 선적기간으로 'on or about Nov.8.'과 같이 기재된 경우의 선적기간은 11월 3일부터 11월 13일까지이다.
④ 'at 30 days after B/L date'와 같은 환어음을 요구하는 경우에 본선적재부기가 별도로 되어 있는 본선적재선하증권(On Board B/L)이 발행되었다면, 당해 선하증권의 본선적재부기일 다음날로부터 만기일을 계산하는 형태로 환어음을 발행한다.

23 | 출제키워드 | EXW 수출통관의무, FCA

무역계약의 협상조건 중 단가조건으로 활용되는 인코텀즈 2020에 대한 다음 설명 중 옳지 않은 것을 고르시오.

① DDP조건으로 수출하는 경우, 수출단가에 수입항에서 도착지까지의 내륙수송비용은 물론 수입관세까지 포함시켜야 한다.
② CFR조건으로 수출하는 경우, 수출단가에 수출항에서 선적비용과 함께 수출항에서 발생되는 THC까지 고려대상이 될 수 있다.
③ 항공운송의 경우 FOB보다는 FCA, CIF보다는 CIP가 바람직하다.
④ 매수인이 직접 또는 간접적으로 수출통관 절차를 이행할 수 없는 것에 관계없이 EXW 규칙을 사용할 수 있다.

정답 및 해설

22 ① 최종선적일은 연장될 수 없다.
신용장의 유효기일 또는 최종제시일이 지정은행의 불가항력적 사태가 아닌 정상적인 휴업일에 해당하면 이 기일은 각 기일 이후 최초의 은행영업일로 자동연장된다. 이러한 은행휴업일은 UCP 600 제36조에서 언급하고 있는 불가항력적인 사유 이외의 공휴일로서 통상적인 휴업일을 의미한다.

23 ④ EXW 규칙에서 매수인은 수입통관 업무 뿐 아니라 수출통관의 의무를 부담하므로 매수인 자신이 직접 또는 간접적으로 수출통관 절차를 이행할 수 없는 경우에는 사용할 수 없는 조건이다.

24
| 출제키워드 | 중재조항, 재판관할조항

무역계약서에 포함되는 계약조항에 대한 다음 설명 중 옳지 않은 것은?

① 명시적으로 약정한 것 이외에 제품에 대해 통상적으로 요구되는 정도의 안정성 또는 기능 등에 대해서는 보장하지 않음을 선언하는 조항을 Warranty Disclaimer Clause라 한다.
② 분쟁해결방법으로 중재를 약정하는 경우에 사용되는 조항을 Jurisdiction Clause, 소송을 약정하는 경우에 사용되는 조항은 Arbitration Clause이다.
③ 중재조항에 클레임 제기자의 선택에 따라 중재 또는 소송을 택할 수 있다고 기재하는 것은 가능하다.
④ 여러 언어로 계약서가 준비된 경우에 번역상의 오류 등으로 인해 계약의 내용에 대한 해석이 상이할 경우에 대비하여 특정 언어로 된 계약서를 우선하는 것으로 취급하겠다는 취지의 조항의 경우 Conflict Clause라는 제목을 사용하는 경우가 많다.

25
| 출제키워드 | 정기선 및 부정기선, 차별운임

정기선 해상운임에 관련한 내용 중 잘못 기술한 것은?

① 컨테이너박스(Box Rate)기준에 의한 운임결정은 모든 화물에 일괄적으로 적용된다.
② 정기선 기본운임을 정하는 기준에는 용적기준, 중량기준, 가격기준, 컨테이너박스기준이 있다.
③ 정기선은 Berth Term 조건을 사용 한다.
④ Lump Sum Freight란 용선계약에서 실제의 적재수량과 관계없이 선복 또는 항해를 단위로 포괄적으로 정해지는 운임을 말한다.

정답 및 해설

24 ② 중재를 약정하는 경우에는 Arbitration Clause(중재조항)가 사용되고, 소송을 약정하는 경우에는 Jurisdiction Clause(재판관할조항)가 사용된다.

25 ① Box Rate에는 화물종류에 관계없이 적용되는 무차별운임(FAK : Freight All Kinds Rate), 화물의 성질별로 나누어 적용되는 등급운임(Class Rate), 화물의 품목별로 나누어 적용하는 품목별운임(CBR : Commodity Box Rate) 등이 있다.

26 | 출제키워드 | 수량조건, 컨테이너

무역계약의 협상조건 중 수량조건에 대한 다음 설명 중 옳지 않은 것을 고르시오.

① 조화 등과 같이 개수를 기준으로 거래되는 경우에 사용되는 small gross는 100 dozen에 해당한다.
② 컨테이너의 크기를 나타낼 때 사용되는 단위인 TEU는 20피트짜리 컨테이너를 의미한다.
③ 컨테이너 운송은 경제성, 신속성, 안전성을 충족한다.
④ 총 중량에서 외부 포장인 부대의 무게를 제외한 중량을 Net weight(순중량)이라 한다.

27 | 출제키워드 | 청약, 승낙, 반대청약, 원청약 거절

다음은 청약과 승낙에 관한 설명이다. 잘못된 것은?

① 청약서에 "offer subject to being unsold"와 같은 문구가 기재된 경우라면 승낙을 하더라도 계약이 성립되지 않을 수도 있다.
② 청약서의 단가를 감액하는 내용의 승낙서를 발송하면서 승낙서상의 금액으로 신용장을 개설하는 경우, 행위에 의한 계약성립을 인정할 수 있다.
③ 수입상이 유효기간이 있는 청약을 수령한 후에는 수출국내 시장가격이 인상되더라도 수출자는 청약의 단가를 수정할 수 없다.
④ Offer Sheet는 청약 시에 사용하는 문서이다.

정답 및 해설

26 ① small gross = 10 dozen = 10 × 12 = 120 pieces
27 ② 반대청약을 근거로 신용장을 개설하는 것이기 때문에 계약 성립을 인정할 수 없다. 참고로 Proforma invoice는 매매계약성립 이전에 수출자가 수입자에게 제시하는 거래물품 가격 계산자료이다.

28
| 출제키워드 | 운임선불 및 후불, 선하증권

선하증권의 발행 및 작성을 설명한 것 중 잘못 기술한 것은?

① 선하증권의 원본 발행은 1통으로도 가능하나 분실 등에 대비하여 그 이상을 한 세트로 하여 발행할 수도 있다. 일반적으로 3통을 One Full Set로 발행하는데 각 통의 내용이 동일하고 동일한 효력을 가지기 때문에 화물인도에는 원본 한 통의 제시로 타 B/L은 무효가 된다.
② 운송인은 B/L을 작성하여 송화인에게 통지한다.
③ B/L 상의 Final Destination은 화물의 최종목적지를 표시한다.
④ B/L상에 "Freight Prepaid"가 기재된 경우에는 FOB조건으로 계약이 진행되고 있는 것으로 볼 수 있다.

29
| 출제키워드 | 운송클레임, 선하증권, 보상

무역운송 클레임을 설명한 것 중 잘못 표현한 것은?

① 운송클레임 제기 시 운송서류는 제출할 필요가 없다.
② 운송사고로 인하여 손해 발생 시 화주는 그 사실을 즉시 운송인과 보험회사에 동시에 통지하고 서면증거를 동시에 남기는 것이 적절하다.
③ 화물의 분실 및 손상에 대한 클레임은 화주가 지불할 운임이 있다 하더라도 그 금액만큼을 공제하고 손해배상을 청구할 수 없다. 손실 보상은 원칙적으로 클레임에 의해서만 해결될 수 있다.
④ 운송클레임의 제기 주체는 통상 선하증권 원본 소지인인 수하인이다.

정답 및 해설

28 ④ 운임선불은 매도인이 선적지에서 지불하여야 하므로 운송계약을 매수인이 체결하는 FOB조건은 적절하지 않은 조건이다.

29 ① 운송클레임 대상의 기준이 되는 내용을 양당사자가 확인하여야 하므로, 운송 조건이 반영되어 있는 운송서류의 제출은 필수이다.

30 | 출제키워드 | 중량, 용적, 수량조건, 가격조건

무역계약의 주요 협상조건 중 수량조건과 가격조건에 대한 다음 설명 중 옳지 않은 것을 고르시오.

① 유럽 및 대한민국에서 주로 사용하고 있는 단위인 1 metric ton은 2,204lb이며, kilo ton이라 불린다.
② 수출자 입장에서 봤을 때, 소량화물(LCL Cargo)을 CFR조건으로 수출하는 경우, 물품의 가격결정시 선적항에서의 혼재(consolidation)와 관련된 비용(CFS charge)을 포함 시켜야 할 것이다.
③ CIF조건으로 수출하는 경우, 수출자 단가 산정 시에 선적항에서의 선적비용은 포함되지만 수입항에서의 양륙비(unloading cost)는 포함되지 않는다.
④ 운임톤(revenue ton)이란 운송회사가 운임계산시 활용하는 단위를 말하며, 중량톤(weight ton)을 기준으로 산정된다.

31 | 출제키워드 | 변경된 승낙, 반대청약

다음은 무역계약의 성립과 이행에 관련된 설명이다. 잘못된 것은?

① 비엔나협약(CISG1980)에 따르면, 청약 내용의 일부만 승낙을 하는 경우에도, 승낙으로 보아 계약이 체결될 수 있다.
② 승낙기간이 기재된 청약은 상대방이 수령한 후에는 취소할 수 없다.
③ 사료용 옥수수를 포장하여 포장의 개수를 기준으로 거래하는 경우에는 신용장에서 수량과 금액에 대하여 구체적인 과부족한도를 기재하면 과부족이 허용된다.
④ 계약협상과정에서 e-mail을 교환하고 이를 확인할 목적으로 주문서를 발송하는 등의 절차를 거쳐 계약서를 작성하는 경우에, 계약내용에 대한 다툼을 방지하기 위해 활용되는 조항을 완전합의조항이라 한다.

정답 및 해설

30 ④ 운송화물에 대한 운임은 중량과 용적 중에서 운임이 높게 계산되는 편을 택하여 표시한다. 즉 총 중량과 총 용적에 각각의 운임단가를 곱하여 총 중량의 운임이 총 용적보다 클 경우는 무게단위를 운임단위로 표시한다.
31 ① 변경된 승낙은 원청약에 대한 거절이자 새로운 청약을 구성한다.

32
| 출제키워드 | 인코텀즈, 승낙의 지연, 당사자의 합의

무역계약의 체결 및 조건에 대한 다음 설명 중 옳지 않은 것을 고르시오.

① 침묵은 원칙적으로 승낙이 될 수 없다.
② CIF, CIP와 같은 규칙의 경우에는 수출자가 보험계약을 체결해야 한다.
③ FOB, CIF 규칙 모두 해상운송에만 사용되는 규칙이다.
④ 지연된 승낙에 대해서는 청약자가 이를 유효한 것으로 인정하더라도 계약이 성립될 수 없다.

33
| 출제키워드 | 보험부보 의무, 담보범위

다음 중 인코텀즈 2020에서 수출업자가 체결하는 최소담보조건의 보험계약조건으로 가장 적절한 것은?

① ICC(A/R)와 ICC(C)
② ICC(F.P.A.)와 ICC(C)
③ ICC(W/A)와 ICC(A)
④ ICC(A/R)와 ICC(F.P.A.)

34
| 출제키워드 | 보험계약자, 피보험자

다음은 CIF 조건에 대한 설명이다. 그 설명이 옳지 않은 것을 고르시오.

① 보험계약은 FPA조건으로 체결해도 된다.
② 수출항에서 수출업자의 물품인도의무는 완료된다.
③ 인코텀즈 2020에 따르면, CIF 조건에서는 2개 장소가 중요하다.
④ 피보험자를 수출자로 하여 보험증권을 발급받으면 된다.

정답 및 해설

32 ④ 지연된 승낙이라 할지라도 청약자가 이를 유효한 것으로 인정한다면 계약은 성립한다.
33 ② 별도의 담보조건을 계약서에서 특정하지 않는다면 수출업자는 구약관의 ICC(F.P.A) 또는 신약관인 ICC(C)와 같이 최소담보 조건으로 보험계약을 체결한다.
34 ④ CIF 조건에서 보험목적물에 대한 위험 부담을 갖는 자는 수입자이므로, 수입자를 피보험자로 하여, 보험증권을 발급받아야 한다.

35 | 출제키워드 | 당사자 자치의 원칙, 소유권

다음 중 비엔나협약에 대한 설명으로 옳지 않은 것은?

① 비엔나협약의 규정과 당사자간 합의가 충돌되는 경우, 당사자간 합의가 우선된다.
② 인코텀즈에서 침묵하고 있는 계약의 유효성 및 소유권이전 등에 대해서 규정하고 있다.
③ 선박, 부선, 항공기 등의 매매에는 적용되지 않는다.
④ 계약의 자동해제를 인정하지 않고 최고 후 계약해제가 가능하도록 규정함으로써 계약유지이념을 지키고 있다.

36 | 출제키워드 | 청약의 효력발생 시기, 승낙의 효력발생 시기

다음은 계약의 성립에 관한 설명이다. 그 설명이 옳지 않은 것을 고르시오.

① 청약에 '유효기간 내에 거절의 통지가 없다면 승낙으로 취급할 것'이라는 취지의 문장이 포함된 경우, 거절통지가 없더라도 원칙적으로 계약은 성립되지 않는다.
② 수입자의 대응청약(counter offer)에 응해, 수출자가 물품을 선적한 경우에 계약은 성립된다.
③ 수출자의 청약에 대해 거절 후(거절의 의사표시가 청약자에게 도달하였음) 지체 없이 다시 승낙의 팩스를 발송한다면 계약은 성립될 수 있다.
④ offer sheet의 비고(remarks)란에 "offer subject to our final confirmation"과 같은 문장이 기재된 경우, 수입자의 무조건적 승낙만으로는 계약이 성립되지 않는다.

정답 및 해설

35 ② 비엔나협약 역시 계약의 유효성 및 소유권이전 등에 대해서는 규정하고 있지 않다.

36 ③ 청약은 소멸되어 지체 없이 승낙을 한다 하더라도 승낙의 대상이 존재하지 않아 계약은 성립되지 않는다.

37 | 출제키워드 | 품질조건, 정확한 표현

무역계약의 협상조건 중 품질조건에 관련된 다음 설명 중 옳지 않은 것을 고르시오.

① GMQ조건은 양륙지에서의 검사를 최종적으로 하는 것으로 선적지에서의 검사를 통해서는 물품의 결함 등을 확인하기 곤란한 물품인 목재나 육류, 어류 등의 거래에서 이용된다.
② 곡물 등의 거래에서 사용되는 FAQ조건은 검사결과 평균중등품질 판정을 받은 물품을 공급하는 조건으로 선적지 품질조건에 해당한다.
③ 의류 등 마켓클레임 제기가능성이 높은 품목을 거래하는 경우, 마켓클레임에 대비하여 Keep sample을 보관해두는 것이 현명하다.
④ 인형 등과 같은 물품을 거래하는 경우, 품질과 관련하여 "similar to the sample"과 같은 표현을 사용하는 것은 수출상의 입장에서 현명하지 못하다.

정답 및 해설

37 ④ 매도인(수출상)의 입장에서는 품질을 표현함에 있어서 느슨한 표현을 사용하는 것이 유리하다.

☑ **품질 관련 표현**
1. 매도인에게 유리한 표현
   - The quality of the goods should be similar to the sample.
   - The quality of goods should be as per to the sample.
   - The quality of goods should be about equal to the sample.
2. 매수인에게 유리한 표현
   - The quality of goods should be fully equal to sample.
   - The quality of goods should be up to the sample.
   - The quality of goods should be same as the sample.

38 | 출제키워드 | 분할선적, 선적기간

대금결제를 신용장방식으로 하는 무역계약의 협상조건 중 선적조건에 대한 다음 설명 중 옳은 것을 고르시오.

① 분할선적과 할부선적은 동일한 의미로 해석된다.
② 신용장에 기재된 요구서류는 필요에 따라 생략 가능하다.
③ 신용장상에 선적기간으로 'on or before 13 June'과 같이 기재된 경우, 선적기간은 6월 18일까지이다.
④ 분할선적이 금지되고 있는 신용장하에서 수출자가 동일한 선박에 의한 물품 선적임을 나타내고 있는 복수의 선하증권을 제시한 경우, 복수의 선하증권에 있는 일자 중 최종의 것을 선적일로 취급한다.

정답 및 해설

38 ④

☑ **UCP 600 31조**

분할어음발행 또는 선적

b. 동일한 운송수단으로 개시되고 동일한 운송구간을 위한 선적을 증명하는 2세트 이상의 운송서류를 구성하는 제시는, 운송서류가 동일한 목적지를 표시하고 있는 한 서류가 상이한 선적일 또는 상이한 적재항, 수탁지 또는 발송지를 표시하더라도 분할선적으로 보지 아니한다. 그 제시가 2세트 이상의 운송서류를 구성하는 경우에는, 운송서류의 어느 한 세트에 증명된 대로 최종선적일을 선적일로 본다. 동일한 운송방식에서 2 이상의 운송수단상의 선적을 증명하는 하나 또는 2세트 이상의 운송서류를 구성하는 제시는 그 운송수단이 동일한 일자에 동일한 목적지를 향하여 출발하는 경우에도 분할선적으로 본다.

39

| 출제키워드 | 인코텀즈, 보험계약, 운송계약

다음은 Incoterms 2020의 정형거래조건에 관한 설명이다. 올바른 것을 모두 기재한 것은?

> a. EXW, FOB 조건의 경우 매도인 및 매수인 중 누구에게도 보험계약 체결 의무는 없다. 다만, 실무적으로는 해상적하 보험계약을 체결한다면 매수인이 체결하는 것이 일반적이다.
> b. 'C'조건과 'D'조건으로 거래 시 운송계약은 의무사항 또는 인도장소의 관점에서 매도인이 체결해야 한다.
> c. FOB, FCA, FAS, CIF, CFR 조건은 해상 및 내수로 전용조건으로 분류되어 있다.
> d. DPU조건으로 거래시 도착지에서 운송수단으로부터 양하하지 아니한 상태로 물품을 인도한다.
> e. CIP, CPT, DDP조건의 경우는 지정목적지의 지명이 함께 기재 되어야 한다.

① a, b, c
② a, b, e
③ c, d, e
④ a, b, c, d

40

| 출제키워드 | T.Q, R.T, S.D

무역계약의 곡물류 매매에서 품질결정시기에 관한 조건 중 Rye Terms 조건에 관한 설명 중 가장 적합한 내용은?

① 양륙품질조건에 의한 매수인이 해수로부터 발생된 손해만을 부담하는 조건을 뜻한다.
② 양륙품질조건에 의한 매도인이 선적시 품질은 보증하나 양륙시 품질상태에 대해서는 책임을 지지 않는 조건
③ 선적품질조건에 의한 매도인이 선적시 품질을 보증하는 조건
④ 양륙시의 품질이 약정품질에 부합할 것을 보증하는 조건

정답 및 해설

39 ②

40 ④ R.T.(Rye Terms)
호밀(Rye)거래에서는 도착 시에 물품이 손상된 경우에는 배상해주었는데 그런 관례에서 생겨난 조건이다. 수출자가 양륙 시까지 품질을 보장해야 한다.

41 | 출제키워드 | 청약의 조건, 승낙의 조건

무역계약에서 청약과 승낙의 설명 중 적합하지 않은 것은?

① 청약의 유인은 무역계약 체결을 위한 사전 예비교섭 및 준비단계로서 거래상대방에게 거래조건을 권유하여 자신에게 청약을 하도록 유도하는 행위이다.
② 피청약자가 청약자가 제시한 원래의 청약 내용 중에 일부를 수정 및 변경하여 반대로 새롭게 제의해 오는 청약을 반대청약이라 하며, 반대청약은 원래의 청약에 대한 거절이면서 새로운 청약이 된다.
③ 청약의 내용에 조건을 붙여 그 일부만을 승낙하는 부분적 승낙은 반대청약이 되어 최초의 청약에 대하여 거절하는 효과를 가지므로 최초의 청약의 효력은 상실되어 계약은 성립하지 않는다.
④ 청약은 1인 이상의 불특정인을 상대로 하는 계약체결의 제의이며, 그 내용이 충분히 확정적이어야 한다.

정답 및 해설

41 ④ 청약은 1인 이상의 특정인을 상대로 하는 계약체결의 제의이다.

42 | 출제키워드 | 물품매매계약의 적용대상 및 제외대상

국제물품매매계약에 관한 UN협약의 적용대상의 설명 중 적합하지 않은 것은?

① 경매물품, 주식, 유통증권, 통화, 선박, 항공기, 전기 등은 협약의 적용대상이 아니다.
② 매도인이 물품을 제조하여 공급하기로 하는 계약은 협약의 적용대상이다.
③ 매수인이 매도인에게 재료의 실질적인 부분을 공급하는 조건으로 매도인이 제조, 생산하여 수입하기로 하는 가공무역과 같은 물품매매계약의 경우 본 협약이 적용된다.
④ 노역이나 서비스 즉, 노동, 저작권, 의장권, 특허권, 서비스 등의 거래는 본 협약의 협상대상이 아니다.

43 | 출제키워드 | 청약의 철회 및 취소, 승낙의 방법

계약의 성립과 관련된 다음 설명 중 옳지 않은 것을 고르시오.

① 청약이 피청약자에게 도달하여 그 효력을 발생시킨 이후라면, 청약의 취소는 불가능하다.
② 청약에 대한 부분적인 승낙은 원청약의 효력을 소멸시키며 반대청약이 된다.
③ 유효기간 경과 이후에 도착된 승낙의 서신은 승낙이 될 수 없다. 하지만 청약자가 이를 유효한 것으로 인정한다는 취지의 통보를 한 경우에 한해서는 계약은 성립될 수 있다.
④ 무역계약은 언어와 문화가 상이한 자들간의 거래이므로 문서를 이용하는 것이 안전하다고 할 것이지만, 이 때 반드시 서면을 이용해야 하는 것은 아니다.

정답 및 해설

42 ③

☑ CISG

Article 3

①, ③ : (1) Contracts for the supply of goods to be manufactured or produced are to be considered sales unless the party who orders the goods undertakes to supply a substantial part of the materials necessary for such manufacture or production.

② : (2) This Convention does not apply to contracts in which the preponderant part of the obligations of the party who furnishes the goods consists in the supply of labour or other services.

43 ① 효력을 발생시키기 전에는 철회, 발생시킨 이후에는 취소로 회수가 가능하다.

44

| 출제키워드 | CISG의 역할, 인코텀즈의 역할

국제물품매매계약에 관한 UN협약(Vienna Convention, 1980)과 인코텀즈(INCOTERMS) 2020에 대한 다음 설명 중 옳지 않은 것을 고르시오.

① 국제물품매매에 관한 UN협약에서는 수출업자와 수입업자의 의무 중 물품의 인도와 인도에 따르는 위험의 이전에 한해 다루고 있으나, 인코텀즈 에서는 위험의 이전 뿐 아니라 권리구제 등 좀 더 다양한 주제를 다루고 있다.
② 국제물품매매계약에 관한 UN협약상, 계약위반시 대체물로 교환을 청구할 수 있는 권리는 제한적인 상황에서만 행사할 수 있으며, 이러한 제한적 상황이란 근본적 계약위반(fundamental breach of contract)이 발생된 경우를 말한다.
③ 국제물품매매계약에 관한 UN협약은 양당사자가 준거법으로 사용할 것을 합의한 경우에는 비록 UN협약에서 정한 요건을 충족하지 못한 경우에도 적용될 가능성이 있다.
④ 국제물품매매계약에 관한 UN협약은 청약과 승낙에 대해 다루고 있다.

45

| 출제키워드 | 뉴욕협약, 중재판정

분쟁해결과 관련된 다음 설명 중 옳은 것을 고르시오.

① 중재는 서면에 의한 합의가 분쟁 이전에 이루어져 있는 경우에만 이용할 수 있으며, 중재조항(Arbitration Clause)이 있으면 어떠한 경우에도 소송을 통해 분쟁을 해결하는 것이 불가능해진다.
② 분쟁해결방법으로 조정을 선택한 경우, 조정안은 구속력이 있어서 양당사자는 반드시 이에 따라야 한다.
③ 재판관할조항(Jurisdiction Clause)은 분쟁의 해결방법으로 소송을 진행하고자 할 때 활용되는 것으로 이 조항이 있으면 당연히 법정지의 법률이 준거법이 된다.
④ 중재판정은 강제집행절차를 거쳐 소송에 의한 확정판결과 동일한 구속력을 가질 수 있으며, 국제적으로는 뉴욕협약에 의해 강제집행이 보장된다.

정답 및 해설

44 ① 인코텀즈와 국제물품매매에 관한 UN협약이 다루고 있는 것에 대해 반대로 설명하고 있다.
45 ④ ① 방소항변이 있다면 중재합의 등이 무효가 되므로 소송이 가능해진다.
② 조정안은 구속력이 없다.
③ 중재절차는 중재합의가 분쟁 이전에 이루어지는 사전합의와 분쟁 이후에 이루어지는 사후합의 모두에 의해 진행될 수 있다.

46 | 출제키워드 | 추가이행기간 설정권, 손해배상 청구권

국제물품매매계약에 관한 UN협약상 권리구제에 대한 다음 설명 중 옳지 않은 것을 고르시오.

① 대체품인도청구권과 물품명세지정권은 각각 매수인, 매도인만 행사할 수 있는 구제수단이다.
② 계약불이행이 있는 경우, 위반의 상대방이 추가이행기간을 설정한 후 손해배상청구권을 제외한 모든 구제수단을 행사할 수 있다.
③ 추가이행 기간 설정권은 이행 기간을 연장해주는 구제수단이다.
④ 계약해제권을 선택한 경우에도 추가적인 손해에 대하여 손해배상권을 행사할 수 있다.

정답 및 해설

46 ② 추가이행기간을 설정하는 것은 그 기간 내에는 손해배상청구권을 제외한 권리구제수단을 행사하지 않고 이행을 기다리겠다는 의사의 표시이다.

47 무역계약서의 이면에 인쇄되어 활용되는 정형화된 조항(boiler plate terms)에 대한 다음 설명 중 옳지 않은 것을 고르시오.

① 소송을 통한 분쟁해결방법을 선택한 경우에 사용되는 조항을 Choice of Venue 혹은 Jurisidiction Clasue라 하며, 준거법에 대한 합의와는 별개의 것이다.

② 계약서에 기재된 내용 중 일부가 법원의 판정 등에 의해 무효로 되는 경우, 해당 조항만이 무효로 될 뿐 나머지 조항의 효력 또는 계약의 존재 자체에는 문제가 발생되지 않도록 하기 위해 사용되는 조항을 Force Majure라 한다.

③ 분쟁의 발생에 대비하여 활용될 수 있는 조항으로 Claims Clause는 클레임 발생시 클레임 제기기한, 통지방법, 제공할 증거자료 등을 규정하는 조항이다.

④ Arbitration Clause는 분쟁해결의 방법 중 중재를 합의하는 내용의 조항으로 중재장소, 중재기관 등이 기재된다. 한편, 중재조항이 기재된 경우에는 소송을 제기할 수 없다.

정답 및 해설

47 ② Severability Clause(가분성 조항이란 계약의 일부조항이 무효라고 해도 기타 조항은 유효하다는 것을 의도하는 조항)라 한다.

48 복합운송인의 책임과 책임체계에 대한 설명으로 적절하지 않은 것은?

① Network Liability System은 단일책임체계로 복합운송인이 화주에 대해 전 운송구간에 걸쳐 책임을 지나 그 책임내용은 손해발생구간에 적용되는 개개의 책임체계에 의해서 결정되는 형태이다.

② Flexible Liability System은 Modified Uniform Liability System(절충식책임체계)라고도 불리우며 복합운송인의 책임체계는 일률적인 책임원칙에 따르며 책임의 정도와 한계는 손해가 발생한 구간의 규칙에 따르는 것이다.

③ Tie-up System에서는 화주가 각 운송구간의 운송인과 개별적으로 운송계약을 체결할 경우 각 운송인은 각 운송구간에 적용되는 책임원칙에 따라 운송책임을 부담한다.

④ Uniform Liability System하에서는 단일책임체계로 운송품의 손해가 운송인이 인수한 운송구간에서 발생한 것인 한, 그것이 어느 구간에서 발생한 것이라도 그 운송수단의 종류를 불문하고 전 운송구간에 대하여 동일한 책임체계에 따라 복합운송인의 책임이 정해진다.

정답 및 해설

48 ① Network Liability System은 이종책임체계(복합운송 중 운송품의 멸실, 손상이 발생한 경우 손해구간이 판명된 경우에는 그 구간에 적용되는 기존의 국제협약이나 강행적 국내법에 따르는 체계)이다.

49 다음은 Incoterms 2020의 정형거래 조건 중 DAP에 관한 규정 내용이다. 설명이 잘못된 것은?

① 매수인은 수입국에서 요구하는 강제적인 선적 전 검사에 드는 비용을 부담하여야 한다. 다만 그러한 검사가 수출국에 의하여 강제되는 경우에는 예외로 한다.
② 매도인은 지정된 목적지까지의 운송계약을 자신의 비용으로 체결해야 하고 반드시 보험 계약을 체결해야 하는 의무가 있다.
③ 이 조건은 운송수단과 상관없이 사용될 수 있으며 하나 이상의 운송 수단이 사용될 때도 사용될 수 있다.
④ 제품의 인도는 지정된 목적지 내에 합의된 장소가 있는 때에는 그 지점에서 물품을 도착운송수단에 실어둔 채 매수인의 처분 하에 둠으로써 완료된다.

50 항해용선계약에 대한 설명중 적절하지 않는 것은?

① Lump-sum Charter : 용선자는 약정된 선복을 자신에게 편리한 방식으로 화물종류에 국한하지 않고 신축성있게 선복을 활용할 수 있다.
② Gross Charter : 선주가 항해비용을 포함해서 항만비용, 하역비용 등을 책임지는 것으로 용선료에 모든 비용이 포함 된다.
③ FIO : 용선자가 화물의 선적과 양하비용을 부담하고 항만비용은 선주가 부담한다.
④ Berth Terms : Liner Terms라고도 하며 화주가 적양하비용을 모두 부담하는 조건이다.

정답 및 해설

49 ② 의무는 아니지만, 국제운송 구간에서 물품에 대한 위험부담을 매도인이 갖고 있기 때문에 일반적으로 매도인이 계약을 체결하는 경향이 있다.

50 ④ ① Berth term(Liner term) : 정기선처럼, 선적 시 및 양륙시의 하역비를 모두 선주가 부담하는 조건이다.
② FI(Free In) : 선적항에서의 선적 시에 그 하역비를 화주가 부담하는 조건으로 양륙 시에는 선주가 부담한다.
③ FO(Free Out) : 선적항에서 선적시에 하역비를 선주가 부담하고 도착항에서 양륙 시에는 화주가 부담하는 하역조건을 말한다.
④ FIO(Free In & Out) : 선적 및 양하시의 하역비를 모두 화주가 부담하는 조건이다.
⑤ FIOST(Free In & Out & Stowage) : 선적, 양하 시 및 창고 보관료 모두 화주가 부담하는 조건이다.

제1부 무역계약 출제예상문제

01 무역계약의 주요 조건에 대한 다음 설명 중 옳지 않은 것을 고르시오.

① 신용장의 "43 : partial shipment"란에 아무런 기재가 없는 경우에 분할선적을 허용되는 것으로 해석한다.
② 곡물류는 주로 FAQ조건으로 거래되며, 해당 조건에서는 운송 중 변질에 대해 수입자가 책임을 진다.
③ 중국을 통해 북한산 광물을 수입하고자 하는 경우, 감량에 대비하여 과부족용인 조항이나 개산수량조건을 사용할 필요가 있다.
④ DDP 규칙으로 LCL화물을 수출하고자 하는 경우에 수출자는 수출품의 가격에 수입항구에서 발생되는 CFS Charge를 포함시켜서는 안 된다.

02 Shipping Letter of Guarantee(SLG)에 관한 설명 중 적절하지 않은 것은?

① SLG는 은행이 운송회사 앞으로 발행하는 것이다.
② SLG가 발행되었으므로 차후 운송서류 원본이 도착하더라도 이를 운송회사에 제출할 필요는 없다.
③ 수입화물이 수입관련 선적서류보다 먼저 수입지에 도착되어야 한다.
④ SLG와 교환으로 화물을 인도한 선사에 대해 SLG 발행은행과 수입상이 연대하여 책임을 진다.

정답 및 해설

01 ④ DDP 규칙은 수입통관된 물품이 지정된 도착지에서 양륙준비를 마친 상태로, 도착한 운송수단상에서 매수인의 임의처분하에 적치될 때 인도하는 것을 의미한다. 매도인은 도착지까지 물품을 운송하는데 필요한 모든 비용과 위험을 부담하며, 물품의 수출통관뿐 아니라 수입통관의 의무가 있으며, 수출과 수입을 위한 모든 관세 및 세관절차 이행의 의무가 있다.

02 ② 수입화물선취보증서에서 보증하는 내용은 선적서류가 화물보다 늦게 도착하는 경우 은행이 수입업자를 위해 차후에 도착하는 원본선적서류를 선사에 제출하는 것을 조건으로 물품을 먼저 인도할 것을 요청하는 은행의 보증서를 말한다.

03 COFC(Container On Flat Car) 방식 및 TOFC(Trailer On Flat Car) 방식에 대한 설명으로 적절한 것은?

① COFC 방식은 컨테이너만을 화차에 싣는 방식으로 대량으로 컨테이너를 취급할 수 있기 때문에, TOFC 방식보다 보편화되었다.
② TOFC 방식에서는 트레일러를 사용하지 않는다.
③ COFC 방식은 트레일러를 화물열차의 대차 위에 트레일러나 트럭을 화물과 함께 실어 운송하는 방식이다.
④ COFC 방식에서는, 다단 적재가 가능하고 이에 따라 여러 장비의 사용이 필요없으며 시간이 TOFC방식보다 적게 소요된다는 특징이 있다.

04 다음 중 계약운송인의 유형이 아닌 것은?

① Public Carrier
② Ocean Freight Forwarder
③ Aircargo Freight Forwarder
④ NVOCC

정답 및 해설

03 ① • COFC(Container On Flat Car) : 컨테이너 화물수송에서의 도로와 철도의 복합방식 중 하나로서, 컨테이너를 철도의 화차대, 즉 컨테이너 전용 화차에 적재하여 수송하는 형태를 말한다. 컨테이너를 트레일러 마다 화차대에 적재하는 TOFC에 대응한다. 미국에서 사용하는 용어인데 유럽 및 각국 철도에서는 널리 채용되고 있는 컨테이너수송방식이다.
• TOFC(Trailer On Flat Car) : 컨테이너에 샤시를 부착한 상태로 Flat Car에 적재하는 방식을 말하며, Piggyback 이라고도 한다.

04 ① 복합운송인의 종류
① 실제 운송인형(Carrier형) 복합운송인 : 실제운송인은 운송수단을 보유하고 실제로 운송을 이행하는 운송인으로 이들이 복합 운송 서비스를 이행하게 되면 실제운송인형 복합운송인이라 한다.
② 계약운송인형(Forwarder형) 복합운송인 : 계약운송인은 운송수단을 실제로 보유하지 않으면서도 운송의 주체로서 기능하고 운송에 대해 책임을 수행하는 자이다. 해상, 항공운송주선인이 대표적이다.

05 최근 해상운송 시장의 상황 변화를 설명한 것 중 맞지 않는 것은?

① 운송수요의 변화와 선박건조기술의 비약적인 발달로 인하여 일부 선사들의 선박들은 운송효율화를 위해 고속화, 대형화되는 추세에 있다.
② 정기선사들은 선박 운항상의 효율성을 높이기 위하여 전략적 제휴를 확대해 나가고 있다.
③ 대형선사를 중심으로 한 세계일주서비스와 선사마다의 복합운송 활성화로 해운동맹의 위상이 약화되고 있다.
④ 해상운송에 관련된 국제조약이나 규칙 등에 선주 측의 요구가 반영되는 폭이 점차 커지고 있다.

06 다음 무역계약의 성립 및 조건에 대한 설명 중 옳은 것은?

① 인코텀즈 2020하에서는 FCA조건하에서 조차도 본선적재 B/L을 요구할 수 없다.
② 무역계약은 반드시 서면으로 체결하여야 유효하게 된다.
③ 확정청약(firm offer)에 대해 조건부 승낙을 행한 경우, 계약이 성립된 것으로 본다.
④ 선적시기로 "on or before 9월 5일"로 기재된 경우, 선적기간은 9월 5일까지가 된다.

정답 및 해설

05 ④ 선사간의 경쟁이 심해짐에 따라 화주의 협상력이 강해지고 이는 국제조약이나 규칙 등에 화주측의 요구가 반영되는 현실에 반영되고 있다.
06 ④ 지정일 또는 그 이전의 일자이므로 until과 같이 해석한다.

07 한국의 수출기업인 (주)EPASS은 장차 거래하고자 하는 미국 수입상에 대한 신용조회를 통해 매매계약을 충실히 이행하지 못한 경험이 있음을 알게 되었다. (주)EPASS가 차후 유사한 사례를 대비하고자 신속한 시간 내 이를 해결하고, 만일 경제적 손실이 발생할 경우 이를 사전에 확정하여 상대방에게 청구하고자 한다. 이러한 경우를 대비하여 당사자가 계약서에 포함시키면 가장 좋을 것으로 판단되는 조항은 무엇인가?

① arbitration clause
② governing law clause
③ liquidated damages clause
④ whereas clause

08 국제거래에서 계약서의 전문에 포함되어 대가의 상호교환에 대한 내용을 포함하고 있는 조항은 무엇인가?

① consideration clause
② whereas clause
③ entire agreement clause
④ governing law clause

09 장기인도계약에서 계약성립에서부터 인도시점까지에 원료비, 운임, 보험료, 환율변동에 따라 계약가격을 변경할 것을 내용으로 하는 조항을 고르시오.

① Non-waiver clause
② Governing Law clause
③ Escalation clause
④ Entire Agreement clause

정답 및 해설

07 ③ 손해배상액예정조항(계약체결 시 추후 분쟁이 발생하는 경우 책임당사자가 받게될 손해배상액의 한도 및 범위를 정하는 조항)에 대한 설명이다.

08 ① 약인조항(거래는 상호주의적 대가가 있어야 한다는 조항)에 대한 설명이다.

09 ③ 가격증감조항(Escalation Clause) 또는 신축조항(예측하기 어려운 원재료 값의 비약적인 상승 등 거래 일방당사자에게 막심한 피해가 생길 경우를 대비해서 계약 가격을 변경할 수 있도록 설정해 놓은 조항)에 대한 설명이다.

10 다음 무역계약에 관한 설명 중 옳지 않은 것은?

① 무역계약은 불요식성(不要式性)을 그 특성으로 하므로 구두나 행동에 의한 계약 성립을 인정할 수 있을 것이나 만일 문서를 이용하고자 하는 경우라면 반드시 원본을 이용해야 계약이 성립될 수 있다.
② CFR조건으로 물품을 수입하고자 하는 수입업자가 ICC(A/R) 또는 ICC(A)조건으로 보험계약을 체결하는 경우에도 전쟁이나 폭동 등의 위험은 별도의 특약을 통해서 부보하여야 한다.
③ 무역계약에서 결제조건으로 선택되어 개설된 신용장에 금지여부에 대한 표기가 없다면 분할선적은 금지되지 않는 것으로 본다.
④ 국제물품매매계약에 관한 UN협약에 따르면, offer sheet상의 유효기간 경과 후에 도착된 승낙에 대해 청약자가 이를 유효한 것으로 인정하겠다는 통지를 한 경우 계약은 성립될 수 있다.

11 무역계약의 제조건에 대한 다음 설명 중 가장 적절하지 못한 것은?

① FCL cargo를 'DPU'조건으로 수출하고자 하는 경우에는 수출지 항구의 터미널에서 발생되는 THC를 수출가격에 포함시켜야 한다.
② 항공화물운송장(Air Waybill)에 별도의 비행일자부기(a separate notation of the flight date)가 되어 있고 당해 일자가 항공화물운송장의 발행일과 다른 경우에는 비행일자부기일을 선적일로 취급한다.
③ 개별 포장이 되어 있는 물품에 대하여 신용장을 결제수단으로 하여 거래하는 경우에는 계약서에 수량 등에 관한 명시적인 규정이 없더라도 관례상 수량에 대한 5%의 과부족이 허용된다.
④ CFR조건으로 의류를 판매하고자 하는 수출업자는 해당 의류를 본선에 선적함으로써, 인도 의무를 완료한다.

정답 및 해설

10 ① 차후의 논쟁을 방지하기 위해서는 원본문서의 존재가 중요하다. 하지만 단지 원본문서를 사용하지 않았다는 이유로 계약의 성립을 부정할 수는 없다.
11 ③ 포장단위나 개개의 개수에 의해 수량이 표시되는 물품에는 자동으로 수량에 대한 5%의 과부족이 적용되지 않는다. 그리고 무엇보다 신용장에 수량 과부족을 금지하는 문언이 없어야 한다.

12 무역계약의 협상 및 체결에 관한 다음 설명 중 그 설명이 가장 적절하지 못한 것을 고르시오.

① 수출자가 CIF 조건으로 수출계약을 체결 후에, ICC(A) 조건으로 보험에 부보하였더라도 계약 위반은 아니다.
② 제품의 생산, 가공과정에 표준화되지 못한 공정이 포함되어 있는 경우에는 견본 제공시 '견본과 동일한 것을 제공할 것임'을 약정하지 않아야 한다.
③ 국제물품매매계약에 관한 UN협약에 따르면, 승낙에 사소한 변경을 가한 경우라 하더라도 당해 변경된 내용을 포함하는 내용으로는 계약이 성립될 수 없다.
④ CWO, T/T in advance, Red clause L/C는 모두 선지급방식이므로 수출업자에게 유리한 결제방법이다.

13 수출화물운송실무 중 송하인이 주의를 기울여야 할 사항에 대해 잘못 표현된 것은?

① CIF 조건은 송하인이 해상운임과 보험을 부담하는 조건이므로 운송인을 임의로 정할 수 있으나 신용장에서 특정운송인을 지정한다면 신용장의 조건에 따라야 한다.
② 송하인은 납기일 내에 선박을 수배해야 한다. 특히 선박 스케줄 확인 시 선박입출항일, 운송기간, 직항 또는 환적항 기항 여부, 선적항에서의 화물 수취 마감시간 등을 반드시 확인해야 한다.
③ 선적 후에 B/L 원본을 수령한 송하인은 B/L기재 내용을 확인해야 한다. 가능한 CHECK B/L상의 내용을 잘 체크하여 정확한 B/L을 발급받아야 한다.
④ 선적절차가 끝나면 송하인은 수하인에게 선적통지를 하고 B/L 사본과 COMMERCIAL INVOICE, PACKING LIST 등을 수하인에게 송부하여야 한다.

정답 및 해설

12 ③ 청약의 내용 중 사소한 사항을 변경한 승낙의 경우에는 청약자의 반대의사가 없다면 변경된 내용을 포함한 승낙을 반영하여 계약은 성립된다.
13 ④ 선적절차가 끝나면 지체없이 수하인에게 선적통지를 하고 B/L 원본이 포함된 관련 서류를 보내어 수하인이 수입지에서 수입통관 준비를 원활히 할 수 있도록 돕는다.

14 다음 문서와 관련된 설명 중 올바른 것은?

ABC Co. Samsung dong, Seoul, Korea Tel : 02-1234-5676, Fax : 02-1234-5678
Purchase order Messrs : DEF electronix N.Y., U.S.A. We have the pleasure of ordering the following goods subject to the terms and conditions given below. Shipment : Within 60 days after receipt of your L/C Payment : By an irrevocable L/C in favour of ABC Co. and draft at 60 days after sight Validity : End of July Port of Loading : FOB New York, U.S.A. Destination : Busan in Korea Packing : Export Standard Packing Remarks : if not rejected until validity of this instrument, this order enter into force. Yours very truly.

① 수출자가 발행한 문서이며, 수입자는 DEF electronix이다.
② 수출자 관점에서 보면, 도착항이 미정된 상태이며 도착항을 어디로 확정하느냐에 따라 수출단가가 변동될 수 있다.
③ 수출자는 미국에 위치해 있을 가능성이 높다.
④ Payment 내용 중 in favor of 뒤에는 DEF electronix가 위치하여야 한다.

정답 및 해설

14 ③, ④ 선적항이 미국(FOB)이므로, 미국에 위치해 있을 가능성이 높다.

15 다음 중 항공화물운송에 관련한 내용 중 사실과 다른 것은?

① 과세표준은 물품가격만을 의미하지 않는다.
② 해상운송의 경우 대부분 송하인이 제출한 Packing List의 중량과 부피를 그대로 인정하여 B/L상에 표기하지만 항공운송의 경우는 공항화물터미널에 화물이 반입되면 항공사 또는 대리인의 감독 하에 중량과 부피를 측정한다.
③ 항공운송대리점은 스스로가 송하인과의 계약주체로서 독자적인 항공화물운송장, 운송약관, 요율을 가지고 있다.
④ 항공운송의 운송 품목 중 생동물, 무기류, 시체, 기계류, 부패성 화물 등은 품명에 의하여 운송이 제한된다.

정답 및 해설

15 ③ 항공운송대리점은 자체적인 요율이 아닌 항공사의 요율을 가지고 항공사를 대신하여 항공화물 운송장을 발행한다.

16 무역계약의 협상조건 등에 대한 다음 설명 중 옳지 않은 것은?

① CWO(cash with order) 또는 T/T와 같은 결제방식에 비해 O/A(open account)나 D/A와 같은 결제방식은 수입업자의 마켓클레임제기로 인한 위험이 상대적으로 더 크므로 Keep(file) sample을 보관하는 등의 보다 철저한 대비가 필요하다.

② 무역계약에서 결제방식으로 선택한 신용장상의 선적조건에 'May and June equally divided'와 같은 취지의 문장이 있는 경우에 이는 할부선적을 의미하므로 5월과 6월에 각각 절반씩 선적해야 하며 5월분을 6월분과 함께 선적하더라도 전체수량이 선적되므로 올바른 선적이 된다.

③ 거래대상물이 영화나 음원과 같은 무체물인 경우에도 당해 디지털물을 온라인을 통한 전송이 아닌 CD 등 저장장치에 담아 제공하는 경우에는 인코텀즈를 이용하여 납품장소 등을 협상할 수 있다.

④ 노트북이나 휴대폰과 같은 개별 단위의 포장이 가능한 물품을 취급 및 운송하는 경우에는 과부족용인조항이나 개산수량조건을 이용할 수 있다.

정답 및 해설

16 ② 5월분을 선적하지 않으면 그 시점부터 5월분과 장래의 선적분에 대한 신용장은 무효가 된다.

> ☑ UCP 600
> **제32조 할부어음발행 또는 선적**
> 신용장에서 일정기간 내에 할부에 의한 어음발행 또는 선적이 명시되어 있는 경우 어떠한 할부분이 할부분을 위하여 허용된 기간 내에 어음발행 또는 선적되지 아니하였다면, 그 신용장은 해당 할부분과 이후의 모든 할부분에 대하여 효력을 상실한다.

17 다음 무역계약의 주요 협상조건 중 품질조건과 수량조건에 대한 설명 중 옳지 않은 것은?

① 광물을 비롯한 살화물(bulk cargo)의 거래 시 과부족용인조항(more or less clause) 또는 개산수량조건(approximate quantity term)을 이용할 필요가 있다.
② 공산품 등 운송 중 변질의 가능성이 낮은 물품을 거래하는 경우와 달리, 1차 산품을 판매하고자 하는 수출업자는 선적품질조건(Shipped quality term)으로 협상하는 것이 바람직하다.
③ 목재나 육류 등의 거래에 활용되는 GMQ(Good Merchantable Quality)조건의 경우, 선적지에서의 검사결과를 통해 해당물품이 계약상의 품질조건을 만족시키는지를 결정하는 조건이다.
④ 곰인형과 같이 제조공정이 표준화되어 있지 못한 제품의 거래시에 품질의 결정에 견본(sample)을 사용하는 경우에는 그 표현으로 'same as the sample'이 아닌 'similar to the sample'과 같은 취지의 표현이 적합하다.

18 다음은 상사중재에 대한 설명이다. 올바른 것을 모두 기재한 것은?

a. 중재는 중재합의가 있어야 하며, 이 합의는 반드시 계약서에 기재되어 있어야 한다.
b. 중재합의가 있더라도 항상 소송이 가능하다.
c. 중재는 단심제이므로 3심제인 소송보다 분쟁해결기간이 짧다.
d. 국제물품매매계약에 관한 유엔협약(일명 비엔나협약)에 의해 외국중재 판정의 승인이나 집행은 보장되고 있어 법원의 확정판결과 중재판정의 효력은 차이가 없다.
e. 중재합의의 3요소는 중재지, 중재기관, 준거법이다.

① a, b, c
② c, e
③ a, c, d, e
④ a, c, e

정답 및 해설

17 ③ GMQ(판매적합부품질조건)은 대표적인 양륙지 품질조건이다.
18 ④ b. 중재합의가 있다면 중재로 해결하여야 한다.

19 무역계약의 주요 협상조건 중 선적조건에 대한 다음 설명 중 옳지 않은 것은?

① 신용장상에 선적기간으로 "on or about Nov.8"와 같이 기재한 경우, 선적기간은 11월 3일부터 11월 13일까지 총 11일이다.
② 항공화물운송장에 표기된 'Flight Date'란의 내용은 실제 선적일이다.
③ 신용장에서 분할선적(partial shipment)에 대해 금지하고 있지 않은 경우, 분할 선적은 허용된다.
④ 항공운송서류는 '운송인용', '송하인용', '수하인용'등으로 발행되지만 송화인용 원본을 제시하여야 한다.

20 무역계약의 주요 협상조건 중 품질조건, 수량조건, 가격조건에 대한 다음 설명 중 옳은 것을 고르시오.

① 대량의 화물(FCL cargo)을 DDP 규칙으로 수출하고자 하는 경우, 수출물품의 가격에 수입관세를 포함시켜야 할 것이다.
② FCA조건으로 수출하고자 하는 경우, 수출물품의 가격에 선하증권 발급에 소요되는 비용(Documentation Fee) 역시 포함시켜야 할 것이다.
③ FAQ로 거래되는 곡물류와 같이 운송 중 변질의 가능성이 높은 품목을 수출하고자 하는 수출자는 "buyer's inspection to be final at/in 수입국"과 같은 형태로 협상하는 것이 바람직하다.
④ 석탄을 비롯한 대부분의 광물을 거래하는 경우에는 운송 및 취급과정에서의 감량에 대비하여 계약에서 별도의 약정을 하지 않은 경우에도 신용장 거래인 경우에는 항상 5%의 감량이 허용된다.

정답 및 해설

19 ② 'Flight Date'란에 기재된 내용은 항공사 내부의 참조를 위해 기재되는 내용으로서 선적일의 결정에 영향을 주지 않는다.
20 ① DDP 규칙은 수입통관절차를 수출상이 하기 때문에 물품가격에 수입관세를 포함시키는 것이 일반적이다.

21 다음은 무역계약의 협상조건에 대한 설명이다. 그 내용이 가장 적절하지 못한 것을 고르시오.

① 무역계약의 결제수단으로 선택한 신용장상에 할부선적이 약정된 경우에는 특정 할부분(예를 들어 총3차 할부분 중 2회차)을 다음 할부선적분과 함께 선적하는 것은 당해할부분과 함께 장래의 할부분에 대한 신용장 조항까지도 무효로 만든다.
② 추심방식의 종류 중 Document against Acceptance(D/A)는 선적서류 인수일로부터 일정기간 경과 후 대금을 지급하는 외상방식이므로 수출업자에게는 불리한 조건이다.
③ 어음의 만기란에 '90 days after the B/L date'와 같이 기재된 경우에 어음의 만기는 B/L date부터 계산한다.
④ Cubic Meter(CBM)은 화물의 용적(부피)을 나타내는 단위이며, 용적에 167을 곱해서 나온 값을 용적톤이라 한다.

22 다음은 계약위반 및 클레임 등에 관한 설명이다. 올바른 것을 모두 기재한 것은?

> a. 클레임 사유가 발견되면 클레임통지서 및 공인된 검사기관으로부터 물품을 검사받아 그 결과를 기재한 서류를 발송해야 한다.
> b. 매도인과 매수인이 명세서를 품질조건의 기준으로 삼는 방식을 명세서매매라 한다.
> c. 계약서의 불가항력조항이 있다면, 불가항력사태에 따라 연장된 선적기간 내에 선적하더라도 손해배상의무가 발생한다.

① a, b
② b, c, d
③ a, c, d
④ b, c

정답 및 해설

21 ③ 만기일과 관련하여 from, after가 사용된 경우에는 해당 일자를 제외하고 기산한다.
22 ① c. 손해배상의무가 발생하지 않는다. (면책)

23 무역계약의 협상조건에 대한 다음 설명 중 올바르지 못한 것을 고르시오.
① FAQ조건에 의한 곡물류 거래 시 선적시의 품질을 증명해야 한다.
② "shipment : till 5월 5일"로 기재된 경우, 신용장거래에서 선적기간은 5월 4일까지이다.
③ D/P 방식으로 Bulk Cargo를 거래하는 경우, 중량 앞에 about, approximately 등을 기재하는 방식이 아닌 계약서상에 과부족용인조항을 기재하여야 한다.
④ EXW 조건으로 수출하는 경우, 수출가격에 운송수단에의 적재비용은 포함되지 않는다.

24 계약의 성립에 대한 다음 설명 중 옳지 않은 것을 고르시오.
① 수입자의 주문서(order sheet)에 대한 수출자의 단가변동조건의 승낙서에 응해서 수입자가 신용장을 개설, 통지한 경우 계약 성립을 인정할 수 있다.
② 청약에 대한 승낙은 반드시 서면에 의해 행해져야 하는 것은 아니다.
③ 수입자가 팩스로 보내온 주문서에 응해 수출자가 물품을 선적한 경우에 계약의 성립을 기대할 수 없다.
④ 수출자가 견적송장(proforma invoice)을 제목으로 하는 서류를 발행하고 또한 그 서류가 계약을 체결하고자 하는 충분하고 확실한 의사를 포함하는 경우에는 청약의 유인이 아니며 계약을 성립시킬 수 있는 가능성이 있다.

정답 및 해설

23 ② 선적기간 결정 시, till이 사용되면 함께 기재된 일자는 포함된다.
24 ③ 주문서에 대한 구두 또는 서류 형태의 승낙이 아닌 행동에 의해서도 승낙의 의사표시를 할 수 있다.

25 다음은 Incoterms 2020의 실무적용에 관한 설명이다. 올바른 것을 모두 고르시오.

> a. FOB 조건으로 거래 시 매도인은 수출가격 산정 시에 본선에 선적할 때까지의 비용을 포함한다. 운송계약은 매수인이 체결해야 한다.
> b. DDP 조건으로 거래 시 매도인은 수입지의 세관에서 부과하는 관세뿐만 아니라 특별히 계약서에 명시적으로 합의하지 않는 한 부가가치세 등 수입통관 시 부과되는 모든 세금을 부담해야 한다.
> c. CFR 조건으로 거래 시 매도인 혹은 매수인 모두 반드시 보험에 가입해야 할 필요는 없으나 필요시 매도인이 해상적하 보험에 가입한다.
> d. DPU 조건의 경우 목적지에서의 양하비용은 매도인이 부담해야 한다.
> e. CPT 조건의 경우 물품의 인도는 최초의 운송인에게 물품을 교부함으로써 완료되며 운송계약은 매수인이 체결해야 한다.

① a, c, d
② a, b, d
③ b, c, d
④ b, c, d, e

정답 및 해설

25 ② c. 매수인이 해상적하 보험에 가입한다.
　　　 e. 매도인이 체결해야 한다.

memo

●●●● 이패스코리아 국제무역사 1급

무역결제 제2부

- **제1장** 무역결제의 기본
- **제2장** 무신용장 방식
- **제3장** 환어음(Bill of Exchange, Draft)
- **제4장** 기타 결제 방식
- **제5장** 신용장의 이해와 신용장 통일규칙(UCP600)
- **제6장** 외국환
- **제7장** 환율 및 환율결정
- **제8장** 외환스왑
- **제9장** 환리스트 관리
- **제2부** 무역결제 핵심문제
- **제2부** 무역결제 출제예상문제

학습포인트

2부 | 무역결제 출제파트

- 무역규범 30문항
- **무역결제 30문항**
  - 무역결제 23문항
  - 외환실무 7문항
- 무역계약 30문항
- 무역영어 30문항

2부 | 무역결제 출제 빈도 분석

무역결제 30문항 중 출제비중

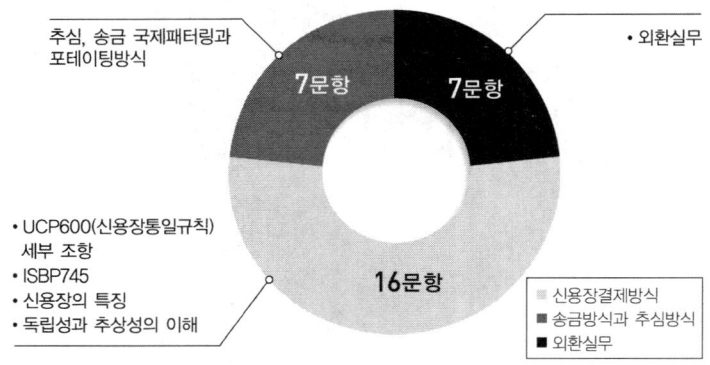

- 추심, 송금 국제패터링과 포테이팅방식 — 7문항
- 외환실무 — 7문항
- UCP600(신용장통일규칙) 세부 조항
- ISBP745
- 신용장의 특징
- 독립성과 추상성의 이해
- 16문항

범례: ■ 신용장결제방식 ■ 송금방식과 추심방식 ■ 외환실무

2부 | 무역결제 주요 키워드

- 신용장결제 방식의 절차 및 은행의 역할
- 추심결제 방식의 절차 및 당사자의 역할
- 무신용장 결제 방식의 비교
- 팩토링 및 포페이팅 방식의 사용법
- 신용장결제 방식 기타 당사자의 역할
- D/P 및 D/A 조건의 비교
- 환어음의 사용법 및 결제조건 별 지급인
- 당사자 별 선호하는 결제조건

2부 | 무역결제 체크리스트

체크리스트	상세페이지
환어음과 관련된 사항에 대해 학습하였다.	160~163
팩토링 및 포페이팅에 대하여 학습하였다.	164~166
신용장의 주요특징에 대하여 이해하였다.	167~174
외환포지션에 대해 학습하였다.	176~177
환리스크 관리에 대하여 학습하였다.	187~190

제1장 무역결제의 기본

무역거래에서 대금의 지급과 수취방식은 국내거래와 마찬가지로 다양한 방법이 있으며, 매도인은 계약에 규정한 바에 따라 물품을 인도하거나 서류제공을 하고 대금을 수취하게 된다.
무역거래 방식은 크게 선지급방식과 동시지급 방식, 후지급방식으로 나눌 수 있다. 선지급방식은 물품주문 시에 수출대금을 미리 받고 물품은 일정기간 내에 선적하여 주는 것으로 수출상에게 유리한 방식이며 대표적으로는 주문 시 지급 방식(Cash With Order ; CWO)이 있다. 동시지급방식은 매도인이 현물 또는 현물과 동일시 되는 서류를 매수인에게 인도할 때 대금지급이 일어나는 방식이다. 동시지급방식으로는 현물인도 지급방식(COD), 서류 상환지급방식(CAD), 서류지급인도조건(D/P) 추심방식 등이 있다. 특히 무역거래에서는 신용장방식이 가장 중요하며, 국제 규칙인 UCP 600 규정이 무엇보다 중요하다. 본 장에서는 UCP600의 내용은 장을 분리하여 학습할 수 있도록 만들었다.

1. 현금(cash)

국내거래에서는 그 국가에서 일반적으로 사용되어 지는 현금성 통화를 결제수단으로 이용하는 것이 용이하다. 하지만 국가간 거래에서 발생하는 국제결제에는 각국에서 사용되어지는 통화가 상이하다는 점과 현금수송에 따르는 거래비용 및 분실·도난의 위험이 존재하므로 현실적으로 사용이 어렵다.

2. 환(exchange)

환이란 채권, 채무자가 직접 현금을 수수하지 않고 제3자인 은행을 이용하여 어음이나 증서를 통해 지급을 위탁하는 방식이다. 채권, 채무자가 격지간일 때 환은 손쉽게 결제를 가능하게 한다. 환은 거래당사자의 거주지에 따라 내국환과 외국환, 자금이동의 방법에 따라 순환과 역환으로 구분되어진다.

3. 송금환

채무자가 은행에 대금을 지급하고 채권자나 수취인에게 송금하여 줄 것을 청구하는 것을 말한다. 송금환은 지급지시방법에 따라 송금환수표, 우편송금환, 전신송금환으로 나눌 수 있으며, 송금방식(remittance)에 이용된다.

제2장 무신용장 방식

무역대금결제에서는 일반적으로 대금결제 방식을 크게 신용장 방식과 무신용장 방식으로 나누고, 신용장을 사용하지 않고 대금결제를 하는 모든 방식을 무신용장 방식(대금결제)이라고 한다.

1 선지급방식(Payment in Advance)

수출상의 입장에서 대금을 먼저 지급 받고 이후에 물품을 전달하는 방식을 말한다.

1. 사전송금

수출상이 수입상으로부터 수출대금 전액을 미리 송금받은 후에 물품을 선적하는 방식을 말하며, 수출상의 입장에서는 대금회수위험이 제거됨으로 인하여 매우 안전한 데 반해, 수입상의 입장에서는 물품을 받지 못하거나 또는 불량물품을 받게 될 위험성이 있다. 사전송금방식은 '단순송금방식'이라고도 한다.

2. 주문시지급(Cash With Order ; CWO)

수입상의 물품주문시 수출상은 수출대금을 미리 받고 물품은 일정기간 이내에 선적하여 주는 것으로, 수출상에게 매우 유리한 결제방식이다.

2 동시지급방식(Concurrent Payment)

수입상이 수출상으로부터 수입물품 또는 선적서류를 수령한 후에 대금을 지급하는 방식을 말하며, 수입상의 입장에서는 상품의 인수와 관련한 불안이 제거되어 매우 안전한 데 반하여, 수출상의 입장에서는 대금을 회수하지 못하거나 또는 결제지연 또는 부당한 클레임 제기 등에 따르는 위험을 부담하게 된다.

1. **현물상환도방식(Cash On Delivery : COD)**

   수출물품이 목적지에 도착되면 수입상이 물품을 검사한 다음 수출대금을 지급하고 물품을 인수하는 방법의 수출을 말한다. 수입상은 물품의 확인 후에 대금을 지급할 수 있으므로 안전하게 계약물품을 인수 받을 수 있다. 이 방식은 주로 보석 등 귀금속류와 물품가격이 고가이며, 동일물품일지라도 물품의 색상, 가공방법, 순도 등에 따라서 가격의 차이가 많이 발생하는 물품거래에 유용하게 활용될 수 있다.

2. **서류상환도방식(Cash Against Document, CAD)**

   수출상이 물품선적 후 선적서류를 수입상이나 수입상의 대리인에게 제시하여 수출대금을 받고 선적서류를 인도하는 방식이다. 수입상은 대금결제 이전에 미리 그들의 대리인으로 하여금 '선적전 검사'를 실시하도록 하여 당해 물품의 품질등을 점검함으로써 상품에 관한 불확실성을 제거하게 된다.

3. **지급인도조건(D/P : Documents against payment) – 추심**

   어음에 대해서 지급이 이루어지면 선적서류를 인도하는 방식이다. 어음이 지급인에게 제시된 때 지급이 이루어져야 하기 때문에 어음은 '일람불(at sight)'으로 발행된다. D/P 조건에서는 수출상이 물품을 선적하고 수입상을 지급인으로 하는 일람출급 환어음(Sight Bill)을 발행하여 자신의 거래은행(추심의뢰은행)을 통하여 수입상의 거래은행 앞으로 어음 대금을 추심하게 된다. 추심은행은 이를 수입상에게 제시하여 대금을 지급 받고 운송서류를 인도하게 된다.

3 후지급방식(Deferred Payment)

일반적으로 외상방식을 의미하며 매도인의 입장에서 물품 수령 후에 대금을 지급하는 방식을 의미한다.

1. **사후송금**

   수출상이 물품을 선적하여 수입상에게 전달한 후에 수입상으로부터 대금을 지급 받는 방식을 말한다. 수출상의 입장에서는 대금회수위험이 있어 매우 불안한 방식이다.

2. 인수인도조건(D/A : Documents against Acceptance) - 추심

지급인의 어음 인수만으로 선적서류가 인도 되는 조건이다. 인수만으로도 서류를 인도받기 때문에 어음은 '기한부(usance)로 발행된다. D/A 조건에서는 수출상이 물품선적 후 수입상을 지급인으로 하는 기한부어음(Usance Bill)을 발행하여 자신의 거래 은행을 통하여 수입상의 거래은행 앞으로 어음 대금을 추심하게 된다. 추심은행이 수입상으로부터 어음의 인수(Acceptance)를 받고 서류를 인도하면 수입상은 어음의 만기일에 어음금액을 지급하여야 한다.

3. 청산계정(O/A : Open Account)

수출입상 간에 일정기간 동안의 수출입거래와 관련한 기본매매계약(OA Contract)을 체결한 후, 매 건별로 구매주문서(Purchase Order) 등에 의거 수출상이 물품을 선적하고 선적서류 원본을 수입상에게 송부하면, 수입상은 기본매매계약서 상의 결제조건에 따라 선적일을 기준으로 일정기간이 경과한 후에 수출상이 지정한 Account로 대금을 송금하여 결제하는 방식의 거래를 말한다. 일반적인 사후송금방식 수출의 경우에는 선적서류 또는 수출물품이 수입상에게 '인도' 되어야만 수출채권이 성립하여 대금결제가 이루어지는 데 반하여, OA 방식은 수출상이 물품을 선적한 후 해외의 수입상에게 선적사실을 '통지'함과 동시에 수출채권이 확정된다는 점에서 차이가 있다(청산계정방식에서는 수출상은 환어음을 발행하지 않으며, 선적서류를 수출상이 수입상에게 직접 송부하고 이를 수출자는 채권으로, 수입자는 채무로 장부상에 기재하여 일정시점에서 서로 상계하고 차액만을 계산하기로 한다).

체크 포인트

● **O/A(Open Account)결제방식의 장점**
(1) 거래 단순, 서류작성·심사 불필요, 은행수수료 등의 비용을 절감할 수 있음.
(2) 수입상은 대금결제이전에 미리 상품의 품질을 점검 가능, 대금결제의 유예를 통한 현금유동성 확보측면에서 유리함.
(3) 일반적 사후송금방식 수출 경우 선적서류 또는 수출품목이 수입상에게 "인도(Delivery)"되어야만 수출채권이 성립되어 대금결제가 되지만, O/A 방식은 수출업체가 물품을 선적한 후 선적사실을 "통지"함과 동시에 수출채권이 확정됨.
수출상은 선적완료 후 즉시 당해 외상수출채권을 거래은행에 매각함으로써 조기에 수출대금을 현금화 할 수도 있으며, 이를 흔히 "O/A NEGO"라 함

4 추심결제방식(Collection Basis)

1. 의의

추심은 무신용장 방식의 대표적 결제방법으로서 수출상이 수입상에게 물품을 송부한 후에 수입상을 지급인으로 하는 환어음과 계약서에 명시된 선적서류를 거래은행을 통하여 일정한 조건으로 인도하기 위하여 서류를 취급하는 것을 의미한다. 수출상의 입장에서는 신용장 거래와는 달리 은행의 지급확약이 없으므로 결제상의 위험이 존재하며, 수입상의 입장에서는 신용장발행에 따른 담보 및 수수료의 부담이 없어진다. 송금방식이 '순환'에 의한 방식인 반면에 추심방식은 '역환'에 의한 방식이다. 추심에 의한 거래는 별도로 명백한 합의가 없거나 법률 또는 규정에 위배되지 않는 한 국제상업회의소가 제정한 '추심에 관한 통일규칙(URC522 : Uniform Rules for Collections, 1995 Revision, ICC Publication No, 522)'의 적용을 받는다. 최근 국제거래가 수요자 중심으로 되고 본지사간의 거래가 증가하면서 추심결제방식이 널리 이용되고 있다.

체크 포인트

● URC 522
제2조 추심의 정의
이 규칙을 적용하는데 있어서,
a. "추심"(collection)이라 함은 은행이 접수된 지시에 따라 다음과 같은 목적으로 아래의 제 b항에 정의된 서류를 취급하는 것을 의미한다.
   1. 지급 및/또는 인수를 취득하거나, 또는
   2. 서류를 지급인도 및/또는 인수인도하거나, 또는
   3. 기타의 제 조건으로 서류를 인도하기 위한 목적

2. 추심의 거래당사자

상업서류나 금융서류를 추심하는 과정에 관여하는 자를 추심거래의 당사자라고 한다. 추심거래의 당사자에는 추심의뢰인, 추심의뢰은행, 추심은행, 제시은행 및 지급인이 있다.

추심의뢰인 (Principal)	은행에 대금의 추심을 의뢰하는 수출상(Exporter)으로서 Seller, Consignor 또는 어음의 발행인(Drawer)을 말한다.
추심의뢰은행 (Remitting Bank)	추심의뢰인으로부터 추심을 의뢰받은 수출국의 은행을 말하며 추심의뢰인의 지시에 따라야 한다.
추심은행 (Collecting Bank)	추심에 참가하는 은행 중 추심의뢰은행을 제외한 모든 은행을 말한다. 추심지시서(collection instruction)에 따라 지급인에게 추심하여 대금을 송부하는 은행이다.
제시은행 (Presenting Bank)	추심은행이 수입업자의 거래은행이 아닌 경우에 제시은행이 존재하며 제시은행은 지급인에게 추심서류를 제시하게 된다.

3. 추심결제방식의 종류(서류첨부여부에 따라)

> **체크 포인트**
>
> ● URC 522
> 제2조 추심의 정의
> b. "서류"(documents)라 함은 다음의 금융서류 및/또는 상업서류를 의미한다.
>   1. "금융서류"(financial documents)라 함은 환어음, 약속어음, 수표 또는 기타 금전의 지급을 취득하기 위하여 사용되는 이와 유사한 증권을 의미하며,
>   2. "상업서류"(commercial documents)라 함은 송장, 운송서류, 권리증권 또는 기타 이와 유사한 서류, 또는 그밖에 금융서류가 아닌 모든 서류를 의미한다.
> c. "무화환추심"(clean collection)이라 함은 상업서류가 첨부되지 아니한 금융서류의 추심을 의미한다.
> d. "화환추심"(documentary collection)이라 함은 다음과 같은 추심을 의미한다.
>   1. 상업서류가 첨부된 금융서류의 추심,
>   2. 금융서류가 첨부되지 아니한 상업서류의 추심.

4. 어음상의 조건에 따라

(1) 지급인도조건(D/P : Documents against Payment)

수출상이 선적 후, 구비된 선적서류에 일람출급 화환어음을 발행·첨부하여 추심의뢰은행을 통하여 수입국의 외국환은행 앞으로 그 어음대금을 추심하면, 추심신청을 받은 추심은행은 수입업자에게 어음을 제시하고 그 어음금액의 일람지급과 상환하여 선적서류를 인도하는 거래방식을 말한다.

(2) 인수인도조건(D/A : Documents against Acceptance)

추심은행은 수입업자가 어음을 인수하면 선적서류를 인도하는 거래방식을 말하며, 대금은 추후에 추심된다.

# 환어음(Bill of Exchange, Draft)

1 의의

환어음이란 어음발행인(drawer)이 지급인(drawee)인 제3자로 하여금 증권상에 기재된 일정금액(a certain sum)을 증권상에 기재된 수취인(payee) 또는 그 지시인(order) 또는 소지인(bearer)에게 지급일에 일정장소에서 지급할 것을 무조건적으로(unconditionally) 위탁하는 요식유가증권(formal instrument)이며 유통증권(negotiable instrument)이다.

"A bill of exchange is an unconditional order in writing, addressed by one person to another, signed by the person giving it, requiring the person to whom it addressed to pay on demand or at fixed or determinable future time a sum certain in money to or to the order of a specified person, or to bearer."(Bill of Exchange Act, 3조)

2 환어음의 당사자

1. 발행인(Drawer)

환어음을 발행하고 서명하는 자로 수출상이나 채권자가 된다. 환어음은 발행인의 기명날인이 있어야 유효하다.

2. 지급인(Drawee)

환어음의 지급을 위탁받은 채무자로서 신용장방식에서는 개설은행이, 추심방식에서는 수입업자가 지급인이 된다.

3. 수취인(Payee)

환어음 금액을 지급받을 자로서 발행인 또는 발행인이 지정하는 제3자가 된다. 지급신용장에서는 발행인이 수취인이 되며 매입신용장의 경우 매입은행이 수취인이 된다.

4. 선의의 소지인(Bona Fide Holder)

환어음을 소지하고 있는 자를 소지인이라 하며 문면상 완전하고 합법적으로 환어음을 소지하는 경우를 선의의 소지인이라 한다(정상적으로 환어음을 양도받은 자도 해당 된다).

3 환어음의 종류

1. 운송서류첨부에 따른 분류

(1) 화환어음(Documentary Bill of Exchange) : Financial documents + Commercial documents

선하증권 등의 선적서류나 상업서류가 첨부된 어음으로 무역거래에 주로 이용된다.

(2) 무화환어음(Clean Bill of Exchange) : Financial documents

선하증권 등의 선적서류나 상업서류가 첨부되지 않은 어음으로 서비스나 용역 등 물품의 이동이 수반되지 않은 거래의 결제 시 주로 이용된다.

2. 지급만기일에 따른 분류

(1) 일람불어음(Sight Bill)

환어음이 지급인에게 제시되면 즉시 결제가 이루어지는 어음을 말한다.

(2) 기한부어음(Usance Bill : Time Draft)

환어음이 발행되거나 제시된 후 일정기간이 지난 후에 지급되는 어음을 말한다.
① 일람후정기출급(days after sight) : at 90 days after sight(90 d/s)
② 일자후정기출급(days after date) : at 90 days after B/L date(90 d/d)
③ 확정일출급(on a fixed date) : on May 15

4 환어음의 기재사항

환어음은 요식증권이므로 어음의 형식적 요건을 갖추지 않으면 효력이 없게 된다. 환어음의 기재사항은 필수기재사항과 임의기재사항으로 구분할 수 있다.

1. **필수기재사항**

    ① 발행일 및 발행지
    ② 만기의 표시
    ③ 유예기간
    ④ 환어음의 문언표시
    ⑤ 무조건 지급위탁문언
    ⑥ 수취인(payee)의 표시

기명식	Pay to A bank	수취인 란에 특정인의 성명이나 상호를 기재한다.
지시식	• Pay to order of shipper or order • Pay to A bank or order • Pay to the order of A bank	• 단순지시식 • 선택지시식 • 기명지시식
소지인식	Pay to Bearer Pay to A or Bearer	• 소지인식 • 기명소지인식, 선택무기명식
백지배서식	"endorsed in blank" or "blank endorsed"	선하증권에 피배서인을 지정함이 없이 배서한다.

    ⑦ 지급인(drawee)과 지급지
    ⑧ 발행인의 기명날인

2. **임의기재사항**

    ① 환어음 번호
    ② 어음 금액(숫자)
    ③ 복본 표시
    ④ 파훼문구
    ⑤ 어음금액(문자)
    ⑥ 대가수취문언(Valuation Clause)
    ⑦ 발행인에 대한 소구불능의 문언
    ⑧ 신용장 발행은행, 신용장 번호, 신용장 발행일
    ⑨ D/A 또는 D/P의 표시
    ⑩ 이자의 약정(Interest clause)

● Model Form 환어음(BILL OF EXCHANGE)

BILL OF EXCHANGE

⑧ No. ○○○○　　　　　　　　　　① Date May 15 Seoul, Korea
⑨ FOR US$100,000

AT ② 90 DAYS AFTER SIGHT OF THIS ⑩ FIRST ③ BILL OF EXCHANGE(⑪ SECOND OF THE SAME TENOR AND DATE BEING UNPAID) ④ PAY TO ⑤ THE ORDER OF SEOUL BANK THE SUM OF ⑫ U.S. DOLLARS ONE HUNDRED THOUSAND ONLY
　　　　　⑬ VALUE RECEIVED AND CHARGE THE SAME TO
　ACCOUNT OF ⑭ A&B Inc., 350 Fifth Ave., New York, N.Y. 180, U.S.A.
⑮ DRAWN UNDER Bank of America, New York
L/C NO. 57745   Dated   MARCH 15,

⑥ TO Bank of America　　　　　　　　⑦ ○○ Co. Ltd
　　New York　　　　　　　　　　　　　　○○○
　　U.S.A.　　　　　　　　　　　　　　　○○○
　　　　　　　　　　　　　　　　　　　President

제4장 기타 결제 방식

1 국제 팩토링(Factoring) 결제방식

1. 의의

팩토링이란 판매자(Client ; Supplier)가 구매자(Customer ; Debtor)에게 물품이나 서비스를 제공함에 따라 발생하는 외상매출채권(account receivable)과 관련하여 팩토링 회사(factor)가 판매자를 대신하여 구매자에 대한 신용조사·신용위험의 인수·매출채권의 기일관리·대금회수·전도금융의 제공·기타 회계처리 등의 업무를 대행해주는 금융서비스를 말한다.

2. 국제 팩토링 방식의 거래절차

(1) 신용확인과 계약체결단계

① 신용승인(Credit approval) 의뢰 및 요청 : 수출상이 신용승인신청서에 수입상에 대한 신용조사를 의뢰하면 수출팩터는 수입팩터에게 수입상의 신용조사와 수입팩터가 지급보증할 수 있는 신용한도를 요청한다.
② 신용조사 : 신용승인을 의뢰받은 수입팩터는 수입상의 신용조사를 한다.
③ 신용조사결과 및 신용승인 통지 : 수입상의 신용조사결과를 토대로 수입팩터가 수출팩터에게 신용조사의 결과 및 신용한도를 통지하면, 수출팩터는 수입상의 신용한도를 기초로 하여 수출상에게 수입상의 신용을 통지한다.
④ 수출입계약체결 : 수출상은 수입상과 국제팩토링 방식에 의한 수출입계약을 체결한다.

(2) 선적 및 대금결제단계

① **물품선적 및 매출채권양도** : 수출업자는 물품을 선적하고 필요서류를 작성하여 송장 등 매출채권과 함께 수출팩터에게 양도한다.
② **전도금융제공 및 수수료청구** : 수출팩터는 서류를 확인하고 송장금액의 80% 이내에서 전도금융을 제공하고 관련 수수료를 수출상에게 청구한다.
③ **송장 등 매출채권양도 및 수수료 송금** : 수출팩터는 결제서류에 수입팩터로부터 온 양도문언을 기재하여 원본은 수입상, 사본은 수입팩터에게 송부한다.
④ **만기일 대금지급 및 수출대금송금** : 수입상은 지급기일이 되면 수입대금을 수입팩터에게 지급하며 수입팩터는 그 대금을 수출팩터에게 송금한다.
⑤ **수출대금지급 및 전도금융상계** : 수출팩터는 제공한 전도금융금액과 송금되어온 수출대금을 상계하여 정산한다.

4 포페이팅(Forfaiting) 결제방식

1. 의의

무역거래에서 대금결제의 한 방법으로 사용되는 포페이팅은 현금을 대가로 채권을 포기 또는 양도한다는 뜻으로 무역거래 내에서 수출업자가 발행한 환어음이나 약속어음을 소구권 없이(without recourse) 할인·매입하여 현찰판매로 환원시키는 금융기법을 말한다.

2. 포페이팅의 거래절차

① **매매계약체결 및 물품인도** : 수출상은 수입상과 포페이팅 방식으로 대금결제하는 조건으로 계약을 체결하고 물품을 수출한다.
② **어음제출 및 보증과 어음인도** : 수입상이 지급보증은행에 자기발행 약속어음이나 수출상의 환어음을 제출하면, 지급보증은행은 지급보증서를 발급하거나 환어음이나 어음상에 Aval을 추가하여 수출상에게 인도한다. Aval이란 별도의 지급보증서 대신 어음상에 어음의 지급을 보증하는 문구를 직접 기입하는 것이다.
③ **포페이팅 약정 및 어음인도** : 수출상은 포페이터와 포페이팅계약을 체결하고 어음을 제시하여 할인지급을 받는다.
④ **어음제시 및 어음대금지급** : 포페이터는 어음을 만기일에 지급보증은행에 제시하고 지급보증은행은 포페이터에게 대금을 지급한다. 지급보증은행은 수입상에게 어음을 제시하고 대금을 상환받는다.

3. 포페이팅결제방식과 팩토링결제방식의 비교

포페이팅과 팩토링, 두 가지 금융 모두에서 포페이터(또는 팩터)는 소구건 포기조건으로 채권서류를 매입하기에 수입자의 신용위험 등 거래의 제반 위험을 부담하게 된다.

[표] 포페이팅과 팩토링의 비교

구분	포페이팅	팩토링
주요대상	유통증권(negotiable instrument), 약속어음, 환어음	비유통증권(non-negotiable instrument), 외상매출채권
대상채권의 성격	개별적으로 확정된 매출채권	현재뿐만 아니라 미래에 발생할 매출채권까지 포함한 포괄적이고 계속적인 채권의 매매
지원금액	계약금액의 100% 지원	계약금액의 80% 정도 지원
지원거래의 성격	중장기 국제무역거래(2~10년)	단기 국내 물품판매거래(30~120일)
업무의 수행범위	채권의 할인매입과 관련된 제한적인 업무수행	추심업무 등 부대서비스를 포함한 포괄적 업무수행
거래의 비밀성	포페이팅 관련 당사자들에 대한 정보를 비밀로 하는 것이 관례이므로 거래의 비밀성이 보장됨	팩터가 매출채권의 매입을 구매자(수입자)에게 통지하는 경우가 일반적이므로 거래의 비밀성이 보장되지 않음

 신용장의 이해와 신용장 통일규칙 (UCP600)

1 신용장의 정의

신용장(Letter of Credit : L/C)이란 신용장발행은행이 신용장에서 요구하고 있는 서류가 신용장의 제조건에 일치하고 또 그것이 약정된 기간 내에 제시되는 한 개설은행이 수입상과는 독립적으로 그 대금의 결제를 보장하여 주는 일종의 '조건부 지급 확약서(conditional bank undertaking of payment)'를 말한다.

2 신용장의 특성

1. Principle of Independence(독립성의 원칙)

신용장발행은행이 신용장 개설의뢰인의 요청에 의하여 수익자 앞으로 화환신용장을 발행하게 되면, 그 신용장은 신용장발행의 원인이 된 수익자와 개설의뢰인간의 매매계약과는 독립된 거래를 성립하게 된다. 신용장통일규칙 제4조(a)항에서는 "신용장은 그 성질상 그것이 근거가 되는 매매계약 또는 기타 계약과는 별개의 거래이다. 은행은 그러한 계약에 관한 어떠한 참조사항이 신용장에 포함되어 있다 하더라도 그러한 계약과는 아무런 관계가 없으며 또한 구속되지 아니한다.

2. Abstraction of Credit(신용장의 추상성)

신용장은 서류의 제시와 제시된 서류의 신용장 조건과의 일치를 조건으로 하는 보증서이므로 신용장에 관계하는 은행은 서류만을 근거로 하여 수출상의 신용장조건이행 여부를 판단한다. 또한 은행은 문면상으로만 서류를 심사하기 때문에 원칙적으로 서류가 위·변조 되었다고 하더라도 이와 관련하여 면책된다.

3. Fraud Rule(사기의 원칙)

제시된 서류가 위조·변조되었거나 신용장대금 지급청구가 사기적인 경우에는 발행은행은 지정은행에 대한 대금상환이나 수익자의 지급청구를 거절할 수 있고 또한 거절하도록 제한을 할 수 있다는 것을 말하는데, 이는 독립성의 원칙에 대한 예외로서 이를 인정하는 이유는 이러한 청구에 대해 지급하는 것은 고의적으로 사기적인 청구를 하는 수익자의 범법행위를 돕는 것이기 때문이다.

4. 엄밀일치의 원칙(doctrine of strict compliance) ↔ 상당일치의 원칙

수익자가 제시한 서류와 신용장조건과의 일치성여부에 관한 심사는 오로지 서류의 문면상으로 판단함으로써 실질적인 서류심사를 부정하는 입장을 취하고 있기 때문에, 은행은 신용장조건에 엄밀히 일치하지 않는 서류를 거절할 수 있는 권리를 가지고 있다는 법률원칙을 말한다.

3 신용장의 기본요건

어음·수표 또는 선하증권과는 달리 국내법은 신용장의 필요요건을 규정하고 있지 않으며, 신용장통일규칙에서 신용장이 갖추어야 하는 요건으로 명시적 또는 묵시적으로 규정하고 있는 사항은 다음과 같다.

1. 지급보증문구

신용장은 일종의 지급 보증서이므로 지급보증문구가 있어야 한다.

2. 서류의 명시

신용장은 서류제시를 조건으로 하는 조건부 지급 확약서이므로 제시서류에 대한 명시가 있어야 한다. 뿐만 아니라 서류에 대한 지시사항은 완전하고 정확해야 하며, 서류발행인을 의미하는 말로서 혼란을 일으킬 수 있는 불명료한 용어를 사용해서는 안 된다.

3. 취소가능 또는 취소불능의 표시

신용장에 취소가능 또는 취소불능의 표시가 있어야 한다. 신용장에 이러한 표시가 없으면 취소불능으로 간주된다.

4. 유효기일

신용장은 확약서의 일종이므로 반드시 유효기일(expiry date)이 기재되어야 한다. 유효기일이란 신용장이 유효한 최종일자로서 수익자는 그날까지 서류를 은행에 제시하여야 한다.

5. 서류제시기간

서류제시기간이란 상품이 선적된 후 지급·인수·매입은행에 서류를 제시해야 하는 기간을 말한다. 신용장에 서류제시기간이 없으면 운송서류는 선적일 후 21일 이내에 제시되어야 한다. 그러나 어떠한 경우에도 서류는 신용장 유효기일 이전에 제시되어야 한다.

6. 지급확약 문언

신용장상에는 개설은행의 지급확약 문언이 기재되어야 한다. 신용장상에 신용장통일규칙의 준거 문언이 기재되는 경우에는 UCP 600 제7조(발행은행은 신용장을 발행하는 시점부터 지급이행할 취소불능의 의무를 부담한다.)에 의하여 개설은행의 지급확약이 성립되므로, 지급문언을 반드시 별도로 명시하여야 하는 것은 아니다.

7. 신용장의 당사자

신용장거래의 주요 당사자는 다음과 같다.

(1) 신용장의 기본당사자

① **신용장개설은행(Issuing Bank ; Opening Bank ; Establishing Bank)** : 개설은행은 개설의뢰인의 요청과 지시에 따라 수출상 앞으로 신용장을 발행하고, 이 조건에 따라 수익자의 '일치하는 제시(complying presentation)'에 대하여 그 대금을 지급 또는 연지급하거나, 수익자가 발행한 환어음을 인수한 후 만기에 지급하거나, 다른 은행에게 그러한 지급·연지급·인수 또는 매입을 수권한 후 최종적인 결제의 의무를 약정하는 은행이다.

② **수익자(Beneficiary)** : 수익자란 명칭은 매매계약에서는 매도인(seller) 또는 수출상(exporter)을 의미한다. 환어음을 발행한다는 의미에서 어음발행인(drawer), 계정관계에서 대금을 수령할 권리가 있다는 뜻에서 accounter, 화물을 송달한다는 의미에서 송하인(consignor)이라고도 한다.

③ **확인은행(Confirming Bank)** : 신용장의 '확인(confirmation)'이란, 개설은행이 지급·연지급·인수 또는 매입을 확약한 취소불능신용장에 대하여 확인은행(일반적으로 통지은행)이 개설은행의 수권이나 요청에 따라 추가로 수익자에게 지급·연지급·인수 또는 비소구(without recourse) 조건으로 매입할 것을 확약하는 것을 말한다. 이때의 확약은 개설은행이 결제(honor)하지 못할 경우의 2차적인 책임을 지는 것이 아닌 개설은행과 동일한 최종적 책임이다.

> 체크 포인트

> ● UCP 600 Article 2 Definitions
> **Confirmation** means a definite undertaking of the confirming bank, in addition to that of the issuing bank, to honour or negotiate a complying presentation.
> **Confirming** bank means the bank that adds its confirmation to a credit upon the issuing bank's authorization or request.
> 확인이라 함은 발행은행의 확약에 추가하여 일치하는 제시를 지급이행 또는 매입할 확인은행의 확약을 말한다.
>
> ● UCP 600 Article 2 Definitions
> **Honour** means :
> a. to pay at sight if the credit is available by sight payment.
> b. to incur a deferred payment undertaking and pay at maturity if the credit is available by deferred payment.
> c. to accept a bill of exchange("draft") drawn by the beneficiary and pay at maturity if the credit is available by acceptance.
> 지급이행이라 함은 다음을 말한다.
> a. 신용장이 일람지급에 의하여 사용될 수 있는 경우 일람후 지급하는 것.
> b. 신용장이 연지급에 의하여 사용될 수 있는 경우 연지급확약의무를 부담하고 만기일에 지급하는 것
> c. 신용장이 인수에 의하여 사용될 수 있는 경우 수익자에 의하여 발행된 환어음("어음")을 인수하고 만기일에 지급하는 것.

(2) 신용장의 기타 당사자

① **신용장개설의뢰인(Applicant)** : 신용장개설을 의뢰하는 자를 말한다. 매매계약에서 매수인(buyer) 또는 수입상(importer)을 의미한다. 수입대금 지급의무가 있다는 점에서 지급인(accountee), 화물수령인이라는 의미에서 수하인(consignee), 수익자가 발행한 어음에 대하여 개설은행에게 최종 정산할 의무가 있는 당사자이다.

> 체크 포인트

> ● UCP 600 Article 2 Definitions
> **Applicant** means the party on whose request the credit is issued.
> 개설의뢰인이라 함은 신용장이 발행되도록 요청하는 당사자를 말한다.

② **통지은행(Advising Bank ; Notifying Bank ; Transmitting Bank)** : 통지은행은 개설 은행의 요청에 따라 신용장이 발행된 사실과 그 신용장의 내용을 수출상에게 통지하는 은행이다. 통지은행은 수익자에게 신용장 발행의 사실과 내용을 단순히 통지해 주는 은행으로 신용장에 대한 책임이나 의무가 없다.

> **체크 포인트**
>
> ● **UCP 600 Article 2 Definitions**
> **Advising bank** means the bank that advises the credit at the request of the issuing bank.
> 통지은행이라 함은 발행은행의 요청에 따라 신용장을 통지하는 은행을 말한다.

③ **지급은행(Paying Bank)** : 일반적으로 개설은행의 해외 본지점 이나 또는 예치환거래은행으로서 자행에 개설은행 명의의 예금계정을 두고 신용장의 조건과 일치하는 서류가 제시될 때 또는 그러한 서류가 첨부된 환어음이 자행을 지급인으로 하여 제시될 때 개설은행의 예금계정에서 차감하여 지급을 이행하는 은행을 말한다. 지급은행의 지급(payment)은 그 지급시기에 따라 '일람지급(Sight Payment)'과 '연지급(Deferred Payment)'의 방법으로 구분된다.

④ **인수은행(Accepting Bank)** : 인수은행은 신용장의 조건과 일치하는 서류가 첨부된 기한부 환어음을 발행하여 은행에 제시되면 이 기한부 환어음을 인수하도록 수권된 은행을 말한다. 그러므로 인수은행은 자행 앞으로 발행된 기한부 환어음을 인수한 경우에는 그 어음의 만기일에 반드시 지급할 의무를 지게 되므로 인수은행은 어음의 만기일에 가서는 지급은행이 된다.

⑤ **매입은행(Negotiating Bank)** : 개설은행 앞으로 발행된 환어음이나 서류를 매입하도록 수권된 은행을 말한다. 특정의 은행이 개설은행에 의하여 일람출급이나 기한부 환어음을 매입하도록 지정받은 경우(Restricted Credit)에는 그 지정은행이 매입은행이 되며, 특별한 지정이 없는 경우(Freely Negotiable Credit)에는 모든 은행이 매입은행이 될 수 있다.

> **체크 포인트**
>
> ● **UCP 600 Article 2 Definitions**
> **Negotiation** means the purchase by the nominated bank of drafts(drawn on a bank other than the nominated bank) and/or documents under a complying presentation, by advancing or agreeing to advance funds to the beneficiary on or before the banking day on which reimbursement is due to the nominated bank.
> 매입이라 함은 상환이 지정은행에 행해져야 할 은행영업일에 또는 그 이전에 수익자에게 대금을 선지급하거나 또는 선지급하기로 약정함으로써 일치하는 제시에 따른 환어음 지정은행이 아닌 은행을 지급인으로 하여 발행된 및 또는 서류의 지정은행에 의한 구매를 말한다.

⑥ 양도은행(Transferring Bank) : 양도가능신용장(Transferable Credits) 하에서 개설은행의 수권에 의하여 원수익자(First Beneficiary)의 요청에 따라 제3자(Second Beneficiary)에게 신용장을 양도하는 업무를 수행하는 은행을 말한다. 신용장에 의하여 지급·연지급·인수·매입이 특정의 은행에 수권된 경우에는 당해 지정은행이 양도은행이 되며, 자유매입신용장의 경우에는 신용장에서 양도은행으로 특별히 수권된 은행만이 양도업무를 취급할 수 있다.

⑦ 상환은행(Reimbursement Bank ; Settling Bank) : 상환은행이란 개설은행의 지시에 따라 매입 등을 행한 은행의 상환청구에 대하여 신용장대금을 결제해 주는 은행을 가리킨다. 개설은행의 당좌계정을 개설하고 있는 예치환거래은행이 이를 담당하게 된다.

4 신용장의 종류

1. 운송서류의 첨부여부에 따른 분류

(1) 화환신용장(Documentary L/C)

신용장 발행은행이 수익자가 발행한 환어음에 신용장조건과 일치하는 선적서류를 첨부할 것을 조건으로 하여 지급, 인수, 매입할 것을 확약하는 신용장이다.

(2) 무화환신용장(Clean L/C)

상업서류의 제시 없이 금융서류만을 수익자에게 요구하는 신용장을 말한다. 여행자신용장과 보증신용장(Standby L/C)이 대표적이다.

2. 확인유무에 따른 분류

(1) 확인신용장(Confirmed L/C)

개설은행 이외의 제3의 은행이 개설은행이 발행한 신용장에 대해 추가적으로 지급·인수·매입을 확약하고 있는 신용장을 말한다.

(2) 무확인신용장(Unconfirmed L/C)

개설은행 이외의 제3의 은행이 개설은행이 발행한 신용장에 대해 추가적으로 지급·인수·매입을 확약하고 있지 않은 신용장을 말한다.

3. 이용방식에 따른 분류

(1) 일람지급 신용장(Sight Payment L/C)

신용장에서 요구하는 서류와 상환으로 즉시 지급이 이루어지는 신용장이다.

(2) 연지급신용장(Deferred Payment L/C)

신용장에서 요구되어진 서류가 제시되면 정해진 일자에 지급할 것을 확약하는 조건의 신용장으로서 기한부라는 점은 인수신용장과 같지만 환어음이 발행되지 않는다.

(3) 인수신용장(Acceptance L/C)

신용장에서 요구하는 기한부어음이 지급인에게 제시되면 환어음의 인수를 하고 어음의 만기가 도래했을 때 대금을 지급하는 신용장이다.

(4) 매입신용장(Negotiation L/C)

신용장에서 요구되어진 일람출급 또는 기한부 어음이 지급인에게 제시되기 전에 매입은행에 의하여 할인이나 매입이 가능한 조건으로 개설된 신용장을 말한다.
매입을 의뢰할 수 있다.

5. 기타의 신용장

(1) 상환청구가능신용장(With Recourse L/C)

"With Recourse" 표시가 있는 신용장으로 매입은행이나 선의의 소지인(Bona Fide Holder)이 어음의 지급인으로부터 대금지급을 거절당한 경우 어음발행인에게 지급했던 환어음의 대금을 상환청구 할 수 있는 어음을 말한다.

(2) 일람출급신용장(Sight L/C)

어음이 지급인에게 제시되면 즉시 지급받을 수 있는 일람불어음을 발행할 수 있는 신용장 혹은 어음 발행 없이 서류의 제시만으로 즉시 대금을 지급 받을 수 있도록 한 신용장을 말한다. 일람지급신용장이나 일람매입신용장이 해당된다.

(3) 기한부신용장(Usance L/C : Time L/C : Tenor L/C)

신용장에 의해 기한부어음을 발행할 수 있는 신용장 혹은 어음의 발행 없이 연지급약정서에 따라 일정 기간 후에 지급하는 것을 확약한 신용장을 말한다. 연지급신용장과 인수신용장, 기한부매입 신용장이 해당된다.

(4) 분할지급신용장(Payment by Installment L/C)

지급기한이 서로 다른 복수의 환어음을 요구하여 수회에 걸쳐 분할하여 지급이 이루어지도록 하는 신용장을 말한다.

(5) 선대(선수금)신용장(Packing L/C : Red Clause L/C : Advance Payment L/C)

수출상에게 수출에 따른 생산, 가공 자금을 미리 융통해 주기 위해 선적 전에 선적서류 없이 신용장 금액을 전대할 수 있도록 수권하는 문언을 신용장상에 기재한 신용장을 말한다. 수출자는 전대금액에 해당되는 무화환어음과 영수증을 제출하여 지정은행에서 선수금을 받을 수 있으며 전대기간 중 이자는 수익자가 부담한다.

(6) 구상무역에 사용되는 신용장(수출입의 균형을 위한 신용장)

동시개설신용장(Back-to-Back L/C) : 'Back-to-Back L/C'라는 용어는 원신용장을 견질로 하여 발행되는 내국신용장의 의미 외에도 수입신용장을 개설한 경우 수출국에서도 같은 금액의 신용장(Counter L/C)이 개설되어 온 경우에만 유효하다는 조건이 있는 신용장을 말한다. 즉, 연계무역에서 사용되는 '동시개설 신용장'을 의미한다.

제6장 외국환

1 외국환의 정의

국가 간 거래에서 발생하는 국제결제에는 일반적으로 외국의 현금을 직접 사용하지 않는다. 왜냐하면 현금수송에 따르는 거래비용은 물론 분실이나 도난의 위험이 있기 때문이다. 이와 같이 멀리 떨어져 있는 사람들 사이에 발생한 거래의 자금결제를 위하여 사용되는 신용수단을 환(exchange)이라고 한다. 즉, 환이란 멀리 떨어져 있는 사람들끼리 거래한 결과로 발생한 자금결제를 위하여 직접 현금을 지급하는 대신에 제3자인 은행을 이용하여 어음이나 증서를 통해 지급을 위탁하는 방식이다. 환은 국내에 있는 거래당사자간에 사용하는 내국환과 거주자와 비거주자 사이의 경제거래에 사용되는 외국환(foreign exchange : FX) 또는 외환으로 구분한다.

2 외환의 종류

외환지급과 관련하여, 은행에게 지급을 위탁하는 방식에 따라 아래와 같이 구분할 수 있다.

1. **송금환(순환 : remittance)**

   채무자가 거래은행에게 자신을 대신하여 외국의 채권자에게 지급을 위탁함으로써 대차를 청산한다. T/T 및 M/T가 여기에 해당한다(전신환 송금방식은 환어음이 발행되지 않는다).

2. **추심환(역환 : collection)**

   채권자가 거래은행에게 자신을 대신하여 외국의 채무자로부터 채권을 수취하도록 자신의 채권을 양도 또는 위탁하는 방법이다.

3 외환의 발행이나 수취하는 형식에 따른 분류

1. **당발환(outward exchange)**

   거주자의 위탁에 의하여 자금을 보내거나 지급 받기 위하여 국내 외국환은행이 외국에 있는 은행에 대하여 발행한 외환을 말하며, 지급위탁방식에 따라 당발송금환(outward remittance)과 당발 추심환(outward collection)으로 구분된다(국내 수입자가 T/T 방식으로 수입대금을 결제하는 경우 해당).

2. **타발환(inward exchange)**

   외국에 있는 은행이 국내에 있는 거주자에게 자금을 보내거나 지급받기 위하여 자신의 은행에 대하여 발행한 외환으로, 지급위탁방식에 따라 타발송금환(inward remittance)과 타발추심환(inward collection)으로 구분된다.

4 외환포지션

1. **개념**
   ① 일정시점에서 특정통화에 대한 외화표시 자산과 외화표시 부채의 차이
   ② 환리스크에 노출된 금액
   ③ 외환을 매수한 경우 매수포지션(Long Position), 매도한 경우 매도포지션(Short Position)

2. **외환포지션의 형태**

(1) Open Position

   ① 외환 초과 매수포지션(over bought position) : 외화자산 > 외화부채, 달러강세 시 유리
   ② 외환 초과 매도포지션(over sold position) : 외화자산 < 외화부채, 달러약세 시 유리

(2) Square Position : 외화자산 = 외화부채

3. 거래기간에 의한 외환포지션 분류

(1) 현금 포지션(Cash Position)
결제가 완료된 외환포지션으로 외화 당좌예금계정에 남아 있는 예치잔액이 여기에 해당

(2) 현물환 포지션(Spot Position)
현물환 거래에서 매매 후 결제가 완료되지 않은 포지션까지 고려한 외환포지션

(3) 선물환 포지션(Forward Position)
선물환거래로 생기는 매입금액과 매도금액의 차이

(4) 종합 포지션(Overall Position)
(1) + (2) + (3)하여 산출한 매입금액과 매도금액의 차이

4. 현물환거래의 예시(참고)

USD/JPY	bid : 108.33	offer : 108.54
Quoting Party	Buy USD 1 Pay JPY 108.33	Sell USD 1 Get JPY 108.54
Calling Party	Sell USD 1 Get JPY 108.33	Buy USD 1 Pay JPY 108.54

5 외환포지션 관리

국제무역거래에서는 외화대금결제가 불가피하게 수반된다. 이러한 외환거래는 외환포지션의 증감을 의미하며 외환포지션이 중요한 이유는 매입초과포지션이나 매도초과포지션의 경우 받을 외환과 지급할 외환이 같지 않으므로 환율변동에 따른 위험에 노출되어있다. 무역계약으로 인한 이익을 보전하고 안정적인 거래환경을 위해서는 외환포지션의 관리를 필요로 한다.

> **체크 포인트**
>
> ● SWIFT(Society for World-wide Interbank Financial Telecommunication)
> 외국환은행의 국가간 자금결제업무를 수행하기 위하여 조직한 범세계적 금융통신시스템이다. SWIFT는 1973년에 브뤼셀에서 15개국 239개 은행의 공동출자로 설립되었다. SWIFT는 전통적인 통신수단인 텔렉스를 대체하고 있는데, SWIFT는 ① 표준양식을 사용함으로써 국제은행간의 자금대체지시송달을 신속·정확하게 처리할 수 있고 ② 통신의 안전성을 높일 수 있으며, ③ 외국은행과 이루어지는 외환거래, 대출 및 예치금거래, 외국의 거래은행에 있는 계정잔액 및 대차내역을 쉽게 확인할 수 있다.

6 외환시장의 특성과 가격결정

1. 환율의 양 방향고시(Two-Way market)

외환을 매매하고자 하는 매입/매도의 어느 한 측면의 환율(one way market rate)을 제시하는 것이 아니라 매입률/매도율을 동시에 제시하는 양 방향의 고시(two way market)를 하는 특성

2. 중요성

우리나라는 경제의 70%가 수출이기 때문에 외환시장의 중요성은 날로 커지고 있음

3. 범세계적 시장(One Global Market)

외환규제 완화와 정보통신 기술의 발달로 하나의 시장처럼 동조화되고 있음

4. 24시간 시장(24 hour Market)

24시간 모든 환율 시장에서 거래할 수 있음

5. 장외시장(Over-the-counter Market)

개별접촉으로 거래되며 비조직적 및 추상적인 시장이다.

6. 달러 기준시장

모든 시장은 달러를 중심으로 거래되며, 교차환율, 재정환율의 경우도 달러 환율을 기준으로 계산을 한다.

7. 제로섬 시장(Zero Sum Market)

내가 이익을 보았다면 누군가에게는 손실이 발생한다.

8. 통신시장(Communication Market)

전화, telex, 또는 딜링기기 등의 통신수단에 의하여 거래되는 특성이 있다.

7 외환시장 참가자

1. 외국환은행
정부의 인가를 받고 외국환 업무를 영위하는 은행

2. 고객
외환거래 제2의 당사자, 개인 또는 법인(주로 무역업자 등)

3. 브로커
① 통신수단의 발달로 정보순환 신속 ⇨ 브로커의 역할 점차 축소
② 영국에서는 여전히 대부분의 거래가 브로커 경유 거래
③ 우리나라는 2개의 브로커회사가 은행간 달러/원, 엔/원 스팟거래와 달러/원 외환스왑거래를 중개(서울외국환중개(주), 한국자금중개(주))

> **체크 포인트**
>
> ● **중앙은행**
> 환율안정을 위해 환율시장개입, 정보수집, 여타 국제기구나 중앙은행과 거래
> ● **외환시장의 제로섬 게임**
> • 외환시장 참여자들의 거래결과는 기본적으로 제로섬 게임의 성격
> • 한 거래자가 손실이면 거래 상대자는 이익

제7장 환율 및 환율결정

1 환율의 정의

일정시점에 서로 다른 두 통화사이의 교환비율을 말한다.

2 환율표시방법

1. 유럽식(직접표시방법)
① 미 달러화 한 단위를 기준으로 다른 통화의 가치를 판단하는 방법(미국달러를 중심으로)
② $1/₩1,100 또는 $1/¥100 등으로 표시함(우리나라 및 대부분의 국가에서 사용)
③ 일반적으로 기축통화인 미국 달러화를 중심으로 환율을 표시

2. 미국식(간접표시방법)
① 다른 통화 한 단위를 기준으로 미 달러화의 가치를 표시하는 방법(해당 통화를 중심으로)
② ₩1/$0.1/£ 또는 AU$1/$1.25
③ 영국의 파운드화, 호주 달러화 등

3 외환거래를 위한 전문용어

1. Pip(Percentage in Point)
환율이 변화하는 단위로 표시된 환율의 가장 오른쪽 숫자를 의미한다.
달러/원이나 달러/엔의 경우에는 소수점 둘째자리, 유로/달러나 파운드/달러의 경우에는 소수점 넷째자리를 가리키는 용어이다. (예 EUR/USD $1.222**3**)

2. Big figure

100단위 Pip 이상에 해당되는 숫자를 의미한다.
소수점 이하 두번째 숫자까지를 가리키는 용어이다.(예 EUR/USD $1.22̲33)

4 Two-way Quotation(양방향 가격 ; Two-way price)

1. 개념

① 딜러인 은행은 실제 외환거래에 있어서 항상 매입율(bid rate)와 매도율(offer rate)에 차이를 두어 제시한다.
② Two-way Quotation은 매입율과 매도율을 동시에 고시하는 것을 뜻한다.
③ 매입율과 매도율의 차이를 스프레드(spread)라고 한다.
  ㉠ Calling Party에게 스프레드는 비용
  ㉡ Quoting Party에게 스프레드는 수익
④ 앞에 표시된 통화가 기준통화(FC : Fixed Currency), 뒤에 표시된 통화가 변동통화(VC : Variable Currency)
⑤ 특정통화를 사거나 판다고 말할 때에는 기준통화를 기준으로 말한다.
⑥ 환율의 강세와 약세를 말할 때에도, 외환포지션도 기준통화를 기준으로 말한다.

2. 예시

(1) 달러/엔(USD/JPY)

① 103.46/51의 경우 : 환율을 고시한 은행입장에서는 1달러를 103.46엔에 사고, 1달러를 103.51엔에 팔겠다는 의미이다.
② 여기서 103.46엔이 bid rate, 103.51엔이 offer rate이다.

(2) 파운드/달러(GBP/USD)

1.9832/37의 경우 : 환율을 고시한 은행 입장에서는 1파운드를 1.9832달러에 사고, 1파운드를 1.9837달러에 팔겠다는 의미이다.

(3) 결제일

① 원활한 결제를 위하여 대부분 T+2일을 결제일(Value Date)로 함
② 즉, 현물환 거래에서 익익일물거래(Value Spot)가 일반적이고, 익일물거래(Value Tomorrow), 당일물거래(Value Today)도 포함된다.

5 환율의 종류

1. 매입률(bid rate)과 매도율(offer rate)

환율고시은행은 기준통화의 매입률과 매도율을 동시에 고시하는데 이를 양방향가격(two-way prices)이라고 한다.

(1) 매입률(bid rate)

환율고시은행이 기준통화를 매입하는 환율

(2) 매도율(offered rate)

환율고시은행이 기준통화를 매도하는 환율

2. 스프레드

스프레드(spread)란 외환의 매도율과 매입률의 차이를 의미하며, 스프레드가 클수록 매입률은 낮고 매도율은 높기 때문에 환율고시은행에게는 유리하고 고객에게는 불리하다. 환율고시은행은 항상 "buy low, sell high" 원칙에 따라 환율을 고시한다. Spread의 특징은 다음과 같다.

① 거래가 많은 통화는 Spread가 좁고, 거래가 적은 통화는 Spread가 크다.
② 외환시세가 불안정하면 Spread가 커지고, 외환시세가 안정적이면 Spread가 줄어든다.
③ 선물환율의 Spread는 현물환율의 Spread보다 크다.
④ 특정통화 또는 상품의 가격불균형을 이용하여 낮은 가격에 사서 높은 가격에 매도하며 그 차익을 취하는 거래를 Arbitrage(차익거래 또는 재정거래)라고 부른다.

3. 현물환율과 선물환율

현물환율(spot exchange rate)은 서로 다른 통화를 교환하기로 하는 매매계약 성립과 동시에, 또는 계약 성립 후 2영업일 이내에 실행되는 현물환거래에 적용되는 환율이다. 이에 대하여 선물환율(forward exchange rate)은 계약 성립 후 2영업일이 경과되어 실행되는 선물환거래에 적용되는 환율이다. 현물환율에는 결제가 되는 시점을 기준으로 거래당일에 결제가 되는 당일물(value today)환율, 계약 다음 영업일에 결제가 되는 익일물(value tomorrow)환율, 계약일 후 2영업일에 결제가 되는 spot 환율이 있다.

4. 대고객환율과 은행 간 환율

대고객환율(customer exchange rate)이란 은행이 외국환의 시장시세에 기준하여 수출입업자 등 일반고객과의 거래에 적용하는 환율을 말하며, 은행간 환율(inter-bank exchange rate)이란 은행간의 외환매매에 적용되는 환율을 가리킨다.

5. 재정환율

① 우리나라에서 미국 달러화 이외의 다른 국가의 통화에 대한 환율을 산정할 때에는 국제외환시장에서 형성된 미국 달러화와 다른 국가의 통화간의 환율을 이용하여 산출하게 된다.

② 한국외환시장에서 USD1 = KRW1,105.20이고 국제외환시장(동경외환시장)에서 USD = EUR0.8811일 때 유럽연합(EC)의 1유로는 1,254.34(= 1,105.20÷0.8811)원으로 산출된 환율을 재정환율(裁定換率 : arbitrated rate)이라고 한다.

③ 한편 재정환율을 산출하기 위해서 2개의 고시된 환율과 교차로 계산하여 산출되어진 상대국의 기준환율을 교차환율(cross rate)이라고 하며, 우리나라의 경우에 USD/JPY, USD/SFR 등의 환율이다.

6 현물환거래

1. 현물환거래의 의의

현물환거래(spot transaction)는 거래일 또는 계약일로부터 2영업일 이내에 결제가 이루어지는 거래이다.

2. 대금결제 계좌 기준

외국환은행은 고객의 수요와 공급에 의하여 단순하게 외국환에 대한 주문을 접수하여 이를 수행하는 업무를 이행하지만 자신의 명의로 개설되어 있는 계좌를 이용하여 외국환을 매매하게 된다.

외환거래의 두 당사자가 각각 거래상대방의 명의의 계정인 Account로 현물환 거래자금을 이체하여 결제하는 거래를 Account-Account Dealing이라고 한다.

7 선물환거래

1. 선물환의 개념 및 거래목적

선물환(forward exchange)이란 매매계약일로부터 2영업일 이내에 자금이 결제되는 현물환과 달리 2영업일을 경과하여 자금이 결제되는 외환거래를 말한다. 선물환의 결제는 통화의 인수도가 이루어지는 만기에 이루어지기 때문에 계약 시에 현금흐름 없이 미래의 환율을 계약시점에 고정시킴으로써 미래의 환율변동에 상관없이 계획대로 자금을 운영할 수 있다는 장점이 있다. 이 같은 장점으로 인해 선물환은 헤징동기와 투기적 동기에서 거래된다.

2. 환위험 헤징(Hedging)

헤징(hedging)이란 환율변동에 따른 위험에서 벗어나기 위하여 선물환거래를 하는 것을 말한다. 헤징 목적으로 선물환거래를 하는 것이 당사자에게 항상 이익을 주는 것은 아니다. 예컨대 수출상이 3개월 후에 받을 수출대금을 $1 = ₩1,220에 매도하였는데 3개월 후 현물 환율이 ₩1,400이 되었다면, 만기 현물환율에 관계없이 값싸게 매도하여야 하므로 오히려 기회손실을 보게 된다. 헤징 목적으로 선물환을 이용하면 장래 원화금액을 사전에 확정하여 불확실성을 줄여 준다.

3. 투기

자기의 장래 예상 현물환율과 선물환율이 다를 때 이것을 이용하여 이익을 얻기 위한 선물환거래이다. 예컨대 투기자가 예측하기로는 3개월 후 현물환율을 1,200원으로 예측하는데 선물환율이 1,150원이면 선물환을 매입한다. 만약 예측이 맞으면 투기자는 선물환 만기에 1,150원에 1달러를 매입하여 현물환율인 1,200원으로 매도하여 이익을 얻는다. 외환투기 목적으로 현물환보다 선물환이 많이 이용된다. 왜냐하면 현물환에서는 당장에 자금이 필요하나 선물환에서는 현물 인수도가 장래이기 때문에 자금이 필요 없다.

제8장 외환스왑

1 외환스왑

1. 개념
① 현물환과 선물환을 동시에 반대방향으로 매수·매도하는 외환거래의 형태
② 이자교환이 없는 단기간의 스왑거래(↔ 통화스왑)
③ 두 개의 거래가 서로 반대로 일어나 전체 포지션은 스퀘어가 되므로 환리스크는 없음
④ 외환스왑에서 먼저 도래하는 결제일을 near date, 나중에 도래하는 결제일을 far date라고 함

2. 유형

(1) 현물환 거래 + 선물환 거래
① 가장 일반적인 외환스왑의 형태
② 현물환 매입 + 선물환 매도 : USD buy & sell swap against KRW
③ 현물환 매도 + 선물환 매입 : USD sell & buy swap against KRW

(2) 선물환 거래 + 선물환 거래
1개월 선물환 매수(매도)+3개월 선물환 매도(매수)

(3) 현물환 거래+현물환 거래
① O/N(over-night) swap : Value today 매수(매도)+Value tomorrow 매도(매수)
② T/N(tom-next) swap : Value tomorrow 매수(매도)+Value spot 매도(매수)

3. 거래목적
① 수입 또는 수출 결제대금 헤지를 위한 거래
② 외환의 수취와 지급시점 간의 불일치 해소(수출대금의 입금시점이 수입대금의 결제시점보다 빠른 경우)

③ 외환거래의 결제일 조정
　　㉠ 선물환거래의 만기일을 연장하는 경우
　　㉡ 선물환거래의 만기일을 앞당기는 경우

2 외환스왑의 장점

1. 신용위험의 최소화
near date와 far date에 거래 당사자 간 해당 통화의 실질적인 교환이 일어난다.

2. 은행 간 금리 적용
신용도가 낮은 기업일지라도 외환스왑의 경우 은행간 거래에 적용하는 금리에 차입하거나 예치하는 효과를 누린다.

3. 풍부한 유동성
주요 통화에 대한 외환스왑의 유동성은 풍부하다.

제9장 환리스크 관리

1 외환시장

외국환 시장의 약어로서 증권거래소와 같이 특정한 장소를 가리키는 것이 아니고, 외환거래가 이루어지는 모든 장소 및 거래소를 총칭하는 추상적인 개념이다(국제 외환시장은 범세계적인 도매시장으로서 이동과 시간의 제약을 받지 않는다).

2 환리스크의 개념

환리스크란 예상하지 못한 환율변동으로 경제주체가 받게 될 영향의 가능성을 가리키는 것으로 주로 손실을 입거나 기대이익을 상실한 위험성을 가리킨다.

1. 배경
① 고정환율제도에서는 환리스크가 존재하지 않는다.
② 변동환율제도에서는 시장의 수급에 따라 끊임없이 환율이 변하므로 불확실성이 늘 존재한다.
③ 외환거래 규모가 큰 폭으로 증가하면서 정부 개입의 여지도 줄어들고 있다.
④ 이러한 환율변동성 증가요인들로 인하여 기업의 환리스크가 커진다.

2. 개념
① 환율이 변동함에 따라 자국의 통화가 아닌 다른 통화를 보유하거나 결제에 사용할 때 발생하는 위험을 말한다.
② 즉, 장래의 예기치 못한 환율의 변동으로 인해 경제적 주체의 가치 변동가능성을 의미한다.

3 환리스크 관리수단

1. 대내적 관리기법

대내적 관리기법이란 일상 영업활동과 관련하여 기업내부적인 자금관리의 일환으로 노출을 본원적·사전적으로 예방 또는 감축하는 수단을 말한다.

매칭(matching)	통화별 자금수입과 자금지급의 금액과 시기를 의도적으로 일치시킴으로써 외화현금 흐름의 환차손 위험을 본원적으로 예방하는 관리기법이다. 매칭에는 동일통화에 의하여 현금수취와 지급을 일치시키는 자연적 매칭(natural matching)과, 동일통화 대신 환율 변동추이가 유사한 통화에 의하여 현금수취와 지급을 일치 시키는 평행적 매칭(parallel matching)이 있다.
리딩(leading)과 래깅(lagging)	• 리딩 - 본·지사간 수출입대금 또는 기타 자금결제를 인위적으로 앞당기는 기법을 말한다. • 래깅 - 본·지사간 수출입대금 또는 기타 자금결제를 인위적으로 늦추는 기법을 말한다. • 이러한 기법은 제3자와의 거래에서도 활용될 수 있으나 제3자와 이해관계가 상충될 수 있으므로 크게 활용되지 않는다. | 구분 | 외화수취 예정 | 외화지급 예정 | |---|---|---| | 달러 강세 예상 | lagging | leading | | 달러 약세 예상 | leading | lagging |
가격정책 (pricing policy)	가격정책은 판매관리 및 구매 관리에 이용되는 정책이나 환 노출 관리 수단으로서도 활용될 수 있다. 이러한 가격정책에는 환율변동으로 인한 손실방지를 위하여 상품의 가격을 적시에 조정하는 가격조정과, 수출입시 상품가격의 표시통화를 조정하여 환차익을 극대화하거나 환차손을 극소화하는 가격 표시 통화 정책(currency of invoicing policy)이 있다.
자산·부채관리 (assets/liability management)	자산 및 부채의 관리는 환리스크의 극소화를 추구하기 위한 방어적 전략과, 수익의 극대화를 위한 적극적 전략으로 나눌 수 있다. 전자는 통화별로 외화표시 자산 및 부채의 금액, 만기를 일치시키는 것이다. 후자의 경우 강세통화는 자산·수익 및 자금수입을 증대시켜 매입초과포지션(long position)유지하는 한편, 약세통화로 표시된 부채·비용 및 자금지급을 증대시켜 매도초과포지션(short position)을 유지함으로써 환차익을 획득할 수도 있다.
복합통화단위 사용에 의한 관리방법	거래통화를 1개 통화가 아닌 다수의 통화바스켓으로 구성하는 방법, 즉 자산이나 부채의 통화구조를 다변화시키는 방법이다. 거래에 따른 노출은 기본적으로 거래단위를 외화로 하고 그 표시통화의 가치가 변동할 때 발생하기 때문에 복합통화단위 사용을 통하여 통화구조를 다변화하면 개별 통화 가치의 변화가 상쇄, 중화되므로 리스크를 줄일 수 있다.

상계(netting)	일정한 기간 동안 혹은 자회사 상호간에 발생한 채권, 채무를 상계한 후 차액만을 수취하거나 지급하는 결제제도이다.
포트폴리오 (Portfolio) 전략	기업이 가지고 있는 자산이나 부채를 한 개 내지 두 개의 통화로 하여 환위험에 집중적으로 노출되는 것이 아니라 여러 종류의 통화로 자산과 부채를 구성하여 통화간의 환율변동이 서로 상쇄되는 효과를 통해서 자연스럽게 환율변동에 따른 위험을 줄이는 전략이다.

2. **대외적 관리기법**

다음의 관리기법은 헤징수단으로도 사용되지만 금융시장 헤징을 제외하고는 투기수단으로도 각광받고 있다.

선물환	**금융시장 헤징** 외화자금의 차입이 개재되는 거래로서, 예컨대 수출업자가 금융시장에서 수출대금외화를 미리 차입하여 현물시장에서 매각, 자국통화로 전환한 후 이를 예금형태로 또는 채권투자 등으로 운용하고 만기에는 수취 수출대금으로 차입금을 상환함으로써 환율변동에 따른 환리스크를 회피하게 된다.
통화스왑 (currency swap)	두 거래 당사자가 계약일에 약정된 환율에 따라 해당 통화를 일정 시점에서 상호 교환하는 외환거래이다. 이와 같은 통화스왑은 주로 중·장기적인 환리스크 헤징수단으로 이용되고 있다
통화선물 (currency futures)	선물환거래와 같이 일정통화를 미래의 일정시점에서 특정 환율로 매입·매도하기로 한 계약이다. 선물환과 다른 점은 선물환은 거래소에서 거래되지 않고 고객과 은행 또는 은행과 은행 사이에 개별적으로 거래 되는데 반하여 통화선물은 선물 거래소에 서만 거래된다는 점이다. 또한 선물환과 달리 통화선물은 선물 거래소가 계약이행을 보증하고 있다.

	선도거래	선물거래
거래장소	장외시장	지정된 거래소(장내)
거래조건	협의로 결정	표준화
거래방법	거래당사자 간 직접거래	공개호가방식
신용위험	신용위험이 높지만 합의에 의하여 사전에 담보·증거금 징수 가능	청산소가 계약이행 보증(증거금, 일일정산)
만기결제	일반적으로 만기 때 실물인수도	일반적으로 만기 전 반대매매에 의한 포지션 청산

통화옵션 (currency option)	통화옵션이란 매입자가 일정기간 내에 어떤 통화를 특정 환율로 매입하거나 매도할 수 있는 선택권을 말한다. 매입할 수 있는 선택권을 콜옵션, 매도할 수 있는 선택권을 풋옵션이라고 한다. 옵션에는 거래소옵션과 장외옵션이 있다. ① 옵션 매수자 　㉠ 콜옵션 매수자 : 행사가격으로 기초자산을 살 수 있는 권리자 　㉡ 풋옵션 매수자 : 행사가격으로 기초자산을 팔 수 있는 권리자 ② 옵션 매도자 　㉠ 콜옵션 매도자 : 매수자 권리행사 시 행사가격으로 기초자산을 팔아야 하는 의무자 　㉡ 풋옵션 매도자 : 매수자 권리행사 시 행사가격으로 기초자산을 사야 하는 의무자

4 옵션을 이용한 투자 전략

1. 방향성 전략

(1) 기초자산 강세 예상

콜옵션 매수	활용	기초자산의 가격이 상당히 상승할 것을 기대하면서도 혹시 발생할 수 있는 가격하락의 위험에 대비하는 전략
풋옵션 매도	활용	기초자산의 가격이 상승할 것을 기대하지만 그 폭이 크지 않을 거라는 예상에 근거한 전략

(2) 기초자산 약세 예상

콜옵션 매도	활용	기초자산의 가격이 횡보하거나 하락할 가능성이 높고 가격변동성은 하락할 것이라는 예상에 근거한 전략
풋옵션 매수	활용	기초자산의 가격이 하락할 것으로 예상되고 가격변동성은 증가할 것이라는 예상에 근거한 전략

2. 스프레드 전략

수직 강세 스프레드	수직 강세 콜 스프레드	낮은 행사가격의 콜옵션 매수 + 높은 행사가격의 콜옵션 매도 : 현금 순유출 발생
	수직 강세 풋 스프레드	낮은 행사가격의 풋옵션 매수 + 높은 행사가격의 풋옵션 매도 : 현금 순유입 발생

수직 약세 스프레드	수직 약세 콜 스프레드	낮은 행사가격의 콜옵션 매도 + 높은 행사가격의 콜옵션 매수 : 현금 순유입 발생
	수직 약세 풋 스프레드	낮은 행사가격의 외가격 풋옵션 매도 + 높은 행사가격의 내가격 풋옵션 매수 : 현금의 순유출 발생

3. 변동성 확대 예상 전략

스트래들(Straddle) 매수	만기일과 행사가격이 동일한 콜옵션과 풋옵션을 동시에 매수 : 이익은 무제한, 손실은 프리미엄 크기로 제한
스트랭글(Strangle) 매수	만기가 동일한 콜옵션과 풋옵션으로 구성되지만 행사가격이 서로 다른 옵션을 매수(낮은 행사가격의 풋옵션, 높은 행사가격의 콜옵션) : 이익은 무제한, 손실은 프리미엄 크기로 제한
버터플라이(Butterfly) 매도	① 낮은 행사가격과 높은 행사가격의 옵션 1계약씩 매도 + 중간 행사가격의 옵션 2계약 매수 ② 현금의 순유입 발생

5 환리스크의 3대 결정요인

1. 환노출(Exchange Exposure)

① 일정시점에 기업이 보유하고 있는 외환포지션으로 환위험 노출금액
② 외환 익스포져가 클수록 기업이 부담하는 환리스크는 커진다.

2. 환율변동성

① 표준편차 등으로 측정 가능
② 환율변동성이 클수록 기업이 부담하는 환리스크는 커진다.

3. 보유기간

보유기간이 길수록 기업이 부담하는 환리스크는 커진다.

6 환리스크 헤지(Risk hedge)

① 보유 중인 외환포지션과 반대되는 포지션을 취하여, 전체적으로 스퀘어 포지션을 만들어 환율변동으로 인한 순자산가치의 변동효과를 상쇄하는 행위를 말한다.
② 수출기업 → 달러 롱 포지션 발생 → 달러/원 환율 하락 → 순자산가치 감소, 외환차손 → 선물환 또는 통화선물 매도헤지거래
③ 수입기업 → 달러 숏 포지션 발생 → 달러/원 환율 상승 → 외환차손 → 선물환 또는 통화선물 매수헤지거래
④ 이러한 리스크관리를 통하여 보다 안정적인 경영이 가능할 수 있는 여지를 제공함에 그 목적이 있다.

무역결제 핵심문제

01 | 출제키워드 | 서류심사의 기준, 오자 및 오타의 허용 중

신용장거래에서 서류심사기준에 대한 다음 설명 중 틀린 것은?

① 은행은 서류에 대하여 문면상 일치하는 제시가 있는지 여부를 단지 서류만에 의해서 심사한다.
② 선하증권의 수하인(consignee)은 개설은행 지시식으로 기재되어 있고, 원산지증명서상 수하인은 개설의뢰인으로 기재된 것은 서류 상호간 불일치로 간주되지 않는다.
③ 신용장에서 원산지증명서를 요구한 경우 서류 내용이 원산지를 증명하고 있지 않다고 하더라도 서류 제목이 원산지증명서임을 명백히 표시하고 있다면 수리되어진다.
④ 오자나 오타가 단어나 문장의 의미에 영향을 미치지 않는다면 서류를 하자 있는 서류로 만들지 않는다.

정답 및 해설

01 ③ UCP 600 14조
　f. 신용장이 서류가 누구에 의하여 발행된 것임을 또는 서류의 자료내용을 명시하지 않고, 운송서류, 보험서류 또는 상업송장 이외의 서류제시를 요구하는 경우, 은행은 그 서류의 내용이 요구된 서류의 기능을 충족하는 것으로 보이고 그 밖에 제14조 d항과 일치하는 경우, 제시된 대로 서류를 수리한다.
① UCP 600 14조
　a. 지정에 따라 행동하는 지정은행, 확인은행(있는 경우) 및 발행은행은 서류가 문면상 일치하는 제시를 구성하는지 여부를 결정하기 위하여 서류만을 기초로 하여 제시를 심사하여야 한다.
② ISBP 184
　신용장이 수하인을 지시식, 선적인 지시식, 개설은행 지시식, 개설은행 기명식과 같은 표시를 요구하였다면 신용장에 명시된 어떠한 당사자도 수하인으로 표시될 수 있다.
④ 오자나 오타
　ISBP 25
　- 하자여부는 서류상에 misspellings나 typing error로 인해 이들이 들어있는 단어나 문장에서 의미 변화가 발생하는지 여부에 달려있다.
　- 오자나 오타가 의미변화를 주는지 여부는 경우에 따라 주관적일 수 있으므로 실무적으로 분쟁의 소지를 없애기 위해 신용장 수익자는 오자나 오타가 발생하지 않도록 주의하고, 발견된 오자나 오타는 적절하게 수정이나 변경하여야 한다.

02
| 출제키워드 | 독립성, 추상성

신용장의 특성에 대한 다음의 특성 중 독립성에 대한 설명은?

① 신용장은 다른 대금결제방식보다 안전하여 대금회수 불능의 위험이 적다.
② 신용장 조건에 일치하는 제시가 이루어진 경우, 개설은행은 매매계약의 내용에 상관없이 대금지급의무를 부담한다.
③ 신용장에서 요구하는 서류의 내용과 실제물품의 내용이 상이할 경우 은행은 오로지 서류에 근거하여 대금결제 여부를 결정하여야 한다.
④ L/C라 하더라도 발행은행의 파산이나 정교한 위조서류는 예방할 수 없는 한계가 있다.

03
| 출제키워드 | 갑판적, 부지약관, 용선계약선하증권

신용장에서 운송서류로 해상선하증권을 요구한 경우 하자 있는 운송서류에 해당되는 경우는 무엇인가?

① "goods may be carried on deck"라는 문구가 기재된 해상선하증권
② "shipper's load and count"라는 문구가 기재된 해상선하증권
③ "to be used with charter parties"라는 문구가 기재된 해상선하증권
④ 운송약관이 해상선하증권 이외의 다른 출처에 근거하고 있다고 표시하고 있는 해상선하증권

정답 및 해설

02 ② UCP 600 제4조 신용장과 계약
a. 신용장은 그 성질상 그것이 근거가 되는 매매계약 또는 기타 계약과는 별개의 거래이다. 은행은 그러한 계약에 관한 어떠한 참조사항이 신용장에 포함되어 있다 하더라도 그러한 계약과는 아무런 관계가 없으며 또한 구속되지 아니한다. 따라서 신용장에 의하여 인수·지급, 매입하거나 또는 모든 기타 의무를 이행한다는 은행의 확약은 개설의뢰인이 발행은행 또는 수익자와의 관계로부터 야기되는 클레임 또는 항변에 지배받지 아니하는 조건으로 한다. 수익자는 어떠한 경우에도 은행 상호간 또는 개설의뢰인과 발행은행간에 존재하는 계약관계를 원용할 수 없다.

03 ③ UCP 600 제20조
vi. 용선계약에 따른다는 어떠한 표시도 포함하지 아니한 것.

04
| 출제키워드 | 신용장조건, UCP600, 국제표준은행관행

UCP600에서 정의하고 있는 일치하는 제시(Complying Presentation)의 요건을 충족시키기 위하여 일치시켜야 하는 요건에 해당되지 않는 것은?

① 신용장조건(Terms and conditions of the credit)
② 신용장통일규칙(Applicable provisions of UCP600)
③ 국제표준은행관행(International Standard Banking Practice)
④ 매매계약서조건(Terms and conditions of the Sales Contract)

05
| 출제키워드 | 엄밀일치원칙, 상당일치원칙

UCP600에서 신용장 매입은행의 서류심사에 대한 설명 중 틀린 것은?

① 수출상이 제시하는 서류의 기재사항이 신용장의 문면과 일치하는지의 여부 및 서류 상호간의 모순되는 점이 있는지의 여부를 매입은행은 확인하여야 한다.
② 신용장에서 서류의 명시 없이 조건만 나열하고 있을 경우 동 조건은 없는 것으로 간주하여도 무방하다.
③ 신용장에서 요구하지 않는 서류를 수출상이 제시하였더라도 매입은행은 일단 그 내용을 심사하여야 한다.
④ 상업송장의 물품명세는 신용장 원본의 물품명세와 엄밀하게 일치하는지의 여부를 심사한다.

정답 및 해설
04 ④ 매매계약서는 일치하는 제시를 위한 3대 요건에 해당되지 않는다.
05 ③ 신용장에서 요구하지 않는 서류를 수출상이 제시한다면 매입은행은 무시한다.

06
| 출제키워드 | 결제, 매입

UCP600에서 정의하고 있는 은행의 결제(Honour)에 포함되지 않는 신용장의 사용방법을 고르시오.

① 일람지급신용장(Sight payment L/C)에서 일람불로 지급함
② 매입신용장(Negotiation L/C)에서 환어음 및/또는 서류를 구매(purchase draft and/or documents)하고 대금을 미리 지급(advance funds)함
③ 인수신용장(Acceptance L/C)에서 환어음을 인수(accept a draft)하고 만기일에 지급함
④ 연지급신용장(Deferred payment L/C)에서 연지급을 확약하고(incur a deferred payment undertaking) 만기일에 지급함

07
| 출제키워드 | 결제 및 매입 거절, 거절통지

개설은행의 업무처리와 관련된 다음 설명 중 타당한 것은?

① 개설은행은 개설의뢰인이 하자용인(권리포기, waiver)을 수락한 것과 관계없이 무조건 서류의 불일치를 이유로 제시인에 대하여 대금지급을 거절하여야 한다.
② 개설은행의 지급거절 통지는 전신 또는 그것이 불가능한 경우 기타 신속한 수단으로 7영업일의 마감시간까지 이행되어야 한다.
③ 개설은행은 신용장통일규칙에서 정한 서류심사기간이 경과하지 않았다면 몇 차례라도 새로 발견한 하자를 주장하면서 대금지급을 거절할 수 있다.
④ 제시인에게 송부되는 하자통지에는 서류 등의 처리 방법이 기재되어 있어야 한다.

정답 및 해설

06 ② **UCP 600 제2조**
인수·지급이라 함은 다음을 말한다.
a. 신용장이 일람지급에 의하여 사용가능한 경우 일람지급 하는 것.
b. 신용장이 연지급에 의하여 사용가능한 경우 연지급을 확약하고 만기일에 지급하는 것.
c. 신용장이 인수에 의하여 사용가능한 경우 수익자가 발행한 환어음("어음")을 인수하고 만기일에 지급하는 것.

07 ④ **UCP 600 제16조의 내용**
① 개설의뢰인의 결정에 따른다.
② 5영업일
③ 1회의 하자통지

08 | 출제키워드 | 지급인, 수취인, 발행인
국제무역거래에서 환어음의 지급인이 될 수 없는 자는?
① 신용장거래 개설은행
② 신용장거래 수익자
③ 신용장거래 상환은행
④ 추심거래 수입자

09 | 출제키워드 | 대금회수 안정성
D/P, D/A에 대한 다음 설명 중 틀린 것은?
① D/P, D/A는 신용장 방식에 비하여 수출상에게 대금회수의 안정성이 더 크다.
② D/P usance거래도 있다.
③ 수출상이 추심을 의뢰하는 수출상 거래은행을 Remitting bank라고 한다.
④ D/P, D/A거래에서 환어음의 지급인은 원칙적으로 수입상이 된다.

정답 및 해설

08 ② 신용장거래의 수익자는 환어음을 발행하는 당사자 본인(발행인)이기 때문에, 지급인이 될 수 없다.
09 ① 신용장 방식에서 개설은행은 대금지급을 확약하고 있는데 반해 추심방식에서의 은행은 단순히 추심의 참가자이므로 대금지급은 수입상의 신용에 달려있어, 대금회수의 안정성이 신용장에 비하여 낮다.

10 | 출제키워드 | 조건변경, 행위에 의한 승낙

신용장 거래에 대한 다음 설명 중 타당하지 않은 것을 고르시오.

① 개설은행은 신용장 조건변경서를 발행한 시점부터 그 조건변경에 의하여 취소불능의 의무를 부담한다.
② 신용장 조건변경 시, 수익자가 유리한 것은 조건변경에 동의하고 불리한 것은 거절하는 부분적인 승낙은 허용되지 않는다.
③ 개설은행으로부터 신용장 통지를 요청 받은 은행은 신용장의 외견상 진위성이 의심스럽거나 신용장조건이 수익자에게 지나치게 불리하다고 판단되면 신용장 통지를 거절할 수 있다.
④ 신용장 조건변경에 대한 수익자의 일치하는 제시만으로는 조건변경에 대한 승낙이 될 수 없다.

정답 및 해설

10 ④ 일치하는 제시(행위)에 의한 승낙도 허용된다.
UCP 600 10조
c. 원신용장(또는 이미 승낙된 조건변경을 포함하고 있는 신용장)의 조건은 수익자가 조건변경에 대한 그 자신의 승낙을 그러한 조건변경을 통지해 온 은행에게 통보할 때까지는 수익자를 위하여 계속 효력을 갖는다. 수익자는 조건변경에 대하여 승낙 또는 거절의 통고를 행하여야 한다. 수익자가 그러한 통고를 행하지 아니한 경우, 신용장 및 아직 승낙되지 아니한 조건변경에 일치하는 제시는 수익자가 그러한 조건변경에 대하여 승낙의 통고를 행하는 것으로 본다. 그 순간부터 신용장은 조건변경 된다.

11
| 출제키워드 | 신용장 양도, 분할양도, 일부승낙

UCP600이 적용되는 신용장상 분할선적이 허용되는 경우 분할양도가 가능하다. 이에 대한 설명으로서 틀린 것은?

① 양도은행은 양도실행 시 원신용장 뒷면에 분할양도 내용을 기재한 후 이를 양도인에게 교부한다.
② 다수의 양수인에게 양도된 경우 일부의 양수인이 조건변경사항을 거절하면 거절한 양수인에 대해서만 무효가 된다.
③ 원신용장의 조건이 변경된 경우 양수인은 변경된 조건을 거절할 수 있다.
④ 양수인이 불가피한 사정으로 양도신용장상의 물품을 수출할 수 없는 경우 양도인은 양도를 철회하고 제3자에게 재양도할 수 있다.

12
| 출제키워드 | Transferable, 양도은행

신용장 양도에 대한 다음 설명 중 타당한 것은?

① 신용장에 "양도가능"이라고 특별히 명시하고 있는 경우에만 신용장 양도가 가능하다.
② 신용장이 개설은행에서만 사용할 수 있다면 제1수익자는 추가적으로 통지은행에 신용장 양도를 신청할 수 있다.
③ 신용장 양도를 요청 받은 은행은 반드시 신용장을 양도할 의무를 진다.
④ 신용장을 양도할 때 항상 신용장 유효기일과 선적기일은 단축되어야 한다.

정답 및 해설

11 ① 양도은행은 양도실행 시 원신용장 뒷면에 분할양도 내용을 기재한 후 이를 양수인에게 교부한다.

12 ① ① "Transferable"이라는 표현으로 양도가능 신용장을 만들 수 있다.
   UCP 600 38조
   b. For the purpose of this article :
   Transferable credit means a credit that specifically states it is "transferable".
   단, "assignable"과 같은 용어는 신용장을 양도가능 신용장으로 만들 수 없다.

13 | 출제키워드 | 비서류조건, 운송서류

신용장 관련 서류에 대한 심사기준(UCP 600 제14조)에 대한 설명 중 잘못된 것은?

① 어떠한 서류상에 표시된 물품의 선적인(shipper) 또는 송하인(consignor)은 신용장의 수익자일 필요는 없다.
② 신용장, 서류자체 및 국제표준은행관행으로 보아서, 서류의 정보(data)들이 동일해야 할 필요는 없지만(need not be identical), 그 서류나 다른 모든 요구서류 또는 신용장의 자료들과 상충이 있어서는 안 된다(not conflict with).
③ UCP600 제19조(복합운송서류), 제20조(선하증권), 제21조(비유통성 해상 화물운송장), 제22조(용선계약선하증권), 제23조(항공운송서류), 제24조(도로, 철도 또는 내륙수로운송서류) 또는 제25조(특송화물수령증, 우편수령증)에 따른 하나 또는 그 이상의 운송서류의 원본을 포함하는 제시는 이 규칙에서 규정하고 있는 선적일 후 21일보다 늦지 않게 수익자에 의하여 또는 대리하여 이행되어야 하며, 어떠한 경우에도 서류제시는 L/C 유효기일 이내에 제시되어야 한다.
④ 신용장의 비서류조건(non-documentary condition)은 무시되므로 비서류조건과 모순된 제시 또한 은행은 심사하여야 한다.

14 | 출제키워드 | 신용장 거래절차, 거래당사자

신용장거래에서 수출상을(A), 수입상을(B), 수출상의 거래은행을(C), 신용장 개설은행을(D)라고 했을 때, 다음 빈칸에 들어갈 당사자의 배열이 가장 옳은 것은?

> 가. L/C at sight in favor of( )
> 나. L/C의 applicant : ( )
> 다. L/C의 advising bank : ( )
> 라. B/L의 consignee : to the order of( )
> 마. B/L의 notify party : ( )

① (B)-(D)-(C)-(B)-(B)　　② (A)-(B)-(C)-(D)-(B)
③ (A)-(B)-(C)-(B)-(C)　　④ (B)-(D)-(C)-(D)-(A)

정답 및 해설

13 ④　조건만 있고 서류는 명기하지 않은 경우 '무시'된다.
14 ②　신용장 거래에서 지칭하는 당사자의 명칭을 정확히 학습하여야 한다.

15
| 출제키워드 | 지급거절, 부도통보

개설은행이 선적서류에 대해 매입은행 앞으로 지급거절의 통보를 한 경우 동 서류의 처리에 대한 설명으로 맞는 것은?

① 지급거절된 서류의 처분과 관련된 업무는 매입은행에서 담당한다.
② 개설의뢰인이 원하는 경우에 부도통보된 선적서류를 개설의뢰인에게 인도할 수 있다.
③ 매입은행이 하자 없는 선적서류를 재작성하여 유효기일 및 서류제시기간 이내에 송부해오더라도 개설은행은 수리할 의무가 없다.
④ 매입은행이 하자사항의 보완을 위해 제3자에게 관계서류의 인도를 요청하는 경우 개설은행은 개설의뢰인의 동의를 받은 후 처리하여야 한다.

16
| 출제키워드 | 발행자에게 사용, 수익자 제외

다음의 문구가 신용장에 사용된 경우 Beneficiary(수익자)에 대해서만 적용이 배제되는 용어를 고르시오.

① immediately
② as soon as possible
③ prompt
④ local

정답 및 해설

15 ① 매입은행은 해당 서류의 처분과 관련된 내용의 결정을 위해, 수익자와 소통한다.
16 ④ "first class", "well known", "qualified", "independent", "official", "competent or local" 등의 용어는 수익자에 대해서는 사용할 수 없다. (다른 당사자에 대해서는 사용 가능함)

17 | 출제키워드 | 보험증권, 보험증명서, 보험부보금액

보험서류에 대한 다음 설명 중 잘못된 것은?

① 신용장에서 보험증권 원본 1부를 요구하였으나 보험증권에 원본이 2부 발행된 것으로 표시되어 있으면 보험증권 원본 2부가 제시되어야 한다.
② 보험증명서를 요구한 경우 보험증권을 대신 제시할 수 있다.
③ 신용장에서 부보금액을 정확하게 상업송장금액의 110%를 부보할 것을 요구하였더라도, 수익자는 부보금액이 상업송장 금액의 110%를 초과하여 부보 할 수 있다.
④ 보험인수업자(underwriter)도 보험서류를 발행할 수 있다.

18 | 출제키워드 | 거래 별 환어음지급인, 위탁문언

신용장거래에서 환어음(Bill of Exchange)에 관한 설명이다. 틀린 것은?

① 일정한 금액을 지급하라는 조건 없는 위탁문언이 표시되어야 한다.
② 환어음의 발행인(drawer)은 채권자인 수출상이 된다.
③ 어음상에 기재된 금액을 어음소지인 또는 지시인에게 무조건 지급할 것을 위탁하는 요식증권이다.
④ 환어음의 지급인(drawee)은 환어음의 지급을 위탁받은 자로 수입상이 되는 것이 원칙이다.

정답 및 해설

17 ③ 요구받은 대로 부보하여야 한다.
18 ④ 지급인은 개설은행(Issuing bank)이 되는 것이 원칙이다.

19 | 출제키워드 | 조건변경 당사자, 조건변경의 수락

신용장의 조건변경(Amendments)에 대한 다음의 설명 중 맞지 않는 것은?

① 개설은행이 신용장에 대한 조건변경을 한 경우 개설은행은 신용장에 대한 조건변경을 발행한 그 시점으로부터 변경내용에 대하여 취소 불가능하게 구속된다.
② 조건변경에 대한 당사자는 신용장개설의뢰인(Applicant)과 수익자(Beneficiary)이다.
③ 조건변경에 대하여 일부만을 수락하는 것은 조건변경에 대한 거절의 의사표시로 본다.
④ 일정한 시간 내에 수익자가 조건변경을 거절하지 않으면 조건변경이 효력을 가지게 된다는 조항이 조건변경 내용에 있는 경우 이는 무시된다.

정답 및 해설

19 ② UCP 600 10조
〈조건변경〉
a. 제38조에 의하여 별도로 규정된 경우를 제외하고, 신용장은 발행은행, 확인은행(있는 경우) 및 수익자의 합의 없이는 변경 또는 취소될 수 없다.
b. 발행은행은 그 자신이 조건변경서를 발행하는 시점부터 그 조건변경서에 의하여 취소불능적인 의무를 부담한다. 확인은행은 그 자신의 확인을 조건변경에까지 부연할 수 있으며 그 변경을 통지한 시점부터 취소불능적인 의무를 부담한다. 그러나, 확인은행은 그 자신의 확인을 부연함이 없이 조건변경 통지를 선택할 수 있으며, 또한 이러한 경우에는 발행은행에게 지체 없이 통고하고 그 자신의 통지서로 수익자에게 통고하여야 한다.
c. 원신용장(또는 이미 승낙된 조건변경을 포함하고 있는 신용장)의 조건은 수익자가 조건변경에 대한 그 자신의 승낙을 그러한 조건변경을 통지해 온 은행에게 통보할 때까지는 수익자를 위하여 계속 효력을 갖는다. 수익자는 조건변경에 대하여 승낙 또는 거절의 통고를 행하여야 한다. 수익자가 그러한 통고를 행하지 아니한 경우, 신용장 및 아직 승낙되지 아니한 조건변경에 일치하는 제시는 수익자가 그러한 조건변경에 대하여 승낙의 통고를 행하는 것으로 본다. 그 순간부터 신용장은 조건변경 된다.
d. 조건변경을 통지하는 은행은 조건변경을 송부하여 온 은행에게 승낙 또는 거절의 모든 통고를 통지하여야 한다.
e. 조건변경의 부분승낙은 허용되지 아니하며 조건변경의 거절통고로 본다.
f. 조건변경이 특정기한 내에 수익자에 의하여 거절되지 아니하는 한 유효하게 된다는 취지의 조건변경서상의 규정은 무시된다.

20 | 출제키워드 | 신용장 유효기일, 사용장소

UCP600에서 신용장조건의 해석원칙으로 맞지 않는 것은?

① 신용장의 유효기일은 신용장의 효력이 유효하게 유지되는 마지막 날짜를 의미하고, 사용장소는 개설은행만을 의미한다.
② 신용장에서 수리가 인정된 보험서류로는 보험회사, 보험인수업자 또는 그 대리인에 의해 발행되는 것까지 포함되어 있다.
③ 서류에는 신용장의 개설일자보다 이전의 일자가 기재될 수 있다.
④ 개설은행은 신용장을 개설할 준비가 되어 있는 경우에만 취소불능신용장의 개설에 대한 예비통지를 할 수 있다.

21 | 출제키워드 | 양도, 양도취급 의무

UCP600에서 신용장의 양도에 관한 설명으로 부적당한 것은?

① 신용장에 반드시 "Transferable"이라는 문언의 명시가 있어야 한다.
② 양수인(제2수익자)는 아무런 조건 없이 2명 이상이 등장할 수 있다.
③ 신용장의 양도는 지급, 인수 또는 매입이 수권된 은행이나 자유매입신용장의 경우에는 특별히 양도은행으로 수권된 은행이 할 수 있다.
④ 양도수수료는 달리 합의가 없는 한, 제1수익자 부담으로 한다.

정답 및 해설

20 ① 신용장 사용장소는 개설은행에 추가하여, 지정은행이나 확인은행에서 사용할 수 있다.
21 ② 분할청구 또는 분할선적이 허용되는 경우에만 제2수익자가 2명 이상 등장할 수 있다.

22 | 출제키워드 | 확인은행의 의무, 상환의무

신용장의 확인에 대한 다음의 설명 중 맞지 않는 것은?

① 신용장에 "the credit is available by negotiation with the confirming bank"라고 표시되어 있는 경우, 확인은행은 비소구 조건(without recourse)으로 매입하여야 한다.
② 확인은행은 개설은행이 의무를 이행하지 않는 시점으로부터 취소 불가능한 결제 또는 매입의 의무를 부담한다.
③ 확인은행의 다른 지정은행에 대한 상환의무는 확인은행의 수익자에 대한 의무로부터 독립적이다.
④ 인수신용장의 경우 일치하는 제시에 대응하는 상환은행의 대금 상환은 다른 지정은행이 그 신용장의 만기 이전에 대금을 먼저 지급 또는 매입여부와 관계없이 만기에 이루어져야 한다.

23 | 출제키워드 | 보험증권의 효력, 보험부보 금액

UCP600에서 요구하고 있는 보험서류에 대한 설명이다. 옳지 않은 것은?

① 반드시 선하증권을 발급받은 후에 보험증권을 발급받아야 한다.
② 부보각서(Insurance cover note)는 은행이 수리하지 않는다.
③ 신용장에서 부보금액은 상업송장 가액의 110%를 요구한 경우 최소한 상업송장 금액의 110% 이상을 부보하여야 한다.
④ 보험서류에는 모든 면책조항에 대한 참조문언을 기재할 수 있다.

정답 및 해설

22 ② 개설은행의 의무는 신용장에 확인을 추가하는 시점으로부터 개시된다.
23 ① 보험의 효력이 소급적용(선적 전)되면 가능하다.

24
| 출제키워드 | Honor 및 Negotiation의 구분

UCP 600상의 결제(Honour)에 대한 다음의 설명 중 적절하지 않은 것은?

① Honour means to pay at sight
② Honour means to incur a deferred payment undertaking and pay at maturity
③ Honour means to accept a bill of exchange("draft") drawn by the beneficiary and pay at maturity
④ Honour means to negotiate if the credit is available by negotiation

25
| 출제키워드 | 보험서류, 원본 제시

UCP600이 적용되는 신용장거래에서 보험서류에 대한 다음 설명 중 올바른 것은?

> A. 신용장에서 insurance policy를 요구하더라도 insurance certificate를 대신 제시할 수 있다.
> B. 신용장에서 특별하게 금지하지 않았다면 특정위험이 커버되지 않는다는 제외문구(exclusion clause)를 표시할 수 있다.
> C. 보험서류 표시통화는 신용장 통화로 표시되어야 하므로, 보험서류에 신용장 표시통화로 보험금액을 표시하고 신용장 표시통화 이외의 통화를 부기하는 것은 허용되지 않는다.
> D. 신용장에서 보험서류 원본 1부의 제시를 요구하였다면 보험서류에 원본이 2부 발행되었다고 표시되었더라도 보험서류 원본 1부가 제시되면 된다.

① A only
② B only
③ C only
④ C and D only

정답 및 해설

24 ④ Honour(결제)에는 지급(일람지급, 연지급)과 인수만 포함된다. (매입은 제외)
25 ② A. 보험증권(Insurance policy)을 요구하는 경우에는 보험증권을 제시하여야 한다.
   C. 보험금액이 신용장 표시 통화로 표시되어 있다면, 다른 통화의 부기는 허용된다.
   D. 원본으로는 보험금을 청구할 수 있기 때문에, 원본 전통이 제시 되어야 한다.

26
| 출제키워드 | O/A, D/A, D/P

수출거래에서 Open Account(O/A) 방식 결제에 대한 설명으로 옳지 않은 것은?

① 수출상이 물품을 선적하고 선적통지를 한 시점에서 채권이 성립된다.
② O/A 매입은행(수출채권 양수은행) 입장에서 수입화물에 대한 담보권의 행사에 제약이 따른다.
③ 수출상 입장에서는 일반적인 결제방식에 비하여 다소 유리한 가격을 수입상에게 제시할 수 있는 결제방법이다.
④ 수출상의 입장에서 D/A거래보다 대금 미회수 위험의 감축 효과가 있다.

27
| 출제키워드 | 상업송장, 서명

UCP600이 적용되는 신용장거래에서 상업송장과 관련된 다음 설명 중 올바르지 못한 것은?

① 상업송장은 수익자가 개설의뢰인 앞으로 발행하여야 한다.
② 상업송장 금액이 신용장 금액을 초과할 수도 있다.
③ 신용장에서 서명을 요구하지 않았더라도 상업송장에는 수익자의 서명이 필요하다.
④ 상업송장의 상품명세는 신용장의 상품명세와 일치하여야 한다.

28
| 출제키워드 | Forfaiting, AVAL

Forfaiting에 대한 다음 설명 중 올바르지 않은 것은?

① 수출상은 금리변동위험(interest risk)으로부터 벗어난다.
② Forfaiter는 소구권 없는(without recourse) 조건으로 수출상으로부터 외상채권을 매입한다.
③ 단기 외상거래에서도 사용할 수 있다.
④ 환어음만 사용이 가능하고, 약속어음은 사용할 수 없다.

정답 및 해설

26 ④ 수출상 입장에서는 대금 미회수 위험과 관련하여 가장 위험한 결제 방식이 O/A 방식이다.
27 ③ 기본적으로 상업송장에는 서명이 요구되지 않고(UCP 600), 만약 신용장에서 별도로 요구하는 경우에는 서명이 필요하다.
28 ④ 환어음 및 약속어음 모두 사용 가능(AVAL 추가)하다.

29 | 출제키워드 | 상환비용, 조건변경의 통지

다음 중 UCP 600에 규정된 내용에 적합하지 않은 것은?

① 상환은행의 비용(reimbursing bank's charges)은 개설은행이 부담한다. 그러나 만약 상환비용이 수익자의 부담으로 되는 경우에는, 개설은행은 신용장 및 상환수권서에 그러한 사실을 명시할 책임이 있다.

② 확인은행이 아닌 통지은행이 서류를 수취하거나 또는 검토 후 서류를 발송하였다는 사실만으로는 그 통지은행에게 결제(honour) 또는 매입에 대한 책임을 부담시키는 것은 아니고, 또한 그것이 결제(honour) 또는 매입(negotiation)을 구성하지도 않는다.

③ 만약 어떤 은행이 신용장 또는 조건변경을 통지하도록 요청받았으나 신용장, 조건변경 또는 통지의 외견상 진위성에 관하여 스스로 충족시킬 수 없는 경우에는, 그 은행은 그 지시를 송부해 온 것으로 보이는 은행에게 지체없이(without delay) 그 사실을 통고하여야 한다. 그럼에도 불구하고 통지은행 또는 제2통지은행이 그 신용장이나 조건변경을 통지하기로 결정한다면, 그 은행은 수익자 또는 제2통지은행에게 그 신용장, 조건변경 또는 통지서의 외형상 진정성이 충족되지 않았다는 사실을 알려야 한다.

④ 수익자는 조건변경에 대하여 승낙 또는 거절의 통고를 이행하여야 한다. 만약 조건변경이 특정 기한 내에 수익자에 의하여 거절되지 아니하는 한 유효하게 된다는 취지의 조건변경서상의 규정은 유효하다.

정답 및 해설

29 ④ 부작위에 의한 조건변경은 유효하지 않다.

30

| 출제키워드 | O/A, 추심, 신용장, 사전송금

수출상과 수입상이 수출입계약을 체결하고 거래를 진행하는 경우, 수출상의 관점에서 위험이 높은 대금결제방식의 순서로 올바른 것은?

a
b
c
d

수출상의 위험 ↑

	a	b	c	d
①	Open Account	Documentary Credit	Documentary Collection	Payment in Advance
②	Payment in Advance	Documentary Collection	Documentary Credit	Open Account
③	Open Account	Documentary Collection	Documentary Credit	Payment in Advance
④	Payment in Advance	Documentary Collection	Documentary Credit	Open Account

31

| 출제키워드 | 송금방식, 상환의무

송금결제방식에 대한 다음 설명 중 올바르지 못한 것은?

① Advance payment 방식은 수입상에게 불리한 대금결제방식이다.
② T/T 송금방식 수출도 수출실적으로 인정받을 수 있다.
③ 송금을 할 때에는 주로 전신송금(T/T)을 한다.
④ 송금결제 방식을 합의하였으나, 수입상이 송금용 계좌가 없다면, 이 합의는 무효이고 다른 결제방식으로 재합의하여야 한다.

정답 및 해설

30 ③ 외상거래인 Open Account 결제방식이 수출상 입장에서는 가장 위험하고 물품의 선적 전에 대금이 지급되는 Payment in Advance거래는 가장 유리한 결제방식이다. 그리고 은행이 대금지급을 확약하는 신용장 거래방식이 추심거래방식 보다는 수출상에게 더 안전한 거래방식이다.

31 ④ 수입상은 대금지급이 가능하도록 하는 모든 조치를 할 의무가 있다.

32 | 출제키워드 | 신용장 거래의 기본당사자

취소불능확인신용장(Irrevocable Confirmed L/C) 거래에서 신용장 조건변경의 당사자(Party)가 될 수 없는 자는?

① 신용장의 개설은행(Issuing bank)
② 신용장 개설을 의뢰한 신용장개설의뢰인(Applicant)
③ 개설된 신용장의 확인은행(Confirming bank)
④ 신용장의 수익자(Beneficiary)

33 | 출제키워드 | 추심거래 절차도

다음 중 URC522에서 규정한 추심결제방식의 거래 당사자 중에서 수출상의 거래은행으로 추심의뢰은행을 지칭하는 것은?

① reimbursing bank
② remitting bank
③ collecting bank
④ negotiating bank

정답 및 해설

32 ② 신용장은 개설의뢰인의 의뢰에 의해 개설되지만 개설된 신용장은 개설은행이 수익자에게 결제하기로 하는 약정서이다. 그리고 확인은행은 개설은행의 대금지급확약에 확인을 추가하는 은행으로 개설은행과 같은 의무를 부담한다. 그러므로 신용장 거래 또는 신용장 조건변경의 당사자는 개설의뢰인을 제외한 개설은행, 수익자, 만일 있는 경우의 확인은행이 된다.

33 ② 추심의뢰은행(remitting bank)

34 | 출제키워드 | 추심거래에서의 은행의 책임

D/P(Documents against payment) 방식에 대한 다음 설명 중 올바르지 못한 것은?

① Air waybill의 consignee란에 수입상이 기재되어 있으면 수입상이 air waybill 이 없어도 도착공항에서 물품을 인수할 수 있으므로 수출상에게 대단히 불리하다.
② D/P at sight 뿐만 아니라 D/P Usance도 있다.
③ 추심은행은 추심거래의 전문가이므로 전문용어의 번역 오류에 대하여 책임을 진다.
④ D/P가 D/A보다는 수출상에게 대금회수의 안전성이 높다.

35 | 출제키워드 | 상계거래, 본·지사 거래

다음 중 Open Account 거래를 하기 어려운 환경은?

① 수출상은 수입상과 좋은 관계를 가지고 있고, 수입국도 대외신용도가 좋다.
② 수출상과 수입상은 서로 잘 알지 못하고, 거래실적도 별로 없다.
③ 수입상이 선진국에 소재해 있고, 수출상이 수입상에 대하여 자세하고 양호한 신용정보를 가지고 있다.
④ 수입상은 상품을 인수한 후 대금을 지급하기를 원한다.

정답 및 해설

34 ③ 추심은행은 번역 오류에 대하여 책임이 없다.
35 ② Open account(상계거래) 대금결제는 수출자와 수입자의 신뢰가 있는 경우에만 사용하도록 한다.

36 | 출제키워드 | 조건변경 구속시점

Issuing bank는 다음의 어느 시점에 자신이 발행한 조건변경의 구속을 받게 되는가?

① Issuing bank가 통지은행 앞으로 조건변경서를 발행한 시점
② Reimbursing bank가 개설의뢰인의 조건변경 요청에 동의한 시점
③ 통지은행이 조건변경서를 수익자에게 통지한 시점
④ 수익자가 명시적 또는 묵시적으로 조건변경에 동의한 시점

37 | 출제키워드 | 엄밀일치, 상당일치

신용장에서 포장명세서를 요구한 경우에 대한 설명으로 올바르지 않은 것은?

① 신용장에 포장명세서 발행자에 대하여 아무런 명시가 없다면 포장명세서는 수출상이 발행해도 되고, 포장업자 등 다른 자가 발행할 수도 있다.
② 신용장에서 특별하게 요구하지 않았다면 발행자의 서명이 필요 없다.
③ 신용장조건이 아니더라도, 상품의 총중량이 상업송장과 포장명세서가 다르면 하자가 된다.
④ 상업송장과 마찬가지로 포장명세서의 상품명세는 신용장의 상품명세와 반드시 일치하여야 된다.

정답 및 해설

36 ① 개설(issuance)한 시점부터 구속된다.
37 ④ 상업송장 이외의 다른 서류는 상당일치 원칙을 따른다.

38 | 출제키워드 | 신용장 양도, 감액 및 단축

신용장 양도에 대한 다음 설명 중 옳지 않은 것은?

① 양도수수료는 원칙적으로 제1수익자가 부담한다.
② 제1수익자가 첫 요구를 받았을 때 환어음과 송장을 자신의 것으로 대체하지 못하였다고 하더라도 양도은행은 제2수익자의 서류를 그대로 개설은행에 제시할 수 없다.
③ 제1수익자는 양도를 신청할 때 유효기일 종료장소를 제1수익자 소재지에서 제2수익자 소재지로 변경할 것을 요구할 수 있다.
④ 2번 지문과 같은 상황에서 신용장이 양도될 때 상품단가가 감액되어 제2수익자의 서류가 원신용장과 불일치하게 되면 개설은행은 상품단가 상이를 이유로 대금지급을 거절할 수 없다.

39 | 출제키워드 | 신용장 사용방법, 환어음

다음은 UCP600 제6조에 규정된 신용장 사용방법에 대한 기재 예시이다. 사용방법에 관한 내용으로 잘못된 것은?

① 연지급신용장(환어음 요구하지 않음)
　41D : Available with... by... : ABCBank, Hong Kong by Deferred Payment
② 매입신용장(환어음의 사용은 선택적임)
　41D : Available with... by... : ABCBank, Hong Kong by Negotiation
③ 지급신용장(환어음의 사용은 선택적임)
　41D : Available with... by... : ABCBank, Hong Kong by Payment
④ 인수신용장(환어음 요구하지 않음)
　41D : Available with... by... : ABCBank, Hong Kong by Acceptance

---

정답 및 해설

38 ② UCP 600 38조
　I. 제1수익자가 그 자신의 송장 및 환어음(있는 경우)을 제공하여야 하지만 최초의 요구시에 이를 행하지 못한 경우, 또는 제1수익자가 제시한 송장이 제2수익자가 제시한 서류에는 없었던 불일치를 발생시키고 제1수익자가 최초의 요구시에 이를 정정하지 못한 경우, 양도은행은 제1수익자에 대하여 더 이상의 책임 없이 제2수익자로부터 수령한 서류를 발행은행에게 제시할 권리를 가진다.

39 ④ 인수신용장에서 환어음은 필수서류이다.

40 | 출제키워드 | 추심지시서, 불가항력

추심에 관한 통일규칙(URC 522)에 대한 설명으로 잘못된 것은?

① 추심을 위해 송부되어지는 모든 서류에는 추심지시서가 첨부될 필요가 없다.
② 은행은 추심과 관련하여 물품을 보험에 가입할 것을 요청받았더라도 그렇게 할 의무는 없다.
③ 은행은 불가항력으로 은행업무가 중단됨으로써 발생하는 결과에 대하여 어떠한 의무나 책임도 지지 않는다.
④ 추심은행은 지시사항을 찾기 위하여 추심지시서 이외의 다른 서류를 검토할 의무가 없다.

41 | 출제키워드 | 보험부보비율 증액, Transferable

양도가능신용장에 대한 다음 설명 중 맞는 것은?

① 양도가능신용장의 보험부보비율은 증액될 수 있다.
② 양도가능신용장을 양도하면서 신용장 금액을 감액하여 양도할 수 없다.
③ 신용장에 "assignable"이라고 기재되어 있으면 양도가능신용장으로 볼 수 있다.
④ 양도가능신용장에 분할선적에 대하여 아무런 표시가 없다면 신용장을 두 사람 이상의 제2수익자에게 분할양도 할 수 없다.

정답 및 해설

40 ① a.1. 추심을 위해 송부되는 모든 서류에는 반드시 이 추심이 추심에 관한 통일규칙(URC 522)에 따른다는 것을 명시하고 또 완전하고 정확한 지시가 기재된 추심의뢰서를 첨부하여 야 한다. 은행은 그러한 추심의뢰서 상에 기재된 지시 및 이 규칙에 따라서만 행동하여야 한다.

41 ① UCP 600 38조
    g. 양도된 신용장은 다음의 경우를 제외하고 확인(있는 경우)을 포함하여 신용장의 조건을 정확히 반영하여야 한다.
       • 신용장의 금액,
       • 신용장에 명시된 단가,
       • 유효기일,
       • 제시를 위한 기간, 또는
       • 최종선적일 또는 주어진 선적기간,
    이들 중의 일부 또는 전부는 감액되거나 또는 단축될 수 있다.
    보험부보가 이행되어야 하는 비율은 신용장 또는 이 규칙에서 규정된 부보금액을 충족시킬 수 있도록 증가될 수 있다.

42 | 출제키워드 | 전신신용장, 당사자의 합의
신용장통일규칙에 대한 다음 설명 중 틀린 것은?

① SWIFT를 이용하여 신용장 통지를 요청할 때에는 Field 40E '적용규칙(Applicable Rules)'에 UCP가 적용됨을 표시한다.
② 신용장조건으로 신용장통일규칙 중 특정 조항을 적용 배제할 수 없다.
③ 신용장에서 'Inspection certificate issued and signed by first class inspector'라는 서류를 요구한 경우 신용장 수익자 이외의 자가 발행하였다면 하자가 아니다.
④ 인수신용장(acceptance credit)에서 지정은행이 인수에 이용할 수 있도록 하려면 환어음 지급인을 지정은행으로 하여야 한다.

43 | 출제키워드 | 신용위험, 상업위험
다음 중 송금결제방식의 특징으로 잘못된 것은?

① 송금결제방식은 수출입자간에 직접 물품대금을 결제하는 방식으로 선불, 후불, 분할지급 등 형태가 다양하다.
② 수입자는 송금수표, 전신송금, 우편송금 등의 방법으로 수입대금을 결제하나 전신송금을 가장 많이 이용한다.
③ 수입자가 견본, 소액상품 등을 거래하는 경우에, 대금 지급이 필요할 때에는 일반적으로 통상 일시불로 송금한다.
④ 사후송금방식의 경우 수입자에게는 신용위험이, 수출자에게는 상업위험이 존재한다.

정답 및 해설

42 ② 거래 당사자 간의 합의를 통한 신용장조건은 신용장통일규칙 중 특정조항을 배제할 수 있다.
43 ④ 사후송금방식의 경우 수입자에게는 위험이 없고, 수출자에게는 신용위험이 존재한다.

44
| 출제키워드 | 신용장 사용방법

다음은 신용장 사용방법에 대한 설명이다. 올바른 것을 모두 기재한 것은?

> A. "by negotiation" – 서류만의 매입을 의미한다.
> B. "by payment" – 서류 제시를 받은 지급은행이 대금을 지급하는 것을 뜻한다.
> C. "by acceptance" – 지정된 인수은행만이 인수업무를 담당할 수 있다.
> D. "by deferred payment" – 환어음의 제시가 필요하다.

① A, B
② B, C
③ A, B, C
④ A, D

45
| 출제키워드 | 양도의무, 상환청구

다음 중 신용장 거래의 당사자에 대한 설명으로 올바른 것은?

① 일반은행은 양도은행이 될 수 없다.
② 신용장 양도은행으로 지정된 은행은 수익자의 양도요청이 있다고 하여 반드시 신용장을 제2 수익자에게 양도할 의무를 지는 것은 아니다.
③ 신용장 개설을 의뢰하는 수입상을 drawee라고 부른다.
④ Reimbursing bank는 신용장에 따라 결제 또는 매입을 하고 상환은행에게 상환청구(reimbursement claim)를 하는 은행을 의미한다.

정답 및 해설

44 ② A. 환어음 및/또는 서류를 매입하는 것을 의미한다.
　　　 D. 연지급 신용장에서는 환어음이 아닌, 연지급확약서를 요구한다.

45 ② ① 일반은행이 양도은행으로 지정되면, 양도은행이 된다.
　　　 ③ drawee는 개설은행이다.
　　　 ④ 상환은행은 상환을 해주는 은행이다. 상환청구는 청구은행이 한다.

46 | 출제키워드 | 확인은행의 의무, 제시

다음은 UCP600에 관한 내용이다. 잘못된 것은?

① 서로 다른 국가에 위치한 같은 은행의 지점들은 다른 은행으로 본다.
② 결제(honour)란 일람지급(sight payment), 연지급(deferred payment), 인수(acceptance)를 의미하며 매입(negotiation)은 이에 해당하지 아니한다.
③ 확인은행은 신용장에 확인을 추가하는 시점으로부터 취소가 불가능한 결제의 의무만을 부담한다.
④ 제시(presentation)는 신용장에 의하여 이루어지는 개설은행 또는 지정은행에 대한 서류의 인도 및 그렇게 인도된 서류 자체를 의미한다.

47 | 출제키워드 | 신용장 사용방법, 매입

다음 중 신용장 매입(Negotiation)에 관한 설명으로 올바른 것을 모두 기재한 것은?

> A. 매입은행이 수익자에게 대금지급에 동의하는 것도 매입으로 본다.
> B. 신용장에서 약정하고 있는 서류 등을 첨부한 일체를 거래은행이 매입하여 수익자에게 미리 대금을 지급하는 것이다.
> C. 개설은행이 인수 후에 지급하는 것도 매입에 해당한다.
> D. 매입에는 반드시 화환어음이 수반되어야 한다.

① A, B
② B, C
③ C, D
④ A, D

정답 및 해설

46 ③ 결제의 의무만을 부담하는 개설은행과는 다르게, 확인은행은 결제 또는 매입의 의무를 부담한다.

47 ① A. 지급을 하거나 지급동의하게 되면 매입으로 본다.
B. 매입 신용장은 지급 및 인수신용장과는 달리, 매입은행에서 1차적으로 매입 후 수익자에게 대금을 지급한다.
C. 결제에 해당한다.
D. 매입에는 화환어음이 수반되지 않는 경우도 있다.

48 | 출제키워드 | 상업송장, ISBP

상업송장에 대한 다음 설명 중 틀린 것은?

① 상업송장금액은 신용장금액을 초과하여 기재될 수 있다.
② 무료로 제공 되는 견본일 경우에는 신용장에서 요구되지 않더라도 상업송장에 기재될 수 있다.
③ 신용장의 상품 명세를 상업송장에 거울에 비치는 것과 같이 똑같이 기재할 필요는 있다.
④ 신용장에서 추가적 정의 없이 'Invoice'를 요구하였다면 'Consular invoice'를 제시할 수 있다.

정답 및 해설

48 ② ISBP 681
64
- 송장에는 초과선적이 나타나서는 안 된다.
  * 예외) UCP 600 30조(b)항
    만일 신용장이 수량을 포장단위 또는 개별단위의 특정 숫자로 기재하지 않으면서 청구금액 총액이 신용장의 금액을 초과하지 않는 경우, 물품의 수량에서 5%를 초과하지 않는 범위 내의 상하한 편차가 허용된다.
- 무상이라고 하더라도, 신용장에서 요구되지 않은 상품이 송장에 나타나서는 안 된다.

49 | 출제키워드 | UCP600, 보험서류

신용장에서 부보비율에 대한 명시를 하지 않고 보험증명서(Insurance certificate)를 요구하였다. 이 경우 다음 중 어떤 보험서류가 허용되는가? (제시된 상업송장은 CIF 금액으로 $100,000이었다.)

> A. 부보금액이 $110,000인 Insurance certificate
> B. 부보금액이 $120,000인 Cover note
> C. 부보금액이 $100,000인 Insurance policy
> D. 부보금액이 $100,000인 Insurance certificate

① A의 보험서류만 수리가능하다.
② C의 보험서류만 수리가능하다.
③ C와 D의 보험서류만 수리가능하다.
④ A와 B의 보험서류만 수리가능하다.

정답 및 해설

49 ① UCP 600 28조
 c. 보험인수증은 수리되지 아니한다.
 F. ii. 보험담보가 물품가액 또는 송장가액 등의 비율이어야 한다는 신용장상의 요건은 요구되는 최소담보금액으로 본다.
 요구된 보험담보에 관하여 신용장에 아무런 표시가 없는 경우, 보험담보금액은 최소한 물품의 CIF 또는 CIP 가격의 110%이어야 한다.

50 | 출제키워드 | 전신환, 대금결제

수출업체인 EPASS상사로부터 거래제의를 받은 미국의 수입업체는 물품을 수입할 의향이 있다는 답변과 함께 다음과 같은 조건을 포함하는 청약서(Offer Sheet)를 보내 왔다. 다음 중 미국의 수입업체가 제안하는 무역대금결제방식은 무엇인가?

> "Terms of payment : By T/T remittance 60 days after B/L date."

① Acceptance L/C(환어음인수 신용장방식)
② Later remittance(사후송금방식)
③ D/A collection(인수인도 추심방식)
④ Deferred payment L/C(연지급 신용장방식)

51 | 출제키워드 | Banker's Usance L/C

다음에서 설명하고 있는 신용장의 종류는 무엇인가?

> 수입업자가 수출업자 앞으로 개설한 기한부환어음 조건의 신용장에 의하여, 수출업자가 발행한 기한부 어음금액을 은행이 할인매입하고, 수입업자는 어음만기일까지 대금결제를 유예 받는 신용장

① At Sight L/C
② Acceptance L/C
③ Shipper's Usance L/C
④ Banker's Usance L/C

정답 및 해설

50 ② 환어음에 의한 대금지급이 아닌 T/T remittance(전신환)에 의한 대금결제이므로 ①, ③, ④는 정답이 될 수 없다.
51 ④ 은행에서 신용을 공여해주는, Banker's Usance L/C에 대한 설명이다.

52 | 출제키워드 | 신용장 상 원산지증명서

신용장에서 다음과 같은 원산지증명서를 요구하였다. 이 경우 신용장 거래에서 어떤 원산지증명서가 허용되는가?

> 46A : Documents required
> certificate of origin from a local chamber of commerce
> A. 수출상(beneficiary) 소재지의 상공회의소가 발행한 원산지증명서
> B. 선적지 소재 상공회의소가 발행한 원산지증명서
> C. 상품 제조업자 소재지 상공회의소가 발행한 원산지증명서

① A의 원산지증명서만 허용된다.
② A와 B의 원산지증명서만 허용된다.
③ C의 원산지증명서만 허용된다.
④ A, B, C의 모든 원산지증명서가 허용된다.

53 | 출제키워드 | 보증신용장, 이행보증

채무자의 의뢰를 받은 은행이 채권자가 신용장에 규정한 서류를 제공하는 경우 신용장 한도액까지 지급을 보증한 신용장은 무엇인가?

① Transferable credit
② Revolving credit
③ Evergreen credit
④ Standby credit

정답 및 해설

52 ④ local chamber of commerce에서 의미하는 local은 수출상 소재지, 선적지 소재지, 상품 제조업자 소재지가 될 수 있다.
53 ④ 보증신용장(standby credit)에 대한 설명이다.

54 | 출제키워드 | 자금시장 및 외환시장

자금시장과 외환시장에 대한 비교 설명이다. 바르지 않은 것은?

① 자금시장은 한 나라의 자금을 빌리거나 빌려주는 형태를 취하는 형태이고, 외환시장에서는 한 나라 통화를 대가로 다른 나라 통화를 사거나 파는 형태이다.
② 자금시장에서는 거래결과 한 나라 자금을 차입한 경우는 이자비용이 발생하고, 예치한 경우는 이자수익이 발생하며, 외환시장에서 외환딜러의 외환거래 결과는 외환차익 또는 외환차손이 발생한다.
③ 자금시장의 가격은 환율이고, 외환시장의 가격은 이자율이다.
④ 자금시장에서 한 가지 자금이 거래대상이라면, 외환시장에서는 두 통화가 교환행위의 대상이 된다.

55 | 출제키워드 | 환리스크 관리기법

이것은 여러 종목에 분산 투자하는 방법으로 투자 수익을 극대화하기 위한 방법이다. 일반적으로 자금을 주식, 채권, 옵션 등에 분산하여 관리하는 방법을 무엇이라 하는가?

① 선물환 거래
② 포트폴리오
③ 콜옵션 거래
④ 통화스왑

정답 및 해설

54 ③ 자금시장의 가격은 이자율이고, 외환시장의 가격은 환율이다.
55 ② 리스크 관리기법 중 포트폴리오(여러 종목에 분산 투자하는 방법)에 대한 설명이다.

56
| 출제키워드 | 콜옵션, 풋옵션

(주)EPASS무역은 미국으로 제품을 수출하고 수출대금은 달러로 수취한다. (주)EPASS무역이 향후 달러 환율 하락에 대비해서 헤지를 실행하기로 했을 때 선택할 수 있는 헤지수단으로 가장 적절한 것은?

① 달러 선물환 매입 ② 달러 콜옵션 매입
③ 달러 풋옵션 매입 ④ 달러 통화선물 매입

57
| 출제키워드 | 내가격, 외가격, 내재가치

행사가격이 1,200원인 미국 달러 콜옵션을 보유하고 있는 상황에서, 현재 달러/원(앞쪽이 기준통화) 환율이 1,190원으로 하락한 경우에 콜옵션의 가치표현은 어떻게 되는가?

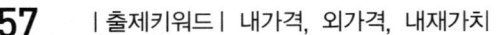

① 내가격(In the money)   0원
② 외가격(Out of the money) +10원
③ 내가격(In the money)   +10원
④ 외가격(Out of the money) 0원

정답 및 해설

56 ③ 주가가 하락할 것으로 예상될 때 풋옵션 매입의 수단을 활용한다.

57 ④ 환율이 하락하였으므로, 콜옵션을 행사하지 않을 것이므로, 외가격상태의 내재가치 0원으로 평가할 수 있다.

시장상황	콜옵션(call option)	풋옵션(put option)
시장가격 > 행사가격	내가격(in-the-money)	외가격(out-of-the-money)
시장가격 = 행사가격	등가격(at-the-money)	등가격(at-the-money)
시장가격 < 행사가격	외가격(out-of-the-money)	내가격(in-the-money)

58
| 출제키워드 | 내부적관리기법, 외부적관리기법

환리스크 관리기법 중 해당 기업이 자체적으로 해결하는 내부적 관리기법은 다음 보기에서 모두 몇 개인가?

| ㉠ 매칭(Matching) | ㉡ 상계(Netting) |
| ㉢ 통화스왑 | ㉣ 환변동보험 |

① 1개 ② 2개
③ 3개 ④ 4개

59
| 출제키워드 | 환율 표기법, 스프레드

다음 내용 가운데 환율과 관련된 설명과 거리가 가장 먼 것은?

① 미국 달러화와의 환율 표시에서 우리나라는 유럽식 표기법을 사용한다.
② 현물환율의 스프레드는 일반적으로 선물환율의 스프레드보다 크다.
③ 환율의 소수점 이하의 두 번째 자리까지의 숫자를 Big figure라고 한다.
④ 수입업체가 은행을 통해 수입대금을 해외로 송금할 때 적용받는 환율은 전신환 매도율이다.

정답 및 해설

58 ② 내부적 관리기법으로는 매칭, 상계, 리딩 & 래깅 등이 있다.
59 ② 선물환율의 스프레드는 일반적으로 현물환율의 스프레드보다 크다.

60

| 출제키워드 | 환율 평가절상, 환율 평가절하

아래는 원화 및 일본엔화, 유로화의 대미달러 연간 환율변화표이다. 이에 대한 아래 설명 중 잘못된 것은?

통화	통화 종류	2025.5월말 환율	2026.5월말 환율
USD/KRW	한국원화	1129.70	1020.10
USD/JPY	일본엔화	100.45	101.85
EUR/USD	유로화	1.3000	1.3590

① 원화는 미달러화에 대하여 1년간 절상되었다.
② 유로화는 미달러화에 대하여 1년간 절하되었다.
③ 엔화는 원화에 대하여 1년간 절하되었다.
④ 1년간 미달러화에 대한 환율변화가 가장 적은 통화는 엔화이다.

61

| 출제키워드 | 스왑레이트

스왑레이트(Swap rate)에 대한 설명으로 옳지 않은 것은?

① 선물환율은 현물환율에서 프리미엄(Premium) 또는 디스카운트(Discount)를 가감하여 산출한다.
② 외환시장에서 스왑레이트는 Pip 단위로 고시된다.
③ Bid rate는 Offer rate 보다 낮아야 한다.
④ 현물환율과 선물환율의 평균값을 의미한다.

정답 및 해설

60 ② 유로화가격이 USD 1.3에서 USD 1.3590으로 상승하였다.
61 ④ 스왑레이트(Swap rate)
통화의 현물환율(Spot rate)과 선물환율(Forward rate)의 차이를 말한다.

62 | 출제키워드 | 환변동보험, 리스크 헤지

환리스크의 외부적 관리기법 중 하나인 환변동보험에 대한 다음 설명 중 바르지 않은 것은?

① 환리스크 헤지가 가능하다.
② 계약이행관련 보증금 등 보험료 이외 추가비용이 있다.
③ 자유로운 조기결제가 가능하다.
④ 외화자금의 실제인도 없이 차액만 정산한다.

63 | 출제키워드 | 현물환율, 선물환율

미 달러화와 일본엔화의 현물환율과 금리가 아래와 같다고 할 때, 3개월 만기 선물환율로 올바른 것은?

- USD/JPY 현물환율 : 100.00
- 3개월 만기 달러화 금리 : 연 3.0%
- 3개월 만기 엔화 금리 : 연 1.0%

① 102.00 ② 100.50 ③ 99.50 ④ 98.00

64 | 출제키워드 | 내재가치, 외가격, 등가격, 내가격

어느 원자재 수입업체가 행사가격이 1,020원인 달러화 콜옵션을 매입하여 보유하고 있다. 현재 USD/KRW 현물환율이 1,040원인 경우 이 콜옵션의 내재가치 상황을 나타낸 것으로 올바른 것은?

번호	내재가치 상태	내재가치 크기(1달러당)
①	외가격(Out of the money)	−20원
②	내가격(In the money)	+20원
③	등가격(At the money)	0원
④	내가격(In the money)	0원

> **정답 및 해설**
>
> 62 ② 계약이행관련 보증금, 담보제공 등 절차가 생략되며 보험료 이외 추가비용이 없다.
> 63 ③ 선물환율공식 : 현물환율＋현물환율＊(피고시통화금리−고시통화금리)＊개월수/12(혹은 일자수/360)
> 64 ② 현재 환율이 상승하여, 콜옵션을 행사하는 것이 이익이므로, 내가격 및 내재가치 +20원으로 평가할 수 있다.

65
| 출제키워드 | 기준금리, 선물환율

현물환율(달러/원 앞쪽 통화가 기준통화)이 1,000원이고 달러 3개월 금리는 3%, 원화 금리는 5%라고 했을 때, 달러/원 3개월 선물환율은 얼마인가?

① 1,000원 ② 1,005원
③ 1,010원 ④ 1,015원

66
| 출제키워드 | 프리미엄, 실효환율

수출기업 P사는 옵션 프리미엄으로 달러당 20원을 지급하고 행사가격 1,050원인 달러화 풋옵션을 매입하였고 오늘이 옵션 만기일이다. 현재 USD/KRW현물 환율이 1,020원이라면 옵션 프리미엄을 감안하여 P사의 달러화 수출대금 매도 실효환율로 올바른 것은?

① 달러당 1,000원 ② 달러당 1,020원
③ 달러당 1,030원 ④ 달러당 1,050원

67
| 출제키워드 | 환위험 관리 전략

엔화차입금을 보유한 A기업은 아베노믹스 효과에 따른 엔화약세 추이를 이용하려고 엔화차입금 상환을 최대한 연기하였다. 이후 엔화/원화환율이 충분히 하락하였다고 판단하여 연말에 차입금을 상환하였다. 이 경우 A기업이 사용한 환위험관리 전략은 무엇인가?

① 매칭(Matching) ② 네팅(Netting)
③ 리딩(Leading) ④ 래깅(Lagging)

정답 및 해설

65 ② 선물환율 = 현물환율 + 현물환율(피고시 통화금리 − 고시 통화금리) × 개월 수/12
1,005원 = 1,000원 + 1,000(5% − 3%) × 3/12

66 ③ 현물 환율인 1,020원보다 행사가격 1,050원이 높으므로, 옵션 프리미엄으로 지급한 20원을 고려해서(행사가격인 1,050원에 프리미엄으로 지급한 20원 고려) 달러당 1,030원이 실효환율이 된다.

67 ④ 래깅(Lagging)에 대한 설명이다.

68 | 출제키워드 | 외환스왑, Near date, Far date

상**중**하 **다음 중 외환스왑이 충족해야 하는 조건에 대한 설명으로 바르지 않은 것은?**

① 근일(Near date)에 외환을 매입하고 원일(Far date)에 외환을 매도하는 것을 스왑인(Swap-In)이라고 한다.
② 거래상대방이 같다.
③ Near date와 Far date의 거래는 시차를 두고 체결된다.
④ 반드시 동시에 기표(Booking)되어야 한다.

69 | 출제키워드 | 파생상품, 매매방식

상**중**하 **장내 파생상품의 특징으로 바르지 않은 것은?**

① 상품 구조 등이 표준화 되어 있다.
② 보증금 제도와 일일정산 제도로 신용위험이 없다.
③ 1 : 1 상대매매 방식이다.
④ 대부분 만기 전 반대매매한다.

70 | 출제키워드 | 외환시장, 외환거래

상**중**하 **다음 중 우리나라 외환시장과 외환거래에 대한 설명으로 옳지 않은 것은?**

① 외환시장이라 함은 외국환 거래가 이루어지는 시장이다.
② 서로 다른 통화간의 통화 교환비율을 환율이라고 하며, 환율은 외환의 거래가 이루어지는 외환시장에서 결정된다.
③ 은행들은 기업이나 고객의 요청을 받아 외환거래를 할 수 있고, 투기적인 목적의 외환거래도 할 수 있다.
④ 국가는 제한적인 상황 하에서 외환거래를 중지시킬 수 없다.

> **정답 및 해설**
>
> 68 ③ Near date와 Far date의 거래가 동시에 체결된다.
> 69 ③ 장내 파생상품의 경우 불특정 다수의 경쟁매매방식이다.
> 70 ④ 비상사태 등이 있는 경우 외환거래를 중지시킬 수 있다.

71 | 출제키워드 | 환율의 상승 및 하락

USD(미달러화)의 하락 요인에 대한 설명이 잘못된 것은?

① 미국의 기준금리 인하
② 미달러 버블
③ 타 통화의 약세
④ 신흥시장의 강세

72 | 출제키워드 | 관리기법

국제적 경영을 하는 기업의 본사와 지사 또는 지사 상호간 채권·채무를 개별적으로 결제하지 않고 일정기간 경과 후 상계차감한 후 잔액만을 결제하는 방법은 무엇인가?

① 매칭
② 상계
③ 리딩
④ 래깅

73 | 출제키워드 | 선물거래, 선도거래

선물거래와 선도거래를 비교한 다음 설명 중 바르지 않은 것은?

① 선물거래는 거래소라는 물리적 장소를 통해 공개적으로 거래가 형성되고, 선도거래는 일정한 장소 없이 전화 등을 이용한 당사자 간의 직접거래가 이루어진다.
② 선물거래는 공개호가 또는 전산거래 방식이라면 선도거래는 거래 당사자 간 협상방식이다.
③ 선도거래는 개인이나 신용도가 떨어지는 중소기업들이 시장참가자가 되는 것은 거의 불가능하다.
④ 선물거래는 거래상대방을 알 수 있는 반면, 선도거래는 거래상대방을 알 수 없다.

정답 및 해설

71 ③ 타 통화가 약해지면(약세) USD는 강해진다(강세).
72 ② 상계(Netting)에 대한 설명이다.
73 ④ 선물거래는 거래소를 통한 거래로 거래상대방을 알 수 없는 반면, 선도거래는 사전에 상호 인지가 가능하다.

74
| 출제키워드 | 미국식, 유럽식

EUR/USD 환율(달러화로 표시한 유로화 가격)이 1.2000에서 1.2500으로 상승했다. 이에 대한 설명으로 가장 잘못된 것은?

① 미국식 표시법이다.
② 달러화가 유로화에 비해 가치가 상승했다.
③ 미국에서는 자국통화표시법이다.
④ 유럽식으로 표시하기 위해서는, 통화의 위치가 서로 바뀌어야 한다.

75
| 출제키워드 | Offer rate, Bid rate

다음 USD/KRW 환율 중 고객이 달러를 매수하려고 할 때 가장 유리한 은행은?

	Bid rate	−	Offer rate
① A은행 :	1201.15	−	1201.78
② B은행 :	1202.23	−	1202.98
③ C은행 :	1201.79	−	1202.67
④ D은행 :	1202.55	−	1203.21

76
| 출제키워드 | 손익구조, 프리미엄

옵션의 특징에 대한 다음 설명 중 바르지 않은 것은?

① 옵션 매수자는 옵션 매도자에게 프리미엄을 지급한다.
② 옵션 매도자에게 손실위험은 제한적이면서 큰 이익기회를 제공한다.
③ 권리와 의무가 분리되어 있다.
④ 비대칭적인 손익구조를 갖고 있다.

정답 및 해설

74 ② 유로화 입장에서 달러화는 가치가 하락한 것이다.
75 ① 은행은 Offer rate로 달러를 매도하므로 고객의 입장에서는 Offer rate가 가장 낮은 은행을 선택하여 달러를 매수하는 것이 유리하다. 만약 여행을 다녀온 후 남은 달러를 매도 시에는 Bid rate가 가장 높은 D은행에 파는 것이 가장 유리하다.
76 ② 옵션 매수자의 경우 최대손실은 프리미엄이라는 제한된 손실위험과 큰 이익기회가 존재한다.

무역결제 출제예상문제

01 신용장거래에서 서류 수정(correction)과 관련된 다음 설명 중 타당한 것은?

① 원칙적으로, 제시된 서류는 수정을 할 수 없다.
② 수익자가 발행한 서류를 상공회의소가 사증한 경우 서류를 수정하는 경우 수익자가 발행자라고 하더라도, 서류를 사증한 상공회의소가 수정에 대한 인증(authenticate)을 하여야 한다.
③ 동일한 서류에서 글자체나 글자 크기가 다른 것은 수정이나 변경이 일어난 것으로 간주한다.
④ 복합운송서류를 수정할 때에는 별도의 인증(authentication)이 필요 없다.

02 신용장거래에서 다음 중 서류 상호간 모순으로 인정되어 하자로 간주되는 경우는?

> A : 선하증권에 다른 서류에 있는 shipping mark가 표시되지 않고 컨테이너번호가 기재된 경우
> B : 선하증권의 수하인란에는 개설은행 지시식으로 기재되어 있으나 원산지증명서의 수하인란에는 개설의뢰인이 기재된 경우
> C : 상업송장에는 상품명이 "canned white peach"라고 기재되어 있으나 포장명세서에는 상품명이 "canned yellow peach"라고 기재된 경우

① c only
② A and B only
③ above of all
④ 위의 A, B, C 모두가 서류 상호간 모순이 아니다.

정답 및 해설

01 ② ISBP 681
공증 또는 사증 또는 증명 등이 된 서류상의 수정과 변경은 그 서류를 공증 또는 사증 또는 증명 등을 행한 자에 의하여 인증된 것으로 보여야 한다.

02 ① 제시된 요구서류의 정보들이 동일해야 할 필요는 없지만, 그 서류나 다른 모든 요구서류 또는 신용장의 자료들과 상충이 있으면 하자이다.

03 통지은행으로부터 수령한 신용장을 살펴보니 아래 내용에 별도의 명시가 없는 경우, 현행 UCP600 상 해석으로서 연결이 맞지 않는 것은?

① 분할선적 여부 – 허용하는 것으로 해석
② 양도가능 여부 – 금지되는 것으로 해석
③ 회전사용 여부 – 회전 불가능한 것으로 해석
④ 서류제시기간 – 운송서류 발행일 이후 21일 이내로 해석

04 기한부 신용장의 환어음조건이 "at 90 days from B/L date"조건이다. 아래 예시일 경우 어음 만기일은 언제인가?

(A) L/C Issuing Date : 1. 20
(B) B/L Issuing Date : 1. 25
(C) On Board Date : 1. 26
(D) Draft Accepting Date : 2. 10
(단, 2월말은 28일이고 모두 평일로 가정함)

① 4. 25
② 4. 26
③ 4. 27
④ 4. 28

정답 및 해설

03 ④ 운송서류 발행일이 아닌 선적일이 기준이다.
04 ② 실제 선적일인 1월 26일의 다음날(after)부터 90일이 되는 날은 4월 26일이다.

05 다음은 조건부 신용장(Conditional L/C)의 독소조항으로 취급될 수 있는 신용장 문언의 예시인데, 이 중 독소조항과 가장 관계가 없는 것은?

① Which is available by negotiation of your draft at sight drawn on Citibank, New York, N.Y. U.S.A.
② The name of ship will be indicated by us.
③ The invoice must be countersigned by Buyer's Agent, ABC Co.
④ Shipment is subject to our further instruction.

06 다음 사례의 신용장에서 신용장 수익자가 첫 번째 달에 US$15,000에 대하여 지급청구를 하였다. 신용장 수익자가 두 번째 달에 지급 청구할 수 있는 최대한도의 금액은?

> Amount of credit : USD 20,000
> This credit will revolve on the last day of each calendar month for a period of six months.
> The credit will first revolve on January 31. This credit is non-cumulative.
> Expiry date : June 30.

① USD 15,000   ② USD 20,000
③ USD 25,000   ④ USD 40,000

정답 및 해설

05 ① 독소조항이란 계약의 이행을 교묘히 방해하기 위하여 삽입하는 조항을 말한다.
06 ② 비적립식(non-cumulative) 회전신용장(revolving credit)이기 때문에, 첫 번째 달의 잔여액이 적립되지 않는다.

07 개설은행은 수익자가 지정은행(nominated bank)에 신용장조건에 일치하는 서류를 제시하면 일람출급으로 대금을 지급할 것을 지시하는 신용장을 개설하였다. 개설은행은 지정은행을 통하지 않고, 수익자로부터 직접 신용장조건에 일치하는 서류를 제시 받았다. 개설은행이 취하여야 할 조치로 타당한 것은?

① 개설은행은 서류가 신용장조건에 일치하였다면 수익자에게 신용장대금을 지급하여야 한다.
② 개설은행은 서류가 신용장조건에 일치하였다면 지정은행에 신용장대금을 지급하여야 한다.
③ 개설은행은 서류를 수익자에게 반환하고, 지정은행을 통하여 서류를 제시할 것을 요구하여야 한다.
④ 개설은행은 서류를 지정은행으로 송부하여 서류가 신용장조건에 일치 하는지 여부를 심사하도록 하여야 한다.

08 UCP600에서 사용을 금지(또는 억제, 무시)하는 용어가 아닌 것은?

① 서류의 발행인 관련 – first class, qualified, independent
② 부보위험의 형태 – usual risks, customary risks
③ 상품의 수량 관련 – approximately, about
④ 선적일 관련 – prompt, as soon as possible

정답 및 해설

07 ① UCP 600 6조
 a. 신용장은 그 신용장이 사용가능한 은행 또는 그 신용장이 모든 은행에서 사용가능한 지 여부를 명기하여야 한다. 지정은행에서 사용가능한 신용장은 발행은행에서도 사용가능하다.
08 ③ More or Less clause(과부족 용인)의 적용을 받기 위한 용어이고, 허용 가능하다.

09 Open account방식에 대한 다음 설명 중 잘못된 것은?

① 수출상의 입장에서는 은행수수료가 적게 소요되어 수출물품의 가격경쟁력을 가질 수 있으므로 모든 결제방식 중 가장 유리한 수출방식이라 할 수 있다.
② 신용사회 풍토가 정착된 서유럽과 미국에서 주로 사용되는 대금결제 방식이다.
③ 다른 대금결제방식에 비하여 은행수수료가 적게 소요된다는 점이 장점에 해당된다.
④ 수입상의 입장에서는 대금결제 전에 미리 상품의 품질 등을 점검할 수 있다는 점이 장점으로 작용한다.

10 신용장 개설절차에 대한 설명으로 틀린 것은?

① FOB 조건으로 수입계약이 체결된 경우 신용장개설신청서에 보험서류를 요구하여야 한다.
② 수입제한승인품목을 수입하는 경우 신용장 개설 신청 전까지 수입승인 기관으로부터 수입승인을 득하여야 한다.
③ 개설의뢰인은 신용장 개설신청 전에 개설은행과 외국환거래약정을 체결하고 채권보전에 관한 서류를 제출한다.
④ 개설신청 시 수출상과 수입상의 서명이 있는 물품매도확약서 또는 수입계약서를 첨부한다.

> 정답 및 해설
> 09 ① 선적 후 대금지급을 받게 되므로 가장 유리한 수출방식이라 할 수 없다.
> 10 ① FOB 계약에서는 수출자가 보험계약을 체결할 의무가 없다.

11 신용장거래에서 서류심사기준에 대한 다음 설명 중 타당하지 않은 것을 고르시오.
① 신용장에서 요구하는 서류에 대해서는 요청받은 양식 등을 활용하여 서류를 제출하여야 한다.
② 신용장의 비서류조건(non-documentary condition)은 무시되므로 비서류조건과 모순된 것이 신용장 요구서류에 기재된 것은 하자가 아니다.
③ 상업송장의 개설의뢰인 주소가 신용장의 개설의뢰인 주소와 다르더라도 동일 국내이면 하자가 아니다.
④ 신용장에서 Inspection certificate를 요구한 경우, 검사증명서가 담아야 할 내용을 담고 있는 서류라면 유사한 제목이 없더라도 하자가 아니다.

12 다음 중 선하증권을 하자로 만드는 부가문구는?
① Insufficient packaging
② Potentially explosive material
③ Refrigerated seafood may spoil during voyage
④ Highly flammable material

정답 및 해설

11 ② 비서류조건이라 하더라도 이와 모순되는 사항이 신용장 요구서류에 기재된 것은 하자가 되므로 서류 취급 시 주의하여야한다.

12 ① 불충분한 포장은 선하증권을 하자 있는 선하증권으로 만든다.
[운송서류를 "고장부"로 만들지 않는 부가조항]
① Second-hand packaging material used : 중고 포장재료 사용
② Old packaging material used : 낡은 포장재료 사용
③ Reconditioned packaging material : 수리된 포장재료 사용
[운송서류를 "고장부"로 만드는 부가조항]
① Used bags in shipment of com-oil!seeds : 식용유 선적에 "중고 가방"을 사용
② Second handed drums in shipment of fats : 지방유 선적에 "중고 드럼통"을 사용

13 다음의 운송 서류별 선적일자에 대한 해석으로 옳지 않은 것은?

① Shipped B/L : B/L 발행일자
② Received B/L : 물품 수취일자
③ Air waybill : AWB 발행일자
④ Courier receipt : 물품 수취일자

14 신용장거래에서 "Banks deal with documents and not with goods, services or performance to which the documents may relate."라는 표현과 가장 관계가 깊은 신용장의 성질은?

① 독립성
② 추상성
③ 취소불능성
④ 한계성

15 신용장통일규칙(UCP 600)에 따른 해상선하증권의 서류심사 요령에 대한 다음의 설명 중 옳은 것은?

① 선적선하증권(Shipped on board) 상에 발행일자(Issuance Date)와 본선 적재부기일자(Dated on board notation)가 각각 다른 날짜로 표기되어 있는 경우 본선적재부기 일자가 선하증권의 발행일자 전이거나 후에 상관없이 본선적재부기일을 선적일로 간주한다.
② Notify Party가 신용장의 개설의뢰인인 경우에는 선하증권 상의 Notify Party가 다른 당사자로 기재되어 있더라도 하자가 아니다.
③ 선하증권 원본 3통 중 1통만 제시되어도 무방하다.
④ 본선적재 부기에 별도로 서명이 있어야 한다.

정답 및 해설

13 ② 수취선하증권은 선적이 되지 않은 상태에서 발행되는 서류이다.

14 ② [UCP600 제5조]
은행은 서류를 취급하는 것이며 그 서류와 관련될 수 있는 물품, 용역 또는 이행을 취급하는 것은 아니다.

15 ① ISBP 681 본선적재부기
선하증권은 별도의 날짜가 표시된 본선적재 부기가 없다면 발행일자를 선적일자로 간주한다. 하지만 별도의 날짜가 표시된 본선적재 부기가 있을 경우에는 부기된 일자를 선적일자로 간주한다. 또한 별도의 본선적재 부기일자는 선하증권 발행일자보다 빠르거나 늦어도 상관이 없다.

16 신용장거래에서 금액 및 수량 과부족과 관련된 다음 설명 중 타당하지 못한 것은?

① 다음과 같은 SWIFT 신용장에서는 ± 2%의 과부족을 허용하고 있지만 UCP600 제30조에 따라 신용장금액에 ± 5%의 과부족이 허용된다.
[39A : Percentage Credit Amount Tolerance : 02/02]
② 상품 수량에 about란 단어가 있으면 ± 10%의 과부족 편차가 허용된다.
③ 상품 수량이 중량단위로 되어 있고, 신용장에서 과부족을 금지하는 문언이 없다면 신용장통일규칙에서 규정한 범위 내에서 초과선적이 되더라도 수익자의 환어음 발행 또는 지급청구는 신용장금액까지만 가능하다.
④ 당사자의 합의에 따라 과부족 %는 조정이 가능하다.

17 포페이팅 거래에서 수입자의 거래은행이 환어음이나 약속어음 뒷면에 대금 지급을 보증하는 것을 설명하는 용어는?

① Indemnity　　　　　　② Confirmation
③ Aval　　　　　　　　④ Reimbursement undertaking

18 다음 중 원래의 수수료 부담자가 나머지와 다른 하나는 무엇인가?

① 상환은행 수수료
② 통지은행 수수료
③ 양도은행 수수료
④ 지정은행 수수료

정답 및 해설

16 ① 신용장조건에서 ±2%의 과부족을 허용하고 있으므로, ±5%의 과부족은 적용되지 않는다.
17 ③ 포페이팅 거래에서는 "Aval"을 통해 지급보증을 확보한다.
18 ③ 수익자 부담
　　①, ②, ④는 개설은행(또는 개설의뢰인) 부담

19 선하증권 상에 부지약관(Unknown Clause)이 기재되는 경우 아래 보기에서 기재되기에 적절하지 않은 것을 고르시오.

① Particulars furnished by shipper, but not acknowledged by the carrier
② Said by shipper to contain
③ Above particulars declared by Carrier. Shipper not responsible
④ Shipper's load and count

20 ISBP가 적용되는 신용장거래에서 발행자의 서명이 반드시 필요한 서류를 모두 기재한 것은?

> a. Commercial invoice
> b. Bill of lading
> c. Transport document
> d. Insurance policy

① a, b   ② b, c
③ b, c, d   ④ a, b, c, d

정답 및 해설

19 ③ 부지약관은 운송인 면책과 관련된 사항으로, 선하증권상에는 "Above particulars declared by Shipper. Carrier not responsible"으로 기재된다.

20 ③ 상업송장은 UCP600 제18조에 따라 서명이 필요 없다.

21 신용장에서 용선계약부 선하증권을 요구한 경우에 대한 설명으로 타당한 것은?

① 신용장에서 용선계약서의 사본의 제시를 요구하면서 신용장 개설일 이전에 발행된 서류를 금지한다는 조건이 있었다. 이 경우 수익자가 제시한 용선계약서 사본의 발행일자가 신용장 개설일자보다 5일 빠르게 기재되어 있다 하더라도 은행은 용선계약서를 심사하지 않으므로 하자가 아니다.
② 신용장에서 양하항을 "Southern Chinese port"라고 명시한 경우 용선계약부 선하증권의 양하항란에도 "Southern Chinese port"라고 기재하는 것은 하자가 된다.
③ 선하증권에 "Subject to charter party contract"라는 기재 없이 "to be used with Charter Parties"라고만 기재된 것은 용선계약부 선하증권으로 볼 수 없다.
④ 용선계약부 선하증권에 선장이 서명할 때 선장의 이름을 표시할 필요는 없다. 그러나 선장의 대리인이 서명할 때에는 선장의 이름을 표시하여야 한다.

정답 및 해설

21 ④ UCP 600 22조
① b. 은행은 비록 신용장의 조건이 용선계약서 제시를 요구하더라도 용선계약서를 심사하지 아니한다. (그럼에도 불구하고 신용장 조건과 불일치하는 제시는 하자로 보아야 한다.)
② a. ⅲ. 신용장에 명시된 적재항으로부터 양륙항까지 선적을 표시하고 있는 것. 양하항은 신용장에 명시된 대로 항구의 구역 또는 지리적 지역으로도 표시될 수 있다.

22

UCP600이 적용되는 다음의 SWIFT로 통지 요청된 신용장에 대한 설명 중 올바른 것은? (여기서 ABC Bank는 Issuing bank이고, XYZ Bank는 confirming bank이다.)

```
41D : Available with/by XYZ Bank by acceptance
42C : Drafts at 90 days sight
42D : Drawee - XYZ Bank
46A : Documents required
  + Certificate of origin in duplicate.
```

① Advising Bank가 환어음 만기일을 결정할 수 있다.
② 인수신용장에서 환어음을 요구하지 않을 수 있다.
③ 원산지증명서 원본 1부 및 사본 1부를 제시할 수 있다.
④ 신용장에서 원산지증명서 발행자에 대하여 명시하지 않았으므로 반드시 상공회의소가 발행한 원산지증명서가 제시되어야 한다.

23

신용장에서 운송서류로 항공운송장을 요구하는 경우에 대한 설명으로 타당하지 않은 것은?

① 항공운송장에 shipper 또는 그의 대리인이 서명하는 란이 있다고 하더라도 신용장에서 특별히 서명을 요구하지 않는다면 그러한 란이 채워져야 할 필요는 없다.
② 신용장에서 항공운송장 원본 전통(full set of originals)을 요구하더라도, 탁송인 또는 송하인용 원본을 제시하면 된다.
③ 항공운송장에서 공항명칭을 정식으로 표시하는 대신에 IATA code를 사용할 수 있다.
④ 항공운송장에는 상품이 운송을 위하여 수취 되었다는 표시가 있어야 한다.

정답 및 해설

22 ③ 특별히 다른 요구사항이 기재되지 않았다면, 원본 1부 및 나머지 사본의 제시로 조건을 충족할 수 있다.

23 ① UCP 600 23조
   a. 항공운송서류는 그 명칭에 관계없이 다음과 같이 보여야 한다.
      v. 비록 신용장이 원본 전통을 규정하고 있는 경우라도, 탁송인 또는 송화인용 원본인 것.

24 다음 중 수입자가 물품 수령 후 일정기간 내에 수입대금을 지급하는 방식으로 자금 부담이 경감되는 결제조건이 아닌 것은?

① 국제팩토링 ② D/A
③ D/P ④ Usance L/C

25 UCP600이 적용되는 신용장거래에서 서류의 수정(alteration)으로 간주되지 않는 것은?

> A. Different font size
> B. Multiple types of font style
> C. Signature

① A only ② B only
③ A and B only ④ All of the above

정답 및 해설

24 ③ 지급인도는 서류를 제시받은 수입자가 대금을 바로 지급한다는 의미이기 때문에 자금 부담이 경감되지 않는다.

25 ③ 서명이 변경되는 것은 수정으로 간주된다.

26 신용장 조건이 다음과 같은 경우에 대한 설명으로 잘못된 것은?

> 44E : Port of Loading/Airport of Departure – Pusan
> 44F : Port of Discharge/Airport of Destination – Seattle
> 44B : Place of Final Destination – Chicago
> 46A : Documents Required
> + Signed commercial Invoice in Triplicate
> + Full set clean on board bill of lading issued to order of Import Bank marked freight prepaid and notify applicant

① 신용장에서 선적항, 하역항 및 최종목적지를 표시하고 있고, 운송 서류로 해상 선하증권을 요구하고 있으므로 부산항으로부터 시애틀항까지는 해상으로 운송하는 내용이 기재된 해상화물운송장이 제시되어도 문제 없다.
② 신용장에서는 수하인을 "to order of Import Bank"로 요구하고 있으나 제시된 운송서류의 수하인란에 "to order"로 기재하고 선하증권상의 shipper가 "to order of Import Bank"로 배서한 운송서류는 하자가 아니다.
③ 상업송장은 원본 1통 그리고 나머지는 사본을 제시할 수 있다.
④ 선하증권의 통지처(notify party)란에는 개설의뢰인이 기재되어야 한다.

정답 및 해설

26 ① 해상선하증권은 권리증권이고, 해상화물운송장은 권리증권이 아니므로, 권리증권을 요구하는 경우에 비권리증권을 제시하는 경우에는 하자가 된다.

27 Issuing bank는 1월 2일 SWIFT로 다음의 조건을 가진 UCP600이 적용되는 신용장을 발행하였다. 그 후 Issuing bank가 월 31일에 신용장금액을 감액하는 조건변경을 통지하였다. 그러나 신용장 수익자는 조건변경을 통지 받은 후 1주일이 경과되도록 조건변경을 거절하지 않았다. 다음 설명 중 올바른 것은?

> 47A : Additional condition
> + Any amendment will be in force unless rejected within 3 days from the date of advice.

① 조건변경은 유효하게 성립된다.
② 수익자가 반드시 조건변경에 동의하는 통지를 하여야만 조건변경이 성립된다.
③ 조건변경은 최초 계약 당시에 합의된 것이 아니므로 허용될 수 없다.
④ 조건변경은 수익자, 개설은행, 확인은행(있는 경우)의 동의가 있어야 성립된다.

정답 및 해설

27 ④ 신용장 기본당사자가 모두 동의하는 경우에만 성립된다.

28 다음 중 신용장 거래에서 하자가 아닌 서류에 해당되는 것은?

① 신용장 조건이 다음과 같은 경우 상업송장 표시통화가 3만 미달러에 해당되는 파운드화로 표시된 상업송장
  32B : Currency Code and Amount
  USD 20,000.00
  39B : Maximum Credit Amount
② 다음과 같은 신용장조건에서 수익자가 서명한 상업송장
  46A : Documents Required
  - Signed Commercial Invoice in 1 Original
③ 신용장에서 운송서류로 해상선하증권을 요구한 경우 운송인이 서명을 하지 않고 작성된 해상선하증권
④ 신용장에서 운송서류로 해상선하증권을 요구한 경우 운임이 용선계약에 따라 지불될 수 있다(freight payable as per charter party)고 표시한 해상선하증권

29 다음 신용장조건들 중에서 환적을 금지하는 신용장상의 표현으로 틀린 것을 고르시오.

① TRANSHIPMENT NOT ALLOWED
② TRANSHIPMENT PROHIBITED
③ TRANSHIPMENT NOT PERMITTED
④ TRANSHIPMENT BE PERMITTED

정답 및 해설

28 ② ①, ② UCP 600 18조
   a. 상업송장은 :
   i. 수익자에 의하여 발행된 것으로 보여야 하며(제38조에 규정된 경우는 제외함)
   ii. 개설의뢰인 앞으로 작성되어야 하며(제38조 g항에 규정된 경우는 제외함)
   iii. 신용장과 동일한 통화로 작성되어야 하며 ; 그리고
   iv. 서명을 필요로 하지 아니한다.
   ③, ④ UCP 600 20조

29 ④ 환적을 허용하고 있는 문구이다.

30 신용장 유효기일이 수익자 소재국가에서 2월 20일(토요일)에 종료되고, 선적 기일은 2월 20일이다. 수익자 국가에서는 토요일과 일요일이 은행 공휴일이다. 선적기일(Latest shipment date)은?

① 2월 20일
② 2월 22일
③ 2월 24일
④ 2월 26일

31 다음의 문구 중 D/A 조건으로 볼 수 없는 것을 모두 고르시오.

① 60 days after B/L date
② 60 days from B/L date
③ D/A, at 30 days after sight
④ At sight on arrival of cargo

32 다음의 보험서류 관련 면책비율에 대한 설명으로 틀린 것은?

① 면책비율은 Excess와 Franchise로 구분된다.
② 신용장에서 특별히 금지하지 않는 한 면책비율조항이 기재된 보험 서류라도 수리가 가능하다.
③ Excess는 면책비율을 초과하여 발생한 손해에 대해 면책비율을 공제하고 그 초과부분에 대해서만 보상하는 조건이다.
④ 신용장에서 IOP(Irrespective of Percentage) 조항을 명시하고 있는 경우에는 소손해면책율 조항이 표시된 보험서류는 수리된다.

정답 및 해설

30 ① 선적일자는 변경되지 않는다.
31 ④ D/P에 대한 내용이다.
32 ④ IOP[Irrespective of Percentage(면책율 부적용)] 조항이 있는 경우에는, 소손해면책율 조항이 표시된 보험서류의 수리는 불가능하다.

33 국내 외환시장에서 무역업체가 환위험관리를 위해 은행과 USD/KRW 선물환(Forward FX)거래를 체결하였다. 이에 대한 설명 중 잘못된 것은?

① 선물환거래에는 외국환은행을 통해 고객간에 이루어지는 대고객선물환거래만 존재한다.
② 원/달러 NDF 시장은 활발히 거래가 이루어지고 있다.
③ 국내 외환시장의 만기 결제방식에는 만기에 계약원금의 상호지급 없는 선물환거래라는 뜻의 NDF(Non-Delivery Forwards) 거래 방식이 있다.
④ NDF거래는 일반적으로 외국은행이나 외국인 투자자들이 많이 사용한다.

34 다음 내용 가운데 우리나라 외환시장 및 환율 구조 전반에 대한 설명과 가장 거리가 먼 것은?

① 우리나라 외환시장의 달러-원 개장 환율은 전일 뉴욕 역외선물환(NDF) 시장의 마감 환율에 영향을 크게 받는다.
② 원-달러 NDF 시장은 활발히 거래가 이루어지고 있다.
③ 은행과 거래하는 고객의 입장에서 보면 현찰매매율이 전신환매매율에 비해서 유리하다.
④ NDF거래는 일반적으로, 외국은행이나 외국인 투자자들이 많이 사용한다.

정답 및 해설

33 ① 선물환거래에는 외국환은행을 통해 고객간에 이루어지는 대고객선물환거래와 외환시장에서 외국은행 사이에 이뤄지는 시장선물환거래가 있다.
34 ③ 현찰매매율이 전신환매매율에 비해서 수수료율이 높기 때문에 고객은 불리하다.

35 차액정산 선물환거래(NDF)에 대한 설명 중 옳지 않은 것은?

① 선도환율과 만기시점 현물환율과의 차이만 정산한다.
② 일반 선물환거래보다는 계약불이행 확률이 적다.
③ 해당국의 통화가 국제적으로 통용되지 않더라도 역외시장에서 거래가 가능하다.
④ 결제는 미국달러보다 해당국의 통화로 이루어진다.

36 환율표시에 대한 다음 설명 중 바르지 않은 것은?

① 외환시장의 참가자들은 달러나 영연방통화를 기준통화로 하고 그에 해당하는 상대국통화 몇 단위의 형식으로 환율을 표시하여 거래한다.
② 이 때 기준이 되는 통화를 Base currency 또는 Fixed currency(FC)라 하고, 그에 상대되는 통화를 Quoted currency 또는 Variable currency(VC)라 한다.
③ Two-way quotation이란 은행이 은행으로부터 외환을 매입 또는 매도하려는 고객을 위해 매수호가와 매도호가를 동시에 고시하는 것을 말한다.
④ 이러한 Two-way quotation은 은행과 고객 사이에서만 적용된다.

37 통화선물 거래에 대한 내용 가운데 설명이 올바른 것은?

① 통화선물 거래는 대부분 만기에 실물에 대한 인수 및 인도가 이루어진다.
② 한국의 통화선물 거래의 최종 결제일은 최종 거래일 후 두 번째 영업일이다.
③ 통화선물 거래는 만기 전에 반대 거래를 통해 중도 청산이 가능하다.
④ 통화선물 거래는 계약 변경 시 추가 수수료 부담이 있다.

정답 및 해설

35 ④ 차액결제선물환거래에서 결제는 주로 미 달러로 이루어진다.
36 ④ 은행과 고객 사이의 거래뿐만 아니라 은행간 외환거래에서도, 가격추종자(Calling party)와 가격고시자(Quoting party) 사이에도 적용된다.
37 ③ ① 차액정산으로 거래가 종료된다.
② 세 번째 거래일이다.
④ 추가 수수료 부담 등 불이익은 없다.

38 환리스크 헤지에 대한 보기이다. 괄호 안에 알맞은 말을 순서대로 나열한 것은?

> 반도체를 외국에 수출하는 기업은 달러 ㉠ (　　) 포지션이 발생하므로 달러/원 환율이 ㉡ (　　) 순자산가치가 감소하여 외환차손을 볼 수 있다. 이에 대응하여 선물환거래나 통화선물 등으로 ㉢ (　　) 헤지를 통해 위험을 관리할 수 있다.

① ㉠ : 롱　㉡ : 떨어지면　㉢ : 매수
② ㉠ : 숏　㉡ : 떨어지면　㉢ : 매수
③ ㉠ : 롱　㉡ : 떨어지면　㉢ : 매도
④ ㉠ : 숏　㉡ : 떨어지면　㉢ : 매도

39 ㈜이패스무역은 독일로 수출하고 유로화로 수출대금을 받는 거래를 연중 지속하고 있다. 이 회사가 수출 거래에 따른 환위험을 관리하기 위한 수단으로 잘못된 것은?

① 유로화 선물환 매도
② 유로화 풋옵션 매도
③ 수출용 원자재 구매선을 이탈리아로 변경하고 유로화로 지급계약 체결
④ 기존 차입금의 통화를 유로화로 전환

정답 및 해설

38 ③ 수출기업은 달러 수취로 롱포지션 발생, 따라서 환율하락 시 손실, 이에 대비하여 선물환 등 매도포지션을 취한다.
39 ② 수출기업인 ㈜이패스무역은 독일 수입회사로부터 유로화를 지급받으므로, 유로화를 팔 수 있는 권리인 풋옵션이 필요하다.

40 다음 중 옵션에 대한 설명으로 잘못된 것은?

① 콜옵션-내가격 상태인 경우에는 옵션을 행사하는 것이 유리하다.
② 풋옵션 매수자는 환율이 행사가격보다 높으면, 행사하는 것이 유리하다.
③ 옵션을 팔 수 있는 권리를 풋옵션이라 한다.
④ 옵션을 살 수 있는 권리를 콜옵션이라 한다.

41 현재 환율과 금리가 아래와 같다. (주)EPASS무역은 수출기업이다. 이 회사의 외환 담당자는 향후 환율 상승을 예상하고 있으며, 이러한 상황에서 이익을 얻기 위해 1개월 달러 선물환을 매입했다. 이 거래의 성격을 올바르게 설명한 것은?

- USD/KRW 현물환율 : 1000
- USD/KRW 1개월 선물환율 : 1005
- 원화 금리(연) : 5%
- 달러화 금리(연) : 2%

① 헤지거래(hedge)
② 투기거래(speculation)
③ 무위험차익거래(arbitrage)
④ 기초거래(underlying)

정답 및 해설

40 ② 풋옵션 매수자는 환율이 행사가격보다 높으면, 옵션을 행사하지 않는 것이 유리하다.
41 ② 투기거래에 대한 설명이다.

42. 다음 괄호 안에 알맞은 말을 순서대로 나열한 것은?

• 앞으로 해당 통화의 강세를 예상하면 수입대금 등 지급자금을 ㉠ (   )
• 앞으로 해당 통화의 강세를 예상하면 수출대금 등 수취자금을 ㉡ (   )

① ㉠ : 선불(Leading)   ㉡ : 선불(Leading)
② ㉠ : 지연(Lagging)   ㉡ : 지연(Lagging)
③ ㉠ : 선불(Leading)   ㉡ : 지연(Lagging)
④ ㉠ : 지연(Lagging)   ㉡ : 선불(Leading)

43. 국제외환시장에서 한화는 USD1 / KRW 1,000으로, 중국위안화는 USD1 / 元 100으로 표시하였다면, 100위안을 원화로 나타낸 것으로 옳은 것은?

① 950원
② 1,000원
③ 1,050원
④ 1,100원

44. 다음 중 외환시장에 전해지면 USD/KRW 환율(원화로 표시한 달러화 가격)이 상승할 것으로 예상되는 뉴스는?

① NDF 시장에서 USD/KRW 환율 하락 마감
② 미국, 양적완화 정책 확대실시
③ 그리스, 재정위기 안정국면
④ 한국은행, 전격적 금리인하 단행

정답 및 해설

42 ③ 해당 통화의 강세 시 수입대금은 선불하고 수출대금은 지연하면 이익이다.
43 ② (매매기준율 / 달러화의 위안화환율) × 100
44 ④ 달러가치가 상승한다는 것은 원화가치가 하락한다는 의미와 동일하다.

45 외국환 매입액과 매도액의 차액 또는 외화표시자산과 외화표시부채와의 차액을 지칭하는 용어는 무엇인가?

① 환포지션
② 프리미엄
③ 통화옵션
④ 통화스왑

46 다음 옵션에 대한 설명 중 옳지 않은 것은?

① 옵션 대상물을 팔 수 있는 권리를 풋옵션(Put option)이라 한다.
② 옵션에는 통화옵션, 주식옵션, 금리 옵션 등 다양한 종류가 있다.
③ 통화옵션은 외국 통화가 기초 자산이 되는 옵션을 말한다.
④ 기초자산 가격이 하락할 것으로 예측되면, 콜옵션을 매수해 시세차익을 얻을 수 있다.

47 이패스 Company의 경우 현재 외화예금의 잔고가 5백만 달러이고 10일 뒤에 결제대금으로 주어야 할 돈이 2백만 달러이다. 이패스 Company이 관리해야 할 환리스크 포지션은?

① 5백만 달러 롱 포지션
② 2백만 달러 숏 포지션
③ 3백만 달러 롱 포지션
④ 3백만 달러 숏 포지션

정답 및 해설

45 ① 환포지션(Exchange position)은 외국환은행이 원화를 지불하고 매입한 외환금액과 원화를 받고 매도한 외환금액과의 차액을 의미한다.
46 ④ 기초자산 가격이 상승할 것으로 예측되면, 콜옵션을 매수하는 전략을 사용한다.
47 ③ 외화예금이 줘야할 결제대금보다 많으므로 롱포지션 상태이며 차액은 3백만 달러이다.

48 행사가격이 1,100원인 달러 콜옵션 100,000달러를 프리미엄 150만원으로 매도하였다. 이 경우 최대 이익 금액은 얼마가 되는가?

① 0
② 120만원
③ 150만원
④ 270만원

49 원화의 금리를 인상하는 경우에 나타나는 현상으로 옳지 못한 것은?

① 환율 상승의 원인이 된다.
② 자국통화의 가치는 상승하게 된다.
③ 원화로 표시된 금융자산의 수익률은 상승세로 돌아선다.
④ 은행의 이자수입이 증가하게 될 것이다.

50 이패스 Company는 오늘 미국은행으로부터 단기달러자금을 차입하고 6개월 후에 원리금으로 $1,000,000을 갚을 예정이다. 환율변동위험에 대비해 어떤 거래가 가능한가? (현재 현물환율은 1,100원/$이고 6개월물 선물환의 선물환율은 1,110원/$이다.)

① 매수차익거래
② 매도차익거래
③ 매수헤지거래
④ 매도헤지거래

정답 및 해설

48 ③ 150만원
49 ① 환율 하락의 원인이 된다.
50 ③ 이패스 Company은 달러차입으로 인한 환율상승위험에 노출되므로 통화선물 매수거래를 통해 상승위험을 제거할 수 있다.

51 (주)EPASS무역은 우리나라에서 제품을 생산하여 해외에 수출하는 기업이다. 최근 환율이 큰 폭으로 하락하자 적정 이익을 확보하기 위해서 수출가격을 올렸으며, 이로 인한 가격경쟁력 약화로 수출액이 감소했다. 이러한 환위험을 무엇이라고 하는가?

① 환산환위험
② 거래환위험
③ 영업환위험
④ 선물환위험

52 현재 USD/KRW 환율(원화로 표시한 달러화 가격)은 1달러 = 1,200.00원이며, 원화 금리는 연 3.0%, 미국 달러화 금리는 연 2.0%이다. 이를 이용하여 3개월 만기 달러 선물환율을 구하시오. (단, 간편식을 이용)

① 1188.00원
② 1197.00원
③ 1203.00원
④ 1212.00원

53 다음은 무엇에 관한 설명인가?

• 자금결제일(Value Date)이 현물환결제일(Spot Date) 이내의 거래인 경우

① 선물환거래
② 현물환거래
③ Long 포지션 거래
④ Short 포지션 거래

정답 및 해설

51 ③ 영업환위험에 대한 설명이다.
52 ③ 1,200원 + 1,200 × (3−2) × 3/12
53 ② 현물환거래의 정의이다.

54 이패스 Company는 1개월 후 수입대금을 지불해야 한다. 환위험을 헤지하기 위한 가장 적절한 전략은?

① 선물환 매수 + 콜옵션 매수
② 선물환 매수 + 풋옵션 매수
③ 선물환 매도 + 콜옵션 매수
④ 선물환 매도 + 풋옵션 매수

55 USD/KRW 환율(원화로 표시한 달러화 가격)의 하락세가 지속되고 있다. 이에 대한 원인으로 가장 잘못된 것은?

① 우리나라 콜금리 하락
② 우리나라의 수출량 하락
③ 외국인의 우리나라 주식 매수 증가
④ 국제 외환시장에서 달러 약세

56 이자율스왑의 두 가지 스왑금리(swap rate) 중 Bid rate를 설명한 것은 무엇인가?

① 딜러가 변동금리를 받는 대신에 지불하고자 하는 고정금리
② 딜러가 변동금리를 주는 대신에 수취하고자 하는 고정금리
③ 변동금리 간의 스프레드
④ 이자율 swap rate와 통화 swap rate의 차이

정답 및 해설

54 ① 이패스 Company는 환율상승위험에 노출되어 있다. 따라서 선물환 매수와 콜옵션 매수가 바람직하다.
55 ① 콜금리가 인상되면 원화표시 달러화 가격이 하락한다.
56 ① ②은 오퍼레이트(offer rate)에 대한 설명이다.

57 환리스크 관리기법에 대한 다음 설명 중 바르지 않은 것은?

① 네팅(Netting)의 경우 수출이나 수입 한쪽만 있는 기업들은 이 기법을 활용할 수 없다는 단점이 있다.
② 상계를 활용할 경우 상계되는 금액에 대한 외환거래 비용 및 자금이체 비용을 절감할 수 있다.
③ 리딩이나 래깅의 경우 현실적으로 대부분의 기업이 외화의 수급시기를 무한정 인위적으로 미루거나 당기는 데는 시간적으로 한계가 있다.
④ 통화 포트폴리오 전략을 이용하는 가장 쉬운 방법으로는 수출입 통화를 달러, 엔화 및 유로화 등으로 통화의 포트폴리오를 구성하는 것이다.

58 환율에 대한 다음 설명 중 바르지 않은 것은?

① GBP/USD 환율이 1.8832/37에서 1.8812/17이 되면 이는 미국달러화의 가치가 하락한 것이다.
② USD/JPY 환율이 104.21/39에서 105.11/23으로 상승하면 이는 미국달러화의 가치가 상승한 것이다.
③ USD/KRW에서 환율이 상승했다는 것은 원화의 가치가 하락한 것이다.
④ GBP/USD에서 환율이 상승했다는 것은 파운드화의 가치가 상승한 것이다.

정답 및 해설

57 ① 매칭(Matching)의 경우 수출이나 수입 한쪽만 있는 기업들은 이 기법을 활용할 수 없다는 단점이 있다.
58 ① 1.8832/37에서 1.8812/17이 되었다는 것은 1파운드를 교환하는데 달러가 더 적게 소요된다는 것이므로, 미국달러화의 가치가 상승한 것이다.

memo

●●●● 이패스코리아 국제무역사 1급

무역규범 제3부

- 제1장 대외무역관리
- 제2장 수출입거래의 개념
- 제3장 수출입실적
- 제4장 특정거래형태의 종류 및 인정거래 대상
- 제5장 외화획득과 외화획득용 원료
- 제6장 구매확인서와 소요량 제도
- 제7장 전략물자의 수출입
- 제8장 원산지표시제도
- 제9장 관세법 이론
- 제10장 관세의 과세요건
- 제11장 관세율
- 제12장 탄력관세제도
- 제13장 관세납부방식
- 제14장 관세의 감면
- 제15장 납세의무의 소멸
- 제16장 환급특례법상 관세 환급
- 제17장 환급의 절차 및 필요서류
- 제18장 납세자의 권리구제
- 제19장 행정심판제도
- 제20장 보세구역
- 제21장 통관
- 제22장 원산지 확인
- 제3부 무역규범 핵심문제
- 제3부 무역규범 출제예상문제

학습포인트

3부 　무역규범 출제파트

- 대외무역법 8문항
- 관세법 및 환특법 19문항
- FTA 3문항

무역규범 30문항	무역계약 30문항
무역결제 30문항	무역영어 30문항

3부 　무역규범 출제 빈도 분석

무역규범 30문항 중 출제비중

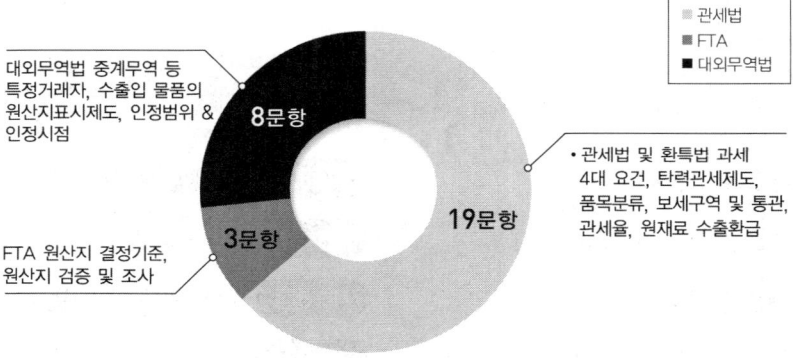

- 대외무역법 중계무역 등 특정거래자, 수출입 물품의 원산지표시제도, 인정범위 & 인정시점 — 8문항
- FTA 원산지 결정기준, 원산지 검증 및 조사 — 3문항
- 관세법 및 환특법 과세 4대 요건, 탄력관세제도, 품목분류, 보세구역 및 통관, 관세율, 원재료 수출환급 — 19문항

범례: 관세법, FTA, 대외무역법

3부 　무역규범 주요 키워드

- 수출실적의 인정기준
- 특정거래형태
- 원산지의 표시
- 보세구역
- 수출입 통관절차
- 납세의무자
- 과세의 4대요건

3부 　무역규범 체크리스트

체크리스트	상세페이지
수출, 수입 실적의 인정범위와 인정금액 및 인정시점에 대해 이해하고 있다.	269~270
원산지표시의 원칙, 원산지판정, 원산지증명서 발급업무 등을 알고 있다.	285~290
보세구역의 종류와 역할에 대해 알고 있다.	347~355
수출입 통관 절차에 대해 학습하였다.	356~359

# 제1장 대외무역관리

1 대외무역관리의 의의

무역은 국제간의 물품의 이동을 말하는 것으로서, 오늘날 모든 국가가 자유무역을 시행하면서도 자국의 국제수지균형을 달성하기 위하여 자국의 수출입거래에 어느 정도 제한을 가하고 있다. 무역관리는 무역정책의 한 부분으로서 무역에 관한 제 법규에 의해서 경제주체의 무역거래에 대한 권리를 제한하는 소극적 간섭이라고 할 수 있다.

2 무역관리 제도의 의의

"무역관리제도"라 함은, 국제수지의 균형과 통상의 확대 등 일련의 정책적인 필요에 의하여 국가가 수출입거래를 통제하거나 지원하기 위한 각종 법규 및 제도적 장치를 마련하여 이를 관리하는 것을 말한다.

3 무역관리 관련법

무역에 관한 3대 기본법 : 대외무역법, 외국환거래법, 관세법

대외무역법, 외국환 거래법과 관세법을 무역의 기본 3법으로 분리하며 대외무역법은 산업통산부장관을 최고관리기관으로 두고 있다. 반면에 외국환거래법과 관세법은 기획재정부장관을 최고장관으로 두고 있다.

4 대외무역법의 본질

1. 대외무역법의 목적

> **체크 포인트**
>
> "이 법은 대외 무역을 진흥하고 공정한 거래 질서를 확립하여 국제 수지의 균형과 통상의 확대를 도모함으로써 국민 경제를 발전시키는 데 이바지함을 목적으로 한다." - 대외무역법 제 1조(목적)

① 대외무역의 진흥, 공정한 거래질서 확립
② 국제수지의 균형, 통상확대의 도모
③ 국민경제 발전에 이바지(궁극적 목적)

2. 대외무역법의 특성

국제성 / 대외적 성격 / 종합성 / 규제대상의 포괄성 / 위임입법성 / 산업통상부장관의 무역관리 권한의 전속 / 무역에 관한 기본법이자 일반법 / 타 법령에 대한 특별법적 성격 / 품목별, 거래형태별 수출입 관리

3. 대외무역법의 운용원칙

자유롭고 공정한 무역의 조장 원칙 / 무역제한의 최소화 / 통상진흥정책의 수립

5 무역거래자의 관리

1. 무역거래자

수출 또는 수입을 하는 자, 외국의 수입자 또는 수출자의 위임을 받은 자 및 수출 수입을 위임하는 자 등 물품의 수출, 수입행위의 전부 또는 일부를 위임하거나 행하자는 자를 말한다.

2. 무역업자

영리를 목적으로 수출과 수입행위를 계속, 반복적으로 행하는 것이고, 무역업자란 자기 명의로 자기 책임하에 소유권 이전을 전제로 한 수출입업무를 영위하는 것을 말한다(본인 대 본인 관계로 수출입 본 계약을 체결함).

3. 수출입대행

무역업자가 대행위탁자의 대행계약에 따라 일정한 수수료를 받고 자기 명의로 거래 하는 것을 말하며, 자기 명의로 거래한다는 점에서 무역대리업자와 구별된다.

4. 무역대리업자

외국의 수입업자 또는 수출업자의 위임을 받은 자(외국의 수입업자는 수출업자의 지사

또는 대리점을 포함)가 국내에서 수출물품을 구매하거나 수입물품을 수입함에 있어서 그 계약의 체결과 이에 부대되는 행위를 업으로 영위하는 것을 말한다.

6 전문무역상사

전문무역상사로 지정받을 수 있는 자는 다음 각 호의 어느 하나에 해당하는 자로서 신용등급이 산업통상자원부장관이 정하여 고시하는 기준을 충족하는 자로 한다.
① 다음 각 목의 요건을 모두 갖춘 무역거래자
　㉠ 전년도 수출실적 또는 직전 3개 연도의 연평균 수출실적이 미화 100만달러 이상의 범위에서 산업통상자원부장관이 정하여 고시하는 금액 이상일 것
　㉡ 상기 ㉠에 따른 수출실적 중 다른 중소기업이나 중견기업이 생산한 물품등의 수출실적 비율이 100분의 20 이상의 범위에서 산업통상자원부장관이 정하여 고시하는 비율 이상일 것
② 신시장의 개척, 신제품의 발굴 및 중소기업 또는 중견기업에 대한 효과적인 수출 지원 등을 위하여 산업통상자원부장관이 농업·어업·수산업 등 업종별 특성과 조합 등 법인의 조직 형태별 수출 특성을 고려하여 고시하는 기준을 갖춘 무역거래자

 # 수출입거래의 개념

1 무역의 의의

"무역"이란 '물품 등'의 수출과 수입을 말하며, 물품 등이란 물품, 대통령령으로 정하는 용역, 전자적 형태의 무체물이 있다.

2 물품의 정의

"물품"이란 다음을 제외한 동산(動産)이다.
① 외국환거래법에서 정하는 지급수단(정부지폐·은행권, 환어음, 약속어음 등)
② 외국환거래법에서 정하는 증권(무기명양도성예금증서)
③ 외국환거래법에서 정하는 채권을 화체한 서류(증권, 금액을 나타내는 서류 등으로 물권의 권리를 나타낸 것을 말한다)

3 용역의 범위

경영 상담업, 법무관련 서비스업, 회계 및 세무관련 서비스업 특허권 등(특허권등이란 특허권, 실용신안권, 디자인권, 상표권, 저작권, 저작인접권, 프로그램저작권등을 말한다)의 권리사용의 허락

4 전자적 형태의 무체물

① "소프트웨어"
② 부호, 문자, 음성, 음향, 이미지, 영상 등을 디지털방식으로 제작하거나 처리한 자료 또는 정보 등으로서 산업통상부장관이 정하여 고시하는 다음의 것
  - 영상물(영화, 게임, 애니메이션, 만화, 캐릭터를 포함), 음향, 음성물, 전자서적, 데이터베이스

5 수출입의 개념

1. 수출의 정의

매매의 목적물인 물품 등을 외국에 매각하는 것을 말한다.

① 매매, 교환, 임대차, 사용대차, 증여 등을 원인으로 국내에서 외국으로 물품이 이동하는 것으로 우리나라의 선박으로 외국에서 채취한 광물 또는 포획한 수산물을 외국에 매도하는 것을 포함한다.
② 유상으로 외국에서 외국으로 물품을 인도하는 것으로서 산업통산부장관이 정하여 고시하는 기준에 해당하는 것(특정거래형태 중 외국인도수출에 해당하는 사항이다.)
③ "외국환거래법"에 따른 거주자가 비거주자에게 산업통산부장관이 정하여 고시하는 방법으로 용역을 제공하는 것
④ 거주자가 비거주자에게 정보통신망을 통한 전송과 그 밖에 산업통산부장관이 정하여 고시하는 방법으로 전자적형태의 무체물을 인도하는 것

2. 수입의 정의

① 매매, 교환, 임대차, 사용대차, 증여 등을 원인으로 외국으로부터 국내로 물품이 이동하는 것
② 유상으로 외국에서 외국으로 물품을 인수하는 것으로서 산업통산부장관이 정하여 고시하는 기준에 해당하는 것(특정거래형태 중 외국인수수입에 해당하는 사항이다.)
③ 비거주자가 거주자에게 산업통산부장관이 정하여 고시하는 방법으로 용역을 제공하는 것
④ 비거주자가 거주자에게 정보통신망을 통한 전송과 그 밖에 산업통상자원부장관이 정하여 고시하는 방법으로 제4조에 따른 전자적 형태의 무체물을 인도하는 것

체크 포인트

* 북한과의 물품거래는 대외무역법의 "남북교류협력에 관한 법률"에서 규정하고 있다.
북한지역으로의 물품공급을 반출이라고 하고, 북한지역으로부터 남한에 대한 물품의 공급을 반입이라고 한다.

6 수출입거래의 제한

1. 수출입의 원칙
① 물품 등의 수출입과 이에 따른 대금을 받거나 지급하는 것은 이 법의 목적의 범위에서 자유롭게 이루어져야 한다.
② 무역거래자는 대외신용도 확보 등 자유무역질서를 유지하기 위하여 자기 책임으로 그 거래를 성실히 이행하여야 한다.

2. 수출입제한의 사유
산업통상자원부장관은 다음 각 호의 어느 하나에 해당하는 이행 등을 위하여 필요하다고 인정하여 지정·고시하는 물품 등의 수출 또는 수입을 제한하거나 금지할 수 있다.
① 헌법에 따라 체결·공포된 조약과 일반적으로 승인된 국제법규에 따른 의무의 이행
② 생물자원의 보호
③ 교역상대국과의 경제협력 증진
④ 국방상 원활한 물자 수급
⑤ 과학기술의 발전
⑥ 그 밖에 통상·산업정책에 필요한 사항으로서 대통령령으로 정하는 사항

7 수출입승인의 유효기간

1. 수출입승인
산업통상자원부장관은 헌법에 의하여 체결, 공포된 조약과 일반적으로 승인된 국제법규에 의한 의무의 이행, 생물 자원의 보호 등을 위하여 필요하다고 인정한 경우에는 물품의 수출 또는 수입을 제한할 수 있다. 그러한 물품의 수출입을 위해서는 산업통상부 장관의 승인을 받아야 한다.

2. 승인의 유효기간
물품의 수출 또는 수입승인의 유효기간은 1년을 원칙으로 하나 산업통산부장관은 다음에 해당하는 경우에는 1년 이내 또는 20년의 범위 내에서 유효기간을 단축 또는 초과하여 설정할 수 있다.

① 물가안정 또는 수급조정을 위하여 1년 이내로 유효기간의 단축이 필요하다고 인정하는 경우
② 제조, 가공기간이 1년을 초과하는 경우 / 수출입승인사항의 변경 / 변경승인대상 / 물품 등의 수량, 가격/선적일이나 도착일을 감안하여 1년 이내에 수출 또는 수입하기 어려울 것으로 보이는 경우
③ 수출, 수입이 혼합된 거래로서 수출입승인기관의 장이 부득이 하다고 인정하는 경우

3. 변경승인대상
① 승인의 유효기간
② 물품 등의 수량 및 가격
③ 수출 또는 수입의 당사자에 관한 사항

4. 변경신고대상
① 원산지
② 도착항
③ 규격
④ 수출입물품 등의 용도
⑤ 승인조건

5. 수출입승인사항의 변경승인신청 등

(1) 변경신청
변경승인기관의 장에게 신청한다.

(2) 신청기한
① 수출, 수입승인사항의 변경은 수출, 수입승인의 유효기간 내에 신청하여야 한다.
② 다만 수입의 경우로서 수입대금을 지급하고 선적서류를 인수한 후에 수입승인사항을 변경하려는 경우에는 수입승인의 유효기간 경과 후에도 변경승인, 신고를 신청할 수 있다.
③ 신고사실을 해당 세관장에게 알려야 한다.

6. 수출입승인 면제 대상

① 산업통상부장관이 정하여 고시하는 물품 등으로서 외교관이나 그 밖의 산업통상부장관이 정하는 자가 출국 하거나 입국하는 경우에 휴대하거나 세관에 신고하고 송부하는 물품 등

② 아래 사항 중 어느 하나에 해당하는 물품 등 중 산업통상부장관이 관계행정기관의 장과의 협의를 거쳐 고시하는 물품 등

　㉠ 긴급히 처리하여야 하는 물품 등으로서 정상적인 수출·수입절차를 밟아 수출·수입하기에 적합하지 아니한 물품 등

　㉡ 무상으로 수입, 수출하거나, 무상으로 수입·수출할 목적으로 수출·수입하는 것으로서 사업목적을 달성하기 위하여 부득이하다고 인정되는 물품 등

제3장 수출입실적

1 일반 수출실적

1. 수출실적
산업통상자원부장관이 정하여 고시하는 기준에 해당하는 수출통관액, 입금액, 가득액과 수출에 제공되는 외화획득용 원료 및 기재의 국내공급액을 말한다.

2. 수출실적의 인정범위
① 수출의 정의 중 유상으로 거래되는 수출[대북한 유상반출실적(북한은 다른 나라로 규정하지 않아 수출로 보진 않기에 반출이란 용어를 사용하지만 수출실적에는 포함한다.) 포함]
② 수출승인이 면제되는 수출 중 다음에 해당하는 수출
  ㉠ 외국에서 개최되는 박람회, 전람회, 영화제 등에 출품하기 위하여 무상으로 반출하는 물품의 수출로서 현지에서 매각된 것
  ㉡ 해외에서 투자, 건설, 용역, 산업설비수출 기타 이에 준하는 사업에 종사하고 있는 우리나라 업자에게 무상으로 송부하기 위하여 반출하는 기계, 시설자재, 생필품 등으로서 해외건설공사에 직접 공하여지는 원료·기재, 공사용 장비 또는 기계류의 수출(수출신고필증에 재반입하지 않는다는 조건이 명시된 분에 한한다.)

3. 수출실적 인정금액

(1) 일반적인 경우
수출실적 인정금액은 일반적으로 수출통관액(FOB)가격을 기준으로 한다.

(2) 일반적 수출실적 인정금액이 아닌 경우
① 중계무역에 의한 수출의 경우 수출금액(FOB가격)에서 수입금액(CIF가격)을 공제한 가득액

② 외국인도수출의 경우에는 외국환은행의 입금액(다만, 위탁가공된 물품을 외국에 판매하는 경우에는 판매액에서 원자재 수출금액 및 가공임을 공제한 가득액)
③ 원양어로에 의한 수출 중 현지경비사용분은 외국환은행의 확인분
④ 용역 수출의 경우에는 수출입확인서 발급기관의 장이 발급한 수출입확인서에 의해 외국환은행이 입금확인한 금액

4. 인정시점

수출실적의 인정시점은 수출신고수리일로 한다. 다만, 위 사항들 중 용역 또는 전자적 형태의 무체물의 수출, 중계무역, 외국인도수출의 경우에 해당하는 수출, 중계무역, 외국인도수출등은 입금일로 한다.

2 외화획득용 원료 또는 물품공급의 수출실적 인정

1. 수출실적 인정범위

   수출자 또는 수출 물품등의 제조업자에 대한 외화획득용 원료 또는 물품등의 공급 중 다음에 해당하는 경우
   [① 내국신용장(Local L/C)]에 의한 공급, ② 구매확인서에 의한 공급, ③ 산업통상부장관이 지정하는 생산자의 수출물품 포장용 골판지 상자의 공급)

2. 수출실적 인정 금액

   외국환은행의 결제액 또는 확인액으로 한다.

3. 수출실적의 인정시점

   ① 외국환은행을 통하여 대금을 결제한 경우에는 결제일
   ② 외국환은행을 통하여 대금을 결제하지 아니한 경우에는 당사자간의 대금 결제일

3 외국인으로부터 외화 영수 후 물품 국내 공급

1. 수출실적 인정범위

① 외국인으로부터 외화를 영수하고 외화획득용 시설기재를 외국인과 임대차계약을 맺은 국내업체에 인도하는 경우
② 외국인으로부터 외화를 영수하고 자유무역지역의 지정 및 운영에 관한 법률상의 자유무역지역으로 반입신고한 물품 등을 공급하는 경우

2. 수출실적 인정 금액

수출실적의 인정금액은 외국환은행의 입금액으로 한다.

3. 수출실적 인정 시점

수출실적의 인정시점은 입금일로 한다.

4 수입실적

1. 수입의 정의

① 매매, 교환, 임대차, 사용대차, 증여 등을 원인으로 외국으로부터 국내로 물품이 이동하는 것
② 유상으로 외국에서 외국으로 물품을 인수하는 것으로서 산업통상자원부장관이 정하여 고시하는 기준에 해당하는 것
③ 비거주자가 거주자에게 산업통상자원부장관이 정하여 고시하는 방법으로 제3조에 따른 용역을 제공하는 것
④ 비거주자가 거주자에게 정보통신망을 통한 전송과 그 밖에 산업통상자원부장관이 정하여 고시하는 방법으로 제4조에 따른 전자적 형태의 무체물을 인도하는 것
(수입실적의 인정범위는 유상으로 거래되는 수입으로 한다.)

2. 수입실적의 인정금액

수입실적의 인정금액은 수입통관액(CIF가격 기준)으로 한다. 다만, 외국인수수입과 용역 또는 전자적 형태의 무체물의 수입의 경우에는 외국환은행의 지급액으로 한다.

3. 인정시점

수입실적의 인정시점은 수입신고수리일로 한다. 다만, 외국인수수입과 용역 또는 전자적 형태의 무체물의 수입의 경우에는 지급일로 한다.

5 수출입 공고와 통합공고

1. 수출입공고

수출입공고란 대외무역법상 산업자원부장관이 수출입물품에 대한 직접적인 관리를 위하여 물품의 수출 또는 수입에 관한 승인품목, 허가품목, 금지품목 등의 구분에 관한 사항과 물품의 종류별 수량, 금액의 한도, 규격 또는 지역 등의 제한에 관한 조항 및 동제한에 따른 추천 또는 확인 등에 관한 사항을 종합적으로 책정하여 공고한 것을 말한다.

2. 통합공고

수출입을 제한하지는 않으나 요건을 갖추도록 하는 내용을 표시한 공고이다. 즉 식품 등의 수입에 대해서는 식품위생법 등에 의거 식품검사, 검역 등을 받도록 하고 전기용품은 전기용품안전관리법 등에 의거 전기용품안전인증을 받아 수입할 수 있도록 하는 제도이다.

3. 수출입공고의 예외대상

국내에서 유통소비가 이루어지지 않는 물품은 수출입공고를 적용할 필요가 없다. 선박용품, 외국인수수입, 외국인도수출, 중계무역물품은 수출입공고 등의 적용을 받지 않는다.

4. 전략물자수출입공고

전략물자의 품목분류는 일반 수출입 물품과는 달리 HS코드에 의하지 않고 별도의 통계부호를 사용하여 분류한다. 전략물자의 수출입은 공히 전략물자 수출허가와 수입증명서가 있어야 가능하다. 전략물자의 수출허가를 받은 경우에는 수출승인을 얻은 것으로 한다. 또한 전략물자는 HS코드로 분류되지 않아 분류 작업이 시도되고 있다. 산업통산자원부에서 실시하는 공고는 수출입공고, 통합공고, 전략물자수출입공고이다.

6 물품 등의 수출입실적 확인 및 증명신청

1. 신청
물품등의 수출입실적 확인 및 증명 발급을 받으려는 자는 신청서에 필요한 서류를 첨부하여 발급기관에 신청하여야 한다.

2. 용역 수출입확인
수출입확인서 발급기관의 장에게 신청

3. 전자적형태의 무체물 수출입 사실 확인
한국무역협회장 또는 한국소프트웨어산업협회장에게 신청

4. 자료제출의 요구
수출입확인서 발급기관의 장은 신청인에게 수출입확인서의 발급심사를 위하여 필요한 자료의 제출을 요구할 수 있다.

5. 보고
수출입확인서의 발급현황 등에 관한 매분기 실적을 다음 달 20일까지 산업통상부장관과 관세청장에게 보고하여야 한다.

특정거래형태의 종류 및 인정 거래 대상

1 특정거래형태

수출 또는 수입이 원활히 이루어 질 수 있도록 ① 수출 또는 수입의 제한을 회피할 우려가 있는 거래, ② 산업 보호에 지장을 초래할 우려가 있는 거래, ③ 외국에서 외국으로 물품등의 이동이 있고, 그 대금의 지급이나 영수(領收)가 국내에서 이루어지는 거래로서 대금 결제 상황의 확인이 곤란하다고 인정되는 거래, ④ 대금 결제 없이 물품등의 이동만 이루어지는 거래 등에 해당하면 물품등의 수출입 거래 형태를 인정할 수 있다.

(11가지 특정거래형태에 대해서는 무역계약 파트 참고)

2 특정거래형태의 수출입 인정대상 거래의 범위

산업통상자원부 장관의 인정을 받아야 수출할 수 있는 거래는 다음과 같다.

1. 인정 대상

① 중계무역으로서 대금의 영수 및 지급을 같은 외국환은행을 통하여 행하지 아니하는 송금 방식의 거래와 선적서류를 같은 외국환은행을 통하여 인수 및 송부하지 아니하는 거래
② 무환 수출로서 신고가격 기준 미화 5만 달러 상당액 초과 물품을 수출승인면제에서 정한 사유에 해당하지 않고 매매, 교환, 임대차, 사용대차, 증여 등을 원인으로 국내에서 외국으로 물품이 이동하는 경우의 무환수출 ⇨ 위탁판매수출, 위탁판매수입, 위탁가공무역, 수탁가공무역, 임대수출, 임대수입, 연계무역을 위한 무환수출은 제외한다.

2. 인정 면제

중계무역거래자가 수입대금 지급은행과 다른 은행을 통해 수출대금을 영수하는 경우로서 수입대금 지급은행이 수출대금 영수은행을 지정하는 경우에는 산업통산부장관의 인정 없이 거래를 할 수 있다.

제5장 외화획득과 외화획득용 원료

1 외화획득의 범위

산업통상부장관은 원료, 시설 기재 등 외화획득을 위하여 사용되는 물품등(이하 "원료·기재"라 한다)의 수입에 대하여는 수출입공고등을 적용하지 아니할 수 있다. 다만, 국산 원료·기재의 사용을 촉진하기 위하여 필요한 경우에는 그러하지 아니한다.

1. 직접 외화획득
① 수출 / 주한 국제연합군이나 그 밖의 외국군 기관에 대한 물품등의 매도 / 관광
② 용역 및 건설의 해외 진출
③ 국내에서 물품등을 매도하는 것으로 산업통상부장관이 정하여 고시하는 기준에 해당하는 것
④ 외국인으로부터 외화를 받고 국내의 보세지역에 물품등을 공급하는 경우
⑤ 외국인으로부터 외화를 받고 공장건설에 필요한 물품등을 국내에서 공급하는 경우
⑥ 외국인으로부터 외화를 받고 외화획득용 시설·기재를 외국인과 임대차계약을 맺은 국내업체에 인도하는 경우 등

2. 수출의 알선
무역거래자가 외국의 수입업자로부터 수수료를 받고 행한 수출 알선은 외화획득행위에 준하는 행위로 본다.

2 외화획득용 원료의 범위

1. 외화획득용 원료
외화획득용 원료란 외화획득에 제공되는 물품 등을 생산(물품의 제조·가공·조립·수리·재생 또는 개조하는 것을 말한다)하는데 필요한 원자재·부자재·부품 및 구성품을 말하는 것으로 범위는 다음과 같다.

① 수출실적으로 인정되는 수출 물품 등을 생산하는데 소요되는 원료(포장재포함)
② 외화가득율이 30% 이상인 군납용 물품을 생산하는데 소요되는 원료
③ 해외에서의 건설 및 용역사업용 원료
④ 외화획득용 물품 등을 생산하는 데 소요되는 원료
⑤ 외화획득이 완료된 물품 등의 하자 및 유지보수용

2. **외화획득 이행기간**
   ① 외화획득용 원료·기재를 수입한 자가 직접 외화획득의 이행을 하는 경우 : 수입통관일 또는 공급일로부터 2년
   ② 다른 사람으로부터 외화획득용 원료·기재 또는 그 원료·기재로 제조된 물품등을 양수한 자가 외화획득의 이행을 하는 경우 : 양수일부터 1년
   ③ 외화획득을 위한 물품등을 생산하거나 비축하는 데에 2년 이상의 기간이 걸리는 경우 : 생산하거나 비축하는 데에 걸리는 기간에 상당하는 기간
   ④ 수출이 완료된 기계류의 하자 및 유지 보수를 위한 외화획득용 원료·기재인 경우 : 하자 및 유지보수 완료일부터 2년

3. **이행기간의 연장**
   시, 도지사는 생산에 장기간이 소요되는 경우 / 제품생산을 위탁한 경우 그 공장의 도산 등으로 인하여 제품생산이 지연되는 경우 등에는 1년 범위 내에서 외화획득 이행기간을 연장 할 수 있다.

제6장 구매확인서와 소요량 제도

1 외화획득용 원료 또는 물품의 국내구매

1. 의의

국내에서 외화획득용 원료 또는 물품 등을 구매하려는 자는 외국환은행의 장에게 내국신용장의 개설을 의뢰하거나 외국환은행의 장 또는 전자무역기반사업자에게 구매확인서의 발급을 신청할 수 있다.

(1) 내국신용장

외국환은행의 장이 발급하여 국내에서 통용되는 신용장을 말한다.

(2) 구매확인서

물품등을 외화획득용 원료, 외화획득용 용역, 외화획득용 전자적 형태의 무체물 또는 물품으로 사용하기 위하여 국내에서 구매하려는 경우 외국환은행의 장 또는 전자무역기반사업자(KTNET)가 내국신용장에 준하여 발급하는 증서를 말한다.

(3) 2차 구매확인서의 발급

발급기관의 장은 이미 발급된 구매확인서에 의하여 2차 구매확인서를 발급 할 수 있다.

(4) 다발성 가공 및 유통 과정(구매확인서)

가공 및 유통 과정이 여러 단계인 경우에는 각 단계별로 순차적으로 발급 할 수 있으며, 발행차수에 제한이 없다.

2. 구매확인서에 의한 공급대금의 표시통화

① 표시통화는 원화로 하되 구매확인서 발급일 현재의 대고객 전신환 매입율로 환산한 외화금액을 부기한다.
② 외화표시 구매확인서의 경우에는 표시통화를 외화로 하여 발급할 수 있다.

③ 원화로 표시는 하되 수출신용장 등에 의하여 발급되는 경우에는 외화금액을 부기하지 않을 수 있다.

3. 구매확인서의 발급

구매확인서를 발급받으려는 자는 구비서류[구비서류에는 구매자·공급자에 관한 서류, 외화획득용 원료·기재의 가격·수량 등에 관한 서류등과 외화획득용 원료(물품등)구매(공급)확인신청서등이 있다.]를 갖추어 외국환은행의 장 또는 전자무역기반사업자에게 신청하여야 한다.

[표] 내국신용장 v. 구매확인서의 비교

분류	내국신용장	구매확인서
개설기관	외국환은행	외국환은행의 장/전자무역기반사업자
관세환급	관세환급 가능	
거래대상	수출용원자재 및 수출용완제품	
실적인정	공급업체의 수출실적 인정	
부가가치세(VAT)	영세율 적용	
관련법령	무역금융관련규정(한국은행 총액한도 대출관련 무역금융 취급세칙 및 절차)	대외무역법 (대외무역관리규정)
지급보증	개설은행의 지급보증 있음	개설은행의 지급보증 없음
개설대상	수출용원자재 및 수출용완제품	외화획득용 물품
개설근거	① 수출신용장 ② 수출계약서(D/P, D/A등) ③ 외화표시물품공급계약서 ④ 외화표시용역공급계약서 ⑤ 당해업체의 과거 수출실적	① 수출신용장 ② 수출계약서(D/P, D/A등) ③ 외화표시물품공급계약서 ④ 외화입금(매입)증명서 ⑤ 구매확인서
발급횟수	① 2차(단, 1차 내국신용장이 완제품 내국신용장인 경우 3차까지 가능) ② 원자재 내국신용장인 경우에는 2차까지 가능	차수제한 없이 순차적으로 발급가능
발급시기	사전	사전, 사후

2 외화획득용 원료·기재의 자율관리기업

1. 의의
산업통상부장관은 요건을 갖춘 자가 수입승인을 받아 수입한 외화획득용 원료·기재 대하여는 산업통상부장관이 사후관리를 해야 함에도 불구하고, 수입승인을 받은 자가 이를 사후 관리하도록 할 수 있다.

2. 요건
자율적으로 사후관리를 할 수 있는 기업의 선정요건은 다음과 같으며, 자율관리기업은 기술표준원장이 수시로 해당업체를 선정한다.
① 전년도 수출실적이 미화 50만달러 상당액 이상인 업체, 수출 유공으로 포상(훈·포장 및 대통령표창을 말한다. 이하 같다)을 받은 업체(84년도 이후 포상 받은 업체만 해당한다) 또는 중견수출기업
② 과거 2년간 미화 5천 달러 상당액 이상 외화획득 미이행으로 보고된 사실이 없는 업체

3. 업체의 선정 및 사후관리
① 기술표준원장이 수시로 해당업체를 선정한다.
② 기술표준원장이 자율관리기업을 선정한 때에는 산업통상부장관, 세관장에게 그 사실을 알려야 한다.
③ 자율관리기업은 매반기 종료 다음 날 말일까지 외화획득이행내역을 기술표준원장에게 보고하여야 한다.

4. 선정의 취소
기술표준원장은 다음에 해당할 때, 그 선정을 취소할 수 있고, 취소된 기업은 취소한 날부터 3년 이내에는 재선정될 수 없다.
① 원료등을 타상사에 공급하고 공급이행내역을 알리지 아니하거나 승인 없이 원료등을 사용목적 이외의 용도에 사용하거나 양도 또는 양수한 때
② 파산등으로 사후 관리가 불가능할 때
③ 법 또는 법에 의한 명령이나 처분을 위반한 때

3 소요량제도

소요량증명제도는 외화획득용 물품에 필요한 원료의 양을 책정하고 이를 증명함으로서 외화획득용 원료의 수입에 대한 우대조치의 적정화를 기할 목적으로 운영되는 제도이다. 2001년 개정 대외무역법에서는 소요량증명서를 폐지하고 기업이 자율적으로 계산하는 자율소요량 계산서로 대체됨으로써 정부의 권한을 민간에 위임하였다.

1. 소요량

외화획득용 물품등의 전량을 생산하는 데에 소요된 원자재의 실량과 손모량을 합한 양을 말한다.

2. 단위실량

외화획득용 물품등 1단위를 형성하고 있는 원자재의 양을 말한다.

3. 평균 손모량

외화획득용 물품등을 생산하는 과정에서 생기는 원자재의 손모량(손실량 및 불량품 생산에 소요된 원자재의 양을 포함)의 평균량을 말한다.

4. 손모율

평균 손모량을 백분율로 표시한 값을 말한다.

5. 연산품

연제품(連製品) 또는 연산물(連産物)이라고도 한다. 예를 들면 석유화학공업에서 원유를 분별 증류하여 화학적 정제를 하는 경우, 동일한 공정에서 휘발유·등유·경유·중유 등이 생산되는데, 이들 제품 사이에는 주종관계가 없으며 또 서로 종류가 다르므로 연산품이라고 한다.

제7장 전략물자의 수출입

1 전략물자의 고시

1. 전략물자의 지정

(1) 의의

산업통상자원부장관과 관계 행정기관의 장이 협의하여 다자간 국제수출통제체제의 원칙에 따라 국제평화 및 안전유지와 국가안보를 위하여 수출허가 등 제한이 필요한 물품 등(대통령령으로 정하는 기술을 포함)을 지정하는 것이다.

(2) 다자간 국제수출통제체제

① 바세나르체제(WA)
② 핵공급국그룹
③ 미사일기술통제체제(MTCR)
④ 오스트레일리아그룹(AG)
⑤ 화학무기의 개발·생산·비축·사용 금지 및 폐기에 관한 협약(CWC)
⑥ 세균무기(생물무기) 및 독소무기의 개발·생산·비축 금지 및 폐기에 관한 협약(BWC)
⑦ 무기거래조약(ATT)

2. 수출허가 및 상황허가 등

수출허가	"전략물자"를 수출하려는 자는 대통령령으로 정하는 바에 따라 산업통상자원부장관이나 관계 행정기관의 장의 허가(이하 "수출허가"라 한다)를 받아야 한다.
수출신고	전략물자를 외국으로 수출하고자 하는 자는, 기술 수출입 통합공고에서 정하는 전략 물자 수출허가기관으로부터 수출허가를 득한 후 세관장에게 수출신고를 하여야 한다.

상황허가	전략물자에는 해당되지 않으나 대량파괴무기와 그 운반수단인 미사일(이하 "대량파괴무기등"이라 한다)의 제조·개발·사용 또는 보관 등의 용도로 전용될 가능성이 높은 물품등을 수출하려는 자는 그 물품등의 수입자나 최종 사용자가 그 물품등을 대량파괴무기등의 제조·개발·사용 또는 보관 등의 용도로 전용할 의도가 있음을 알았거나 그러한 의도가 있다고 의심되는 수출은 산업통상부장관이나 관계 행정기관의 장의 허가를 받아야 한다.
중개허가	• 국내에 거주하는 대한민국 국민이 전략물자를 제3국에서 다른 제3국으로 이전하거나 매매하기 위한 중개를 하려면, 그 전략 물자의 이전 매매가 수출국으로부터 다자간 국제수출통제체제의 원칙에 따른 수출허가를 받은 것인 경우를 제외하고는 대통령령으로 정하는 바에 따라 산업통상자원부장관이나 관계행정기관의 장의 허가를 받아야 한다. • 중개허가를 받지 않은 자는 7년 이하의 징역 또는 중개하는 물품 등의 가격의 5배에 해당하는 벌금에 처하며, 미수범은 본죄에 준하여 처벌한다.

3. 허가의 면제

(1) 의의

경우에 따라, 전략물자의 수출허가 또는 상황허가를 면제하되, 수출자는 수출 후 7일 이내에 산업통상자원부장관 또는 관계 행정기관의 장에게 수출거래에 관한 보고서를 제출하여야 한다.

(2) 면제 사유

① 재외공관, 해외에 파견된 우리나라 군대 또는 외교사절 등에 사용될 공용물품을 수출하는 경우
② 선박 또는 항공기의 안전운항을 위하여 긴급 수리용으로 사용되는 기계, 기구 또는 부분품 등을 수출하는 경우
③ 그 밖에 수출허가 또는 상황허가의 면제가 필요하다고 인정하여 산업통산부장관이 관계 행정기관의 장과 협의하여 고시하는 경우

4. 허가의 취소

① 거짓 또는 부당한 방법으로 허가를 받은 사실이 발견된 경우
② 전쟁, 테러 등 국가 간 안보 또는 대량파괴무기 이동·확산 우려 등과 같은 국제정세의 변화가 있는 경우

2 전문판정

1. 의의

물품등을 수출, 수출신고, 경유, 환적 또는 중개하려는 자 또는 정보수사기관의 장 등은 해당 물품등이 전략물자인지 또는 상황허가 대상 물품등인지를 확인하기 위하여 대통령령으로 정하는 바에 따라 산업통상자원부장관이나 관계 행정기관의 장에게 판정(이하 "전문판정"이라 한다)을 신청할 수 있다. 이 경우 산업통상자원부장관이나 관계 행정기관의 장은 무역안보관리원의 장 또는 대통령령으로 정하는 관련 전문기관에 판정을 위임하거나 위탁할 수 있다.

2. 판정의 절차

신청을 받은 산업통산부장관이나 관계 행정기관의 장은 15일 이내에 신청한 물품등이 전략물자에 해당하는지를 판정하여 신청인에게 알려야 한다.

3. 판정의 유효기간

판정일부터 2년이다.

4. 서류의 보관

판정과 관련된 서류는 무역거래자가 5년간 보관한다.

3 수입목적확인서의 발급

1. 의의

전략물자를 수입하려는 자는 산업통산부장관이나 관계 행정기관의 장에게 수입목적 등의 확인을 내용으로 하는 수입목적확인서의 발급을 신청할 수 있다. 이 경우 산업통산부장관과 관계 행정기관의 장은 확인 신청 내용이 사실인지 확인한 후 수입목적확인서를 발급할 수 있다.

2. 서류의 제출

전략물자 수입목적확인서를 발급받으려는 자는 전략물자의 수입 목적을 확인하는 데에 필요한 서류를 제출하여야 한다.

3. 발급의 절차

신청을 받은 산업통산부장관이나 관계 행정기관의 장은 7일 이내에 전략물자 수입목적확인서를 발급하여야 한다.

4. 수입목적확인서의 유효기간

발급일부터 1년이다.

제8장 원산지표시제도

1 원산지 개념

원산지란 '어떤 물품이 성장했거나 생산, 제조 또는 가공된 지역'으로써 일반적으로 정치적 실체를 지닌 하나의 국가를 의미한다. 원산지는 어떤 물품의 생산지를 의미하므로 물품의 단순한 조립국이나 경유국 또는 적출국과는 구별되는 개념이며 어떤 물품의 생산지를 소비자에게 정확히 알려주는 데 의미가 있다.

2 원산지 관리 규정

원산지규정이란 수출입물품의 원산지를 결정하고 특혜 또는 비 특혜의 어떤 무역조치를 규정하는 각종 기준 및 절차를 정한 것으로 국제법규, 법률, 판례 및 행정결정 등의 형태로 존재한다.

3 수출입 물품 등의 원산지의 표시

산업통상부장관이 공정한 거래 질서의 확립과 생산자 및 소비자 보호를 위하여 원산지를 표시하여야 하는 대상으로 공고한 물품등(이하 "원산지표시대상물품"이라 한다)을 수출하거나 수입하려는 자는 그 물품등에 대하여 원산지를 표시하여야 한다(우리나라가 원산지인 수출물품의 경우 "MADE IN KOREA"로 표기).

4 수입물품의 원산지 표시

1. 수입물품의 원산지표시제도

공정한 무역거래질서를 확립하기 위하여 수입물품에 대해 원산지표시를 보완·강화하고, 국제적으로 용인된 원산지 적용기준을 마련 불법수입행위를 근절하기 위하여 관리하고 있다.

① 대외무역법에 게기된 수입물품이며, 원산지 표시대상물품은 당해 물품에 원산지를 표시하여야 한다.
② 일반소비자가 직접 구매하여 사용하는 품목으로서 HS 4단위를 기준으로 전체 품목의 약 50~60%를 차지하고 있다.

2. 원산지표시품목

(1) 대상물품

일반 소비자가 직접 구매 및 사용하는 품목으로 HS 4단위기준 약 700개 품목이며, 원산지표시 대상은 당해 수입물품과 부장품(재사용이 가능한 포장용품 또는 당해 수입품과 구분판매가 가능한 부속품 및 부분품)이다.

(2) 원산지표시방법

원산지의 표시는 아래의 내용을 준수하여 한글·한문 또는 영문으로, 최종구매자가 쉽게 판독할 수 있는 활자체로, 식별하기 쉬운 위치에 표시된 원산지가 쉽게 지워지거나 떨어지지 아니하는 방법으로 표시하여야 한다.
① 원산지 : "국명 또는 국명산(産)"
② "Made in 국명" 또는 "Product of 국명"
③ "Made by 물품 제조자의 회사명, 주소, 국명"
④ Country of origin : 국명
  • 최종구매자가 용이하게 판독할 수 있는 형태와 방법으로 식별하기 용이한 위치에 영구적으로 보존될 수 있는 방법으로 표시
⑤ 수입물품의 크기가 작아 해당 물품의 원산지를 표시할 수 없을 경우에는 국명만을 표시할 수 있음.
⑥ "Brewed in 국명" 또는 "Distilled in 국명"
⑦ 물품의 주요 부분품 원산지가 다른 경우 부분품별 원산지를 표시할 수 있음

(3) 표시단위

① 최소 포장단위로 당해 수입물품의 현품에 표시하는 것이 원칙이나 당해 물품에 원산지를 표시하는 것이 불가능한 품목(밀가루 등)이나 원산지표시로 인해 당해 물품이 크게 훼손 되는 품목(IC), 수입 후 실질적 변형을 일으키는 제조공정에 투입되는 물품, 기타 상거래 관행상 최종 구매자에게 포장된 상태 또는 용기 등에 담아 봉인한 상태로 진열 또는 판매되는 물품으로서 세관장이 타당하다고 인정 하는 품목(비누

등)은 포장, 용기 등에 원산지 표시를 할 수 있다.

② 세트물품(대외무역관리규정)의 경우에는 개별물품 및 세트물품의 포장·용기에 각각 원산지를 표시하여야 하고, 세트물품을 구성하는 개별물품의 원산지가 2개국이상인 경우에는 개별물품에 각각의 원산지를 표시하고, 세트물품의 포장·용기에는 개별물품의 원산지를 모두 나열·표시한다.

(4) 표시요령

수입물품의 원산지는 제조단계에서 인쇄(printing), 등사(stenciling), 낙인(branding), 주조ding), 식각(etching), 박음질(stitching) 또는 이와 유사한 방식으로 원산지를 표시하는 것을 원칙으로 한다. 다만, 물품의 특성상 위와 같은 방식으로 표시하는 것이 부적합하거나 물품을 훼손할 우려 있는 경우에는 날인(stamping), 라벨(label), 스티커(sticker), 꼬리표(tag)를 사용하여 표시할 수 있다.

(5) 원산지표시 면제대상물품

① 외화획득용 원료 및 시설기재로 수입되는 물품.
② 개인에게 무상 송부된 탁송품, 별송품, 여행자휴대품
③ 수입 후 실질적 변형을 일으키는 제조공정에 투입하는 부품 및 원재료로서 실수요자가 직접 수입하는 경우
④ 판매 또는 임대목적이 아닌 물품제조에 사용할 목적으로 수입되는 제조용 시설 및 기자재로서 실수요자가 직접 수입 하는 경우
⑤ 연구개발용품으로서 실수요자가 수입하는 경우
⑥ 견본품 및(진열·판매용 외)수입된 물품의 하자보수용 물품
⑦ 보세운송·환적 에 의하여 우리나라를 단순히 경유하는 물품 등

(6) 원산지표시 관련 금지행위

무역거래자 또는 물품등의 판매업자는 수출 또는 수입 물품등 및 제35조에 따른 국내생산물품등에 대하여 다음 각 호의 어느 하나에 해당하는 행위를 하여서는 아니 된다.
① 원산지를 거짓으로 표시하거나 원산지를 오인(誤認)하게 하는 표시를 하는 행위
② 원산지의 표시를 손상하거나 변경하는 행위
③ 원산지표시대상물품에 대하여 원산지 표시를 하지 아니하는 행위
④ 상기 ①~③규정에 위반되는 원산지표시대상물품을 국내에서 거래하는 행위

3. 원산지확인물품

(1) 대상물품

① 수출입공고, 통합공고, 별도공고상 수입지역 제한물품
② 수입선다변화 품목
③ 원산지표시 정밀 확인 대상물품
④ 승인서상의 원산지와 현품에 표시된 원산지가 상이한 물품 등

(2) 원산지증명서 제출

다음의 경우를 제외하고, 원산지확인대상물품은 수입신고 시 세관에 필히 원산지증명서를 제출하여야 한다.
① 과세가격(종량세의 경우에는 이를 「관세법」 제15조에 준하여 산출한 가격)이 15만원 이하인 물품
② 우편물(「관세법」 제258조 제2항에 해당하는 것을 제외한다)
③ 개인에게 무상 송부된 탁송품, 별송품 또는 여행자의 휴대품
④ 재수출조건부 면세 대상 물품 등 일시 수입 물품
⑤ 보세운송, 환적 등에 의하여 우리나라를 단순히 경유하는 통과화물
⑥ 물품의 종류, 성질, 형상 또는 그 상표, 생산국명, 제조자 등에 의하여 원산지가 인정되는 물품
⑦ 그 밖에 관세청장이 산업통상자원부장관과 협의하여 타당하다고 인정하는 물품

4. 원산지증명서 구비서류

(1) 기재사항과 양식

① 원산지증명서는 당해 물품의 기호, 번호, 품명, 수량, 가격 및 생산지와 수출업자, 수하인명 등 기타 참고사항이 기재된 것이어야 한다.
② 특혜용 원산지증명서의 표준양식(또는 권고양식)은 정해져있고, 특히 표준양식의 경우에는 정확히 준수 되어야 한다.

(2) 발행기관

원산국의 세관이나 기타 발급권한이 있는 관공서 또는 상공회의소

(3) 원산지증명서의 유효성

요구되는 양식 및 형식을 따르지 않으면, 원산지증명서의 효력을 갖지 못한다.

5 원산지 판정기준

1. 수입 물품의 원산지 판정

① 수입 물품의 전부가 하나의 국가에서 채취되거나 생산된 물품(이하 "완전생산물품"이라 한다)인 경우에는 그 국가를 그 물품의 원산지로 할 것
② 수입 물품의 생산·제조·가공 과정에 둘 이상의 국가가 관련된 경우에는 최종적으로 실질적 변형을 가하여 그 물품에 본질적 특성을 부여하는 활동(이하 "실질적 변형"이라 한다)을 한 국가를 그 물품의 원산지로 할 것
③ 수입 물품의 생산·제조·가공 과정에 둘 이상의 국가가 관련된 경우 단순한 가공활동을 하는 국가를 원산지로 하지 아니할 것

2. 완전생산물품

① 해당국 영역에서 생산한 광산물, 농산물 및 식물성 생산물
② 해당국 영역에서 번식, 사육한 산동물과 이들로부터 채취한 물품
③ 해당국 영역에서 수렵, 어로로 체포한 물품
④ 해당국 선박에 의하여 해당국 이외 국가의 영해나 배타적 경제수역이 아닌 곳에서 체포한 어획물, 그 밖의 물품
⑤ 해당국에서 제조, 가공공정 중에 발생한 잔여물
⑥ 위 (1)~(5)의 물품을 원재료로 하여 제조가공한 물품

6 실질적 변형기준

실질적 변형이란 해당국에서의 제조·가공과정을 통하여 원재료의 세번과 상이한 세 번(HS 6단위 기준)의 제품을 생산하는 것을 말한다. 다만, 세 번 변경 여부의 적용에 있어서 관세율표 통칙 제 2호 가(미조립, 불완전물품)을 예외적용하여 미조립 완제품은 HS세번의 변경이 없어도 임가공국을 원산지로 한다.

7 우리나라 물품의 기준

① 우리나라에서 제조·가공과정을 통해 수입원료의 세번과 상이한 세번(HS 6단위 기준)의 물품을 생산하거나 세번 HS 4단위에 해당하는 물품의 세번이 HS 6단위에서 전혀 분류되지 아니한 물품으로, 해당 물품의 총 제조원가 중 수입원료의 수입가격(CIF가격 기준)을 공제한 금액이 총 제조원가의 51% 또는 이상인 경우
② 우리나라에서 단순한 가공활동이 아닌 제조·가공과정을 통해 세번 변경이 안 된 물품을 최종적으로 생산하고, 해당 물품의 총 제조원가 중 수입 원료의 수입가격(CIF가격 기준)을 공제한 금액이 총 제조원가의 85% 또는 이상인 경우
③ 천일염은 외국산 원재료가 사용되지 않고 제조되어야 우리나라를 원산지 인정

8 원산지판정기준의 예외

1. 부품류
주요부속품의 원산지를 수용한다.

2. 영화용 필름
영화제작자가 속하는 나라를 원산지로 한다.

3. 수입소 및 수입돼지
수입소는 국내에서 6개월, 수입돼지는 2개월이 지난 후에 국내산으로 표시할 수 있다.

4. 포장용품
내용물과 함께 들어올 경우에는 내용물의 일부로서 같은 원산지국으로 판단한다.

 # 제9장 관세법 이론

1 관세의 종류 및 의의

1. 관세
관세(關稅, tariff)는 국세의 일종으로서 관세선을 통과하는 상품에 대하여 부과하는 조세이다.

2. 관세의 종류
관세는 일반적으로 소비하는 국가에서 부담하는 것이 원칙이다. 이를 소비지국 과세원칙이라 하고, 이에 따라 수입세만을 국내에서 부과하고 있다.

(1) 수입세
수입 시 부과되는 조세

(2) 수출세
수출 시 부과되는 조세

(3) 통과세
통과 시 부과되는 조세

3. 과세방법에 의한 분류

(1) 종가세(Ad Valorem Duties)
종가세란 물품의 가격을 과세표준으로 하는 관세이다. 고가의 물품에는 관세가 많이 부과되고, 저가의 물품에는 관세가 적게 부과된다. 우리나라의 관세율 표에는 대부분의 품목이 종가세로 되어 있다.

$$관세액 = 과세가격 \times 관세율(우리나라 대부분이 종가세)$$

(2) 종량세(Specific Duties)

종량세는 물품의 수량을 과세표준으로 하는 관세이다. 수입물품의 개수, 부피, 중량, 치수 등을 확인하면 쉽게 관세액을 산출할 수 있다. 영화용 필름과 비디오 테이프 등이 대표적인 종량세 물품이다.
① 장점 : 과세방법이 간단하며, 행정상 편리
② 단점 : 일률적으로 관세를 부과하므로 불공평할 우려 존재

$$관세액 = 수량 \times 단위\ 수량\ 당\ 가격(세액)$$

(3) 기타

① 혼합세(Mixed Duties, Combined Duties) : 종가세와 종량세의 장점 결합
② 선택세(Alternative Duties) : 종가세율과 종량세율을 동시에 정하여 놓고, 그 중 높게 산출되는 세액을 선택하여 과세하는 제도

4. 관세징수의 우선

관세 징수를 할 때는 관세를 최우선으로 징수한다. 그리고 체납이 될 경우 금전 등으로 다른 조세와 동일하게 분배한다.

(1) 관세를 납부하여야 하는 물품

일반적인 국세보다 관세징수를 우선으로 한다.

(2) 관세를 납부하여야 하는 물품이 아닌 재산

일반국세와 동순위로 한다.

5. 내국세 등의 부과·징수

내국세는 부가가치세, 지방소비세, 개별소비세, 주세, 교육세, 교통·에너지·환경세, 농어촌특별세 등을 의미한다.

> **체크 포인트**
>
> ● **부가가치세**
> - 부가가치세는 모두 거래단계에서 생성되는 부가가치에 과세하되 그 부담의 전가로 예상 되는 다단계 일반소비세를 말한다.
> - 부가가치세 과세가격 = 관세의 과세가격 + 관세 + 개별소비세 + 주세 + 교통·에너지·환경세 + 교육세 + 농어촌 특별세
> - 부가가치세 과세가격 × 10% = 부가가치세액

2 법 적용의 원칙

1. 법해석의 기준
과세의 형평과 해당 조항의 합목적성에 비추어 납세자의 재산권을 부당하게 침해하지 아니하도록 한다.

2. 신의성실원칙
의무 및 직무 수행 시 신의에 따라 성실히 이행(납세자 및 과세관청 모두에게 적용)하여야 한다.

3. 소급과세금지원칙
해석이나 관세행정의 관행이 일반적으로 납세자에게 받아들여진 후에는 그 해석이나 관행에 따른 행위 또는 계산은 정당한 것으로 보며, 새로운 해석이나 관행에 따라 소급하여 과세되지 아니한다.(과세관청에게만 적용)

4. 세관공무원의 재량의 한계
과세의 형평과 관세법의 목적에 비추어 일반적으로 타당하다고 인정되는 한계를 엄수하여야 한다.

3 용어의 정의

1. **수입**
   ① 외국물품을 우리나라에 반입하는 것
   ② 외국물품을 보세구역으로부터 반입하는 것(보세구역을 경유하는 경우)
   ③ 외국물품을 우리나라에서 소비 또는 사용하는 것
   ④ 외국물품을 우리나라의 운송수단 안에서 소비 또는 사용하는 것

2. **수입으로 보지 아니하는 소비 또는 사용**
   ① 선박용품·항공기용품 또는 차량용품을 운송수단 안에서 그 용도에 따라 소비 또는 사용하는 경우
   ② 선박용품·항공기용품 또는 차량용품을 관세청장이 정하는 지정보세구역에서 출입국관리법에 따라 출국심사를 마치거나 우리나라에 입국하지 아니하고 우리나라를 경유하여 제3국으로 출발하려는 자에게 제공하여 그 용도에 따라 소비 또는 사용하는 경우
   ③ 여행자가 휴대품을 운송수단 또는 관세통로에서 소비 또는 사용하는 경우(승무원 휴대품은 해당하지 않는다.)
   ④ 관세법의 규정에 의하여 인정된 바에 따라 소비 또는 사용하는 경우

3. **내국물품**
   ① 우리나라에 있는 물품으로서 외국물품이 아닌 것
   ② 우리나라의 선박 등에 의하여 공해에서 채집하거나 포획한 수산물 등
   ③ 입항 전 수입신고가 수리된 물품
   ④ 수입신고수리 전 반출 승인을 받아 반출된 물품
   ⑤ 수입신고 전 즉시반출신고를 하고 반출된 물품

4. **외국물품**
   ① 외국으로부터 우리나라에 도착된 물품으로서 수입신고가 수리되기 전의 것
   ② 외국의 선박 등에 의하여 공해에서 채집 또는 포획된 수산물 등으로서 수입신고가 수리되기 전의 것
   ③ 수출신고가 수리된 물품

④ 보세구역에서 보수작업으로 외국물품에 부가된 내국물품
⑤ 보세공장에서 외국물품과 내국물품을 원재료로 제조한 물품 중 수입신고가 수리되기 전의 것

5. 수입의 의제

다음에 해당하는 외국물품은 관세법의 규정에 의하여 적법하게 수입된 것으로 보고 관세 등을 따로 징수하지 아니한다.
① 체신관서가 수취인에게 교부한 우편물
② 관세법에 의해 매각된 물품
③ 관세법에 의해 몰수된 물품
④ 관세법에 의해 통고처분으로 납부된 물품
⑤ 법령에 의하여 국고에 귀속된 물품
⑥ 몰수에 갈음하여 추징된 물품

6. 수출 및 반송

수출	내국물품을 외국으로 반출하는 것
반송	국내에 도착한 외국물품이 수입통관절차를 거치지 아니하고 다시 외국(제3국인지 불문)으로 반출되는 것을 말한다.
수출·반송의 의제	체신관서가 외국으로 발송한 우편물은 관세법의 규정에 의해 적법하게 수출되거나 반송된 것으로 본다.

7. 선박용품·항공기용품·차량용품

선박용품	선박에 사용되는 연료, 소모성 기자재, 음료, 밧줄, 수리용 부속품, 집기, 식료품 등을 말한다.
항공기용품	선박용품에 준하는 물품으로서 당해 항공기에서만 사용되는 것을 말한다.
차량용품	선박용품에 준하는 물품으로서 당해 차량에서만 사용되는 것을 말한다.
국제무역선, 국내운항선 등	무역을 위하여 우리나라와 외국 간을 운항하는 선박(국제무역선), 국내에서만 운항하는 선박(국내운항선)을 말한다.

8. 통관

관세법의 규정에 의한 절차를 이행하여 물품을 수출·수입 또는 반송하는 것을 말한다. 따라서 통관은 수출통관, 수입통관, 반송통관으로 구분된다. 내국물품은 수출통관절차를 거쳐 외국물품이 되고, 외국물품은 수입통관절차를 거쳐 내국물품이 된다. 그러나 반송

통관은 외국으로부터 우리나라에 도착된 물품을 수입신고수리 전에 외국물품 상태 그대로 외국에 반출하는 것을 말한다.

4 환적·복합 환적 및 운영인

1. 환적
동일한 세관관할구역 안에서 입국 또는 입항하는 운송수단에서 출국 또는 출항하는 운송수단으로 물품을 옮겨 싣는 것을 말한다.

2. 복합 환적
입국 또는 입항하는 운송수단의 물품을 다른 세관 관할 구역으로 운송하여 출국 또는 출항하는 운송수단으로 옮겨 싣는 것을 말한다.

3. 운영인
특허보세구역의 설치·운영에 관한 특허를 받은 자, 종합보세사업장의 설치·운영에 관한 신고를 한 자

5 관세의 납부기한 및 기타의 기한

1. 관세법상의 기간 및 기한의 계산
관세법의 규정에 의한 기간의 계산은 관세법에 특별한 규정이 있는 것을 제외하고는 민법에 의한다.

2. 일반적인 관세의 납부기한

(1) 원칙

납세의무자가 납세신고를 한 경우 납세의무자는 납세신고가 수리된 날로부터 15일 이내에 해당 세액을 납부하여야 한다.

(2) 예외

세관장이 부과고지를 한 경우 납부고지를 받은 자는 그 고지를 받은 날로부터 15일 이내에 당해 세액을 세관장에게 납부하여야 한다.

(3) 수입신고 전 즉시반출신고를 한 경우

납세의무자는 수입 신고일부터 15일 이내에 해당 세액을 납부하여야 한다. (수입신고 전 반출신고를 하여 즉시반출을 한 경우에는 즉시반출 후 10일 이내에 수입신고를 하여야 하며, 수입신고 후 15일 이내에 해당 세액을 납부하여야 한다.)

(4) 세액을 정정하는 경우

납세의무자가 세액의 보정/수정을 신청한 경우 해당 보정/수정신청을 한 날의 다음날까지 해당 관세를 납부하여야 한다. 다만, 납세의무자가 납세신고한 세액을 납부하기 전에 정정을 한 경우 납부기한은 당초의 납부기한으로 한다.

3. 기타 기한

관세청·세관의 전산처리설비가 일정한 장애로 인하여 가동이 정지되어 이 법의 규정에 의한 신고·신청·승인·허가·수리·교부·통지·통고·납부 등을 할 수 없게 되는 때에는 그 장애가 복구된 날의 다음날을 기한으로 한다.

4. 기한의 연장

세관장은 일정한 사유로 인하여 관세법 규정에 의한 신고, 신청, 청구 그 밖의 서류의 제출, 통지, 납부 또는 징수를 정해진 기한까지 할 수 없다고 인정되는 때에는 1년을 넘지 아니하는 기간을 정하여 기한을 연장할 수 있다. 다만, 납부기한을 연장할 때에 채권의 확보를 위해 담보를 제공하게 할 수 있다.

> **체크 포인트**
>
> ● **기한 연장의 사유**
> ① 천재·지변
> ② 전쟁·화재 등 재해나, 도난으로 인하여 재산에 심한 손실을 입은 경우
> ③ 사업에 현저한 손실을 입은 경우
> ④ 사업이 중대한 위기에 처한 경우
> ⑤ 기타 세관장이 인정하는 경우

6 납부고지서의 송달

1. 납부고지서 송달의 방법
직접교부 하는 경우를 제외하고는 인편이나 우편 또는 전자송달의 방법으로 한다.

2. 공시송달
납세의무자의 주소를 알지 못하는 경우에는 세관의 게시판이나 잘 보이는 곳에 공시하여 14일이 지나면 고지한 것으로 본다.

3. 전자송달(국가관세종합정보시스템, 연계정보통신망)
전자송달은 납부고지사항이 송달받을 자가 지정한 컴퓨터에 입력된 때 또는 관세청장이 정하는 전산처리설비에 저장하는 경우에는 저장된 때 그 송달을 받아야 할 자에게 도달된 것으로 본다.

4. 신고 서류의 보관기간(수입 5년, 수출 3년, 기타 2년)

당해 신고에 대한 수리일 부터 5년	• 수입신고필증 • 수입거래관련 계약서 또는 이에 갈음하는 서류 • 지식재산권거래관련 계약서 또는 이에 갈음하는 서류 • 수입물품 가격결정에 관한 자료
당해 신고에 대한 수리일로부터 3년	• 수출신고필증 • 수출물품 가격결정에 관한 자료 • 수출거래관련 계약서 또는 이에 갈음하는 서류
당해 신고에 대한 수리일부터 2년	• 보세화물반출입에 관한 자료 • 적재화물목록 관한 자료 • 보세운송에 관한 자료

관세의 과세요건

조세를 징수하기 위해서는 일정한 요건을 갖추어야 하는데 이러한 요건을 과세요건이라고 하고, 과세물건, 납세의무자, 과세표준, 관세율을 관세의 4대요건이라고 한다.

1 과세물건 의의

수입물품이 외국에서 선적되어 우리나라에 도착한 후 통관이 완료되기까지 물품의 성질과 수량에 변화가 생길 수 있다. 그러므로 어느 시점의 성질과 수량에 의하여 관세를 부과할 것인가의 문제를 법으로 규정하고 있다. 과세물건 확정의 시기란 과세의 기준이 되는 수입물품의 성질과 수량이 확정되는 시기를 말한다.

1. 과세물건 확정의 시기

일반적으로 관세는 수입신고(입항 전 수입신고 포함)를 하는 때의 물품의 성질과 수량에 따라 부과하며, 원료과세물품의 경우 사용신고 전에 미리 원료과세를 신청하는 경우 사용신고를 하는 때의 성질 및 수량에 의하여 관세를 부과한다.

2. 과세물건확정의 시기의 예외

① 보세구역 외 보수작업 승인기간이 경과하여 관세를 징수하는 경우 : 보세구역 밖에서의 보수작업의 승인을 받은 때
② 보세공장 외 작업, 보세건설장외 작업의 허가기간이 경과하거나 종합보세구역 외 작업의 기간이 경과하여 관세를 징수하는 물품 : 보세공장 외 작업, 보세건설장외 작업 또는 종합보세구역 외 작업을 허가 받거나 신고한 때
③ 보세운송기간이 경과하여 관세를 징수하는 물품 : 보세운송을 신고 하거나 승인을 받은 때
④ 외국물품인 선박용품·항공기용품·차량용품이나, 국제무역선·국제무역기·국경출입차량안에서 판매하는 물품을 허가받은 대로 적재하지 아니하여 관세를 징수하는 물품 : 하역을 허가 받은 때

⑤ 도난물품 또는 분실물품 : 해당 물품이 도난되거나 분실된 때
⑥ 관세법의 규정에 의하여 매각되는 물품 : 해당 물품이 매각된 때
⑦ 우편으로 수입되는 물품(수입신고를 하여야 하는 우편물은 제외) : 통관우체국에 도달한 때
⑧ 수입신고가 수리되기 전에 소비하거나 사용하는 물품(소비 또는 사용을 수입으로 보지 아니하는 물품 제외) : 해당 물품을 소비하거나 사용한 때
⑨ 보세구역에 장치된 외국물품이 멸실되거나 폐기된 경우 : 해당 물품이 멸실되거나 폐기된 때
⑩ 수입신고 전 즉시반출신고를 하고 반출한 물품 : 수입신고전 즉시반출 신고를 한 때
⑪ 수입신고를 하지 아니하고 수입된 물품(위의 조항 제외) : 수입된 때

2 납세의무자

1. 납세의무자의 정의

납세의무자란, 세법에 의해 조세를 납부할 의무가 있는 자를 말한다. 관세의 납부의무자는 원칙적으로 화주가 되지만 관세의 간접세적특성으로 인하여 그 실질적인 세 부담은 최종소비자에게 전가된다.

2. 원칙적인 납세의무자

(1) 화주

수입신고를 한 물품에 대해서는 그 물품을 수입한 화주(貨主)가 관세의 납부의무자가 된다.

(2) 화주가 불분명한 경우

화주가 불분명한 때에는 다음에 해당하는 자를 화주로 본다.
① 수입을 위탁받아 수입업체가 대행수입한 물품인 경우 : 그 물품의 수입을 위탁한 자
② 수입을 위탁받아 수입업체가 대행수입한 물품이 아닌 경우 : 대통령령으로 정하는 상업서류(송품장·선하증권·항공화물운송장)에 적힌 물품수신인
③ 수입물품을 수입신고 전에 양도한 때 : 양수인

3. 연대납세의무자

(1) 의의

수입신고가 수리된 물품 또는 수입신고 수리 전 반출승인을 받아 반출된 물품에 대하여 납부하였거나 납부하여야 할 관세액이 부족한 경우 물품을 수입한 화주의 주소 및 거소가 분명하지 아니하거나 수입신고인이 화주를 명백히 하지 못하는 경우에는 그 신고인이 해당물품을 수입한 화주와 연대하여 해당 관세를 납부하여야 한다.

(2) 관세법상의 연대납세의무자

① 수입신고물품이 공유물이거나 공동사업에 속하는 물품인 경우 : 그 공유자 또는 공동사업자인 납세의무자
② 수입신고인이 수입신고를 하면서 수입신고하는 때의 화주가 아닌 자를 납세의무자로 신고한 경우 : 수입신고인 또는 납세의무자로 신고된 자가 관세포탈 등을 저질러 유죄를 확정받은 경우 그 수입신고인 및 납세의무자로 신고된 자와 해당 물품을 수입신고하는 때의 화주
③ 수입물품을 수입신고 전에 양도한 경우 : 그 양수인

4. 특별납세의무자

일반적인 수입통관절차를 거치지 않고 사실상 수입이 되는 물품에 대하여 별도로 규정한 납세의무자를 특별납세의무자라 한다.

① 외국물품인 선박용품·항공기용품·차량용품이나, 국제무역선·국제무역기·국경출입차량안에서 판매할 물품이 허가받은 대로 적재하지 아니하여 관세를 징수하는 물품 : 하역허가를 받은 자
② 보세구역 외 보수작업의 승인기간이 경과하여 관세를 징수하는 물품 : 보세구역밖에서의 보수작업의 승인을 받은 자
③ 보세구역 장치물품의 멸실·폐기로 관세를 징수하는 물품 : 운영인 또는 보관인
④ 보세공장 외 작업, 보세건설장외 작업의 허가기간이 경과하거나 종합보세구역 외 작업의 기간이 경과하여 관세를 징수하는 물품 : 보세공장 외 작업, 보세건설장외 작업 또는 종합보세구역 외 작업의 허가를 받거나 신고 한 자
⑤ 보세운송기간이 경과하여 관세를 징수하는 물품 : 보세운송신고를 하였거나 승인을 받은 자

⑥ 수입신고가 수리되기 전에 소비 또는 사용하는 물품(소비 또는 사용을 수입으로 보지 아니하는 물품 제외) : 소비자 또는 사용자
⑦ 수입신고 전 즉시반출신고를 하고 반출한 물품 : 즉시 반출한 자
⑧ 우편으로 수입되는 물품 : 수취인
⑨ 도난 또는 분실물품
　㉠ 보세구역 장치물품 : 운영인 또는 화물관리인
　㉡ 보세운송물품 : 보세운송을 신고하거나 승인을 받은 자
　㉢ 그 밖의 물품 : 보관인 또는 취급인
⑩ 관세법 또는 다른 법률의 규정에 의하여 따로 납세의무자로 규정된 자
⑪ 기타의 물품 : 소유자 또는 점유자

5. 납세의무자의 경합

원칙적 납세의무자인 화주 또는 연대납세의무자인 신고인과 특별 납세의무자가 경합되는 때에는 특별 납세의무자가 우선하여 납세 의무를 진다.

6. 납세보증자의 의무

관세법 또는 다른 법령이나 조약·협약 등에 따라 관세의 납부를 보증한 자는 보증액의 범위에서 납세의무를 진다.

3 과세표준 및 과세가격 결정

1. 과세표준

과세표준이란, 세액 산출의 기본이 되는 과세물건의 가격 또는 수량을 말한다.

cf) 납부세액이 10,000원 미만일 때는 세관장이 이를 징수하지 않는다(납부한 것으로 봄).

2. 과세가격 결정

과세가격을 결정하는 방법은 아래의 6가지 방법이 있다. 각 방법은 순차적으로 적용하며 납세의무자의 요청이 있는 경우 제5방법을 제4방법에 우선하여 적용할 수 있다.

3. 과세가격 결정방법

(1) 제1방법 – 과세가격 결정방법의 원칙(해당물품의 거래가격 기초)

① 의의 : 과세 평가에 있어서 가장 기본적이고 원칙적인 방법이다. 제1방법의 적용대상 물품은 '우리나라에 수출하기 위하여 판매되는 물품에 대하여 구매자가 실제로 지급하였거나 지급해야 할 가격에 법정가산요소를 가산하고 조정한 거래가격이다'

② 적용 요건 : 우리나라에 수출·판매되는 물품이어야 한다.
  ⓐ 법정가산금액 자료에 하자가 없어야 한다. ⓑ 신고가격에 하자가 없어야 한다.
  ⓒ 가격 결정 과정에 하자가 없어야 한다.

③ 제1방법 적용의 배제 사유
  ㉠ 우리나라에 수출·판매되는 물품이 아닌 경우
  ㉡ 무상으로 국내에 도착하는 물품
  ㉢ 국내 도착 후 경매 등을 통해 판매가격이 결정되는 위탁판매물품
  ㉣ 수출자의 책임으로 국내에서 판매하기 위해 국내에 도착하는 물품
  ㉤ 별개의 독립된 법적 사업체가 아닌 지점 등과 거래에 따라 국내에 도착하는 물품
  ㉥ 임대차계약에 따라 국내에 도착하는 물품
  ㉦ 무상으로 임차하여 국내에 도착하는 물품
  ㉧ 산업쓰레기 등 수출자 부담으로 국내에서 폐기하기 위해 국내에 도착하는 물품

④ 가격결정과정의 하자로 볼 수 있는 경우
  ㉠ 해당 물품의 처분 또는 사용에 제한이 있는 경우
  ㉡ 해당 물품에 대한 거래의 성립 또는 가격의 결정이 금액으로 계산할 수 없는 조건 또는 사정에 의하여 영향을 받은 경우
  ㉢ 해당 물품이 수입한 후에 전매·처분 또는 사용하여 생긴 수익의 일부가 판매자에게 직접 또는 간접으로 귀속되는 경우
  ㉣ 구매자와 판매자간에 특수 관계가 있어 해당 특수관계가 해당 물품의 가격에 영향을 미치는 다음에 해당하는 경우

(2) 제2방법 – 동종·동질물품의 거래가격을 기초로 한 과세결정 방법

① 의의 : 제1방법으로 과세가격을 결정할 수 없는 때에는 과세가격으로 인정된 사실이 있는 동종·동질물품의 거래가격으로서 일정한 요건을 갖춘 가격을 기초로 하여 과세가격을 결정한다.

② **동종·동질물품의 범위** : 동종·동질물품이란 해당 수입물품의 생산국에서 생산된 것으로서 물리적 특성, 품질 및 소비자 등의 평판을 포함한 모든 면에서 동일한 물품을 말한다.

③ **동종·동질물품의 거래가격이 둘 이상 있는 경우** : 동종·동질물품의 거래가격이 둘 이상 있을 경우에는 생산자·거래시기·거래단계·거래수량 등(거래내용 등)이 해당 물품과 가장 유사한 것에 해당하는 물품의 가격을 기초로 하고, 거래내용 등이 같은 물품이 둘 이상이 있고 그 가격도 둘 이상이 있는 경우 가장 낮은 가격을 기초로 하여 과세가격을 결정한다.

(3) **제3방법 – 유사물품의 거래가격을 기초로 한 과세결정 방법**

① **유사물품의 범위** : 유사물품이란 해당 수입물품의 생산국에서 생산된 것으로서 모든 면에서 동일하지는 아니하지만 동일한 기능을 수행하고 대체사용이 가능할 수 있을 만큼 비슷한 특성과 비슷한 구성요소를 가지고 있는 물품을 말한다.

② **유사물품의 거래가격이 둘 이상 있는 경우** : 유사물품의 거래가격이 둘 이상이 있는 경우에는 생산자·거래시기·거래단계·거래수량 등(거래내용 등)이 해당 물품과 가장 유사한 것에 해당하는 물품의 가격을 기초로 하고, 거래내용 등이 같은 물품이 둘 이상이 있고 그 가격도 둘 이상이 있는 경우에는 가장 낮은 가격을 기초로 하여 과세가격을 결정한다.

(4) **제4방법 – 국내판매가격을 기초로 한 과세결정 방법**

① **의의** : 제1방법(해당물품의 거래가격을 기초로 한 과세가격 결정방법), 제2방법(동종·동질물품의 거래가격을 기초로 한 과세가격 결정방법) 및 제3방법(유사물품의 거래가격을 기초로 한 과세가격 결정방법)으로 과세가격을 결정할 수 없는 때에는 해당 물품 등이 국내판매되는 가격에서 법정공제요소를 뺀 가격을 과세가격으로 한다.

② **국내판매가격의 범위** : 국내판매가격이란 해당 물품 동종·동질물품 또는 유사물품이 수입된 것과 동일한 상태로 해당 물품의 수입신고일 또는 수입신고일과 거의 동시에 특수관계가 없는 자에게 가장 많은 수량으로 국내에서 판매되는 최초의 거래가격이다.

③ **법정 공제요소**

㉠ 국내 판매와 관련하여 통상적으로 지급하였거나 지급하여야 할 것으로 합의된 수수료 또는 동종·동류의 수입물품이 국내에서 판매되는 때에 통상적으로 부가되는 이윤 및 일반경비에 해당하는 금액

ⓛ 수입항에 도착한 후 국내에서 발생된 통상의 운임·보험료 기타 관련비용
　　ⓒ 해당 물품의 수입 및 국내 판매와 관련하여 납부하였거나 납부하여야 하는 조세 기타 공과금

(5) **제5방법 – 산정가격을 기초로 한 과세가격 결정방법**
　① **의의** : 제1방법(법 제30조의 규정에 의한 과세가격 결정의 원칙적인 방법), 제2방법(동종·동질물품의 거래가격을 기초로 한 과세가격 결정방법) 및 제3방법(유사물품의 거래가격을 기초로 한 과세가격 결정방법) 및 제4방법(국내판매가격을 기초로 한 과세가격 결정방법)으로 과세가격을 결정할 수 없는 때에는 수출국의 제조업자가 제시한 제품의 원가계산서를 바탕으로 생산에 소요된 비용을 산정하여 산출된 가격을 기초로 과세가격을 결정한다.
　② **적용상의 한계** : 제5방법에 의하여 과세가격을 결정하는 경우에 수출국의 제조업자로부터 가격 산정의 기초자료인 원가계산서를 획득하기 곤란하다는 한계점이 있다.
　③ **우선 적용** : 납세의무자가 요청하면 제 4방법에 우선하여 제 5방법으로 과세가격을 결정할 수 있다.

(6) **제6방법 – 합리적 기준에 따른 과세가격 결정 방법**
　① **의의** : 제1방법부터 제5방법으로 과세가격을 결정할 수 없는 경우에는 제1방법부터 제 5방법의 규정을 융통적으로 해석·적용하는 합리적인 기준에 의하여 과세가격을 결정한다.
　② **제6방법 적용 시 '기준'으로 해서는 안 되는 가격**
　　㉠ 우리나라에서 생산된 물품의 국내판매가격
　　㉡ 수출국의 국내판매가격
　　㉢ 우리나라 외의 국가에 수출하는 물품의 가격
　　㉣ 선택 가능한 가격 중 반드시 높은 가격을 과세가격으로 해야 한다는 기준에 따라 결정하는 가격
　　㉤ 동종·동질 물품 또는 유사물품에 대하여 법 제34조(제5방법)의 규정에 의한 방법 외의 방법으로 생산비용을 기초로 하여 결정된 가격
　　㉥ 특정수입물품에 대하여 미리 설정하여 둔 최저과세기준가격
　　㉦ 자의적 또는 가공적인 가격

4 과세환율

과세가격을 결정하는 경우 외국통화로 표시된 가격을 내국통화로 환산할 때에는 수입신고일(보세건설장에 반입된 물품의 경우에는 수입신고를 한 날)이 속하는 주의 전주의 기준환율 또는 재정환율을 평균하여 관세청장이 그 율을 정한다.

5 잠정가격신고

1. 의의

거래의 관행상 수입신고 당시에 거래가격이 확정되지 않고 일정기간 경과 후에 거래가격이 확정되는 물품에 대해 확정될 것으로 추정되는 가격을 신고하고 납부한 후 당해 물품의 가격이 확정되었을 때에 확정가격신고를 하여 잠정 가격신고로 납부한 세액을 정산하는 제도를 말한다. 이 제도는 과세가격결정의 지연을 이유로 인해 통관을 지체시키는 일이 없도록 하는 취지이다(거래 관행상 거래가 성립된 때부터 일정기간이 경과한 후에 가격이 정하여지는 물품으로서 수입신고일 현재 그 가격이 정하여지지 아니한 경우 등은 잠정가격 신고를 할 수 있다.).

2. 확정가격신고

잠정가격으로 가격신고를 한 자는 2년의 범위 안에서 구매자와 판매자 간의 거래 계약의 내용 등을 고려하여 세관장이 지정하는 기간 내에 확정된 가격("확정가격")을 신고하여야 한다.

3. 세관장의 직권확정

세관장은 납세의무자가 확정가격신고기간 내에 확정된 가격의 신고를 하지 아니하는 때에는 해당 물품에 적용될 가격을 확정할 수 있다.

제11장 관세율

세율이란 세액 산출의 기초가 되는 과세표준에 대한 세액의 비율을 말하며, 관세율이란 관세의 과세표준인 수입물품의 가격 또는 수량에 대한 관세액의 비율이다. 관세율은 과세표준과 함께 세액 결정의 가장 중요한 요소 중의 하나이며, 조세법률주의에 따라 국회에서 법률로 정하는 것이 원칙이다(관세는 원칙적으로 수입신고 당시의 법령에 의하여 부과된다).

1 관세율표

관세율표라 함은 과세물건인 수입물품을 분류하기 위한 상품품목표와 각 품목마다의 세율로 구성된 표를 말한다.

현행 관세율표는 국제통일 상품명 및 코드 시스템에 의해 분류되는데 이를 "Harmonized system"이라고 하며 약칭으로 HS CODE라고 부른다. 대분류는 21개의 부로 나뉘어져 있다.

2 품목분류 사전심사제도

1. 품목분류 사전심사제도

(1) 의의

수출입물품의 품목분류에 의문이 있는 자는 수출입신고를 하기 전에 관세청장에게 해당 물품에 적용될 별표 관세율표상의 품목분류를 미리 심사하여 줄 것을 신청하고 심사결과에 따라 수출입신고를 할 수 있다.

(2) 품목분류의 고시

① 관세청장은 품목분류를 심사한 물품에 대해서는 해당 물품에 적용될 품목분류와 품명·용도·규격 그 밖에 필요한 사항을 고시하여야 한다.
② 해당 물품에 적용될 품목분류를 고시하는 것이 적당하지 아니하다고 인정되는 물품에 대하여는 이를 고시 하지 아니할 수 있다.
③ 품목분류의 유효기간은 변경되기 전까지 유효하다.

2. 특정물품에 적용되는 품목분류의 변경

(1) 의의

관세청장은 심사한 품목분류를 변경하여야 할 필요가 있거나 그 밖에 관세청장이 직권으로 품목분류를 변경하여야 할 부득이한 사유가 생긴 경우 해당 물품에 적용할 품목분류를 변경할 수 있다.

(2) 품목분류의 변경 사유

① 신청인의 허위자료의 제출 등으로 품목분류에 중대한 착오가 있는 경우
② 협약에 따른 관세협력이사회의 권고 또는 결정 및 법원의 확정판결이 있는 경우
③ 동일 또는 유사한 물품에 대하여 서로 다른 품목분류가 있는 경우

3 HS 품목분류

1. HS 기본개념과 기본적 분류 체계

① HS(Harmonized System)는 상품분류에 관한 국제협약으로 수출입 물품에 대해 HS 협약에 의해 부여되는 상품분류코드로 6자리까지는 국제적으로 공통으로 사용하는 코드이다.
② 7자리부터는 각 국가에서 6단위 소호의 범위 내에서 이를 세분하여 10자리까지 사용할 수 있다.
③ 우리나라에서는 10자리까지 사용하며 이를 HSK(HS of Korea)라고 한다(EU와 중국은 8, 일본은 9자리 사용).

2. HS code의 구조 예 0101.29-1000(10단위 HSK)

① 01 : 류(Chapter) → 살아있는 동물이 분류되는 류(類)로서 앞 2자리
② 0101 : 호(Heading) → 말(Horses)가 분류되는 호(號)로서 앞 4자리
③ 0101.29 : 소호(Subheading) → 기타의 말이 분류되는 소호(小號)로서 앞 6자리
④ 0101.29-1000 : 『경주말』이 분류되는 10자리.
(7단위 이하는 6단위에서 정하는 범위 내에서 각국이 이를 세분하여 사용 가능)

3. HS의 해석에 관한 일반통칙(관세율표 해석에 관한 통칙)

상품분류 기본원칙을 규정한 이 통칙은 HS 협약의 일부로서 법적인 효력이 있으며 관세법 별표인 관세율표에도 이 통칙을 규정하고 있으므로 통칙자체가 관세법의 일부를 구성하고 있음.

4. 주(Note)

주(Note)는 부와 류 및 소호에 설정되어 있으며 통칙, 호·소호의 용어와 함께 법적 구속력을 갖는 HS 3대 구성요소의 하나로서 HS 협약주, 국내주로 구성되어 있음

5. 호(號) 및 소호(小號)의 정의

① 호(Heading)란 2단위인 류(類)를 품목에 따라 세분한 것으로 HS코드 앞부분 4자리, 호의 용어란 4단위의 코드 번호와 연결하여 설정된 구체적인 품목들로서 통칙 및 주(Note)와 함께 구속력을 갖는 HS 3대 구성요소이다.
② 소호(Sub-Heading)란 4단위인 호를 품목에 따라 세분한 HS코드 앞부분 5, 6자리, 소호의 용어도 통칙6의 규정에 따라 호의 용어와 동일하게 법적인 구속력을 갖는 HS 3대 구성요소의 하나이다.

4 관세율의 종류

1. 관세율의 종류

우리나라가 독자적으로 정한 세율로서 다음 3가지로 구분한다.

기본세율	관세율표상의 기본세율로서 국회에서 제정되며, 통상적으로 수입물품에 적용되는 세율을 말한다(잠정세율의 인상 또는 인하의 기준이 되며, 탄력세율 산정의 기준이 된다).
잠정세율	특정물품에 대하여 기본세율과는 다른 세율을 잠정적으로 적용하기 위하여 마련된 세율이며 국회에서 제정되고 관세율표상에 기본세율과 함께 표시된다. 잠정세율의 적용을 받는 물품과 관련이 있는 관계부처의 장 또는 이해관계인은 적용정지, 세율 인상·인하의 필요가 있다고 인정되는 때에는 이를 기획재정부장관에게 요청할 수 있다.
기타 탄력관세율등	덤핑방지관세 / 상계관세 / 보복관세 / 긴급관세 / 특정국물품긴급관세 / 농림축산물에 대한 특별긴급관세 / 편익관세 / 국제협력관세 / 조정관세 / 할당관세 / 계절관세 / 일반특혜관세

2. 관세율 적용의 우선순위

관세율은 다음의 순서와 같이 적용한다.

순위	세율명	비고
1순위	• 덤핑방지관세 • 상계관세 • 보복관세 • 긴급관세 • 특별긴급관세 • 특정국물품 긴급관세 • 조정관세	- 최우선으로 적용 - 1순위 조정관세 [공중도덕 보호, 인간·동물·식물의 생명 및 건강 보호, 환경보전, 한정된 천연자원 보존 및 국제평화와 안전보장 등을 위하여 필요한 경우]
2순위	FTA협정관세	이하의 세율보다 낮은 경우 우선 적용
3순위	• WTO 일반양허관세 / WTO 개도국 간 양허관세 • 아태무역협정관세 • UNCTAD 개발도상국간 협정관세 • 편익관세 • 국제협력관세	- 이하의 세율보다 낮은 경우 우선 적용 - WTO 일반양허관세/아태무역협정관세는 4순위 및 5순위 세율보다 낮은 경우 우선 적용
3순위	• WTO 일반양허관세 중 농림축산물 • 아태무역협정관세 중 녹차의 일반양허관세	이하의 세율보다 낮은 경우 우선 적용 단 잠정관세 및 기본관세 보다는 높더라도 우선적용
4순위	• 조정관세(1순위 대상 제외) • 할당관세 • 계절관세	- 이하의 세율보다 낮은 경우 우선 적용 - 단, 할당관세는 GSP세율보다 낮은 경우에만 우선적용
5순위	최빈개발도상국에대한특혜관세(GSP)	이하의 세율보다 우선적용
6순위	잠정관세	기본관세보다 우선적용
7순위	기본관세	

① 1순위의 세율은 어떠한 경우에도 최우선적으로 적용한다.
② 기본세율과 잠정세율은 관세율표에 의하되, 잠정세율은 기본세율에 우선하여 적용한다.
③ 편익관세 및 국제협력관세의 세율은 후순위의 세율보다 낮은 경우에만 우선 적용한다.

3. FTA와 다른 법률과의 관계

① FTA특례법은 관세법에 우선하여 적용한다. 다만, FTA 특례법에서 정하지 아니한 사항에 대해서는 「관세법」에서 정하는 바에 따른다.
② FTA특례법 또는 관세법이 협정과 상충되는 경우에는 협정을 우선적으로 적용한다.

5 국제협력관세 및 일반특혜관세

1. 국제협력관세

국제협력관세란 주로 무역장벽제거 내지 완화하는 관세제도의 국제적 조화와 개선을 도모함으로써 수행되는 국제간 협력을 말한다.

2. 일반특혜관세(GSP – General System of Preferences)

일반특혜관세는 UNCTAD에서 남북문제 해결의 일환으로서 1971년부터 선진국이 개발도상국에 대하여 실시하고 있는 특혜관세이다. 일반특혜관세는 범세계적이고 무차별적이며 수혜국에게 상호주의를 요구하지 않는다는 점이 특징이다.

6 간이세율

여행자 휴대품이나 우편물 등 소액물품에 대하여 신속한 통관을 위하여 해당 물품에 부과되는 관세 및 내국세 등 제세율을 통합한 하나의 세율을 적용하여 과세하는 제도이다.

간이세율 적용대상 물품	간이세율 적용제외 물품
① 여행자 휴대품 또는 승무원 휴대품	① 관세율이 무세인 물품과 관세가 감면되는 물품
② 우편물(수입신고하는 경우 제외)	② 수출용원재료
③ 외국에서 선박 또는 항공기의 일부를 수리하거나 개체하기 위하여 사용된 물품	③ 범칙행위에 관련된 물품
④ 탁송품 또는 별송품	④ 종량세가 적용되는 물품
	⑤ 부과고지 대상물품 및 탄력관세적용물품

7 합의세율

1. 합의세율의 정의
일괄하여 수입 신고된 물품으로서 물품별 세율이 다른 물품에 대하여는 신고인의 신청에 의하여 그 세율 중 가장 높은 세율을 적용하는 것을 말한다.

2. 합의세율을 적용하는 목적
합의에 의한 세율을 적용하는 경우 높은 세율을 적용하므로 세액자체는 증가 하지만, 신속한 통관 및 행정의 능률화를 기할 수 있다.

3. 합의세율의 적용 조건
납세의무자(화주)가 신청을 하는 경우에만 적용할 수 있다

4. 합의세율 적용 시 주의점
합의에 의한 세율을 적용한 경우 사전에 납세의무자의 합의가 있는 것으로 간주하기에 이의신청, 심사청구 및 심판청구와 같은 행정상 쟁송을 할 수 없다.

> 합의세액 = 전체의 과세가격 × 최고세율

8 용도세율

동일한 물품에 대한 세율이 용도에 따라 상이한 경우 그 중 가장 낮은 세율을 적용하여 특정용도에 사용되는 경우 이를 지원하고자 하는 제도이다. 낮은 세율이 적용되는 용도에 사용하고자 하는 자는 세관장의 승인을 얻어 낮은 세율의 적용을 받을 수 있다.

1. 적용신청
① 용도에 따라 세율을 다르게 정하는 물품은 세관장의 승인을 얻어야 한다.
② 낮은 세율(용도세율) 적용 물품은 그 수입신고의 수리일부터 3년의 범위 내에서 대통령령이 정하는 기준에 따라 관세청장이 정하는 기간 내에는 당해 용도외의 다른 용도에 사용하거나 양도할 수 없다.

③ 용도세율의 적용을 받고자 하는 자는 당해 물품의 수입신고를 하는 때부터 당해 수입신고가 수리되기 전까지 신청서를 세관장에게 제출하여야 한다.

2. 사후관리

용도세율 적용물품을 수입신고수리일로부터 3년 범위 내에서 관세청장이 정하는 기간 내에 당해 용도 외에 사용하거나 용도 외에 사용할 자에게 양도할 수 없다.

9 FTA 특례법

1. FTA 적용(원산지증명서 관련)
- 원산지증명서 발급방식 : 기관발급, 자율발급
- 원산지증명서 유효기간 : 1년, 2년, 4년
- 원산지 검증방법 : 직접검증, 간접검증, 공동검증

2. 발급방식

(1) 기관발급
협정에서 정하는 방법과 절차에 따라 수출자, 생산자 또는 수출자의 책임하에 권한을 부여받은 대리인이 발급 기관에 해당 물품에 대하여 발급 신청을 하고 해당 기관에서 확인하여 발급하는 방식
- 기관발급 국가 : 싱가포르, 아세안, 인도, 베트남, 중국 등

(2) 자율발급
협정에서 정하는 방법과 절차에 따라 수출자, 생산자 또는 수입자가 자율적으로 해당 물품에 대한 원산지를 확인하여 작성·서명하는 방식
- 자율발급 국가 : 페루, 터키, 칠레, EU, EFTA, 미국, 캐나다, 뉴질랜드, 콜롬비아 등

(3) 병행발급
기관발급 또는 자율발급을 선택적으로 적용할 수 있는 발급방식
- 병행발급 국가 : 호주

3. 유효기간

① 1년 : 싱가포르, 아세안, 인도, 베트남, 중국, EU, EFTA, 터키, 콜롬비아, 페루(1년 연장 가능)
② 2년 : 호주, 캐나다, 뉴질랜드, 칠레
③ 4년 : 미국

4. 원산지조사

FTA협정 세율을 적용 받아 수입신고가 수리된 물품에 대하여 해당 원산지증명서의 적정성 여부(원산지결정기준, 직접운송원칙, 증빙서류 보관, 기타 형식적인 요건 등)를 검증하고 해당 검증내용에 따라 일정한 조치를 취하는 절차를 말한다. 원산지 검증은 검증의 주체에 따라 직접검증과 간접검증으로 구분된다.

(1) 직접검증(미주형)

수입국세관이 직접 수출국에 있는 수출자 등을 조사 및 검증하는 방법

(2) 간접검증(유럽형)

수입국세관이 수출국세관에 의뢰하여 수출국세관이 검증하고 해당 결과를 통보 받는 방법

(3) 직접검증과 간접검증의 혼합(아시아형)

수입국세관과 수출국세관이 공동으로 검증하는 방법

(4) 한중미 FTA

① 수입국에 의한 수입자·수출자·생산자 서면검증
② 수출국에 의한 대행검증, 수입국 방문검증

# 탄력관세제도

탄력관세제도(flexible tariff system)란, 법률에 의거 일정한 범위 안에서 관세율의 변경권을 행정부에 위임하여 관세율을 탄력적으로 변경함으로써 급격하게 변동하는 국내외적 경제여건 변화에 신축성 있게 대응하기 위한 제도이다.

불공정무역으로 인한 산업피해를 구제하기 위한 탄력관세	공정무역에 따른 국내산업보호기능 탄력관세
① 덤핑방지관세 ② 상계관세 ③ 보복관세	① 긴급관세 ② 특정국물품긴급관세 ③ 농림 축산물에 대한 특별 긴급 관세 ④ 조정관세 ⑤ 할당관세 ⑥ 계절관세

1 탄력관세의 종류

1. 덤핑방지관세

덤핑방지관세란 덤핑수입으로 인한 동종의 상품을 생산하는 국내산업에 실질적인 피해 등이 있음이 판명되고, 국내산업을 보호할 필요가 있는 경우에 당해 물품의 정상가격과 덤핑가격의 차액에 상당하는 금액 이하의 관세를 기본관세에 추가하여 부과하는 관세로서, 관세상의 조치를 통해 덤핑이라는 불공정 행위를 시정하는 데 그 목적이 있다.

2. 보복관세

우리나라의 수출물품·선박·항공기 등에 불리한 대우를 하는 국가로부터 수입되는 물품에 대하여 관세를 할증 부과할 수 있다. 이를 보복관세라 한다.

3. 긴급관세

특정물품의 수입증가로 인하여 동종물품 또는 직접적인 경쟁관계에 있는 물품을 생산하는 국내 산업이 심각한 피해를 받거나 받을 우려가 있음이 조사를 통하여 확인되고, 당해 국내 산업을 보호할 필요가 있다고 인정되는 때에는 당해 물품에 대하여 심각한 피해 등을 방지하거나 치유하고 조정을 촉진하기 위하여 필요한 범위 안에서 관세를 추가하여 부과할 수 있다. 이를 긴급관세라 한다.

4. 조정관세

(1) 개요

1984년 정부의 수입자유화 정책이 시행되면서 나타날 수 있는 부작용을 관세정책면에서 시정·보완하기 위하여 마련한 제도이다.

(2) 조정관세 부과대상

① 산업구조의 변동 등으로 물품간의 세율 불균형이 심하여 이를 시정할 필요가 있는 경우
② 공중도덕 보호, 인간·동물·식물의 생명 및 건강 보호, 환경보전, 유한(有限) 천연자원 보존 및 국제평화와 안전보장 등을 위하여 필요한 경우
③ 국내에서 개발된 물품을 일정기간 보호할 필요가 있는 경우
④ 농림축수산물 등 국제경쟁력이 취약한 물품의 수입증가로 인하여 국내시장이 교란되거나 산업기반을 붕괴할 우려가 있어 이를 시정하거나 방지할 필요가 있는 경우

5. 상계관세

외국에서 제조·생산 또는 수출에 관하여 직접·간접으로 보조금 또는 장려금을 받은 물품의 수입으로 인하여 국내 산업이 실질적인 피해를 받거나 받을 우려가 있는 경우 또는 국내산업의 발전이 실질적으로 지연된 경우, 이러한 사항들이 조사를 통하여 확인되고 당해 국내 산업을 보호할 필요가 있다고 인정되는 경우 재정경제부령으로 그 물품과 수출자 또는 수출국을 지정하여 당해 물품에 대하여 보조금 등의 금액 이하의 관세를 추가하여 부과할 수 있다. 이를 상계관세라 한다.

6. 할당관세

할당관세란 관세율의 조작에 의하여 수입수량을 규제하는 제도로서, 특정물품의 수입에 대하여 일정한 수량의 쿼터를 설정하여 놓고, 그 수량 또는 금액만큼 수입되는 분에 대하여 무세 내지 저세율을 적용하고 그 이상 수입되는 분에 대하여는 고세율을 적용하는 이중 관세율제도이다.

7. 계절관세

1년 중 일정한 계절에만 부과되는 관세를 말하며, 계절관세란 계절에 따라 가격의 차이가 심한 물품(주로 농산물)으로서, 동종물품·유사물품 또는 대체물품의 수입으로 국내시장이 교란되거나 생산기반이 붕괴될 우려가 있을 때에는 계절에 따라 관세율을 인상 또는 인하하여 부과하는 관세를 말한다.

8. 편익관세

조약에 의하여 관세상의 편익을 받지 않은 나라의 생산물품이 수입될 때 기존의 타국과의 조약에 의하여 부여하고 있는 편익의 범위 내에서 관세에 관한 편익을 부여하는 제도를 말한다. 편익관세는 교역상대국과의 협정과 관계없이 대통령령으로 정부가 일괄적으로 대상국가와 물품, 적용세율, 적용방법 등을 정한다.

제13장 관세납부방식

1 신고납부방식과 부과고지 방식

1. 신고납부방식

납부하여야 할 세액을 납세의무자가 세관장에게 신고함으로써 확정되는 것을 말하며, 신고한 세액에 잘못이 있을 때 한하여 세관장이 행정처분에 의하여 확정되는 방법을 말한다. 원칙적인 방법으로, 현행 관세법에서는 관세의 징수는 납세의무자의 자진신고에 의한 납세를 원칙으로 한다.

2. 부과고지 방식

예외적으로 세관장의 행정처분인 납부 고지에 의하여 납부하여야 할 세액이 확정되는 방법을 말한다.

① 제16조(과세물건확정의시기)제1호부터 제6호까지 및 제8호부터 제11호까지에 해당되어 관세를 징수하는 경우
② 보세건설장에서 건설된 시설로서 수입신고가 수리되기 전에 가동된 경우
③ 보세구역(보세구역 외 장치를 허가받은 장소를 포함한다)에 반입된 물품이 수입신고가 수리되기 전에 반출된 경우
④ 납세의무자가 관세청장이 정하는 사유로 과세가격이나 관세율 등을 결정하기 곤란하여 부과고지를 요청하는 경우
⑤ 즉시 반출한 물품을 같은 조 제3항의 기간 내에 수입신고를 하지 아니하여 관세를 징수하는 경우
⑥ 성실납세신고 적용 신청을 한 자가 성실납세신고를 하지 아니하거나 성실납세신고한 내용이 이 법에 맞지 아니한 경우
⑦ 그 밖에 제38조에 따른 납세신고가 부적당한 것으로서 기획재정부령으로 정하는 경우

3. 납세신고

관세의 납세의무자는 수입신고 시 수입신고서에 품명, 규격, 수량, 적용세번, 세율, 납부할 금액, 감면 조항 등을 기재하여 세관장에게 신고하여야 한다.

4. 세액심사

(1) 원칙(사후세액심사)

수입신고 수리 후 세액심사

(2) 예외(사전세액심사)

신고한 세액에 대하여 관세채권확보가 곤란한 경우에는 수입신고를 수리하기 전에 이를 심사한다(법률 또는 조약에 의하여 관세 및 내국세의 감면을 받고자 하는 물품, 관세의 분할납부를 하고자 하는 물품, 관세 체납 중에 있는 자의 물품, 불성실 신고인이 수입하는 물품 등이 이에 해당한다).

5. 납부기한

(1) 납세신고를 한 경우

납세 신고수리일로부터 15일 이내

(2) 부과고지에 의한 납부고지를 한 경우

납부고지를 받은 날로부터 15일 이내

(3) 수입신고 전 즉시반출신고를 한 경우

수입신고한 날로부터 15일 이내

(4) 성실납세신고 적용자의 일괄 납부

세관장은 성실납세신고 적용 신청을 한 자가 동일한 달에 납세신고한 물품의 세액을 성실납세신고 기한까지 한꺼번에 납부하게 할 수 있다.

(5) 성실신고확인대상사업자의 성실납세신고 특례

① 성실한 납세를 위하여 필요하다고 인정하여 대통령령으로 정하는 사업자("성실신고확인대상사업자")는 대통령령으로 정하는 물품을 제외한 물품에 대하여 납세신고한 달의 다음 달 말일까지 세관장에게 다시 한꺼번에 납세신고("성실납세신고")를 할

수 있다. 이 경우 성실신고확인대상사업자는 관세사등이 수입신고서에 적힌 사항과 이 법에 따른 확인사항 등을 기획재정부령으로 정하는 바에 따라 확인하고 작성한 확인서를 첨부하여야 한다.

② 성실납세신고를 하려는 자는 대통령령으로 정하는 바에 따라 세관장에게 성실납세신고 적용 신청을 하여야 한다.

③ 제2항에 따른 성실납세신고 적용 신청을 한 자는 성실납세신고를 할 때 가격신고를 할 수 있으며, 납세신고를 한 후에 그 세액이 과부족하다는 것을 알게 되었을 때에는 납부기한까지 납세신고한 세액을 정정할 수 있다.

2 세액의 자율심사, 정정, 보정, 수정

1. 자율심사

세관장은 납세실적과 수입규모 등을 고려하여 관세청장이 정하는 요건을 갖춘 자가 신청할 때에는 납세신고한 세액을 자체적으로 심사하게 할 수 있다. 이 경우 해당 납세의무자는 자율심사한 결과를 세관장에게 제출하여야 한다.

2. 정정신고

납세의무자는 납세신고한 세액을 납부하기 전에 그 세액이 과부족하다는 것을 알게 되었을 때에는 납세신고한 세액을 정정할 수 있다. 납부기한은 당초의 납부기한으로 한다.

3. 세액 보정

(1) 의의

납세의무자는 신고 납부한 세액이 과부족하다는 것을 알게 되거나 세액산출의 기초가 되는 과세가격 또는 품목분류 등에 오류가 있는 것을 알게 되었을 때에는 신고납부한 날부터 6개월 이내에 해당 세액을 보정해 줄 것을 세관장에게 신청할 수 있다.

(2) 납부기한

보정신청을 한 날의 다음날까지 해당 관세를 납부하여야 한다.

세액을 보정한 결과 부족한 세액이 있는 때에는 납부기한 다음날부터 부족한 세액을 납부한 날까지의 기간과 금융기관의 정기예금에 대하여 적용하는 이자율을 감안하여 대통령령이 정하는 이율에 따라 계산한 금액을 가산하여 당해 부족세액을 납부하여야 한다.

(3) 보정이자

보정이자를 징수(부당한 방법으로 과소신고한 경우에는 가산세 부과)한다.

> 보정이자 = 부족세액 × 납부기한의 다음 날부터 보정신청을 한 날까지의 기간 × 이자율

▶ 이자율
연 3.5% (2024.03.22 이후부터 적용 이자율)

3. 수정신고

신고 납부한 세액에 부족이 있는 때에는 수정신고를 할 수 있다. 이 경우 납부기한은 수정 신고한 날의 다음날이며, 일반의 경우 당해 부족세액의 100분의 10에 해당하는 금액을 가산세로 징수한다(무신고의 경우 20%, 부정신고한 경우에는 미납세액의 60%를 가산세로 징수하며, 아래의 납부지연가산세가 추가 된다).

> - 가산세 = 부족세액의 10% + 납부지연이자
> - 납부지연이자 = 부족세액 × 법정납부기한의 다음 날부터 납부일까지의 기간(납세고지일부터 납세고지서에 따른 납부기한까지의 기간은 제외, 무신고의 경우 수입된 날)부터 납부일까지의 기간 × 이자율

▶ 이자율 : 10만분의 22 (2022.02.15 이후부터 적용)

4. 경정청구

납세의무자는 신고 납부한 세액이 과다한 것을 알게 되었을 때 최초로 납세신고를 한 날로부터 5년 이내에 신고한 세액의 경정을 세관장에게 청구할 수 있다. 경정청구를 받은 세관장은 그 청구를 받은 날로부터 2개월 이내에 세액을 경정하거나 경정하여야 할 이유가 없다는 뜻을 청구한 자에게 통지하여야 한다.

5. 경정

세관장은 납세의무자가 납세 신고한 세액, 신고 납부한 세액 또는 경정 청구한 세액을 심사한 결과 과부족하다는 것을 알게 되었을 때에는 그 세액을 경정하여야 한다. 이 경우 가산세가 부과되고, 추가 납부세액은 납부고지를 받은 날로부터 15일 이내 납부하여야 한다.

6. 정리표

	주체	시점	대상	납입기한	가산세	기타
① 세액정정	납세의무자	납부 전	과부족	당초납기	–	
② 보정신청	〃	납부 후 납부일~ 6개월	과부족오류	보정신청일의 다음날	부당한 방법으로 과소신고한 경우에는 가산세 부과	세액심사 제외
③ 수정신고	〃	납부 후 보정기간 경과후	부족	수정신고일의 다음날	가산세 (10%/40%)	
④ 경정청구	〃	납세신고일 ~5년	과다납부	–	–	청구일-2 월내 결정
⑤ 경정	세관장	납부전후 (제척기간내)	납세신고세액 신고납부세액 경정청구세액	납부고지 받고 15일 이내	가산세	재 경정가능

3 가산세

1. 가산세

가산세란 세법에서 규정하고 있는 성실의 의무를 위반한 자에 대하여 행정벌적 성격의 경제적 제재를 가하기 위하여 징수할 세액에 가산하여 징수하는 금액을 말한다. 관세법에 의한 가산세는 관세의 세목으로 한다.

관세법상 가산세 부과 사유	가산세액
신고납부 불성실 가산세 (수정 및 경정 가산세)	① 가산세 : 부족세액의 10%(무신고 20%, 부정신고 및 부당한 방법으로 과소신고한 경우의 60%) + 납부지연가산세 ② 납부지연가산세 : 부족세액 × 납부기한의 다음 날부터 수정신고일 또는 납부고지일까지의 기간 × 이자율[10만분의 22(2022년 2월 15일 이후의 기간)]
납부지연가산세 (관세를 납세고지서에 따른 납부기한까지 완납하지 아니한 경우)	납부지연가산세 = (1차 가산세 : 납세고지서에 따른 납부기한까지 납부하지 아니한 세액 × 3%) + 납부지연이자 ※ 납부지연이자 = 미납부세액 × 법정납부기한의 다음 날부터 납부일까지의 기간(납세고지일부터 납세고지서에 따른 납부기한까지의 기간은 제외) × 이자율 ※ 이자율 : 22/100,000(2022년 2월 15일 이후의 기간)

수입·반송 신고지연 가산세	보세구역 등에 반입일로부터 30일 이내 수입 또는 반송신고를 하지 않은 경우 부과 (단, 500만원을 넘지 않는 범위에서 부과) ① 신고기한이 경과한 날부터 20일 내에 신고한 경우 : 과세가격의 0.5% ② 신고기한이경과한 날부터 50일 내에 신고한 경우 : 과세가격의 1% ③ 신고기한이경과한 날부터 80일 내에 신고한 경우 : 과세가격의 1.5% ④ 그 밖의 경우 : 과세가격의 2%
재수출 불이행 가산세	해당물품에 대한 관세의 20%(단, 500만원을 넘지 않는 범위에서 부과)
휴대품 신고 불이행 가산세	납부세액(관세 + 내국세)의 40%(반복 60%)
이사물품 신고 불이행 가산세	납부세액(관세 + 내국세)의 20%
즉시반출물품 미신고 가산세	해당물품에 대한 관세의 20%

2. 가산세의 종류

구분	가산세
의의	관세법에 규정된 의무확보를 위하여 납세자에게 부과하는 것
성격	의무불이행에 대한 과태료의 성격
처분여부	별도의 고지처분이 필요함
세입과목	해당 본세의 세목으로 간주
내용	각 의무불이행에 따라 별도 규정(일반10%, 무신고20%, 부당60%)
종류	• 수정신고 및 경정시 • 부당한 방법으로 과소신고한 경우의 보정신고 • 재수출불이행 가산세 • 수입신고지연 가산세 • 휴대품 미신고 가산세 • 즉시반출물품 미신고 가산세
적용배제	수정신고 및 경정 : 일반 과소신고 가산세의 경우 적용제외대상 있음.

3. 납부지연가산세 산출식

관세를 납부고지서에 따른 납부일자까지 완납하지 아니한 경우 아래의 ㉠과 ㉡을 합한 금액을 납부지연가산세로 징수한다.

> 다음 각 목의 금액을 합한 금액("납부지연가산세")
> ㉠ 미납부세액 또는 부족세액 × 법정 납부기한의 다음 날부터 납부일까지의 기간 × 대통령령으로 정하는 이자율(22/100,000) ("납부지연이자")
> ㉡ 납부기한까지 납부하지 아니한 세액 × 3%

4. 납부지연이자 미적용

체납된 관세(내국세 포함)가 150만원 미만인 경우 납부지연이자를 적용하지 않는다.

# 관세의 감면

모든 수입물품에는 관세를 부과하는 것이 원칙이다. 그러나 수입물품이 일정한 요건을 갖춘 경우에는 일부 또는 전부를 면제하는 경우가 있는데 이를 관세의 감면제도라고 한다. 감면은 감세와 면세를 총칭하는 것으로서 감면은 납세의무의 일부를 면제하여 납부할 세액을 경감해주는 것을 말하고, 면세란 납부할 세액 전부를 면제하는 것을 말한다(감면에는 무조건 감면과 조건부 감면이 있다. 무조건이라 함은 사후관리 없이 감면을 한다는 것이고, 조건부 감면은 사후관리를 한다는 특징이 있다). 관세의 감면제도는 조건부 감면과 무조건 감면으로 나뉜다. 조건부감면은 일정한 해제조건이 있으므로 사후관리가 따르지만, 무조건감면일 경우에는 사후관리 대상이 아니다.

1 무조건 감면

1. 외교관용 물품 등의 면세

(1) 의의

우리나라에 있는 외국의 대사관·공사관 등의 업무용품, 주한 외국 대사·공사 등과 그 사절·가족이 사용하는 물품 등에 대하여는 외교관 우대 관례에 따라 수입관세를 면제한다. 다만, 자동차, 선박, 피아노 등 일정한 물품에 대하여는 양수를 제한하고 있다.

(2) 양수 제한 물품

외교관용 물품 등의 면세 규정에 의하여 관세를 면제받은 물품 중 다음에 해당하는 물품은 수입 신고 수리일부터 3년의 범위 내에서 대통령령이 정하는 기준에 따라 관세청장이 정하는 기간 내에 지정용도 외의 다른 용도에 사용하기 위하여 이를 양수할 수 없다. 다만, 대통령령이 정하는 바에 의하여 미리 세관장의 승인을 얻은 때에는 그러하지 아니하다[자동차(삼륜·이륜자동차 포함), 선박 / 피아노 / 전자오르간 및 파이프오르간 / 엽총].

2. 정부용품 등의 면세(준외교관 등 면제)

정부와의 사업계약을 수행하기 위하여 외국계약자가 계약조건에 따라 수입하는 업무용품과 국제기구 또는 외국정부로부터 정부에 파견된 고문관, 기술단원 등의 자가 직접 사용할 물품, 국가원수 경호용으로 사용하기 위하여 수입하는 물품에 대하여 외교관에 준하여 무조건 면세를 하는 제도이다(감면율 100%).

3. 손상물품에 대한 감면

수입신고에 의하여 과세물건이 확정된 물품이 수입신고가 수리되기 전에 변질 또는 손상되는 경우에 해당 물품의 변질·손상 또는 사용으로 인한 가치 감소분을 공제한 후 과세하여 과세의 형평을 기하려는 제도이다.

4. 재수입 면세

(1) 의의

수입물품에 대하여는 원칙적으로 관세를 징수하는 것이 원칙이지만 수출되었다가 단기간 내 재수입되거나 해외시험 및 연구목적으로 수출되었다가 다시 수입되는 등 그 재수입의 사유가 정당한 경우 이에 대한 관세를 면제할 수 있다(감면율 100%).

(2) 면제 대상

① 우리나라에서 수출(보세가공수출을 포함)된 물품으로서 해외에서 제조·가공·수리 또는 사용되지 아니하고 수출신고수리일부터 2년 내에 다시 수입되는 물품
② 수출물품의 용기로서 다시 수입하는 물품
③ 해외시험 및 연구목적으로 수출된 후 다시 수입되는 물품

(3) 재수입면세 제외대상물품

① 당해 물품 또는 원자재에 대하여 관세의 감면을 받은 경우
② 이 법 또는 수출용원재료에대한관세등환급에관한특례법에 의한 환급을 받은 경우
③ 보세가공 또는 장치기간경과물품을 재수출조건으로 매각함에 따라 관세가 부과되지 아니한 경우

5. 해외임가공 물품 등의 감세

(1) 의의

원재료 또는 부분품을 수출하여 가공하여 수입하는 물품 및 가공수리할 목적으로 수출한

물품이 다시 수입되는 경우, 원재료·부분품 또는 가공·수리물품의 수출신고가격에 수입물품의 관세율을 곱하여 산출한 금액을 경감하여 관세를 징수한다. 해외의 저렴한 임금을 이용하여 물품의 가공 또는 수리하려는 국내기업을 지원하기 위한 제도이다.

(2) 대상

해외임가공 물품의 대상은 관세법 별표상 관세율표 85류와 9006호만 해당한다. 85류는 전기기기와 그 부분품이 속하고, 9006호는 사진기기(영화용의 것을 제외)이다.

6. 소액물품 등의 면세

(1) 의의

거주자에게 수여되는 훈장·표창장이나 기록문서 기타의 서류, 상업용견본품·광고용품 등 그 수입의 목적이 판매에 있지 않은 물품과 총 과세 가격이 일정금액 이하인 소액물품에 대하여 관세를 면제하는 제도이다(감면율 100%).

(2) 면세대상

① 우리나라의 거주자에게 수여된 훈장·기장 또는 이에 준하는 표창장 및 상패
② 기록문서 또는 그 밖의 서류
③ 상업용견본품 또는 광고용품으로서 기획재정부령으로 정하는 물품
④ 우리나라 거주자가 받는 소액물품으로서 아래 박스의 기획재정부령으로 정하는 물품

체크 포인트

● **상업용견본품 또는 광고용품으로서 관세가 면제되는 물품**
- 물품이 천공 또는 절단되었거나 통상적인 조건으로 판매할 수 없는 상태로 처리되어 견본품으로 사용될 것으로 인정되는 물품
- 판매 또는 임대를 위한 물품의 상품목록·가격표 및 교역안내서 등
- 과세가격이 미화 250달러 이하인 물품으로서 견본품으로 사용될 것으로 인정되는 물품
- 물품의 형상·성질 및 성능으로 보아 견본품으로 사용될 것으로 인정되는 물품

● **소액물품으로서 관세가 면제되는 물품**
- 물품 가격이 150달러 상당액 이하의 물품으로서 자가사용 물품으로 인정되는 것. 단, 반복 또는 분할하여 수입되는 물품으로서 관세청장이 정하는 기준에 해당하는 것을 제외한다.
- 박람회 기타 이에 준하는 행사에 참가하는 자가 행사장 안에서 관람자에 무상으로 제공하기 위하여 수입하는 물품(전시할 기계의 성능을 보여주기 위한 원료를 포함). 다만, 관람자 1인당 제공 량의 정상도착가격이 미화 5달러 상당액 이하의 것으로서 세관장이 타당하다고 인정하는 것에 한한다.

7. 여행자 휴대품·이사물품 등의 면세

여행자의 휴대품이나 별송품, 우리나라로 거주를 이전하는 자가 입국하는 때에 수입하는 이사물품 및 외국에 왕래하는 국제무역선 또는 국제무역기의 승무원이 휴대하여 수입하는 물품에 대하여는 관세를 면제한다. 여행자 또는 승무원이 통상적으로 휴대할 필요가 있는 신변장식용품 등이나 우리나라에 입국 전에 이미 사용하던 물품에 대하여 관세를 부과할 필요를 제거한 감면제도이다[100% 경감(면세 초과분 자진신고 시 30%)].

2 조건부 감면

1. 세율 불균형 물품의 감면

(1) 의의

세율불균형을 시정하기 위하여 중소기업(국가·지자체 포함)이 대통령령으로 정하는 바에 따라 세관장이 지정하는 공장에서 특정 물품을 제조 또는 수리하기 위하여 사용하는 부분품과 원재료(수출 후 외국에서 수리·가공되어 수입되는 부분품과 원재료의 가공수리분을 포함한다) 중 기획재정부령으로 정하는 물품에 대하여는 그 관세를 면제할 수 있다.

(2) 대상물품

① 항공기(부분품을 포함한다)
② 반도체 제조용 장비(부속기기를 포함한다)

(3) 감면율

① 관, 파이프 또는 호스 등

2022년 5월 1일 ~ 2024년 12월 31일	2025년 1월 1일 ~ 2025년 12월 31일	2026년	2027년	2028년
100분의 100	100분의 80	100분의 60	100분의 40	100분의 20

2. 학술 연구 용품의 감세

(1) 의의

학교, 직업훈련원, 공공의료기관, 박물관 기타 기획재정부령이 정하는 기관 및 단체에서 수입하거나 또는 이들 기관 및 단체에 학술연구용품 등에 대하여는 학술진흥 및 연구지원 차원에서 관세를 감면해주고 있다.

(2) 감면율

80%(교육용 50%)

3. 종교용품·선박용품·장애인용품 등의 면세

종교단체, 자선·구호시설, 평화봉사단체에 기증되는 물품이나 시각·청각·언어장애인 등을 위해 특수제작된 물품, 재활의료시설에서 장애인의 진단·치료를 위해 사용하는 의료용구 등에 대하여는 관세를 면제하고 있다. 자선목적 등을 위하여 사용되는 물품에 대하여 수급지원을 하기 위한 제도이다(감면율 100%).

4. 특정물품의 면세

특정용도에 사용되는 물품으로서 다른 감면 조항에 분류되지 않는 물품들을 모아서 규정하고 있다. 잔여조항의 성격을 가지고 있고, 종마·종묘 등, 박람회 행사참가자가 수입하는 물품, 방사선 측정기, 단독 또는 합작하여 포획·채집한 수산물 중 일정한 것, 외국의 원수·가족·수행원의 물품, 조난선박해체재, 사고선박·항공기의 수리물품, 올림픽·아시안게임 운동용구 등이 수입되는 경우 이에 대한 관세가 면제된다(감면율 100%).

5. 환경오염방지물품 등에 대한 감면

오염물질의 배출을 방지 또는 처리하고, 산업재해 및 직업병을 예방하거나, 폐기물처리를 위해 사용되는 기계·기구·설비에 대하여는 수입시 관세를 경감한다. 또한, 기술고도화를 통하여 생산 효율의 극대화를 위해 공장자동화기계·기구 및 설비 등에 대하여도 일정한 율을 정하여 관세를 경감할 수 있다. [감면율 - ① 중소제조업체 30% (2026년 12월 31일까지 수입신고하는 경우에는 100분의 50), ②중견기업 30%)].

6. 재수출 면세

(1) 의의
수출입물품의 포장용품이나 일시입국자가 본인이 사용하고 재수출할 목적으로 수입하는 신변용품·직업용품·취재용품, 박람회·전시회 등 행사에 출품·사용하기 위해 수입하는 물품 등 우리나라에 수입된 물품이 단기간 내에 다시 수출될 것을 예정되어 있는 경우, 재수출 이행을 조건으로 해당 물품이 수입되는 때에 관세를 면제할 수 있다(감면율 100%).

(2) 면세대상물품
① 수입물품과 수출물품의 포장용품
② 우리나라에 일시 입국하는 자가 재수출할 목적으로 직접 휴대하여 수입하거나 별도 수입하는 신변용품
③ 박람회, 전시회 등의 행사에 출품 또는 사용하기 위하여 수입하는 물품
④ 국제적 회의 등에서 사용하기 위한 물품

(3) 재수출기간
수입신고일로부터 1년 범위(1년 연장 가능)에서 세관장이 정한 기간 내에 재수출하여야 한다.

7. 재수출 감면

(1) 의의
장기간에 걸쳐 사용할 수 있는 물품으로서 그 수입이 임대차계약에 의하거나 도급계약 또는 수출계약의 이행과 관련하여 국내에서 일시적으로 사용하기 위하여 수입하는 물품 중 기획재정부령으로 정하는 물품이 그 수입신고 수리일부터 2년(장기간의 사용이 부득이한 물품으로서 기획재정부령으로 정하는 것 중 수입하기 전에 세관장의 승인을 받은 것은 4년의 범위에서 대통령령으로 정하는 기준에 따라 세관장이 정하는 기간을 말한다) 이내에 재수출되는 것에 대해서는 다음 각 호의 구분에 따라 그 관세를 경감할 수 있다.

(2) 감면대상
① 내용연수가 5년(금형의 경우에는 2년) 이상인 물품
② 개당 또는 세트당의 관세액이 500만 원 이상인 물품

(3) 재수출기간

① 재수출기간은 감면 대상물품의 수입신고 수리일로부터 2년이다.
② 장기간의 사용이 부득이한 물품으로서 수입 전에 세관장의 승인을 얻은 것은 4년 범위 안에서 세관장이 정하는 기간으로 한다.
③ 연장횟수는 제한이 없으나 전체 연장기간은 1년을 초과할 수 없다.

(4) 감면율

① 재수출기간이 6개월 이내인 경우 : 해당 물품에 대한 관세액의 100분의 85
② 재수출기간이 6개월 초과 1년 이내인 경우 : 해당 물품에 대한 관세액의 100분의 70
③ 재수출기간이 1년 초과 2년 이내인 경우 : 해당 물품에 대한 관세액의 100분의 55
④ 재수출기간이 2년 초과 3년 이내인 경우 : 해당 물품에 대한 관세액의 100분의 40
⑤ 재수출기간이 3년 초과 4년 이내인 경우 : 해당 물품에 대한 관세액의 100분의 30

[표] 무조건 감면 VS 조건부 감면 구분표

무조건 감면	조건부 감면
① 외교관용 물품 등의 면세	① 세율불균형물품의 감면
② 정부용품 등의 면세	② 학술연구용품의 감면
③ 소액물품 등의 면세	③ 종교용품/자선박용품/장애인용품 면세
④ 여행자 휴대품, 이사물품 등의 감면	④ 특정물품의 면세
⑤ 재수입 면세	⑤ 환경오염방지물품 등의 면세
⑥ 손상물품에 대한 감면	⑥ 재수출 면세
⑦ 해외임가공 물품 등의 감세	⑦ 재수출 감면

3 관세감면의 신청

① 당해 물품의 수입신고 수리 전에 신청하여야 한다.
② 수입신고수리 후에는 수입신고를 취하하고 다시 수입신고와 감면신청을 할 수 없다.
③ 수입신고와 동시에 감면신청을 하여도 된다.
④ 부과고지 하는 경우 당해 납부고지를 받은 날로부터 5일 이내 하여야 한다.
⑤ 그 밖에 수입신고수리전까지 감면신청서를 제출하지 못한 경우에는 해당 수입신고 수리일부터 15일 이내(해당 물품이 보세구역에서 반출되지 아니한 경우로 한정) 하여야 한다.

4 관세의 분할납부

1. **천재지변 등의 사유로 인한 관세의 분할 납부**

    세관장은 천재지변 등의 사유로 관세법에 따른 신고, 신청, 청구, 그 밖의 서류의 제출, 통지, 납부 또는 징수를 정하여진 기한까지 할 수 없다고 인정될 때에는 1년을 넘지 아니하는 기간을 정하여 관세를 분할하여 납부하게 할 수 있다.

     천재지변 등의 사유로 인한 기한의 연장

    세관장은 천재지변이나 그 밖에 사유로 이 법에 따른 신고, 신청, 청구, 그 밖의 서류의 제출, 통지, 납부 또는 징수를 정하여진 기한까지 할 수 없다고 인정되는 경우에는 1년을 넘지 아니하는 기간을 정하여 그 기한을 연장할 수 있다. 이 경우 세관장은 필요하다고 인정하는 경우에는 납부할 관세에 상당하는 담보를 제공하게 할 수 있다.

2. **정책적 목적의 관세 분할납부 대상**

    정부나 지방자치단체, 학교, 의료기관 등에 의해 물품이 수입될 때에는 세관장은 5년을 넘지 아니하는 기간을 정하여 관세의 분할납부를 승인할 수 있다.

제15장 납세의무의 소멸

1 납세의무의 소멸 의의 및 사유

납세의무의 소멸이란, 특정요건의 충족으로 인하여 납부의 의무가 없어지는 것을 의미한다. 관세·가산세 또는 강제징수비를 납부하여야 하는 의무는 일정한 경우 소멸될 수 있다.

2 납세의무의 소멸사유

① 관세를 납부하거나 관세에 충당한 때
② 관세부과가 취소된 때
③ 관세를 부과할 수 있는 기간 내에 관세가 부과되지 아니하고 그 기간이 만료된 때
④ 관세징수권의 소멸시효가 완성된 때

3 관세의 충당

담보물의 충당	세관장은 담보를 제공한 납세의무자가 그 납부기한 내에 당해 관세를 납부하지 아니한 때에는 담보물로 충당할 수 있다.
강제징수비의 충당	담보제공이 되지 않는 경우 강제징수 절차에 의해 강제 징수 한다. 압류재산을 환가처분하고 그 대금을 관세에 배당하며, 그 배당한 금전을 관세에 충당함으로써 관세채무는 소멸한다.
환급금의 충당	환급을 받을 자가 세관에 납부할 다른 관세 등이 있는 경우에는 당해 환급금에서 이를 충당할 수 있다

4 관세부과의 제척기간

1. 관세부과권
관세부과권이란 관세의 부과, 경정 등을 할 수 있는 과세권자의 권리이며, 형성권의 일종이다. 관세의 과세권자가 관세부과를 할 수 있는 법정기간 내에 관세 부과권을 행사하지 않으면 납세의무는 소멸한다.

2. 관세부과의 제척기간

(1) 원칙

해당 관세를 부과할 수 있는 날로부터 5년이 지난 후에 부과할 수 없다.

(2) 예외

다만, 다음 각 호의 경우에는 관세를 부과할 수 있는 날부터 해당 호에서 정하는 기간이 지나면 부과할 수 없다.
① 수입신고를 하지 아니하고 수입한 경우 : 7년
② 부정한 방법으로 관세를 포탈하였거나 환급 또는 감면받은 경우 : 10년

3. 제척기간의 기산일

(1) 원칙

수입신고한 날의 다음날

(2) 예외

① 과세물건 확정시기의 예외에 해당하는 경우 : 그 사실이 발생한 날의 다음날
② 감면된 관세를 의무불이행 등의 사유로 추징하는 경우 : 추징사유가 발생한 날의 다음날
③ 보세건설장에 반입된 외국물품의 경우 : 건설공사완료보고일과 특허기간 만료일 중 먼저 도래한 날의 다음날
④ 과다환급·부정환급 등의 사유로 관세를 징수하는 경우 : 환급한 날의 다음날

5 관세징수권의 소멸시효

1. 관세징수권

관세징수권이란 부과 권에 의해 확인된 관세채권에 대해 납부고지·독촉·강제징수 등에 의해 그 이행을 청구·강제할 수 있는 권리이며, 청구권의 일종이다. 일정기간 동안 관세 징수권을 행사하지 않은 경우 시효가 완성되어 납세의무가 소멸한다.

2. 관세징수권의 소멸시효

관세의 징수권은 이를 행사할 수 있는 날부터 5년간 행사하지 아니하면 소멸시효가 완성된다.

[표] 소멸시효의 기산일

신고납부하는 경우	수입신고가 수리된 날부터 15일이 경과한 날의 다음날 (다만, 월별납부의 경우에는 그 납부기한이 경과한 날의 다음날로 함)
보정신청하여 납부하는 경우	부족세액에 대한 보정신청일의 다음날의 다음날
수정신고하여 납부하는 경우	수정신고일의 다음날의 다음날
부과 고지하는 경우	납부고지를 받은 날부터 15일이 경과한 날의 다음날
수입신고 전 물품반출(즉시반출)의 경우	수입신고한 날부터 15일이 경과한 날의 다음날

3. 소멸시효의 중단

① 권리의 행사로 볼 수 있는 사유가 발생하면 진행된 시효기간이 효력을 잃게 되는데 이를 시효의 중단이라 한다.
② 시효가 중단되면 중단사유가 발생한 날까지의 시효는 효력이 소멸되고, 당해 중단사유가 끝난 날부터 시효가 다시 진행이 되어 당해 사유가 끝난 다음 날이 시효의 기산일이된다.
③ 중단사유는 납부고지, 경정처분, 납세독촉(납부최고 포함), 통고처분, 고발, 공소제기, 교부청구, 압류가 있다.

환급특례법상 관세 환급

환급특례법상 관세 환급이라 함은, 「수출용 원재료에 대한 관세 등 환급에 관한 특례법」에 의거하여, 수출용 원재료를 수입하는 때에 납부하였거나 납부할 관세 등을 수출자 또는 수출물품의 생산자에게 되돌려 주는 것을 말한다.

1 관세환급의 배경

1. 소비지국과세원칙에 따른 국경세 조정

수출용 원자재를 수입하여 제품을 생산해서 수출 하게 되면 수입한 수출용 원자재는 국내에서 사용, 소비되지 않고 해외에서 소비된다. 수출되는 물품에 대하여는 수출국내에서 부과된 제소비세를 환급하는 것이다.

2. 수출지원 및 촉진

수출되는 물품에 사용된 원재료가 수입되는 시점에 부과된 조세를 환급함으로써 조세부과로 인한 수출가격의 인상을 배제하는 것으로 수출을 지원하는 것이다.

2 환급요건

환급대상수입에 해당되어야 한다(아래 3가지 요건 모두 충족).

환급대상 조세에 해당되어야 한다.	관세, 임시수입부가세, 주세, 교통 에너지 환경세, 농어촌 특별세 및 교육세, 개별소비세 환급대상이지만, 부가가치세나 가산세는 해당되지 않는다.
환급대상 원재료에 해당되어야 한다.	1. 수출물품을 생산한 경우 : 다음 각 목의 어느 하나에 해당하는 것으로서 소요량을 객관적으로 계산할 수 있는 것 　가. 해당 수출물품에 물리적 또는 화학적으로 결합되는 물품 　나. 해당 수출물품을 생산하는 공정에 투입되어 소모되는 물품. 다만, 수출물품 생산용 기계·기구 등의 작동 및 유지를 위한 물품 등 수출물품의 생산에 간접적으로 투입되어 소모되는 물품은 제외한다. 　다. 해당 수출물품의 포장용품

	2. 수입한 상태 그대로 수출한 경우 : 해당 수출물품(국내 생산 원재료로서 수입된 원재료와 동일한 질과 특성을 가지고, 상호 대체사용이 가능하여 생산과정에서 이를 구분하지 않고 사용한 경우 그 국산원재료)
환급대상수출에 해당되어야 한다.	1. 「관세법」에 따라 수출신고가 수리(受理)된 수출. 다만, 무상으로 수출하는 것에 대하여는 기획재정부령으로 정하는 수출로 한정한다. 2. 우리나라 안에서 외화를 획득하는 판매 또는 공사 중 기획재정부령으로 정하는 것 3. 「관세법」에 따른 보세구역 중 기획재정부령으로 정하는 구역 또는 「자유무역지역의 지정 및 운영에 관한 법률」에 따른 자유무역지역의 입주기업체에 대한 공급 4. 그 밖에 수출로 인정되어 기획재정부령으로 정하는 것

3 관세환급 신청자격

① 수출신고가 수리된 물품에 대한 환급신청은 수출자 또는 제조자(수출신고필증에 환급신청인으로 기재된 자)
② 국내에서 외화를 획득하는 판매자 및 외화를 획득하는 공사를 한 자로 기재된 자

4 환급신청권자

① 수출신고필증에 환급신청인으로 기재된 자
② 수출 물품을 제조하여 수출한 자
③ 외화판매, 외화공사, 보세구역 및 자유무역지역 입주업체의 물품 공급의 경우에는 수출, 판매, 공사 또는 공급 등을 한 자

5 환급신청기간

① 수출물품이 선적 또는 기적된 경우에 한하여 수출신고수리일로부터 2년 이내 신청
② 외화판매, 외화공사, 보세구역 및 자유무역지역 입주업체의 물품공급, 기타 수출의 경우는 수출 판매 공사 또는 공급 등을 완료한 날로부터 2년 이내에 신청

6 환급신청기관

환급신청인 본사 및 제조장 또는 주사무소 소재지 관할 세관(출장소)

7 수출이행기간

1. 수출신고가 수리된 수출

수출신고를 수리한 날이 속하는 달의 말일부터 소급하여 2년 이내에 수입된 수출용 원재료에 대해 환급한다.

2. 국내 거래 등을 거치는 경우

수출용원재료가 내국신용장등에 의하여 거래되고, 그 거래가 직전의 내국신용장등에 의한 거래(직전의 내국신용장등에 의한 거래가 없는 경우에는 수입을 말한다)가 있은 날부터 대통령령으로 정하는 기간에 이루어진 경우에는 해당 수출용원재료가 수입된 날부터 내국신용장등에 의한 최후의 거래가 있은 날까지의 기간은 제1항에 따른 기간에 산입(算入)하지 아니한다. 다만, 수출용원재료가 수입된 상태 그대로 거래된 경우에는 그러하지 아니하다.

제17장 환급의 절차 및 필요서류

1 환급의 방법

1. 정액환급방법

정액환급제도에는 간이정액환급과 특수공정물품(연산품) 정액환급이 있다.

국가가 수출물품별로 전년도 평균 환급액 또는 원재료의 평균납부세액을 기초로 환급액을 책정하고 기업은 국가가 책정한 금액을 수출물품의 제조, 가공에 소요된 원자재의 납부세액으로 보고 환급을 신청하는 방법이다(정액환급율표에 정하여진 금액은 당해 물품을 생산하는데 소요된 수출을 원재료를 수입하는데 납부한 관세 등으로 보아 이를 환급한다).

2. 간이 정액환급

간이 정액환급방법은 정부가 정하는 일정한 금액(간이 정액환급율표 상의 금액)을 소요원재료의 수입 시 납부세액으로 보고 환급금을 산출하도록 하는 방법이다.

(1) 개요

간이정액환급제도는 환급신청일이 속하는 연도의 직전 2년간 기초원재료납세증명서 발급실적을 포함한 매년도 환급실적이 6억원 이하인 중소기업자가 생산하는 수출물품에 대한 환급액 산출시에 정액환급율표에 의해 정해진 금액을 납부세액으로 간주하여 환급하는 제도이다.

(2) 간이정액환급의 비적용승인

정액환급율표의 적용을 받는 수출업체의 신청에 의하여 정액환급율표를 적용하지 않고 개별 환급을 적용할 수 있으며, 비적용승인일로부터 2년 이내에는 다시 정액환급율표 적용 신청을 할 수 없다.

(3) 간이정액환급률표

① 관세청장은 간이정액환급률표를 정할 때에는 최근 6월 이상 기간 동안의 수출물품의 품목번호별 평균환급액 또는 평균납부세액 등을 기초로 하여 적정한 환급액을 정해야 한다.
② 수출금액 FOB 10,000원당 환급액으로 결정하며, 원상태 수출은 간이 정액 환급 대상이 아니다.
③ 환급액 = (FOB 원화금액 × 간이 정액 환급률표의 해당금액) / 10,000원

(4) 간이정액환급의 장단점

① 장점 : 중소기업의 수출을 지원하고 환급절차를 간소화하여 절차와 제출하여야 하는 필요서류가 단순하여 이용이 용이하다.
② 단점 : 개별환급에 의해 확정되는 환급액보다 대체로 낮은 경향이 있어 과소환급을 감수해야 한다.

3. 개별환급

(1) 개별환급의 의의

환급금의 산출방법 중 개별 환급 제도란 수출품을 제조하는 데에 소요된 원재료의 수입이 납부한 관세 등의 세액을 소요원재료 별로 확인·합계하여 환급금을 산출하는 방법을 말한다.

(2) 장점

원재료의 수입시 납부세액을 정확하게 환급할 수 있다.

(3) 단점

구비서류가 복잡하고 환급금 산출에 많은 시일이 걸린다.

4. 평균세액증명서 제도

(1) 개요

그 달에 수입(매입)한 원재료수입신고필증과 기초원재료납세증명서 및 분할증명서를 HSK 10단위별로 통합함으로써 세부규격 확인을 생략하고 전체 물량 단위당 평균세액으로 환급함으로써 환급절차를 간소화하기 위한 제도

(2) 발급대상물품 지정

세관장에게 신청

[지정받은 다음 달의 1일 이후 수입(국내구매)한 물품부터 증명서 발급신청 가능]

2 납부세액 증명서류

1. 수입신고필증

수입신고수리의 증명으로 화주에게 교부되는 서류이다.

2. 분할증명서

분할증명서(분증)는 외국으로부터 수입(내국신용장 등에 의한 거래시는 매입을 의미)한 원재료를 제조·가공하지 않고 수입한 원상태로 수출용원재료로 국내공급하는 경우의 납부세액 증명서류로서 원칙적으로 세관장이 발급한다.

3. 기초원재료 납세증명서

기초원재료 납세증명서(기납증)는 수입된 원재료로 생산된 물품을 다음 단계의 중간원재료 생산업체 또는 수출물품 생산업체에 공급하는 경우, 당해 수출용원재료를 수입할 때의 납부세액을 증명하는 서류이다.

4. 평균세액증명서

평균세액증명제도는 기초원재료납세증명서나 분할증명서와 같이 국내 거래된 수출용원자재에 대한 관세 등의 납세를 증명하는 서류가 아니라 당해 수출업체에서 그 달에 외국으로부터 수입하거나 국내에서 매입한 수출용 원재료를 HS 10단위 별로 통합함으로써 규격확인을 생략하고, 전체물량의 단위당 평균세액을 산출하여 환급함으로써 개별환급 절차를 간소화하는 제도이다.

3 기초원재료납세증명서(기납증)

1. **기초원재료납세증명서의 의의**

   기초원재료를 사용하여 제조가공한 중간원재료를 수출물품을 제조할 자 또는 2차 중간원재료를 제조할 자에게 양도하는 경우에 중간원재료에 포함된 기초원재료의 납부세액을 증명해 주는 서류이다.

2. **기초원재료납세증명서 활용 방법**

   최종수출자는 수입신고필증 대신에 기초원재료납세증명서를 제출하여 환급 받을 수 있다.

3. **발급대상 물품**

   다음 각 호에 해당하는 물품을 수입신고 수리일(중간원재료의 경우에는 구매일)로부터 1년 이내에 수출물품을 생산하는 자에게 양도하거나 수출물품의 중간원재료를 생산하는 자에게 양도하는 경우에 기납증을 발급한다.
   ① 수입원재료를 사용하여 생산한 물품
   ② 수입된 원재료와 중간 원재료를 사용하여 생산한 물품
   ③ 수출물품의 중간 원재료를 사용하여 생산한 물품

기초원재료납세증명서를 발급할 수 있는 자	세관장 / 관세사 / 내국신용장 등에 의하여 물품을 공급한 자
기초원재료납세증명서의 발급요건	• 수출용 원재료로 공급하여야 한다. • 공급물품은 공급업체에서 수입원재료로 제조한 것이어야 한다. • 원재료의 수입일 또는 구매일로부터 1년 이내에 공급해야 한다.
기초원재료납세증명서 적용제외물품	• 원상태 수출물품 • 비적용 업체로 승인 받은 수출업체에서 제조한 수출물품 • 수탁가공 수출물품 등

4. **유효기간**

   수입신고수리일 또는 이전단계 거래일(양수일)로부터 1년 내에 거래가 되어야 한다.

4 분할증명서(분증) 제도

1. 분할증명서의 의의

수입세액분할 증명서제도란 외국으로부터 수입한 원재료를 제조, 가공하지 않고 수입한 상태대로 수출용원재료로 국내 공급하는 경우에 공급자의 신청에 의거 세관장이 증명하는 제도이다.

2. 분할증명서 발급

세관장은 수입(내국신용장 등에 의한 거래 시는 매입을 말함)된 상태 그대로 거래된 물품에 대하여는 과세 등의 납부세액을 증명하는 서류를 발급 할 수 있다.

3. 분할증명서 발급대상 물품

분할증명서 발급대상 물품으로는 원재료를 수입 또는 구매한 상태 또는 그대로 수출 물품의 생산자 또는 수출물품을 생산하는데 사용할 중간 원재료를 생산하는 자에게 양도한 경우나 기납증 발급대상 물품을 양수한 자가 구매한 상태대로 양도한 경우이다.

5 제출서류

1. 개별환급

① 수출신고필증 등 수출사실 증명서류 ② 소요량계산서
③ 소요원재료 납부세액 확인서류 ④ 수입신고필증
⑤ 기초원재료납세증명서 ⑥ 분할증명서
⑦ 평균세액증명서 ⑧ 기타 관세청장이 정하는 서류

2. 정액환급

① 정액환급률표에 의해 환급금을 계산하므로 소요량계산서류 및 원재료납부세액 확인서류 제출 불필요
② 수출신고필증 등 수출사실 증명서류만 제출

제18장 납세자의 권리구제

1 납세자 권리헌장

1. 납세자 권리헌장이란

납세자의 권리보호를 목적으로 제정된 것으로 조사권 남용금지, 조력을 받을 권리, 비밀유지 등의 내용을 포함한다.

2. 중복조사의 금지

해당 사안에 대하여 이미 조사를 받은 동일한 자에 대하여 재조사를 할 수 없다.

3. 관세조사의 경우 조력을 받을 권리

납세자는 납세자권리헌장 교부사유에 해당하여 세관공무원으로부터 조사를 받는 경우에 다음의 자로 하여금 조사에 참여하게 하거나 의견을 진술하게 할 수 있다.
① 변호사·관세사
② 기타 관세에 관하여 전문지식을 갖춘 자로서,
③ 그 밖에 관세에 관하여 학식과 경험이 풍부한 자로서 세관장이 인정하는 자

4. 납세자의 성실성 추정

특별한 경우를 제외하고는 납세자를 성실하게 간주하여 납세자가 제출한 신고서 등이 진실한 것으로 추정하여야 한다.

2 관세조사의 사전통지와 연기신청

1. 관세조사의 사전통지

세관공무원은 범칙사건조사·방문조사 등의 조사를 하기 위하여 해당 장부·서류·전산처리장치 또는 그 밖의 물품 등을 조사하는 경우에는 조사를 받게 될 납세자(그 위임을 받은 자 포함)에게 조사개시 15일전에 조사대상, 조사사유, 그 밖에 대통령령으로 정하는 사항을 통지하여야 한다.

2. 관세조사의 연기신청
   ① 천재지변이 있는 경우
   ② 화재 기타 재해로 사업상 심한 어려움이 있는 경우

3. 관세조사의 결과통지
   세관공무원은 관세조사를 종료한 때에는 그 조사결과를 서면으로 납세자에게 통지하여야 한다.

4. 비밀유지
   세관공무원은 납세자가 납세의무를 이행하기 위하여 제출한 자료나 관세의 부과·징수 또는 통관을 목적으로 업무상 취득한 자료 등을 타인에게 제공하거나 누설해서는 안되고, 사용목적 외의 용도로 사용해서도 아니 된다.

5. 고액·상습체납자 명단공개
   체납발생일부터 1년이 경과한 관세 및 내국세 등이 2억원 이상인 체납자에 대하여는 그 인적사항·체납액 등을 공개할 수 있고, 필요시 30일의 범위에서 감치도 가능하다.

6. 정보의 제공
   세관공무원은 납세자가 요구한 정보와 관련되어 관세청장이 정하는 바에 의하여 납세자가 반드시 알아야 된다고 판단되는 기타 정보도 함께 제공하여야 한다.

3 과세전적부심사제도

1. 과세전적부심사
   세관장은 경정 또는 부과고지에 따라 납부세액이나 납부하여야 하는 세액에 미치지 못한 금액을 징수하려는 경우에는 미리 납세의무자에게 그 내용을 서면으로 통지하여야 한다. 다만, 통지 하려는 날부터 3개월 이내에 제척기간이 만료되는 경우, 감면된 관세를 징수하는 경우 등에 있어서는 과세전적부심사 통지가 면제된다.

2. 청구대상 및 청구기간
(1) 원칙 [세관장]
   납세의무자는 과세 전 통지를 받았을 때, 통지를 받은 날부터 30일(보정기간 제외) 이내에 세관장에게 통지 내용이 적법한지에 대한 심사(과세전적부심사)를 청구할 수 있다.

(2) 예외 [관세청장]

법령에 대한 관세청장의 유권해석을 변경하여야 하거나 새로운 해석이 필요한 경우 등에 있어서는 관세청장에게 이를 청구할 수 있다.

3. 결정기간

과세전적부심사를 청구받은 세관장이나 관세청장은 그 청구를 받은 날부터 30일 이내에 관세심사위원회의 심사를 거쳐 결정을 하고, 그 결과를 청구인에게 통지하여야 한다.

4. 결정

과세전적부심사 청구에 대한 결정은 다음 각 호의 구분에 따른다.
① 청구가 이유 없다고 인정되는 경우 : 채택하지 아니한다는 결정
② 청구가 이유 있다고 인정되는 경우 : 채택한다는 결정. 다만, 청구의 일부가 이유 있다고 인정되는 경우에는 일부를 채택하는 결정을 할 수 있다.
③ 청구기간이 지났거나 보정기간 내에 보정하지 아니하는 경우 : 심사하지 아니한다는 결정

4 과세전통지

1. 의의

세관장은 경정 또는 부족세액 징수 규정에 따라 납부세액이나 납부하여야 하는 세액에 미치지 못한 금액을 징수하려는 경우에는 미리 납세의무자에게 그 내용을 서면으로 통지하여야 한다.

2. 과세전통지의 생략

① 통지하려는 날부터 3개월 이내에 관세부과의 제척기간이 만료되는 경우
② 잠정가격신고물품에 대하여 납세의무자가 확정가격의 신고를 한 경우
③ 수입신고수리 전에 세액검사를 하는 경우로서 그 결과에 따라 부족세액을 징수하는 경우
④ 면제된 관세를 징수하거나 감면된 관세를 징수하는 경우
⑤ 관세포탈죄로 고발되어 포탈세액을 징수하는 경우 등

행정심판제도

1 불복청구

불복청구라 함은 위법·부당한 관세에 관한 처분을 받거나 필요한 처분을 받지 못함으로써 권리 또는 이익의 침해를 당한 자가 그 처분의 취소·변경이나 필요한 처분을 청구하는 것을 말한다.

2 행정심판 전치주의

행정소송법은 행정심판 전치주의를 폐지하되 다른 법률에서 특별한 규정이 있는 경우에는 이를 인정하고 있다. 관세법에서는 위법한 관세 처분에 대하여 관세법상의 심사청구·심판청구와 그에 대한 결정, 감사원법에 의한 심사청구와 그에 대한 결정을 거쳐야 행정소송을 제기할 수 있도록 특례규정을 두고 있다.

3 행정소송 제기기간

행정소송은 다음의 기간에 제기하여야 한다. 단, 결정기간 내에 결정을 통지받지 못한 경우에는 결정을 통지받기 전이라도 그 결정기간이 지난 날부터 행정소송을 제기할 수 있다.

- 심사청구 또는 심판청구의 결정 통지를 받은 날부터 90일 이내
- 감사원법에 의한 심사청구의 결정통지를 받은 날부터 90일 이내

4 집행부정지 원칙

불복청구를 하여도 해당 처분의 집행에 효력을 미치지 아니한다.

5 결정의 내용

1. **각하**
   심리를 하지 아니하며 신청 자체를 무시하는 결정

2. **기각**
   불복청구 이유 없다고 판단하여 원처분을 지지한다는 결정

3. **취소·결정·필요한 처분의 결정**
   해당하는 결정

6 결정기간

이의신청	신청을 받은 날부터 30일 이내
심사청구	청구를 받은 날부터 90일 이내
심판청구	청구를 받은 날부터 90일 이내
감사원법에 의한 심사청구	청구를 받은 날부터 90일 이내

7 행정 심판 제도의 진행 과정

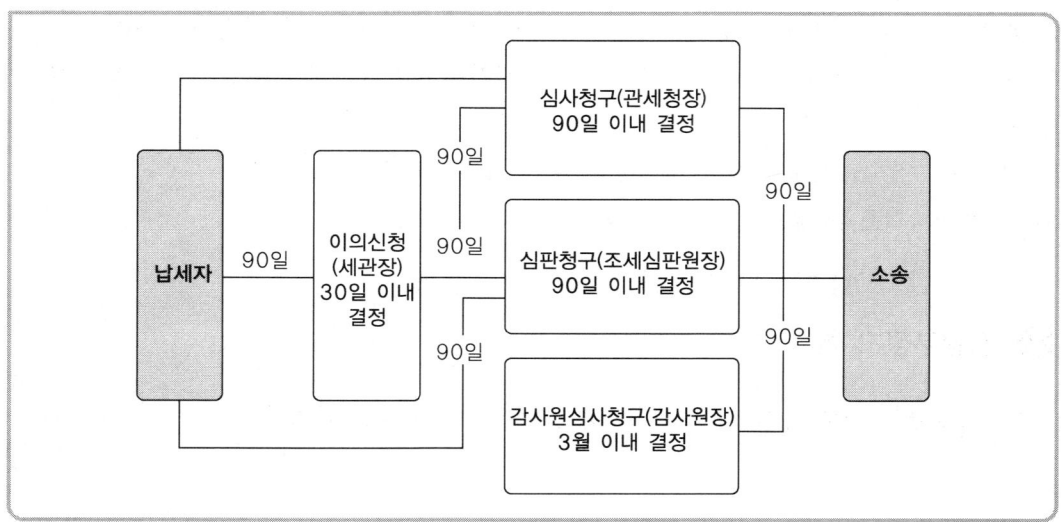

보세구역

1 보세구역제도

보세구역이란 외국물품을 수입신고수리 전 상태에서 장치·검사·전시·판매하거나 이를 사용하여 물품을 제조·가공하거나 산업시설을 건설할 수 있는 장소로서 관세청장 또는 세관장이 지정하거나 특허한 장소를 말한다. 이를 구분하면 다음과 같다.

보세구역	지정보세구역	지정장치장, 세관검사장
	특허보세구역	보세공장, 보세창고, 보세건설장, 보세판매장, 보세 전시장
	종합보세구역	상기 특허보세구역이 기능 중 둘 이상의 기능을 갖춘 구역
	유사보세구역	자유무역지역, 관세자유지역 등

2 보세제도의 기능

관세채권의 확보 / 세관업무의 효율화 / 수출 및 산업지원 / 통관질서의 확립

3 물품의 장치(법 제155조 내지 제156조)

1. 보세구역 장치

외국물품은 원칙적으로 보세구역에 장치하여야 한다. 그러나 다음과 같은 경우에는 보세구역 외 구역에 장치가 가능하다(보세구역 외 장치장은 통상 선하증권 건별로 통관에 필요한 기간 동안 허가되고 있으며, 일정한 허가 수수료를 납부 하여야 한다).
① 수출신고가 수리된 물품
② 크기 또는 무게의 과다나 그 밖의 사유로 보세구역에 장치하기 곤란하거나 부적당한 물품
③ 재해나 그 밖의 부득이한 사유로 임시로 장치한 물품
④ 검역물품, 우편물, 압수물품

2. 보세구역 외 장치 허가

(1) 대상
크기나 무게의 과다 기타의 사유로 보세구역에 장치하기 곤란하거나 부적당한 물품을 보세구역 외 장소에 장치하고자 하는 자는 세관장의 허가를 받아야 한다.

(2) 담보제공
세관장은 외국물품에 대하여 보세구역 외 장치의 허가를 하고자 하는 때에는 그 물품의 관세에 상당하는 담보의 제공, 필요한 시설의 설치 등을 명할 수 있다.

(3) 수수료 납부
보세구역 외 장치 허가를 받고자 하는 자는 수수료를 납부하여야 한다.

4 보수작업

1. 의의
보세구역에 장치된 물품에 대하여는 그 현상을 유지하기 위하여 필요한 보수작업과 그 성질이 변하지 아니하게 하는 범위에서 포장을 바꾸거나 구분·분할·합병을 하거나 그 밖의 비슷한 보수작업을 할 수 있다.

2. 보수작업 시 외국물품의 사용가능성
보수작업을 함에 있어 외국물품은 수입될 물품의 보수작업의 재료로 사용할 수 없다.

3. 보수작업용 물품의 처리
보수 작업으로 외국물품에 부가된 내국물품은 외국물품으로 간주된다.

4. 보수작업승인 통지
세관장은 보수작업승인 신청을 받은 날부터 10일 이내에 승인 여부를 신청자에게 통지하여야 한다.

5 해체·절단 등의 작업

1. 의의
보세구역에 장치된 물품에 대하여는 그 원형을 변경하거나 해체·절단 등의 작업을 할 수 있다.

2. 해체·절단 등의 작업 허가
해체·절단 등의 작업을 하고자 하는 자는 세관장의 허가를 받아야 하고, 허가 신청을 받은 세관장은 10일 이내에 신청인에게 허가 여부를 통지하여야 한다.

6 장치물품의 폐기

1. 폐기 승인
부패·손상되거나 그 밖의 사유로 보세구역에 장치된 물품을 폐기하려는 자는 세관장의 승인을 받아야 한다.

2. 잔존부분 과세
폐기 승인을 얻은 외국물품 중 폐기 후에 남아 있는 부분에 대하여는 폐기 후의 성질과 수량에 따라 관세를 부과한다.

3. 관세징수(추징)
보세구역에 장치된 외국물품이 멸실되거나 폐기된 때에는 그 운영인 또는 보관인으로부터 즉시 그 관세를 징수한다. 다만, 재해 기타 부득이한 사유로 인하여 멸실된 때와 미리 세관장의 승인을 얻어 폐기한 때에는 예외로 한다.

7 견본품반출

1. 견본품반출 허가
보세구역에 장치된 외국물품의 전부 또는 일부를 견본품으로 반출하려는 자는 세관장의 허가를 받아야 한다.

2. 세관공무원의 견본품 채취

세관공무원이 물품 검사를 위해 견본품의 채취를 하는 것을 직권채취라고 하며, 채취된 견본품이 사용된 때에는 수입신고를 하여 관세를 납부하고 수리된 것으로 본다.

8 장치기간경과 물품의 매각

1. 의의

외국으로부터 국내의 보세구역에 반입하여 수입통관되지 아니하고 보세구역에 장치할 수 있는 기간을 초과하여 장치된 수입물품을 장치기간이 경과한 물품이라 한다.

2. 장치기간경과물품의 매각

보세구역에 반입된 외국물품의 장치기간이 경과하면 공고 후에 매각할 수 있다.

3. 매각절차

수출·수입·반송 통고 → 매각공고 → 매각방법 → 경쟁 입찰 → 경매 또는 수의계약 → 위탁판매 → 매각대금의 처리 → 잔금의 처리 → 반출통고 → 국고귀속

4. 보세구역의 자율관리(법 제164조 내지 제165조) - 자율관리 보세구역

(1) 의의

보세구역 중 물품의 관리 및 세관감시에 지장이 없다고 인정되는 물품에 대하여 자율적으로 관리할 수 있는 제도이다.

(2) 지정 신청 및 보세사의 채용

보세구역에 장치된 물품을 관리하기 위하여 보세사를 채용하여야 한다.

9 지정보세구역

1. 의의

지정보세구역이란 통관을 하고자 하는 물품을 일시장치하거나 검사하기 위한 장소로서, 지정장치장과 세관검사장이 이에 해당된다.

2. **지정장치장**

   통관을 하고자 하는 물품을 일시 장치하기 위한 장소로서 세관장이 지정하는 구역으로 한다. 소극적 보세구역의 일종으로 수입신고 수리를 받고자 하는 외국물품, 반송신고수리를 받고자 하는 외국물품 등이 장치물품 대상이다.

3. **장치기간**

   지정장치장에 물품을 장치하는 기간은 6개월의 범위 내에서 관세청장이 정한다. 세관장은 3개월의 범위에서 그 기간을 연장할 수 있다.

4. **지정장치장에 대한 세관규제**

   ① 지정장치장은 수출입하려는 물품을 일시 장치하는 장소이므로 내국물품을 장치할 수 없다.
   ② 지정장치장에 반입되어 수입신고가 수리된 물품의 화주 또는 반입자는 그 신고수리일로부터 15일 이내에 당해 물품을 지정장치장으로 부터 반출하여야 한다.

5. **보관의 책임**

   지정장치장에 반입한 물품에 대하여는 화주 또는 반입자가 그 보관의 책임을 진다.

6. **화물관리인**

   세관장은 지정장치장의 질서유지와 화물의 안전관리를 위하여 필요하다고 인정하는 때에는 화주에 갈음하여 보관의 책임을 지는 화물관리인을 지정할 수 있다.

7. **세관장(직접 관리)**

   세관장은 불가피한 사유로 화물관리인을 지정할 수 없는 때에는 화주를 대신하여 직접 화물관리를 할 수 있다. 이 경우 화물관리비용을 화주로부터 징수할 수 있다.

10 세관검사장

1. **의의**

   통관을 하고자하는 물품을 검사하기 위한 장소(세관장이 지정한 보세구역)이다.

2. 물품의 검사

세관공무원이 검사하여 사용되는 물품은 관세를 납부 한 것으로 본다.

3. 관리비용

세관검사장에 반입되는 물품의 채취, 운반 등에 관한 비용은 화주가 부담한다.

11 특허보세구역

1. 의의

특허보세구역이란, 사인의 신청에 의해 주로 사인의 토지 또는 시설 등에 대하여 세관장이 보세구역으로 특허한 장소를 말한다.

보세창고	• 외국물품을 장치하기 위하여 개인이 특허를 받아 설영하는 보세구역을 말한다. 보세창고는 관세를 징수하지 아니한 외국물품을 그대로 통관을 유보하여 장기간에 걸쳐 장치하면서 적당한 시기에 국내로 수입하거나 외국으로 반송하여 국내거래의 원활과 중계무역을 진행시키는 것을 목적으로 한다. • 보세창고는 세관장의 특허를 받은 구역을 말하는데 이는 종전의 보세장치장이 통합된 것이다. 보세창고는 물품을 장치하는 장소이다. 따라서 외국물품을 이용하여 제조·가공하거나 건설 등의 작업을 할 수 없으며, 전시·판매 등도 할 수 없다. • 운영인이 미리 세관장에게 신고하면 외국물품 또는 통관을 하고자 하는 물품의 장치에 방해되지 않는 범위 내에서 내국물품을 장치할 수 있다(단, 동일한 보세창고에 장치되어 있는 동안 수입신고가 수리된 물품은 신고 없이 장치할 수 있다). • 보세창고에 반입된 물품의 장치기간은 1년이다. • 내국물품으로서 장치기간이 경과한 물품은 그 기간경과 후 10일 이내에 그 운영인의 책임으로 반출 하여야 한다.
보세공장	• 의의 : 보세공장에서는 외국물품을 원료 또는 재료로 하거나 외국물품과 내국물품을 원료로 하여 제조·가공 기타 이와 비슷한 작업을 할 수 있다(가공무역을 지원하기 위한 제도). • 보세공장 사용물품의 수입신고 : 보세공장에 직접 반입하여 수입신고를 하게 할 수 있다. 이 경우 반입일부터 30일 이내에 수입신고를 하여야 한다.

	- 보세공장 외 작업허가 : 세관장은 가공무역 또는 국내산업의 진흥에 필요한 때에는 기간·장소·물품 등을 정하여 해당 보세공장 외 작업을 허가 할 수 있다. 보세공장 외 작업허가를 받아 지정된 장소(공장 외 작업장)에 반입된 외국물품은 지정된 기간이 만료될 때까지는 보세공장에 있는 것으로 본다. - 제품과세와 원료과세 제품과세 : 외국물품 또는 외국물품과 내국물품을 원료로 하거나 재료로 하여 작업을 하는 때에는 그로써 생긴 물품은 외국으로부터 우리나라에 도착된 물품으로 본다. 원료과세 : 보세공장에서 제조된 물품을 수입하는 경우 사용신고 전에 미리 세관장에게 해당 물품의 원료인 외국물품에 대한 과세의 적용을 신청한 때에는 사용신고를 하는 때의 그 원료의 성질 및 수량에 의하여 관세를 부과한다.
보세전시장	- 보세전시장에서는 박람회·전람회·견본품·전시회 등의 운영을 위하여 외국물품을 장치·전시하거나 사용할 수 있다. - 보세전시장에 장치된 판매용 외국물품은 수입신고가 수리되기 전에는 이를 사용하지 못한다. - 보세전시장에 장치된 전시용 외국물품을 현장에서 직매하는 경우 수입신고가 수리되기 전에는 이를 인도하여서는 아니 된다.
보세건설장	- 의의 : 보세건설장에서는 산업시설의 건설에 사용되는 외국물품인 기계류, 설비품이나 공사용 장비를 장치·사용하여 해당 건설공사를 할 수 있다. - 적용법령 : 수입신고가 수리된 날에 시행되는 법령 - 관세부과의 제척기간의 기산일 : 건설공사 완료보고일과 특허 기간 만료일 중 먼저 도래한 날의 다음날
보세판매장	보세판매장에서는 외국으로 반출하거나 관세의 면제를 받을 수 있는 자가 사용하는 것을 조건으로 외국물품을 판매할 수 있다. 세관장이 특허한 구역으로 외국관광객과 우리나라에 있는 외교관에게 관세의 부담 없이 염가의 물품을 구매 할 수 있게 하는 편의를 제공함으로써 관광 사업의 진행, 외화의 획득, 원활한 국제 외교를 하고자 하는데 그 목적이 있다.

2. 특허보세구역의 설치·운영에 관한 특허

특허보세구역의 설치·운영하려는 자는 세관장의 특허를 받아야 한다. 기존 특허를 갱신하려는 경우에도 동일하며 이 경우 수수료를 납부하여야 한다.

3. 특허권자

체납이 없거나 운영인의 결격사유(미성년자, 관세법 위반으로 징역형 집행 후 2년이 지나지 않은 자, 특허기간 중 거짓으로 특허를 취득하거나 명의대여 사실이 적발되어 특허가 취소되거나 특허기간 중 또는 종료 후 거짓으로 특허를 취득하거나 명의대여 사실이 적발되거나 무특허영업이 적발된 후 2년이 지나지 않은 자 등)에 해당하지 않을 것.

4. 특허기간

일반	10년 이내	10년의 범위 내에서 신청인이 신청한 기간으로 하되, 관세청장은 보세구역의 합리적 운영을 위하여 필요한 경우에는 신청인이 신청한 기간과 달리 특허기간을 정할 수 있다.
보세전시장	당해 박람회 등의 기간을 고려하여 세관장이 정하는 기간	전시목적의 달성 또는 공사의 진척을 위하여 부득이하다고 인정되는 경우 연장 가능
보세건설장	당해 건설공사의 기간을 고려하여 세관장이 정하는 기간	

5. 장치기간

보세창고	비축물품이 아닌	외국물품	1년의 범위 내에서 관세청장이 정하는 기간(다만, 세관장이 필요하다고 인정하는 경우에는 1년의 범위 안에서 그 기간을 연장할 수 있다.)
		내국물품	
	㉠ 비축물품 ㉡ 국제물류의 촉진을 위하여 관세청장이 정하는 물품		비축에 필요한 기간
	기타 특허보세구역		당해 특허보세구역의 특허기간

6. 특허의 취소

세관장은 특허보세구역의 운영인이 다음에 해당하는 경우에는 그 특허를 취소할 수 있다. 이 경우 청문의 절차를 거쳐야 한다.
① 거짓이나 그 밖의 부정한 방법으로 특허를 받은 경우
② 제175조 각 호의 어느 하나에 해당하게 된 경우
③ 1년 이내에 3회 이상 물품반입 등의 정지처분(제3항에 따른 과징금 부과처분을 포함한다)을 받은 경우
④ 2년 이상 물품의 반입실적이 없어서 세관장이 특허보세구역의 설치 목적을 달성하기 곤란하다고 인정하는 경우
⑤ 제177조의2를 위반하여 명의를 대여한 경우

7. 특허의 갱신

특허를 받은 중소기업 및 중견기업에 대해서는 1회(다만, 중소기업 등은 2회) 대통령령으로 정하는 바에 따라 특허를 갱신할 수 있다.

12 종합보세구역

종합보세구역이란 특허보세구역의 기능을 두 가지 이상 가지고 있는 보세구역이며, 장치기간이 없다, 하지만 종합보세구역이 보세창고의 기능을 하게 되는 경우 1년을 장치할 수 있다. 종류별로 지정 또는 설치 운영에 대한 특허를 별도로 하는 지정 및 특허보세구역과는 달리 종합보세구역은 한 번의 설치, 운영신고만 하면 된다. 장치기간 및 설치 운영의 제한이 없거나 적고, 기능 간 물품이동에 대한 세관신고가 생략되며, 지정 및 특허보세구역에서 승인 또는 허가를 받아야 하는 보수 작업 및 역외 작업이 신고로 가능하다.

13 보세운송

외국물품을 보세상태로 국내에서 운송하는 제도(외국수입 물품을 입항지에서 통관하지 않고 세관장에게 신고하거나 승인을 얻어 외국물품 그대로 보세구역으로 운송하는 것을 말함)
① 국제항, 보세구역, 보세구역 외 장치허가를 받은 장소, 세관관서, 통관역 및 통관장 간에만 보세운송이 가능하다.
② 보세운송을 위해서는 필요시 세관에 담보를 제공해야 한다.
③ 보세운송 허용기간은 보세운송 신고일로부터 해상화물은 15일, 항공화물은 7일이다.
④ 구비서류 : 적화목록(M/F)의 사본

14 보세운송신고인

① 화주
② **보세운송업자**(일반간이보세운송업자, 종합간이보세운송업자, 특정물품간이보세운송업자)
③ 관세사(자기명의로 신고한 물품에 한함)

제21장 통관

1 관세법상 통관

통관이란 수출입하고자 하는 물품이 관세법상의 제반절차 즉, 세관에 수출, 수입, 반송의 신고를 하고 법령규제 사항을 세관에서 확인 후 신고수리를 하는 일련의 과정을 말한다.

2 수출입의 개념

1. 수입의 개념

외국으로부터 우리나라에 도착된 물품, 수출신고가 수리된 물품을 우리나라에 인취하는 것을 말한다.

2. 수출의 개념

내국물품을 외국으로 반출하는 것을 말한다.

3. 반송의 개념

국내에 도착한 외국물품이 수입통관절차를 거치지 아니하고 다시 외국으로 반출되는 것을 말한다.

4. 수입으로 보지 않는 소비 또는 사용

외국물품의 소비나 사용이 다음 각 호의 어느 하나에 해당하는 경우에는 이를 수입으로 보지 아니한다.
① 선박·항공기 또는 차량용품을 운송수단 안에서 그 용도에 따라 소비하거나 사용하는 경우
② 선박·항공기 또는 차량용품을 세관장이 정하는 지정보세구역에서 「출입국관리법」에 따라 출국심사를 마치거나 우리나라에 입국하지 아니하고 우리나라를 경유하여 제3국으로 출발하려는 자에게 제공하여 그 용도에 따라 소비하거나 사용하는 경우
③ 여행자가 휴대품을 운송수단 또는 관세통로에서 소비하거나 사용하는 경우
④ 관세법에서 인정하는 바에 따라 소비하거나 사용하는 경우

3 수출입 금지 및 제한

1. 수출입의 금지
① 헌법질서를 문란하게 하거나 공공의 안녕질서 또는 풍속을 해치는 서적·간행물·도화, 영화·음반·비디오물·조각물 또는 그 밖에 이에 준하는 물품
② 정부의 기밀을 누설하거나 첩보활동에 사용되는 물품
③ 화폐·채권이나 그 밖의 유가증권의 위조품·변조품 또는 모조품

2. 마약류 등의 수출입 제한
마약류,「마약류 관리에 관한 법률」에 따른 원료물질 및 같은 법 제5조의2에 따라 지정된 임시마약류는 같은 법에 따라 허가 또는 승인받은 경우를 제외하고 수출하거나 수입할 수 없다.

3. 지식재산권 보호
관세법상 지적재산권 보호대상(상표권, 저작권, 품종보호권, 지리적표시권, 특허권)을 보호한다.
① **지적재산권 관련 물품의 통관보류 요청** : 세관장은 수입신고된 물품이 신고된 상표권을 침해하였다고 인정되는 때에는 그 상표권을 신고한 자에게 수출입신고사실을 통보하여야 한다.
② **통관의 보류기간** : 세관장은 통관의 보류를 요청한 자가 물품 통관의 보류사실을 통보받은 후 10일 이내에 법원에 제소사실을 입증하는 때에는 당해 통관의 보류를 계속할 수 있다.
③ **지식재산권 보호(관세법 235조)** : 다음 각 호의 어느 하나에 해당하는 지식재산권을 침해하는 물품은 수출하거나 수입할 수 없다.
㉠「상표법」에 따라 설정등록된 상표권
㉡「저작권법」에 따라 저작권과 저작인접권(이하 "저작권등"이라 한다)
㉢「식물신품종 보호법」에 따라 설정등록된 품종보호권
㉣「농산물품질관리법」 또는 「수산물품질관리법」에 따라 등록되거나 조약·협정 등에 따라 보호대상으로 지정된 지리적표시권 또는 지리적표시(이하 "지리적표시권등"이라 한다)
㉤「특허법」에 따 설정등록된 특허권

ⓑ 「디자인보호법」에 따라 설정등록된 디자인권
ⓢ 「방위산업기술 보호법」에 따른 방위산업기술

4 통관절차

1. 수출통관절차

수출이라 함은 수출하고자하는 물품을 세관에 수출 신고한 후 신고수리 받아 물품을 국제무역선(기)에 적재하기까지의 절차를 말한다. 국내에서 외국으로 수출하고자 하는 모든 물품은 세관의 수출통관절차를 밟아야 한다.

2. 수출통관 흐름

① 수출하고자 하는 수출자는 당해 물품을 적재하기 전까지 물품 소재지 관할세관장에게 수출신고를 하고 수리를 받아야 한다.
② 현재 우리나라 수출 신고는 EDI(Electronic Data Interchange) 방식 또는 인터넷을 통한 신고방식 으로 통관 절차가 진행되며 신문 등 보도용품이나 카탈로그 등은 간이수출신고 절차에 의해서도 수출통관을 할 수 있다.
③ 수출의 구체적인 반출시점
　㉠ **정상수출** : 수출신고 수리되어 국제무역선에 적재된 때
　㉡ **공해에서 채취한 수산물을 공해에서 직접 수출하는 경우** : 외국을 향하여 항해를 개시한 때
　㉢ **우편물** : 체신관서에서 세관검사를 완료한 때

3. 수입 통관 절차

우리나라에 수입될 물품을 선적한 선박 또는 항공기가 다음의 4가지 경우 중 어느 하나에 해당하는 때에 선택하여 세관장에게 수입신고를 하고, 세관장은 수입신고가 관세법 및 기타 법령에 따라 적법하고 정당하게 이루어진 경우에 이를 신고수리하고 신고인에게 수입신고필증을 교부하여 수입물품이 반출될 수 있도록 하는 일련의 과정을 말한다.
① 출항하기 전
② 입항하기 전
③ 입항 후 물품이 보세구역에 도착하기 전
④ 보세구역에 장치한 후

4. 수입신고

수입신고는 EDI 수입통관시스템을 이용하여 이루어지며 현재 수입신고는 형식상 완전한 형태의 EDI방식 즉 모든 수입신고서류를 전자서류로 제출하는 방식인 P/L(PAPERLESS) 신고와 수입신고서를 EDI로 전송한 다음 종이문서로 별도로 제출하는 서류신고 두 가지로 운영하고 있으나 P/L 방식의 신고비중이 늘고 있다.

5. 수입신고인

관세사, 관세사법인, 통관취급법인, 또는 수입화주의 명의로 해야 한다.

6. 수입신고기간

창고 반입일로부터 30일 이내에 신고하여야 하며, 그러하지 않은 경우 당해 물품의 과세가격의 최대 2/100에 해당하는 금액의 범위 내에서 가산세를 징수한다.

7. 통관의 원칙 및 예외

(1) 통관의 원칙

수입물품 도착 후 수입신고 (수출물품은 수출 전 통관이므로 비교적 제한 없음)

(2) 통관의 예외

입항전 수입신고, 출항전 수입신고, 수입 신고 수리전 반출신고, 수입 신고 전 즉시반출

구분		신고시기	비고
원칙		보세구역 장치후 신고	장치후 30일 이내
예 외 (신속통관을 위함)		보세구역 도착전 신고	우리나라 입항후, 보세구역 도착전
		입항전 신고	입항하기 5일전(항공기의 경우 1일전)
		출항전 신고	항공수입 또는 일본, 중국, 대만, 홍콩에서 수입

5 서류의 보관

보관대상서류목록	보관기간	비고
수입신고필증 / 수입물품 가격결정 관한 자료 / 수입거래관련 계약서 도는 이에 갈음하는 서류 / 지적 재산권 계약서 또는 이에 갈음하는 서류	신고수리일로부터 5년	1. 자료를 저장하거나 저장된 자료를 수정·추가 또는 삭제하는 절차·방법 등 정보보존 장치의 생산과 이용에 관련된 전산시스템의 개발과 운영에 관한 기록을 보관할 것 2. 정보보존 장치에 저장된 자료의 내용을 쉽게 확인할 수 있도록 하거나 이를 문서화할 수 있는 장치와 절차가 마련되어 있어야 하며, 필요시 다른 정보보존 장치에 복제가 가능하도록 되어 있을 것 3. 정보보존 장치가 거래 내용 및 변동사항을 포괄하고 있어야 하며, 과세표준과 세액을 결정할 수 있도록 검색과 이용이 가능한 형태로 보존되어 있을 것
수출신고필증 / 수출물품 가격결정 관한 자료 / 수입거래관련 계약서 도는 이에 갈음하는 서류	신고수리일로부터 3년	
보세화물반출입에 관한 자료 / 보세운송에 관한 자료 / 적재화물목록에 관한 자료	신고수리일로부터 2년	

원산지 확인

1 원산지확인기준(관세법 제229조)

확인요청에 따른 조사 등을 위하여 원산지를 확인할 때에는 다음 각 호의 어느 하나에 해당하는 나라를 원산지로 한다.

1. **완전생산**
   해당 물품의 전부를 생산·가공·제조한 나라

2. **실질적변형**
   해당 물품이 2개국 이상에 걸쳐 생산·가공 또는 제조된 경우에는 그 물품의 본질적 특성을 부여하기에 충분한 정도의 실질적인 생산·가공·제조 과정이 최종적으로 수행된 나라

2 원산지결정기준(관세법 시행규칙 제74조)

1. **완전생산기준**
   당해 물품의 전부를 생산·가공·제조한 나라에 의하여 원산지를 인정

2. **실질적 변형기준**
   2개국 이상에 걸쳐 생산·가공 또는 제조된 물품의 원산지는 당해 물품의 생산과정에 사용되는 물품의 관세통계통합품목분류표상 6단위 품목번호와 다른 6단위 품목번호의 물품을 최종적으로 생산한 국가로 한다.

3. **기타 기준**
   관세청장은 제2항의 규정에 의하여 6단위 품목번호의 변경만으로 본질적 특성을 부여하기에 충분한 정도의 실질적인 생산과정을 거친 것으로 인정하기 곤란한 품목에 대하여는 주요공정·부가가치 등을 고려하여 품목별로 원산지기준을 따로 정할 수 있다.

4. 원산지불인정 작업

다음에 해당하는 작업이 수행된 국가는 원산지로 인정하지 아니한다.
① 운송 또는 보세구역장치 중에 있는 물품의 보존을 위하여 필요한 작업
② 판매를 위한 물품의 포장개선 또는 상표표시 등 상품성 향상을 위한 개수작업
③ 단순한 선별·구분·절단 또는 세척작업
④ 재포장 또는 단순한 조립작업
⑤ 물품의 특성이 변하지 아니하는 범위 안에서의 원산지가 다른 물품과의 혼합작업
⑥ 가축의 도축작업

제3부 무역규범 핵심문제

01 | 출제키워드 | 원산지표시, 시정조치

다음은 우리나라의 대외무역법령에서 규정하고 있는 원산지표시 위반물품에 대하여 취할 수 있는 시정조치들이다. 올바른 것을 모두 기재한 것은?

> a. 원산지 표시의 원상 복구
> b. 원산지 표시의 정정 및 말소
> c. 원산지의 표시명령
> d. 위반물품의 거래 또는 판매 행위의 중지

① a, b, c
② b, c, d
③ a, b, c, e
④ a, b, c, d

02 | 출제키워드 | 무역의 범위, 대외무역법 상의 정의

대외무역법상의 무역의 범위에 들어가지 않는 것은?

① 부호·문자·음성·음향·이미지·영상 등을 디지털 방식으로 제작하거나 처리한 자료 또는 정보 등으로서 대통령령으로 정하는 전자적 형태의 무체물
② 경영 상담업을 영위하는 자가 제공하는 용역
③ 특허권, 실용신안권, 디자인권 등의 양도, 전용실시권의 설정 또는 통상 실시권의 허락
④ 「외국환거래법」에서 정하는 지급수단

정답 및 해설

01 ④ 원산지표시 위반물품에 대해 취할 수 있는 조치들로 모두 옳은 내용이다.
02 ④ 외국환거래법에서 정하는 사항들을 제외한 동산을 대외무역법상의 물품으로 하며 대외무역법상의 무역이란 이러한 물품과 용역 등을 수출입하는 것이다.

03 | 출제키워드 | 특정거래형태, 국내거래 vs 국외거래

다음 중 특정 거래 형태 중 산업통상부장관에게 인정을 받아야 하는 대상이 아닌 것은?

① 대금결제 없이 물품 등의 이동만 이루어지는 거래
② 대외무역법에 의한 수출 또는 수입의 제한을 회피할 우려가 있는 거래
③ 외국에서 외국으로 물품 등의 이동이 있고, 대금의 지급이 외국에서 외국으로 이루어지는 거래
④ 산업보호에 지장을 초래할 우려가 있는 거래

04 | 출제키워드 | 물품, 용역, 전자적 형태의 무체물

다음 중 대외무역법의 무역이 아닌 것은 무엇인가?

① '물품'의 수출입
② '비거주자가 비거주자에게 특정의 용역을 제공'하는 수출입
③ '대외무역법 시행령에서 정하는 특정의 용역'의 수출입
④ '대외무역법 시행령에서 정하는 전자적 형태의 무체물'의 수출입

정답 및 해설

03 ③ 외국에서 외국으로 물품이 이동 및 대금 지급이 있는 거래는 국내와 관련이 없으므로, 인정을 받을 필요가 없다.

04 ② 비거주자(외국환거래법 제3조 제1항 제14호)가 비거주자 특정의 용역을 제공'은 수출의 형태에 포함되지 않는다.

05
| 출제키워드 | 구매확인서, 내국신용장, 지급보증

구매확인서 및 내국신용장에 대한 설명으로 적절하지 못한 것은?

① 내국신용장 또는 구매확인서 등에 의해 국내공급하는 경우에는 '외국환은행의 결제액 또는 확인액'이 수출실적 인정금액이 된다.
② 내국신용장 및 구매확인서 모두 외국환은행이 지급보증을 한다는 점에서 당사자 간에 유효한 대금결제 수단으로 널리 이용된다.
③ 국내에서 외화 획득용 원료 또는 물품을 구매하는 자가 외국환은행의 장에게 구매확인서 발급을 신청할 수 있고, 구매확인서 발급분에 대하여는 수출실적 인정, 관세환급, 부가가치세 영세율 적용 등의 지원제도가 적용된다.
④ 내국신용장이라 함은 한국은행 총재가 정하는 바에 의해 외국환은행의 장이 발급하여 국내에서 통용되는 신용장을 말하고, 구매확인서라 함은 외국환은행의 장이 내국신용장에 준하여 발급하는 증서를 말한다.

06
| 출제키워드 | 국내거래, 해외거래

다음 중 우리나라의 대외무역법령(대외무역법, 동법시행령, 동법관리규정)의 기준에서 수출행위로 인정되기 어려운 거래는?

① 우리나라 A기업이 인공지능형 운송시스템에 관한 소프트웨어를 개발하여 미국 시애틀의 B기업에게 공급하였다.
② 우리나라 C기업이 인도양에서 자사 소유의 선박으로 어획한 참치를 아랍에미리트 두바이의 D기업에게 공급하였다.
③ 우리나라 E기업이 한국진출을 희망하는 독일의 F기업에게 한국의 세무관련 법률자문을 제공하였다.
④ 우리나라 G기업이 베트남에 현지법인을 설립하고 의류공장을 세워 제품을 생산하고 해당 현지법인과 현지의 H기업이 판매 계약을 체결하고 물품을 공급하였다.

정답 및 해설

05 ② 구매확인서는 지급이 보증되지 않는다.
06 ④ 계약체결이 현지법인에서 이루어졌다면, 현지(베트남 국내) 거래이다.

07
| 출제키워드 | 수출, 수입, 무역거래자, 외화획득용 제품

다음은 우리나라의 대외무역법령에서 규정하고 있는 용어에 대한 설명이다. 잘못된 것은?

① "수출"이란 매매, 교환, 임대차, 사용대차, 증여 등을 원인으로 국내에서 외국으로 물품이 이동하는 것이다.
② "무역거래자"란 수출 또는 수입을 하는 자, 외국의 수입자 또는 수출자에게서 위임을 받은 자 및 수출과 수입을 위임하는 자 등 물품 등의 수출행위와 수입행위의 전부 또는 일부를 위임하거나 행하는 자를 말한다.
③ "외화획득용 제품"이란 수입한 후 생산과정을 거친 상태로 외화획득에 제공되는 물품 등을 말한다.
④ "수입실적"이란 산업통상자원부장관이 정하여 고시하는 기준에 해당하는 수입 통관액 및 지급액을 말한다.

08
| 출제키워드 | 무역자유화

다음 중 대외무역법상의 관한 내용 중 잘못된 것은?

① 물품 등의 수출입과 이에 따른 대금을 받거나 지급하는 것은 허가를 받고 이루어져야 한다.
② 수출입승인은 특별한 경우에 1년 이내 또는 20년의 범위 내에서 유효기간을 단축 또는 초과할 수 있다.
③ 무역거래자는 대외신용도 확보 등 자유무역질서를 유지하기 위하여 자기 책임으로 그 거래를 성실히 이행하여야 한다.
④ 물품의 수출 또는 수입승인의 유효기간은 1년을 원칙으로 한다.

정답 및 해설
07 ③ "외화획득용 제품"이란 수입한 후 국내에서 생산과정을 거치지 않고 외화획득에 제공되는 물품 등을 말한다.
08 ① 허가를 받는 것이 아닌 자유롭게 이루어져야 한다.

09 | 출제키워드 | 전자적 형태의 무체물, 대외무역법상 물품의 정의

'물품' 중심의 전통적인 무역과 차별화되는 '전자적 형태의 무체물'과 '용역(서비스)'에 대한 설명으로 적당하지 않은 것은?

① '전자적 형태의 무체물' 속에는 소프트웨어, 디지털콘텐츠, 솔루션 등이 포함된다.
② '전자적 형태의 무체물'을 온라인으로 수출하면 수출실적으로 인정받을 수 있고, 무역금융 등의 혜택도 받을 수 있다.
③ '용역(서비스)' 속에는 경영 상담업, 법무 관련 서비스업, 회계 및 세무 관련 서비스업, 디자인, 컴퓨터시스템 설계 및 자문업 등이 포함된다.
④ '용역(서비스)'의 범주에 국내의 법령 또는 대한민국이 당사자인 조약에 따라 보호되는 특허권, 실용신안권, 상표권, 저작권 등은 제외된다.

10 | 출제키워드 | 무역거래자의 정의

다음 용어의 설명 중 옳지 않은 것은?

① "무역거래자"란 수출 또는 수입을 하는 자를 말한다.
② "무역거래자"는 외국의 수입자 또는 수출자에게서 위임을 받은 자 및 수출과 수입을 위임하는 자 등 물품 등의 수출행위와 수입행위의 전부 또는 일부를 위임하거나 행하는 자는 해당하지 않는다.
③ 대외무역법상 "수출"이란, 매매·교환·임대차·사용대차·증여 등을 원인으로 국내에서 외국으로 물품이 이동하는 것으로 우리나라의 선박으로 외국에서 채취한 광물 또는 포획한 수산물을 외국에 매도하는 것을 포함한다.
④ 대외무역법상 "수입"이란 매매·교환·임대차·사용대차·증여 등을 원인으로 외국으로부터 국내로 물품이 이동하는 것

정답 및 해설

09 ④ 대외무역법에서 물품을 정의 시 상품, 용역, 전자적 형태의 무체물을 모두 포함하고 있다. 이런 점에서 용역에는 상담업, 교육상담업, 특허권, 실용신안권, 상표권, 저작권 등으로 정의하고 있다.
10 ② "무역거래자"는 외국의 수입자 또는 수출자에게서 위임을 받은 자 및 수출과 수입을 위임하는 자 등 물품 등의 수출행위와 수입행위의 전부 또는 일부를 위임하거나 행하는 자는 해당한다.

11 | 출제키워드 | 수출거래의 흐름, 무역거래자의 정의

수출절차의 흐름에 대한 설명이다. 가장 바르지 못한 것은?

① 무역거래자란 수출하는 자만을 말하며, 수입하는 자는 해당하지 않는다.
② 일반적으로 수출거래는 매매계약의 체결, 신용장의 수취, 수출승인, 원자재의 확보 및 생산, 수출통관, 선적 수출대금의 추심 및 회수, 관세환급 및 사후관리 등의 여러 절차를 거치게 된다.
③ 국제 무역거래의 대금결제방식에는 송금방식, 추심결제방식, 신용장방식 등이 있다.
④ 수출하고자 하는 물품의 수출승인, 요건확인, 허가 등의 절차를 거쳐야 한다.

12 | 출제키워드 | 내국신용장vs구매확인서, 사전 발급, 사후 발급

외화획득용 원료 또는 물품 등의 국내구매에 사용되는 내국신용장 및 구매확인서에 대한 설명 중 올바르지 못한 것은?

① 구매확인서는 외화획득용 원료·기재의 구매를 확인하는 서류로서 내국신용장과 마찬가지로 물품 공급 전에만 외국환은행장에게 신청할 수 있다.
② 구매확인서는 발급 근거서류의 범위 내에서 발급할 수 있으며 제조·가공·유통 과정이 여러 단계인 경우, 각 단계별로 순차적으로 차수 제한없이 발급할 수 있다.
③ 내국신용장이나 구매확인서는 수출실적인정, 관세환급, 부가가치세 영세율 적용 등의 지원제도 면에서 동일하다.
④ 내국신용장은 수출용 물품의 구매에 한정하나, 구매확인서는 수출보다 광의의 개념인 외화획득용 물품을 구매하는 경우에도 발급된다.

정답 및 해설

11 ① 무역거래자란 수출 또는 수입을 하는 자, 외국의 수입자 또는 수출자에게서 위임을 받은 자 및 수출과 수입을 위임하는 자 등 물품 등의 수출행위와 수입행위의 전부 또는 일부를 위임하거나 행하는 자를 말한다.

12 ① 원칙적으로 내국신용장은 사후발급이 불가능하고, 구매확인서는 사후발급이 가능하다.

13
| 출제키워드 | 특정거래형태의 정의

다음 특정거래형태에 관한 내용이 올바르게 연결된 것은?

① "수탁가공무역"란 가공임을 지급하는 조건으로 외국에서 가공할 원료의 전부 또는 일부를 거래 상대방에게 수출하거나 외국에서 조달하여 이를 가공한 후 가공물품등을 수입하거나 외국으로 인도하는 수출입을 말한다.
② "중계무역"이란 물물교환, 구상무역, 대응구매, 제품 환매 등의 형태에 의하여 수출·수입이 연계되어 이루어지는 수출입을 말한다.
③ "수탁판매수입"이란 물품 등을 무환으로 수출하여 해당 물품이 판매된 범위 안에서 대금을 결제하는 계약에 의한 수출이다.
④ "무환수출입"이란 외국환 거래가 수반되지 아니하는 물품 등의 수출·수입을 말한다.

14
| 출제키워드 | 외화획득의 정의

대외무역관리규정상에 명시되어 있는 '외화획득의 범위'에 대한 다음 설명 중 거리가 먼 것은?

① 외국인으로부터 원화를 받고 국내의 보세지역에 필요한 물품, 공장건설에 필요한 물품을 국내에서 공급하는 경우
② 지방자치단체가 외국으로부터 받은 차관 자금에 의한 국제경쟁입찰에 의하여 국내에서 원화를 받고 물품을 공급하는 경우
③ 외항선박 및 항공기에 외화를 받고 선박용품 및 비행기용품을 공급하거나 급유하는 경우
④ 절충교역거래(Off Set)의 보완거래로서 외국으로부터 외화를 받고 국내에서 제조된물품 등을 국가기관에 공급하는 경우

정답 및 해설

13 ④ ① 위탁가공무역(가공임을 지급하는 조건으로 외국에서 가공할 원료의 전부 또는 일부를 거래 상대방에게 수출하거나 외국에서 조달하여 이를 가공한 후 가공물품등을 수입하거나 외국으로 인도하는 수출입)에 관한 설명이다.
② 연계무역(물물교환 등의 형태에 의하여 수출·수입이 연계되는 수출입)에 관한 설명이다.
③ 위탁판매수출(물품 등을 무환으로 수출하여 해당 물품이 판매된 범위 안에서 대금을 결제하는 계약에 의한 수출)에 관한 설명이다.
14 ① 외국인으로부터 외화를 받아야 외화획득으로 볼 수 있다.

15
| 출제키워드 | 구매확인서의 특징

다음은 우리나라의 대외무역법령에서 규정하고 있는 구매확인서의 발급과 관련된 설명이다. 잘못된 것을 모두 기재한 것은?

> a. 구매확인서는 내국신용장(Local L/C)과는 달리 1회에 한하여 발급받을 수 있다.
> b. 이미 발행된 구매확인서의 재발급은 불가능하다.
> c. 구매확인서는 외국환은행 뿐만 아니라 전자무역사업자로부터 발급받는 것도 가능하다.
> d. 구매확인서 신청에 필요한 "수출용 원자재의 구매 입증서류"에는 수출 신용장은 포함되지만 수출계약서는 포함되지 않는다.

① a, c
② a, b, c
③ a, b, d
④ a, b, c, d

정답 및 해설

15 ③ a. 구매확인서는 발급횟수의 제한이 없다.
　　　 b. 구매확인서의 재발급은 가능하다.
　　　 d. 수출계약서로 갈음 가능하다.

16 | 출제키워드 | 전자송달, 교부 및 통지

전자송달에 관한 다음 내용 중 올바르지 않은 것은?

① 납부고지서 및 환급통지서는 원칙적으로 전자송달이 가능하다.
② 세관장은 관세청장이 정하는 바에 따라 전산처리설비를 이용하여 승인, 허가, 수리 등에 대한 교부, 통지, 통고 등을 할 수 있다.
③ 전자송달은 송달을 받아야 할 자가 신청하는 경우에만 행한다.
④ 전자송달을 받고자 하는 자의 전산처리설비 이용권한이 정지된 경우 송달을 하지 아니한다.

17 | 출제키워드 | 품목번호, 법적 효력

무역상품의 품목분류에 적용되는 HS(Harmonized System) CODE에 대한 설명이다. 잘못된 것은?

① 수입물품에 대한 HS 품목분류 시 품목분류 통칙이 중요한 역할을 한다.
② 품목분류 통칙에는 협의품명 우선분류의 원칙, 주요특성 분류의 원칙, 최종호 분류의 원칙도 있다.
③ HS 품목분류표에 있는 주(Note)는 해당 물품의 품목분류에 참고할 사항이 언급되어 있는 것으로, 이는 품목분류상 참조사항일 뿐 어떤 법적 효력을 갖지는 아니한다.
④ 품목분류 결과에 따라 적용되는 관세율이 크게 차이가 날 수도 있다. 이는 FTA 협정관세를 적용할 때도 마찬가지다.

정답 및 해설

16 ④ 직접발급·인편·우편·공시송달 등으로 보낸다.
17 ③ HS 품목분류표에 있는 주(Note)는 분류의 법적 효력을 갖는다.

18 | 출제키워드 | 류, 호, 소호, 세율적용

어떤 수입물품의 품목분류 및 관세율이 다음과 같다. 다음 중 이에 대한 설명으로 올바른 것은?

> HS 3907.10−0000(기본관세 8%, WTO 양허관세 6.5%)

① 이 물품의 호(heading)는 3907.10이다.
② 이 물품은 제3907류에 해당한다.
③ 국제적으로 통용되는 HS 협약상 품목분류는 3907.10까지이며, 그 아래 단위는 나라마다 다를 수 있다.
④ 기본관세율은 해마다 변경된다.

19 | 출제키워드 | 신고납부제도, 부과고지제도, 신고세액에 대한 심사

관세의 부과·징수와 관련된 다음의 설명 중 올바른 것은?

① 세관장은 납세의무자가 납부해야 하는 관세의 합이 1만원 미만일 때에는 징수하지 않는다.
② 물품을 수입하고자 하는 자는 수입신고와 동시에 관세 등 제세를 납부하여야 한다.
③ 세관장은 납세신고제도에도 불구하고 납세의무자가 부과고지를 요청하는 경우 세관장이 부과·징수할 수 있다.
④ 세관장은 납세신고를 받으면 수입신고서에 기재된 사항과 함께 신고세액에 대해 수입신고 수리 전에 심사하는 것을 원칙으로 한다.

정답 및 해설

18 ③ 호(heading)는 4자리까지를 의미하고, 기본관세율은 고정되어 있다.
19 ③ 여행자 및 승무원 휴대품, 우편물 등은 부과고지 대상 물품이다.

20 | 출제키워드 | 관세 감면의 신청시기

관세법 기타 관세에 관한 법률 또는 조약에 의하여 관세의 감면을 받고자 하는 경우 감면신청을 해야 하는 시기는?

① 수입신고전(부과고지 규정에 의하여 관세를 징수하는 경우에는 징수사유가 발생한 날부터 5일 이내)
② 수입신고전(부과고지 규정에 의하여 관세를 징수하는 경우에는 수입신고수리일부터 5일 이내)
③ 수입신고수리전(부과고지 규정에 의하여 관세를 징수하는 경우에는 납부고지를 받은 날부터 5일 이내)
④ 수입신고수리전(부과고지 규정에 의하여 관세를 징수하는 경우에는 징수사유가 발생한 날부터 5일 이내)

21 | 출제키워드 | 보세공장, 공장외 작업장

보세공장에 대한 설명으로 옳지 않은 것은?

① 보세공장에서 제조된 물품을 수입하는 경우 사용신고 전에 미리 세관장에게 해당 물품의 원료인 외국물품에 대한 과세의 적용을 신청한 때에는 사용신고를 한 때의 원료의 성질 및 수량에 따라 관세를 부과한다.
② 세관장은 수입통관 후 보세공장에서 사용하게 된 물품에 대해서는 보세공장에 직접 반입하여 수입신고를 하게 할 수 있다. 이 경우 반입일부터 30일 이내에 수입신고를 하여야 한다.
③ 지정된 기간이 경과한 경우 해당 공장의 작업장에 허가된 외국물품 또는 그 제품이 있는 때에는 해당 물품의 허가를 받은 보세공장의 운영인으로부터 그 관세를 즉시 징수한다.
④ 외국물품과 내국물품을 혼용하는 때에는 그로써 생긴 제품 중 해당 외국물품의 수량 또는 가격에 상응하는 것을 외국으로부터 우리나라에 도착된 물품으로 본다.

정답 및 해설

20 ③ 수입신고수리전(부과고지 규정에 의하여 관세를 징수하는 경우에는 납부고지를 받은 날부터 5일 이내)이다.
21 ③ 해당공장의 작업장이 아닌 해당 공장이외의 작업장이 맞는 규정이다.

22

| 출제키워드 | 신의성실원칙, 소급과세금지 원칙

신의성실의 원칙과 소급과세금지의 원칙에 대한 설명으로 올바른 것은?

① 과세관청의 공적인 견해표시가 있는 경우, 이에 대하여 신뢰하고 특정행위를 한 특정 납세자를 보호하기 위한 원칙은 소급과세금지의 원칙이다.
② 신의성실의 원칙은 과세관청에게만 적용되지만, 소급과세금지의 원칙은 과세관청과 납세자에게 모두 적용된다.
③ 소급과세금지의 원칙은 세법의 해석이나 관행의 인정범위가 세법에 명백히 위반되는 경우에도 적용될 수 없다.
④ 어떤 사안이 양 원칙을 모두 적용할 수 있는 요건을 갖춘 경우 어느 원칙을 적용하여도 무방하다.

정답 및 해설

22 ④ ① 소급과세금지의 원칙이 아닌 신의성실의 원칙에 관한 내용이다.
② 신의성실과 소급과세의 위치가 바뀌었다.
③ 위반되는 경우에도 적용될 수 있다.

23 | 출제키워드 | 위약물품에 대한 관세환급

다음 사례에 대한 설명 중 관세법상 잘못된 것은?

> 무역상사(주)EPASS는 독일로부터 인산비료(관세율 6.5%)를 수입하였다. 그러나 수입신고수리 후 당사 창고에 도착한 물품을 개봉하여 보니 계약과 다른 물품이 배송된 것이었다. 이에 독일 수출상에게 클레임을 제기하고 독일로 다시 물품을 반품하기로 하였다.

① (주)EPASS는 계약과 상이한 물품이 도착한 경우 당초에 납부한 관세를 일정 조건하에 되돌려 받을 수 있다. 이를 흔히 계약내용과 다른 물품에 대한 관세환급이라 한다.
② 계약과 상이한 물품이라 하더라도 무세품은 관세환급의 여지가 없다.
③ 계약내용과 다른 물품에 대한 환급 대상물품은 당초의 수입신고수리일로부터 2년 이내에 보세구역에 반입하여 수출되거나 폐기되어야 한다.
④ 계약내용과 다른 물품에 대한 환급 대상물품은 수입신고당시의 성질 또는 형태가 변경되지 아니한 상태로 수출이 진행되어야 환급이 가능하다.

정답 및 해설

23 ③ 수입신고수리일로부터 1년 이내에 보세구역에 반입하여 수출/폐기하여야 한다.

관세법 제106조(계약 내용과 다른 물품 등에 대한 관세 환급)
수입신고가 수리된 물품이 계약 내용과 다르고 수입신고 당시의 성질이나 형태가 변경되지 아니한 경우 해당 물품이 수입신고 수리일부터 1년 이내에 다음 각 호의 어느 하나에 해당하면 그 관세를 환급한다.

1. 외국으로부터 수입된 물품 : 다음 각 목의 어느 하나에 해당하는 장소에 해당 물품을 반입(수입신고 수리일부터 1년 이내에 반입한 경우로 한정한다)하였다가 다시 수출한 경우
   가. 보세구역(제156조 제1항에 따라 세관장의 허가를 받았을 때에는 그 허가받은 장소를 포함한다. 이하 이 조에서 같다)
   나. 「자유무역지역의 지정 및 운영에 관한 법률」에 따른 자유무역지역 중 관세청장이 수출물품을 일정기간 보관하기 위하여 필요하다고 인정하여 고시하는 장소
   다. 통관우체국

24
| 출제키워드 | 내국물품, 외국물품, 수입신고

다음은 관세법상 용어의 의미와 관련된 사례다. 잘못된 것은?

① 부산항 보세구역 내 있는 외국물품을 경기도 성남 본사의 사업장으로 반입하기 위해서는 수입통관 절차를 거쳐야 한다.
② 사우디아라비아로부터 인천공항 보세구역에 도착한 물품이 계약상의 'A' 제품이 아닌 'B' 제품이다. 수입상은 사우디아라비아 수출자에게 클레임을 제기하고 사우디아라비아로 되돌려 보내려 한다. 이를 위해서는 관세법상의 수출통관절차를 거쳐야 한다.
③ 관세법상 수출신고가 수리된 물품은 국내사업장 창고에 있더라도 외국물품으로 본다.
④ 수입신고 수리전 반출승인을 얻어 반출된 물품은 수입신고 수리전이라 하더라도 내국물품으로 본다.

25
| 출제키워드 | 과세가격 산출

관세평가방법 중 실제로 지급하였거나 지급해야 할 총 금액에서 공제할 금액에 해당되지 않는 것은?

① 수입 후에 행해지는 해당 수입물품의 건설, 설치, 조립 비용
② 수입항 도착 후 해당 운송에 필요한 운임, 보험료 기타 운송비용
③ 선적항 물품 검사비
④ 우리나라에서 부과된 관세 등 세금, 공과금

정답 및 해설

24 ② 수입신고를 하기 전에 있는 물품은 외국물품이므로, 보세구역에서 반출될 때에 수출신고가 필요하지 않다.
25 ③ 선적항은 수출국이다. 공제할 필요가 없다.

26
| 출제키워드 | 과세가격, 납부세액 계산

금융개발원은 물품 A(관세율 8%)를 중국으로부터 FOB US$100의 가격으로 수입하였다. 해상운임이 10$, 중국 내 보세운송료가 10$인 경우 납부하여야 하는 총세액은? (관세와 부가가치세만 부과되며, 보험은 부보되지 않았다. 과세환율 = 1,000원/US$)

① 19,800원 ② 20,680원
① 21,600원 ② 22,560원

27
| 출제키워드 | 위약환급제도, 위약환급의 조건

관세법상의 환급제도에 관한 설명으로 가장 옳은 것은?

① 수입신고가 수리된 물품이 계약내용과 다르고, 수입신고 당시의 성질이나 형태가 변경되지 아니한 경우, 해당 물품을 수입신고수리일부터 1년 내에 보세구역 또는 세관장의 허가를 받은 보세구역 외의 장소에 반입하여 수출한 때에는 그 관세를 환급한다.
② 수입신고가 수리된 물품이 수입신고 수리 후에도 계속 보세구역이 아닌 일반 상업창고에 장치되어 있는 중에 재해로 인하여 멸실되거나 변질 또는 손상되어 그 가치가 떨어졌을 때에는 대통령령으로 정하는 바에 따라 그 관세의 전부 또는 일부를 환급해야만 한다.
③ 환급받을 자가 세관에 납부하여야 하는 관세, 각종 세금이 있는 경우 환급하여야 하는 금액에서 이를 충당할 수 있으나, 가산세의 경우 환급금에서 충당할 수 없다.
④ 납세의무자의 환급에 관한 권리는 고유한 권리이므로 제 3자에게 양도할 수 없다.

정답 및 해설

26 ② 총 세액을 구하는 문제 중 최고난이도의 문제이다.
관세의 과세가격 = (100$ + 10$) × 1,000 = 110,000
1. 관세 = 110,000 × 8% = 8,800
2. 부가가치세 = (관세의 과세가격 + 관세 + 기타세액) × 10%
 = (110,000 + 8,800) × 10% = 11,880
관세 + 부가가치세 ⇨ 총 납부하여야 하는 세액

27 ① 맞는 내용이다.
② 지정보세구역에 계속 장치되어 있는 중에 재해로 멸실되거나 변질 또는 손상되어 그 가치가 떨어졌을 때에는 대통령령으로 정하는 바에 따라 그 관세의 전부 또는 일부를 환급할 수 있다.
③ 없다가 아닌 있다.
④ 고유한 권리가 아닌 재산권의 일종으로 보아 양도가 가능하다.

28 | 출제키워드 | 보세구역, 장치물품, 보수작업

관세법상 보세구역에 장치된 물품에 대한 다음의 설명 중 잘못된 것은?

① 보세구역의 종류에 따라 물품 장치기간이 정해져 있다. 이 기간을 경과한 경우 세관장은 반출 통보를 거쳐 공고 후 매각 처리가 가능하다.
② 보세구역 장치 물품은 세관장 승인을 얻어 보수작업을 할 수 있는데 이 때 외국 물품에 부가된 내국물품은 외국물품으로 본다.
③ 보세구역에 장치된 물품을 부패·손상을 이유로 세관장의 승인을 받아 폐기 하는 경우에는 잔존물에 대해 관세를 부과하지 않는다.
④ 보세구역에 장치된 외국물품의 전부 또는 일부를 견본품으로 반출하여 사용·소비한 경우 해당 물품은 관세를 납부하고 수입신고 수리된 것으로 본다.

29 | 출제키워드 | 원산지증명서 및 가격신고서 제출의 생략 대상

원산지증명서의 제출이 생략되는 물품이 아닌 것은?

① 관세 및 내국세가 부과되지 않는 물품
② 과세가격 15만원 이하인 물품
③ 개인에게 무상으로 송부된 탁송품
④ 세관장이 상표 또는 제조자에 의하여 원산지를 확인할 수 있는 물품

정답 및 해설

28 ③ 잔존물을 수입통관하는 경우에는, 통관 분에 해당하는 관세는 부과 된다.
29 ① 가격신고생략대상이다.

30 | 출제키워드 | 과세가격 결정의 제2방법

과세가격으로 인정된 사실이 있는 동종·동질물품 A의 거래가격으로서 관세의 과세가격을 결정하고자 한다. 이와 관련하여 동종·동질물품 A에 대해 반드시 고려해야 하는 요건에 해당하는 것은?

① 해당 물품과 관련하여 실제로 지급하였거나 지급할 가격
② 해당 물품의 수입 및 국내 판매와 관련하여 납부하였거나 납부하여야 하는 조세
③ 해당 물품이 국내에서 판매되는 때에 통상적으로 부가되는 이윤 및 일반경비에 해당하는 금액
④ 과세가격을 결정하려는 해당 물품의 생산국에서 생산된 것인지 여부

31 | 출제키워드 | 수입의 개념, 소비 또는 사용

관세법에서 규정하고 있는 '수입'의 개념에 대하여 잘못 설명하고 있는 것은?

① 관세법에 의해 통고처분으로 납부된 물품은 적법하게 수입된 것으로 보고 관세 등을 따로 징수하지 않는다.
② 여행자가 외국에서 구입한 휴대품을 관세통로를 걸어나오며 소비한 경우 이를 수입으로 본다.
③ 외국물품을 우리나라에서 소비한 경우 이를 수입으로 본다.
④ 외국의 선박이 외국의 영해가 아닌 경제수역에서 채집하거나 포획한 수산물로서 수입신고가 수리되기 전의 것을 우리나라의 운송수단 안에서 소비한 경우 이를 수입으로 본다.

정답 및 해설

30 ④ 동종·동질물품이란 해당 수입물품의 생산국에서 생산된 것으로서 물리적 특성, 품질 및 소비자 등의 평판을 포함한 모든 면에서 동일한 물품을 말한다.
31 ② 수입으로 보지 않는 소비 또는 사용이다.

32
| 출제키워드 | 지정보세구역, 특허보세구역

다음은 보세구역과 그 장치기간에 관한 사항이다. 아래 연결한 내용 중 바르게 연결된 것이 아닌 것은?

① 지정장치장 – 1년의 범위에서 관세청장이 정하는 기간
② 보세창고 – 1년의 범위에서 관세청장이 정하는 기간(비축물품이 아닌 내국물품인 경우)
③ 보세건설장 – 해당 보세건설장의 특허기간
④ 보세창고 – 비축에 필요한 기간(비축물품인 경우)

33
| 출제키워드 | 소액물품 등의 면세, 관세면제

다음 중 관세가 면제되는 물품이 아닌 것은?

① 해당 물품의 성질·수량·용도 등으로 보아 통상적으로 가정용으로 인정되는 것으로서 우리나라에 입국하기 전에 3개월 이상 사용하였고 입국한 후에도 계속하여 사용할 것으로 인정되는 이사물품
② 해당 물품의 총 과세가격이 15만원 상당액 이하로서 자가사용 물품으로 인정되는 것. 다만, 반복 또는 분할하여 수입되는 물품으로서 세관장이 정하는 것은 제외한다.
③ 박람회 기타 이에 준하는 행사에 참가하는 자가 행사장 안에서 관람객에게 무상으로 제공하기 위하여 수입하는 물품. 다만, 관람자 1인당 제공량의 정상도착가격이 미화 5달러 상당액 이하의 것으로서 세관장이 타당하다고 인정하는 것으로 한정한다.
④ 과세가격이 미화 250달러 이하인 물품으로서 견본품으로 사용될 것으로 인정되는 물품

정답 및 해설
32 ① 6개월의 범위에서 관세청장이 정한다.
33 ② 세관장이 아닌 관세청장이 정하는 것이다.

34 | 출제키워드 | 환급대상 물품 및 제외 물품

다음 보기에 열거한 것 중 관세 등의 환급대상이 될 수 있는 수출용원재료에 해당하는 것을 모두 기재한 것은?

> 가. 수출물품 생산에 소요된 범용성 부분품(HS 품목분류를 기준)
> 나. 해당 수출물품의 포장용품
> 다. 수출물품을 직접 생산하는 기계에 주입되어 사용된 윤활유
> 라. 해당 수출물품 생산에 사용된 수공구(수출물품 생산과정에서 손모됨)

① 가
② 가, 나, 라
③ 가, 나, 다
④ 가, 나, 다, 라

35 | 출제키워드 | 기초원재료납세증명서 vs 분할증명서

다음 보기와 같은 경우 A사가 B사에게 제공해야 하는 관세 등의 환급과 관련된 서류는 무엇인가?

> 가. A사는 수지(resin)를 중국에서 수입한 다음 플라스틱 부품을 제조하여 B사에게 납품한다.
> 나. A사는 B사로부터 구매확인서를 교부받았다.
> 다. B사는 A사로부터 구매한 플라스틱 부품을 사용하여 생산한 기계를 FTA 협정국인 터키로 수출한다.

① 기초원재료납세증명서
② 분할증명서
③ 원산지확인서
④ 내국신용장

정답 및 해설

34 ② 윤활유, 절삭유 등 간접소모품은 환급대상에서 제외된다.
35 ① 기초원재료의 수입 납부세액을 증명해 주는 서류를 말한다.

36

| 출제키워드 | 무조건 감면 vs 조건부 감면

다음 보기는 관세법의 규정에 의한 관세의 감면이다. 이들 중 감면 처분 이후 세관의 별도 사후관리가 따르지 않는 것을 모두 기재한 것은?

```
A. 세율불균형물품의 면세       B. 학술연구용품의 감면
C. 소액물품면세               D. 여행자휴대품 등의 감면
E. 재수출면세                 F. 재수입면세
```

① A, B, D
② A, C, D
③ C, D, E
④ C, D, F

37

| 출제키워드 | 관세법 상 기간 및 기한의 계산

기간 및 기한과 관련된 다음 설명된 사항들 중 옳게 설명되지 아니한 것은?

① 관세법에 따른 기한이 금융회사의 휴무로 인하여 정상적인 납부가 곤란하다고 관세청장이 인정하는 때에는 그 다음날을 기한으로 한다.
② 관세법에 따른 기간을 계산할 때 수입신고수리전 반출승인을 받은 경우에는 그 반출일을 수입신고의 수리일로 본다.
③ 관세법에 따른 기간의 계산은 관세법에 규정된 것을 제외하는 민법 규정을 따른다.
④ 관세청 또는 세관의 전산처리설비가 일정한 장애로 가동이 정지되어 기한까지 관세법에 따른 신고, 신청, 승인, 허가 등을 할 수 없게 되는 경우에는 그 장애가 복구된 날의 다음날을 기한으로 한다.

정답 및 해설

36 ④ A, B, E는 사후관리가 필요한 조건부 감면세이다.
37 ② 반출 승인일을 수입신고의 수리일로 본다.

38 | 출제키워드 | 관세의 현장수납, 출납공무원

관세법상 여행자 휴대품 등에 대한 관세의 현장수납에 관한 설명 중 옳지 않은 것은?

① 물품을 검사한 공무원이 관세를 수납하는 경우에는 납부고지사항을 반드시 서면으로 고지하여야 한다.
② 물품을 검사한 공무원이 관세를 수납하는 때에는 부득이한 사유가 있는 경우를 제외하고는 다른 공무원을 참여시켜야 한다.
③ 출납공무원이 아닌 공무원이 관세를 수납한 때에는 지체 없이 출납공무원에게 인계하여야 한다.
④ 출납공무원이 아닌 공무원이 선량한 관리자로서의 주의를 게을리하여 수납한 현금을 잃어버린 경우에는 변상하여야 한다.

39 | 출제키워드 | 해외임가공, 과세가격

우리나라에서 인도네시아로 일부 원단과 라벨 등 자재를 무상으로 공급한 후 가방을 만들어 수입하려고 한다. 이와 관련된 다음의 설명 중 올바른 것은?

① 우리나라에서 원단을 무상으로 인도네시아로 해외임가공을 보낸 것이므로 가방 완제품 수입시 해외임가공 감세 제도를 활용하여 완제품 수입관련 세액 전액의 감면을 받을 수 있다.
② 인도네시아에 임가공비로 가방 1개당 5불을 지불한 경우, 수입시 과세가격은 임가공비에 가방 수입시 납부한 해상운임을 더한 금액이다.
③ 무상 공급한 자재를 임가공 장소인 인도네시아까지 운송한 비용은 과세가격에 포함한다.
④ 우리나라에서 무상으로 공급한 원부자재 가격은 생산지원비용으로서 과세가격에 포함하지 않아야 한다.

정답 및 해설

38 ① 현장수납은 구두고지와 관련된 사항이다. 서면으로 할 필요는 없다.
    참고적으로 승무원 휴대품은 구두고지 대상이 아니다.
39 ④ 원재료 수출신고 가격에 완제품(수입물품)에 적용되는 관세율을 곱한 금액을 공제한다.

40 | 출제키워드 | 국제무역선, 국제무역기, 허가 및 확인

관세법상 운송수단에 대한 설명으로 옳지 않은 것은?

① 외국물품은 입항절차가 완료된 후에 하역신고를 하여야 한다.
② 국제무역선(기)은 국제항에 한하여 운항할 수 있다.
③ 해당 운송수단에 여객, 승무원 또는 운전자가 아닌 자가 타고자 하는 경우에는 승선허가를 받아야 한다.
④ 국제무역선 또는 국제무역기에는 내국물품을 적재할 수 없으며, 국내운항선 또는 국내운항기에는 외국물품을 적재할 수 없다.

41 | 출제키워드 | 간이신고, 신고생략

다음 중 수출·수입 또는 반송의 신고를 생략하거나 관세청장이 정하는 간소한 방법으로 신고하게 할 수 있는 물품이 아닌 것은?

① 휴대품·탁송품 또는 별송품
② 우편물
③ 환경오염방지물품 등에 대한 감면, 여행자휴대품·이사물품 등의 면세 등에 의하여 관세가 감면되는 물품
④ 국제운송을 위한 컨테이너(관세율표상 기본세율이 무세인 것으로 한정)

정답 및 해설

40 ③ 허가가 아닌 세관장 신고 후 세관공무원 확인이 필요하다.
41 ③ 관세를 감면 받기 위해서는, 정식 수입통관 절차에 따라 신고하여야 한다.

42 | 출제키워드 | 품목분류, 관세율

다음 중 HS(Harmonized System) 및 HS와 관세율의 관계에 대한 설명으로 올바른 것은?

① 해당 품목 HS의 류가 결정되면 수입물품에 실제로 적용될 관세율도 자동으로 결정된다.
② 수입물품 품목분류에 적용하는 HS와 수출물품의 품목분류에 적용하는 HS는 완전히 일치한다.
③ 재료가 혼합된 물품의 품목분류는 분류 가능한 HS가운데 가장 최종호에 분류한다. 이때 관세율은 혼합되는 재료의 관세율을 평균하여 합리적으로 결정한다.
④ 관세법 별표 관세율표의 관세품목 수 보다는 HS 분류에 따른 호(heading)의 수가 많다.

43 | 출제키워드 | 관세평가, 제4방법

관세평가 제4방법에 의하여 과세가격을 결정하는 경우, 국내판매가격에서 공제하여야 하는 요소가 아닌 것은?

① 수입물품의 운송과 관련하여 통상적으로 지급하였거나 지급하여야 할 것으로 합의된 수수료
② 수입항에 도착한 후 국내에서 발생된 통상의 운임·보험료 기타 관련비용
③ 동종·동류의 수입물품이 국내에서 판매되는 때에 통상적으로 부가되는 이윤 및 일반 경비에 해당하는 금액
④ 해당 물품의 수입 및 국내판매와 관련하여 납부하였거나 납부하여야 하는 조세 기타 공과금

정답 및 해설

42 ② 수출 및 수입에 관련된 HS Code 체계는 동일하다.
43 ① 운송과 관련하여가 아닌 국내판매와 관련하여야 한다.

44 | 출제키워드 | 통관보류, 보완

세관장이 물품의 통관을 보류할 수 있는 경우에 해당하지 않는 것은?

① 관세법에 따른 의무사항을 위반하거나 국민보건 등을 해칠 우려가 있는 경우
② 수출·수입 또는 반송에 관한 신고서의 기재사항의 보완이 필요한 경우
③ 관세 및 내국세를 체납한 자가 신고한 경우
④ 수출·수입 또는 반송에 관한 신고 시 제출서류 등이 갖추어지지 아니하여 보완이 필요한 경우

45 | 출제키워드 | 세번부호, 세계공통

다음은 수출 또는 수입물품의 품목분류에 적용되는 HS(Harmonized System) CODE에 대한 설명이다. 잘못된 것은?

① HS CODE는 호(Heading)보다 소호(Sub-heading)의 수가 훨씬 많다.
② HS는 UN조약으로 체결되어 모든 UN 회원국에서 발효되고 있다.
③ 둘 이상의 호에 분류되는 물품의 경우 협의로 표현한 호를 우선 적용한다.
④ 호가 구분되지 아니할 경우 소호를 구분할 수 없다.

46 | 출제키워드 | 납세자권리헌장, 관세조사 통지

납세자의 권리에 관한 설명 중 옳지 않은 것은?

① 관세청장은 납세자권리헌장을 제정하여야 한다.
② 관세조사를 하는 경우 조사시작 15일 전까지 조사대상자에게 통보하여야 한다.
③ 관세조사의 결과는 구두 또는 서면으로 통지하여야 한다.
④ 관세조사의 결과에 따라 사전에 과세예고통지를 한다.

정답 및 해설

44 ③ 체납은 통관 보류의 사유가 되지 않는다.
45 ② WCO회원국이 공통으로 사용하고 있다.
46 ③ 서면으로 통지하여야 한다.

47 | 출제키워드 | 보수작업의 정의, 보수작업 수행방법 및 장소

관세법상 보수작업에 대한 설명으로 옳은 것은?

① 보수작업은 그 현상을 유지하거나 성질이 변하는 범위에서 포장을 바꾸거나 구분, 분할, 합병 등의 작업을 하는 것을 말한다.
② 보수작업에 사용된 내국물품은 외국물품으로 본다.
③ 외국물품은 수입될 물품의 보수작업의 재료로 사용할 수 있다.
④ 보수작업은 보세구역 밖에서는 할 수 없다.

48 | 출제키워드 | 관세법상 월별납부, 일괄납부

관세법상 월별납부에 대한 설명으로 옳은 것은?

① 세관장은 납세실적 등을 고려하여 관세청장이 정하는 요건을 갖춘 성실납세자가 신청을 할 때에는 납부기한이 동일한 달에 속하는 세액에 대해서는 그 기한이 속하는 달의 다음달 말일까지 한꺼번에 납부하게 할 수 있다.
② 세관장은 월별납부의 승인을 신청한 자가 기획재정부령으로 정하는 요건을 갖춘 경우에는 세액의 월별납부를 승인하여야 한다.
③ 세관장은 납세의무자가 관세를 납부기한이 지난날부터 10일 이내에 납부하지 아니한 경우 월별납부의 승인을 취소할 수 있다.
④ 세관장은 월별납부의 대상으로 납세신고된 세액에 대하여 필요하다고 인정하는 때에는 담보를 제공하게 할 수 있다.

정답 및 해설

47 ② ① 변하지 않아야 한다.
③ 할 수 없다.
④ 승인을 받으면 가능하다.

48 ④ 월별납부는 담보의 제공사유이다.
① 다음달 말일이 아닌 그 달 말일 이다.
② 기획재정부령이 아닌 관세청장이다.
③ 10일이 아닌 15일 이고, 추가로 15일 이내의 기간으로 납부고지를 한다.

49 | 출제키워드 | 공중무역 vs 불공정무역

다음 중 불공정무역으로 인한 산업피해를 구제하기 위한 탄력관세가 아닌 것은?

① 보복관세
② 덤핑방지관세
③ 특정국물품긴급관세
④ 상계관세

50 | 출제키워드 | HS code, 기본세율

A는 해외직구를 통해 미국에서 쌍안경을 구입하였다. 이 물품의 품목분류는 다음과 같다. 이에 대한 설명으로 올바른 것은?

HS 9005.10-0000

① A가 구입한 쌍안경의 HS는 제9005류에 해당한다.
② 법적인 목적상 품목분류는 호의 용어 및 주에 따라 분류함이 원칙이다. 이 물품의 호는 9005.10이다.
③ 제시문과 같이 쌍안경의 10단위의 세번 모두를 알지 못하고 소호까지의 세번만 알 경우에도 기본관세율이 얼마인지를 알 수 있다.
④ A가 구입한 쌍안경에 대한 국제협약상 유효한 분류범위는 9005까지이다.

정답 및 해설

49 ③ 불공정무역과 관련한 탄력관세는 덤핑, 보복, 상계이다.
50 ③ 기본관세율은 HS code 6자리(소호)가 동일하면, 동일하게 적용된다.

51 | 출제키워드 | 신고의 시기, 입항 전 수입신고

관세법에서는 수입신고는 해당품목을 선적한 선박 또는 항공기가 입항한 후에 하는 것이 일반적이지만, 수입하려는 물품의 신속한 통관이 필요할 때에는 해당 물품을 적재한 선박이나 항공기가 입항하기 전에 수입신고를 할 수 있도록 규정하고 있다. 이를 입항전 수입신고라고 일컫는데, 다음 중 입항 전 수입신고와 관련이 없는 것은?

① 입항전수입신고가 된 물품은 우리나라에 도착된 것으로 본다.
② 입항전수입신고는 해당 물품을 적재한 선박이 그 물품을 적재한 항구에서 출항하여 우리나라에 입항하기 1일전부터 할 수 있다.
③ 검사대상으로 결정되지 아니한 물품에 대해서는 입항전에 그 수입신고를 수리할 수 있다.
④ 세율이 인상되도록 법령이 적용되거나 적용될 예정인 물품에 대해서는 입항전수입신고를 할 수 없다.

52 | 출제키워드 | 신고의 취소, 신고의 방식

수출·수입 또는 반송의 신고에 대한 다음의 설명 중 옳지 않은 것은?

① 과세자료 등을 제출하여야 하는 자가 해당 서류를 관세사 등에게 제출하고, 관세사 등이 해당 서류를 확인한 후 수출·수입 또는 반송에 관한 신고를 하는 때에는 해당 서류의 제출을 생략하게 하거나 해당 서류를 수입신고 수리 후에 제출하게 할 수 있다.
② 신고는 정당한 이유가 있는 때에 한하여 세관장의 승인을 받아 각하할 수 있다.
③ 수출신고가 수리된 물품은 수출신고가 수리된 날부터 30일 이내에 운송수단에 적재하여야 한다.
④ 수출·수입 또는 반송에 관한 신고서의 기재사항이 갖추어지지 아니한 경우 세관장은 이를 보완하게 할 수 있다. 다만, 미비된 사항이 경미하고 신고수리 후에 보완이 가능하다고 인정되는 경우에는 신고수리 후, 이를 보완하게 할 수 있다.

정답 및 해설

51 ② 5일전이다.
52 ② 취소할 수 있다.

53 | 출제키워드 | 징수금액의 최저한

세관장은 납세의무자가 납부하여야 하는 세액이 (　　) 미만인 경우에는 이를 징수하지 아니한다. 이에 따라 관세를 징수하지 않는 경우 해당 물품의 (　　)을 납부일로 본다. 괄호 안에 각각 알맞은 말로 짝지어진 것은?

① 1만원, 수입신고일
② 150만원, 수입신고일
③ 1만원, 수입신고수리일
④ 150만원, 수입신고수리일

54 | 출제키워드 | 재수입면세, 감면신청

우리나라에서 사우디로 수출된 제품을 바이어의 클레임으로 우리나라로 다시 수입하고자 한다. 이와 관련된 다음의 설명 중 잘못된 것은?

① 우리나라에서 수출된 제품이 해외에서 제조·가공·수리 또는 사용되지 아니하고 수출신고 수리일부터 2년 내에 다시 수입되는 경우 재수입면세를 적용받을 수 있다.
② 최초 사우디로 수출시 수출용원재료에 대한 관세환급을 받은 경우에는 재수입면세 적용이 되지 않는다.
③ 원칙적으로 관세감면신청은 수입신고 수리전에 신청하여야 한다.
④ 예외적으로 수입신고 수리전에 감면신청서를 제출하지 못한 경우에는 물품의 보세구역 장치 여부를 불문하고 수입신고수리일로부터 15일 이내에 감면신청서를 제출하여 감면을 받을 수 있다.

정답 및 해설

53 ③　1만원 미만인 경우에는 수입신고수리일을 납부일로 본다.
54 ④　물품이 보세구역에 장치가 되어 있는 경우에 한하여, 수입신고수리일로부터 15일 이내에 감면신청서를 제출하여 감면을 받을 수 있다.

55 | 출제키워드 | 수출입신고, 수출입승인

물품의 통관을 위한 관세법상의 신고에 대한 설명이다. 잘못된 것은?

① 대외무역법에 규정된 바에 따라 수출입공고에 규정된 대로 수출승인을 받은 물품은 관세법에 의한 수출신고가 생략된다.
② 정상적인 무역상품으로 대외무역법에 의해 수입승인이 면제되는 물품이라도 관세법에 규정된 수입신고는 하여야 한다.
③ 수출하고자 하는 물품이 전략물자에 해당되어 대외무역법이 규정한 바에 따라 관련기관의 허가를 받은 물품일지라도 관세법에 규정된 수출신고는 하여야 한다.
④ 대외무역법상의 외국인수수입에 해당하는 거래의 경우 관세법상 수입신고 대상이 아니다.

56 | 출제키워드 | 보정vs수정vs경정vs정정

신고납부한 세액에 부족이 있는 경우, 보정기간이 경과한 후 납세의무자가 취할 수 있는 조치는?

① 경정청구   ② 경정   ③ 정정신고   ④ 수정신고

57 | 출제키워드 | 재수입면세의 조건

우리나라에 수출된 물품으로서 해외에서(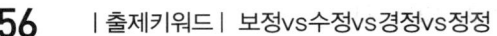)되지 아니하고 수출신고수리일부터 2년 내에 다시 수입되는 물품에 대해서는 관세를 면제한다. 다음 중 괄호 안에 들어갈 말로 적당하지 않은 것은?

① 전시   ② 가공   ③ 수리   ④ 사용

정답 및 해설

55 ① 대외무역법상 수출승인을 받았다 하더라도, 관세법상 수출신고를 하고 그 승인을 득하여야 한다.
56 ④ 보정기간 경과 후, 부족세액이 있는 경우 납세의무자가 취할 수 있는 조치는 수정신고이다.
57 ① 제조·가공·수리·사용되지 아니하여야 한다. 전시와 임대차등은 면제가 되지 않는다.

58 | 출제키워드 | 원산지증명서 발급권자

A사는 B사가 생산한 아동용 의류를 구매하여 미국의 C에게 수출하고 있다. 이 경우 다음 보기에서 FTA 특혜 원산지증명서를 발급할 수 있는 자를 모두 기재한 것은?

가. 세관	나. 상공회의소
다. 수출자 A	라. 생산자 B
마. 수입자 C	

① 가, 나
② 다, 라, 마
③ 가, 다, 라, 마
④ 가, 나, 다, 라, 마

59 | 출제키워드 | 보세사의 직무, 세관공무원의 직무

관세법상 규정된 보세사의 직무에 해당하지 않는 것은?

① 견본품의 반출 및 회수
② 보세화물의 보수작업 완료보고의 수리
③ 보세구역출입문의 개폐 및 열쇠관리의 감독
④ 보세구역의 출입자관리에 대한 감독

60 | 출제키워드 | 납세담보, 용도세율의 정의

관세법상 납세담보의 제공과 관련이 없는 제도는?

① 분할납부제도
② 용도세율제도
③ 관세감면제도
④ 월별납부제도

정답 및 해설

58 ② 한-미 FTA 원산지증명서는 제조자, 수출자, 수입자가 발급할 수 있다.
59 ② 보수작업 완료보고의 수리는 세관공무원의 직무이다.
60 ② 용도세율(동일한 물품에 대한 세율이 용도에 따라 상이한 경우 그 중 가장 낮은 세율을 적용하여 특정용도에 사용되는 경우 이를 지원하고자 하는 제도)은 관련이 없다.

61 | 출제키워드 | 세율적용의 우선순위

수입물품의 관세율이 다음과 같고 그 물품의 과세가격이 10,000,000원이라면 수입통관 시 납부하여야 할 관세액은 얼마인가? (단, 각 관세율을 적용할 수 있는 요건은 충족되어 있다고 본다.)

> 가. 조정관세율 : 10%
> 나. 잠정관세율 : 5%
> 다. 최빈개발도상국에 대한 특혜관세율 : 0%
> 라. 기본관세율 : 8%

① 0원
② 500,000원
③ 800,000원
④ 1,000,000원

62 | 출제키워드 | 감면조건, 위약환급 조건

다음은 관세법상 감면 및 환급제도에 대한 설명이다. 잘못된 것은?

① 과세가격이 미화 250달러 이하인 물품으로서 견본품으로 사용될 것으로 인정되는 물품은 소액물품 면세가 가능하다.
② 국제적십자사·외국적십자사 및 기획재정부령으로 정하는 국제기구가 국제평화봉사활동 또는 국제친선활동을 위하여 기증하는 물품은 관세를 면제한다.
③ 수입신고가 수리된 개인의 자가사용물품이 수입한 상태 그대로 수출되는 경우에, 수입신고 수리일부터 1년 이내에 보세구역에 반입하였다가 수출하는 경우에는 수입할 때 납부한 관세를 환급한다.
④ 수입제품에 대한 클레임으로 인해 대체품을 무상으로 공급받는 경우, 결제금액이 없다 하더라도 면세를 받을 수 없고 관세 등 세금을 납부하여야 한다.

정답 및 해설

61 ④ 세율적용우선순위에 따라, 조정관세율이 적용된다.
62 ③ 개인의 자가사용물품인 경우, 1년이 아닌 6개월이다.

63 | 출제키워드 | 과세가격, 제1방법 배제사유

다음 중 과세가격결정의 원칙(1방법)을 적용할 수 없는 사항이 아닌 것은?

① 무상으로 국내에 도착하는 물품
② 별개의 독립된 법적 사업체와의 거래에 따라 국내에 도착하는 물품
③ 수출자의 책임으로 국내에서 판매하기 위해 국내에 도착하는 물품
④ 산업쓰레기 등 수출자의 부담으로 국내에서 폐기하기 위해 국내에 도착하는 물품

64 | 출제키워드 | 수출용원재료의 국내거래, 세액증명서

관세환급특례법상 수출용원재료가 국내에서 거래되었다. 이와 관련한 양도세액증명제도에 대한 설명으로 올바른 것은?

① 수출용원재료가 국내에서 추가 가공됨이 없이 원상태 그대로 거래되었을 때 양도세액을 증명하는 서류가 기초원재료납세증명서이다.
② 양도세액증명서는 수출용원재료를 공급받는 쪽에서 해당 물품을 공급하는 쪽에게 교부하는 것이다.
③ 양도세액증명서에 기재된 세액은 해당 물품의 수입용원재료가 당초 수입될 때 납부된 내국세만을 의미한다.
④ 수출용원재료를 공급받는 쪽이 개별환급제도를 이용하고 있을 경우 그 기업이 대기업이거나 혹은 중소기업이거나를 막론하고 이러한 양도세액증명서가 필요하다.

정답 및 해설

63 ② 별개의 독립된 법적 사업체가 아닌 지점 등과의 거래에 따라 국내에 도착하는 물품은 불가능하다.
64 ④ 환급을 받기 위해서는, 납부한 세액의 증명이 필요하므로, 기업의 규모를 막론하고 양도세액증명서가 필요하다.

65

| 출제키워드 | 납세자의 성실성 추정, 배제사유

세관공무원은 특별한 경우를 제외하고는 납세자가 성실하며 납세자가 제출한 신고서 등이 진실한 것으로 추정하여야 한다. 이러한 성실성 추정 등이 배제되는 사유가 아닌 것은?

① 납세자에 대한 구체적인 탈세정보가 있는 경우
② 납세자의 신고내용이 관세청장이 정한 기준과 비교하여 불성실하다고 인정되는 경우
③ 신고내용에 탈루나 오류의 혐의를 인정할만한 명백한 자료가 있는 경우
④ 세관에 납부하여야 할 관세·내국세 및 가산세·강제징수비를 체납한 경우

66

| 출제키워드 | 납부기한 경과, 납부지연가산세

다음 보기의 (　) 안에 들어갈 내용으로 올바른 것은?

> 수입자 A사는 수입신고가 수리된 수출용원재료의 관세를 납부기한까지 완납(完納)하지 아니하였다. 이 경우 세관장은 그 납부기한이 지난 날 부터 A사가 체납한 관세 뿐 아니라 이에 더하여(　)에 상당하는 금액 및 (　)을(를) 징수한다.

① 부족세액의 100분의 3 – 납부지연가산금
② 부족세액의 100분의 5 – 납세지연가산금
③ 부족세액의 100분의 10 – 납부지연이자
④ 부족세액의 10만분의 13 – 납세지연이자

정답 및 해설

65 ④　성실성 추정 배제 사유가 아니다.
66 ③　납부지연가산세로 부족세액의 10% 및 납부지연이자를 징수한다.

67 | 출제키워드 | 재수입면세의 대상, 관세 미부과 물품

다음 중 재수입면세의 대상이 아닌 것은?

① 수출물품의 용기로서 다시 수입하는 물품
② 해외시험 및 연구를 목적으로 수출된 후 다시 수입되는 물품
③ 해외에서의 도급계약을 이행하기 위하여 우리나라에서 수출되었다가 수출신고 수리일부터 2년 내에 다시 수입되는 물품
④ 보세가공 또는 장치기간경과물품을 재수출조건으로 매각함에 따라 관세가 부과되지 않은 물품으로서 수출된 후 다시 수입되는 물품

68 | 출제키워드 | 납부기한, 수정신고

다음 중 관세의 납부기한으로 적당하지 않은 것은?

① 수입신고전 즉시반출의 경우 – 수입신고일부터 15일 이내
② 부과고지의 경우 – 납부고지를 받은 날부터 15일 이내
③ 신고납부의 경우 – 납세신고수리일부터 15일 이내
④ 수정신고의 경우 – 수정신고일부터 15일 이내

69 | 출제키워드 | 조사결과의 서면통지, 생략대상

관세법상 세관공무원은 관세조사를 종료한 때 그 조사결과를 서면으로 납세자에게 통지하여야 하나, 예외적으로 일정한 경우에는 통지하지 않는다. 통지를 하여야 하는 경우에 해당하는 것은?

① 통지를 하는 경우 증거인멸의 가능성이 있는 경우
② 범칙사건을 고발하는 경우
③ 납세자에게 통고처분을 하는 경우
④ 납세자의 주소 및 거소가 분명하지 아니하거나 그 밖의 사유로 통지를 하기 곤란하다고 인정되는 경우

정답 및 해설

67 ④ 관세가 부과되지 않은 경우에는, 면세대상에서 제외된다.
68 ④ 수정신고의 경우 수정 신고한 날의 다음날이 납부기한이다.
69 ① 사전통지생략 대상이다.

70

| 출제키워드 | 과세전적부심사, 심판청구, 행정소송

다음과 같은 상황에서 수입상(주)EPASS가 취할 수 있는 행위로 잘못된 설명은?

> (주)EPASS는 205년 1월 5일부터 A제품을 일본으로부터 수입하면서 관세율 0%의 HS 코드로 수입통관을 하였다. 그러던 중 2026년 10월 3일 서울본부세관으로부터 심사를 받았고, 심사결과 HS 적용 오류로 인한 신고세액 부족을 이유로 추징세액 2억원에 대하여 과세전통지를 받았다.

① (주)EPASS는 서울본부세관에 추징세액에 대한 과세전적부심사를 청구할 수 있다.
② (주)EPASS는 과세전적부심사 청구를 거치지 아니하면 조세심판원에 심판청구를 할 수 없다.
③ (주)EPASS는 심판청구에 대한 결정통지를 받은 날로부터 90일 내에 행정소송을 제기할 수 있다.
④ (주)EPASS는 관세법에 따른 심사청구 또는 심판청구를 거치지 아니하면 행정소송을 제기할 수 없다.

71

| 출제키워드 | 과세물건의 확정시기, 납세의무자

다음 각각의 경우 과세물건의 확정시기와 납세의무자를 잘못 연결한 것은?

① 보세공장 제조물품을 수입하는 경우(단, 사용신고 전에 미리 세관장에게 해당 물품의 원료인 외국물품에 대한 과세의 적용을 신청하였음) : 사용신고를 하는 때, 해당 물품을 수입하는 화주
② 입항전수입신고를 하는 경우 : 우리나라에 도착하는 때, 해당 물품을 수입하는 화주
③ 보세구역 장치물품의 멸실·폐기로 관세를 징수하는 경우 : 해당 물품이 멸실되거나 폐기된 때, 운영인 또는 보관인
④ 수입신고전 즉시반출신고를 하고 반출하는 경우 : 즉시반출신고를 하는 때, 즉시반출한 자

정답 및 해설

70 ② 과세전적부심사 청구는 필수절차가 아니기 때문에, 생략 후 바로 조세심판원 심판청구를 제기할 수 있다.
71 ② 도착하는 때가 아닌 수입신고를 하는 때이다.

72 | 출제키워드 | 분할납부, 납세의무자

관세의 분할납부를 승인받은 경우 관세의 납세의무자에 대한 설명으로 옳지 않은 것은?

① 관세의 분할납부를 승인받은 물품을 동일한 용도로 사용하려는 자에게 양도한 경우에는 그 양도인이 관세를 납부하여야 한다.
② 관세의 분할납부를 승인받은 법인이 합병·분할·분할합병된 경우에는 그 후 존속하거나 새로 설립된 법인이 연대하여 관세를 납부하여야 한다.
③ 관세의 분할납부를 승인받은 자가 파산선고를 받은 경우에는 그 파산관재인이 관세를 납부하여야 한다.
④ 관세의 분할납부를 승인받은 법인이 해산한 경우에는 그 청산인이 관세를 납부하여야 한다.

73 | 출제키워드 | 종가세, 종량세, 과세표준

수입물품에 대한 종가세로 부과하는 관세의 과세표준, 즉 과세가격의 결정과 관련한 설명이다. 올바른 것은?

① 과세가격은 송품장에 표시된 금액에 수입항 도착 후 발생한 운임·보험료를 포함한 금액으로 결정한다.
② 우리나라에 도착한 후 보세창고에서 수입신고 이전에 행하여지는 보수작업과 관련해 발생한 비용은 비록 구매자가 이를 부담한 것이라도 과세가격 결정에서 실제로 지급하였거나 지급할 금액에 포함되지 않는다.
③ 도착지양하인도조건(DPU)의 거래에서 매도인이 주 운송구간에서 발생할 수 있는 운송상의 위험을 회피하기 위해 별도로 보험에 부보(附保)하였다면, DPU금액에 보험부보금액이 포함되었는지에 관계없이 과세가격에 가산되어야 한다.
④ 연불조건의 수입인 경우에 해당 수입물품에 대한 연불이자는 과세가격에 포함된다.

정답 및 해설

72 ① 양도인이 아닌 양수인이 납부한다.
다만, 다른 용도로 사용 시에는 양도인이 우선납부하고 납부하지 않을 시 양수인이 납부한다.
73 ② 국내 도착 후 발생한 비용은, 과세가격에 포함되지 않는다.

74 | 출제키워드 | 담보, 수입통관 절차

담보를 제공하는 경우의 일반적인 수입통관 절차는?

① 수입신고 ⇨ 관세납부 ⇨ 수입신고수리 ⇨ 물품반출 ⇨ 담보제공
② 수입신고 ⇨ 담보제공 ⇨ 수입신고수리 ⇨ 물품반출 ⇨ 관세납부
③ 수입신고 ⇨ 수입신고수리 ⇨ 담보제공 ⇨ 물품반출 ⇨ 관세납부
④ 수입신고 ⇨ 물품반출 ⇨ 수입신고수리 ⇨ 담보제공 ⇨ 관세납부

정답 및 해설

74 ② 수입신고 ⇨ 담보제공 ⇨ 수입신고수리 ⇨ 물품반출 ⇨ 관세납부이다.

제3부 무역규범 출제예상문제

01 다음 중 대외무역법의 특성과 거리가 먼 것은?

① 무역업무의 과학화 추진
② 기획재정부장관에 의한 무역관리 권한의 전속
③ 국제성, 대외적 성격
④ 규제대상의 포괄성

02 다음 수출에 대한 설명이다. 가장 바르지 못한 것은?

① '수출'이라 함은 매매, 교환, 임대차, 사용대차, 증여 등을 원인으로 국내에서 외국으로 물품이 이동하는 것을 말한다.
② 매매, 교환, 임대차, 사용대차, 증여 등을 원인으로 국내에서 외국으로 물품이 이동하는 것의 수출은 유상, 무상을 불문한다.
③ 무상으로 외국에서 외국으로 물품을 인도(delivery)하는 것으로서 산업통상자원부장관이 정하여 고시하는 기준에 해당하는 것은 수출에 포함된다.
④ 거주자가 비거주자에게 전자적 형태의 무체물을 전송하는 것은 수출에 포함된다.

정답 및 해설

01 ② 대외무역법은 산업통산부장관의 전속이다.
02 ③ 유상만 해당된다.

03 다음이 설명하는 내용 중 올바르지 않은 것은?

① 대외무역법은 대외 무역을 진흥하는 목적이 있다.
② 대외무역법은 공정한 거래 질서를 확립하여 국제 수지의 균형과 통상의 확대를 도모하고자 한다.
③ 대외무역법의 궁극적인 목적은 국민 경제를 발전시키는 데 이바지함이다.
④ 대외무역법은 국내간의 물품이동을 통제하기 위해 제정된 법이다.

04 대외무역법상 수출에 해당하지 않는 것은?

① 거주자가 비거주자에 법률서비스업을 제공하는 행위
② 외국선박이 공해에서 체포한 어획물 등을 외국으로 반입하는 행위
③ 거주자가 비거주자에 경영상담을 제공하는 행위
④ 거주자가 비거주자에 전자적 형태의 무체물을 제공하는 행위

05 다음 중 우리나라의 대외무역법령의 기준에서 수출실적으로 인정받을 수 있는 거래를 모두 기재한 것은?

> a. 국내 A기업이 국내 B기업으로부터 내국신용장을 수취한 후 원단을 공급하였다.
> b. 산업통상자원부장관이 지정한 국내의 C기업이 수출물품 포장용 골판지 상자를 국내의 D기업에게 공급하였다.
> c. 국내 E기업이 북한 F기업에게 무상으로 재봉틀을 반출하였다.
> d. 국내의 G기업이 러시아 목재를 일본에 공급하고 차액을 취하였다.

① a, b ② a, d
③ a, c, d ④ a, b, d

정답 및 해설

03 ④ 국제간의 물품을 통제하기 위함이다.
04 ② 외국선박이 공해에서 체포한 어획물 등을 외국으로 반입하는 행위는 대외무역법 및 관세법상 수출의 개념에 모두 해당하지 않는다.
05 ④ 유상거래만 수출실적으로 인정 받을 수 있다.

06 무역의 제도적인 지원 및 혜택에 해당되지 않는 것은?
① 부가가치세의 면세 적용
② 무역보험제도의 운용
③ 수출용 원재료에 대한 관세 등의 환급
④ 수출입실적 인정을 통한 각종 혜택(무역의 날 포상 등) 부여 등

07 다음 중 우리나라의 대외무역법령에서 수출실적의 인정시점이 외국환은행의 입금일인 것을 모두 기재한 것은?

| a. 외국인도수출 | b. 중계무역 |
| c. 용역의 수출 | d. 소프트웨어의 수출 |

① a
② a, b
③ a, b, c
④ a, b, c, d

08 수출신고의 수리가 이루어지면 수출상은 지정된 선박에 물품을 선적한 후 선사로부터 서류를 요구한다. 이때 필요한 서류가 아닌 것은?
① 수출신고필증
② 선하증권(B/L : Bill of Lading)
③ 포장명세서(Packing Lise)
④ 상업송장(Commercial Invoice)

정답 및 해설

06 ① 부가가치세의 영세율이 적용된다.
07 ④ 외국인도수출, 중계무역, 용역의 수출, 소프트웨어의 수출 모두 해당한다.
08 ② 수출신고필증, 포장명세서, 상업송장 등을 제시하고 선하증권을 수령하는 것이기 때문에 선하증권을 수령하기 위해서는 선하증권이 필요하지 않다.

09 다음 수출입 실적과 관련한 대외무역법령의 기술 내용 중에서 가장 거리가 먼 것은?

① 수입실적의 인정시점은 수입신고 수리일이며, 외국인수수입과 용역 또는 전자적 형태의 무체물의 수입인 경우에는 지급일이다.
② 중계무역에 의한 수출 인정금액은 수출금액(FOB가격)에서 수입금액(CIF가격)을 공제한 가득액이다.
③ 내국신용장 또는 구매확인서에 의한 국내 물품공급 실적은 한국무역협회에서 발급한 수출입확인서에 의하여 수출실적으로 인정된다.
④ 수출실적은 수출통관액(FOB금액), 입금액, 가득액과 내국신용장, 그리고 구매확인서를 이용하여 수출에 제공하는 외화획득용 원료·기재의 국내 공급액을 말한다.

10 다음 중 수출입승인사항 변경승인대상이 아닌 것은?

① 승인의 유효기간
② 수출 또는 수입의 당사자에 관한 사항
③ 물품 등의 수량, 가격
④ 수출입물품의 용도

11 플랜트 수출에 관련된 사항 중 틀린 것은?

① FOB가격으로 미화 50만 달러 상당액 이상인 경우, 기획재정부장관에게 승인을 받아야 한다.
② 일괄수주방식의 수출에 대한 승인 시에는 국토교통부장관의 동의를 받아야 한다.
③ 산업설비·기술용역 및 시공을 포괄적으로 행하는 수출도 승인대상이다.
④ 승인대상 중 시공이라 함은 토목공사 등을 말한다.

정답 및 해설

09 ③ 한국무역협회가 아닌 외국환은행이다.
10 ④ 변경신고대상이다. 승인대상과 신고대상을 구분해야 한다.
11 ① 기획재정부장관이 아닌 산업통상부장관이 되어야 한다.

12 다음은 우리나라의 대외무역법령에서 규정하고 있는 수출입의 질서유지에 대한 설명이다. 올바른 것을 모두 기재한 것은?

> a. 무역거래자는 외화도피의 목적으로 물품 등의 수출 또는 수입가격을 조작하여서는 안 된다.
> b. 대한민국 재외공관의 장이 교역상대국의 무역거래자 및 무역 분쟁 해결 기관의장으로부터 무역 분쟁 사실의 신고를 받아 산업통상자원부장관에게 통보한 경우 산업통상자원부장관은 분쟁의 신속한 해결을 위하여 조정 또는 알선을 할 수 있다.
> c. 무역장벽의 해소 차원에서 수입국 정부와의 계약 또는 수입국 정부의 위임을 받아 기업이 수출하는 물품 등에 대하여 국내에서 선적 전에 검사를 실시하는 기관은 세계무역기구의 선적 전 검사에 관한 협정을 지켜야 한다.
> d. 선적 전 검사와 관련하여 수출자와 선적 전 검사기관 간에 분쟁이 발생 하였을 경우 산업통상자원부장관은 해당 분쟁에 관한 중재를 무역위원회에서 처리하도록 한다.

① a, b
② a, c
③ a, b, d
④ a, b, c

정답 및 해설

12 ④ d. 선적 전 검사 관련 분쟁에 대한 중재는 대한상사중재원에서 처리한다.

13 다음 중 수입 원료를 사용한 국내 생산 물품 등의 원산지 판정기준에 대한 설명으로 잘못된 것은?

① 우리나라에서 제조·가공과정을 통해 수입 원료의 세번과 상이한 세번(HS 6단위)의 물품을 생산하고, 수입원료의 수입가격(FOB기준)을 공제한 금액이 총 제조원가의 51%이상이면 한국산이 된다.
② 우리나라에서 제조·가공과정을 통해 물품을 최종적으로 생산하고, 해당 물품의 총 제조원가 중 수입원료의 수입가격(CIF기준)을 공제한 금액이 총 제조원가의 85% 이상이면 한국산이 된다.
③ 천일염의 경우에는 외국산 원재료가 사용되지 않고 제조되어야 한국산이 된다.
④ 한국산으로 인정되는 경우에는 "한국산", "韓國産", "Made in Korea", 제조원을 한국 내 주소와 회사명 또는 상호 등으로 명기하는 방식으로 한국산임을 표시할 수 있다.

14 다음 전략물자통제 강화를 위한 대외무역법상 제도에 대한 설명 중에서 올바르지 못한 것은?

① 전략물자의 판정의 유효기간은 3년이며, 무역거래자는 관련 서류를 5년간 보관해야 한다.
② 전략물자라 함은 국제평화와 안전을 위하여 다자간 국제수출통제체제의 원칙에 따라 허가 등 제한이 필요한 물품 또는 기술을 말한다.
③ 전략물자 제조자 또는 수입자가 국내에서 거래할 경우 상대방에게 서면으로 그 품목이 전략물자임을 통보해야 한다.
④ 물품의 제조자, 수출자, 수입자 및 중개자는 취급하는 물품이 전략물자에 해당하는지 여부를 스스로 판정하거나 무역안보관리원에 판정을 신청해야 한다.

정답 및 해설

13 ① 수입원료의 수입가격은 CIF 기준이다.
14 ① 전략물자 판정의 유효기간은 2년이다.

15 다음은 우리나라의 대외무역법령에서 규정하고 있는 외화획득과 관련된 설명이다. ( ) 안의 이행기간이 모두 올바르게 기재된 것은?

> a. 외화획득용 원료·기재를 수입한 자가 직접 외화획득의 이행을 하는 경우 : 수입통관일 또는 공급일부터 ( )년
> b. 다른 사람으로부터 외화획득용 원료·기재 또는 그 원료·기재로 제조된 물품 등을 양수한 자가 외화획득의 이행을 하는 경우 : 양수일부터 ( )년
> c. 외화획득을 위한 물품 등을 생산하거나 비축하는 데에 ( )년 이상의 기간이 걸리는 경우 : 생산하거나 비축하는 데에 걸리는 기간에 상당하는 기간

① 2, 1, 2　　　② 2, 2, 2
③ 1, 2, 2　　　④ 2, 1, 1

16 다음은 수출물품의 생산에 사용되는 재료 또는 최종 물품을 공급하는 생산자와 수출자의 FTA 활용 절차에 대한 설명이다. ( ) 안의 용어가 올바르게 기재된 것은?

> 수출물품의 생산에 사용되는 재료 또는 최종 물품을 (A) 생산자 또는 수출자에게 장기간 계속·반복적으로 공급하는 재료 또는 최종물품 생산자 등은 수출자의 요청이 있는 경우 (B)를 작성하여 제공할 수 있으며 동 서류는 (C)을 초과하지 않는 범위 내에서 (D) 사용할 수 있다.

	(A)	(B)	(C)	(D)
①	동일한	구매확인서	2년	반복하여
②	동일한	원산지포괄확인서	12개월	반복하여
③	상이한	원산지포괄확인서	12개월	1회에 한하여
④	상이한	구매확인서	2년	1회에 한하여

정답 및 해설

15 ① 수입통관일 또는 공급일부터 2년, 양수일부터 1년, 생산하거나 비축하는 데에 2년 이상의 기간이 걸리는 경우에는 그에 상당하는 기간
16 ② 원산지포괄확인서의 경우 12개월을 초과하지 않는 범위 내에서 반복해서 사용이 가능하다.

17 다음 중 가장 일반적인 과세가격결정 절차인 관세평가 제1방법을 적용할 수 있는 경우는?

① 수입물품이 판매될 수 있는 지역이 제한된 경우
② 신고한 물품이 국제거래시세가 공표된 물품인 경우 신고한 가격이 국제거래시세의 현저한 차이가 있는 경우
③ 해당 물품이 임대차계약에 따라 수입되는 물품인 경우
④ 구매자가 판매자에게 판매하는 다른 물품의 가격에 따라 해당 물품의 가격이 결정되는 경우

18 다음 중 국제무역선(기) 및 국내운항선(기)의 운항과 관련된 설명 중 관세법상 잘못된 것은?

① 국제무역선 및 국제무역기는 국제항에 한정하여 운항할 수 있으며 어떠한 경우에도 국제항 이외의 지역은 운항할 수 없다.
② 재해나 그 밖의 부득이한 사유로 국내운항선이나 국내운항기가 외국에 임시 정박 또는 착륙하고 우리나라로 되돌아왔을 때에는 선장이나 기장은 지체 없이 그 사실을 세관장에게 보고하여야 한다.
③ 국제무역선이나 국제무역기가 국제항을 출항하려면 선장이나 기장은 출항하기 전에 관세청장이 정하는 바에 따라 세관장에게 출항허가를 받아야 한다.
④ 국제무역선이나 국제무역기가 국제항에 입항하려는 때에는 선장이나 기장이 선박용품 또는 항공기용품의 목록, 승무원 휴대품목록과 적재화물목록 등을 첨부하여 관세청장이 정하는 바에 따라 세관장에게 입항보고를 하여야 한다.

정답 및 해설

17 ① 지역의 제한은 1방법 제외 대상이 아니다.
18 ① 세관장의 허가를 받는 경우에는 가능하다.

19 국경을 출입하는 차량에 대한 통제규정으로 옳지 않은 것은?

① 관세통로는 육상국경으로부터 통관역에 이르는 철도와 육상국경으로부터 통관장에 이르는 육로 또는 수로 중에서 세관장이 지정한다.
② 모래·자갈 등 골재, 석탄·흑연 등 광물을 일정기간에 일정량으로 나누어 반복적으로 운송하는데 사용되는 도로차량의 운전자는 사증(查證)을 받는 것으로 도착보고를 대신할 수 있다. 다만, 최종 도착보고의 경우는 제외한다.
③ 통관역은 국외와 연결되고 국경에 근접한 철도역 중에서 관세청장이 지정한다.
④ 국경출입차량을 국내에서만 운행하는 차량으로 전환하거나 국내운행차량을 국경출입차량으로 전환하려는 때에는 통관역장 또는 도로차량의 운전자는 세관장에게 신고하고 세관공무원의 확인을 받아야 한다.

20 관세법에서 규정하고 있는 '내국물품'의 개념에 대하여 잘못 설명하고 있는 것은?

① 수입신고전 반출신고를 하고 즉시 반출된 물품은 내국물품으로 본다.
② 세관공무원이 보세구역에 반입된 물품을 견본품으로 채취하여 사용 또는 소비한 경우 그 물품은 내국물품으로 본다.
③ 체신관서가 수취인에게 교부하는 우편물은 내국물품으로 본다.
④ 입항전 수입신고가 된 물품은 내국물품으로 본다.

정답 및 해설

19 ④ 세관장의 승인사항이다.
20 ④ 수입신고수리가 된 물품을 내국물품으로 본다.

21 다음 보기와 같은 사례로 관세법상 관세감면을 받고자 한다. 다음 설명 중 올바른 것은?

> a. 중국으로 부품을 수출하여 중국 현지에서 폴라로이드 카메라(사진기)를 만들어 재수입하였다. (수출 물품과 수입물품의 HSK 10단위 일치하지 않음)
> b. 재킷용 재단된 원단을 수출하여 인도네시아에서 재킷으로 봉제하여 재수입 하였다. (수출물품과 수입물품의 HSK 10단위 일치함)

① a 사례는 완성품이 제9006호에 해당되는 사진기이기에 해외임가공물품 등의 감세 대상이 되지만 b 사례는 해당되지 않으므로 감면이 적용되지 않는다.
② a, b 사례 모두 국내에서 수출했던 물품을 다시 수입하는 것이므로 재수입 면세 대상이다.
③ a 사례는 부분품을 수출하여 제9006호의 사진기를 만들어 재수입하였고 b 사례는 수출된 물품과 수입된 물품의 HSK 10단위가 일치하므로 모두 해외임가공물품 등의 감세 대상이 된다.
④ a 사례는 수출된 물품과 수입된 물품의 형태가 달라 감면 적용이 불가능하지만 b 사례는 HSK 10단위가 일치되므로 재수입면세 대상이 된다.

정답 및 해설

21 ③ b case의 경우에는, 수출물품과 수입물품의 HSK 10단위가 일치하여야 혜택을 받을 수 있다.

22 관세법상 가격조사 보고 등(관세법 제 29조)에 대한 설명으로 옳지 않은 것은?

① 관세청장 또는 세관장은 과세가격을 결정하기 위하여 필요하다고 인정되는 때에는 수출입업자·경제단체 기타 관계인에게 과세가격결정에 필요한 자료의 제출을 요청할 수 있다.
② 관세청장은 수입물품의 국내가격을 안정시킬 필요가 있는 경우, 국민 생활에 긴요한 물품으로서 국내물품과 비교 가능한 수입물품의 평균 신고가격이나 반입수량에 관한 자료를 대통령령으로 정하는 바에 따라 집계하여 공표할 수 있다.
③ 관세청장은 원활한 물자수급을 위하여 특정물품의 수입을 촉진시킬 필요가 있는 경우, 국민 생활에 긴요한 물품으로서 국내물품과 비교 가능한 수입물품의 평균 신고가격이나 반입 수량에 관한 자료를 대통령령으로 정하는 바에 따라 집계하여 공표할 수 있다.
④ 관세청장 등으로부터 과세가격결정에 필요한 자료의 제출을 요청받은 자는 정당한 사유가 없는 한 이에 응하여야 한다.

23 보세건설장에 반입된 외국물품에 대해서는 어느 시점의 법령에 의하여 관세를 부과하는가?

① 사용전 수입신고가 수리된 날에 공표된 법령
② 사용전 수입신고가 된 날에 공표된 법령
③ 사용전 수입신고가 된 날에 시행되는 법령
④ 사용전 수입신고가 수리된 날에 시행되는 법령

정답 및 해설

22 ① 기획재정부장관 또는 관세청장이 되어야 한다.
23 ④ 기본적으로 수리 시점에 시행되는 법령이다.

24 관세청장은 체납자의 은닉재산을 신고한 자에 대하여 대통령령으로 정하는 바에 따라 10억 원의 범위 이내에서 포상금을 지급할 수 있다. 여기에서의 '은닉재산'에서 제외되는 것이 아닌 것은?

① 체납자의 은닉재산을 신고받을 필요가 없다고 인정되는 재산으로서 체납자 본인의 명의로 등기된 국내소재 부동산
② "국세징수법" 제 30조의 규정에 따른 사해행위 취소소송의 대상이 되어 있는 재산
③ 세관공무원이 은닉사실을 알고 조사 또는 강제징수 절차에 착수한 재산
④ 은닉재산의 매각 예정가격이 1천만원 이하인 재산

25 다음 중 구매자와 판매자간에 특수관계가 있다고 보기 어려운 경우는?

① 구매자와 판매자가 상호 사업상의 임원 또는 관리자인 경우
② 특정인이 구매자 및 판매자의 의결권 있는 주식을 직접 또는 간접으로 5퍼센트 이상 소유하거나 관리하는 경우
③ 구매자와 판매자가 「민법」규정에 해당하는 친족관계에 있는 경우
④ 구매자 및 판매자가 동일한 제3자에 의하여 직접 또는 간접으로 지배를 받는 경우

26 관세법상 납세자는 관세행정과 관련된 처분에 있어 조세절차법상의 권리를 가지고 있다. 이와 관련된 납세자의 권리에 대한 다음 설명 중 잘못된 것은?

① 관세청장은 납세자의 권리보호에 관한 사항을 포함하는 납세자권리헌장을 제정하여 고시하여야 한다.
② 일부 특정한 경우를 제외하고, 세관공무원은 해당 사안에 대해 중복조사를 할 수 없다.
③ 납세자는 관세조사를 받는 경우에 변호사 또는 관세사로 하여금 조사에 참여하게 하거나 의견을 진술하게 할 수 있다.
④ 세관공무원은 관세조사를 하는 경우, 조사 개시 10일 전까지 조사대상 및 사유 등 필요한 사항을 납세자에게 통지하여야 한다.

정답 및 해설

24 ④ 매각 예정가격과는 무관하다. ①②③ 보기의 내용은 법 제 324조의 사항이다.
25 ③ 「민법」이 아닌 「국세기본법 시행령」이다.
26 ④ 조사 개시 15일 전까지 납세자에게 통지하여야 한다.

27 다음 중 수입의 의제에 해당하지 아니하는 것은?

① 관세법규정에 의해 매각된 물품
② 관세법규정에 의해 압수된 물품
③ 관세법규정에 의해 몰수에 갈음하여 추징한 물품
④ 법령에 의해 국고귀속된 물품

28 상표권 보호를 위한 상표권 등의 신고를 하는 경우 신고 되는 내용이 아닌 것은?

① 침해가능성이 있는 수출입자 또는 수출입국
② 침해사실을 확인하기 위하여 필요한 사항
③ 수출입국에서의 상표권의 가액
④ 상표권을 사용할 수 있는 권리자

29 관세법상 관세범의 조사와 처분에 관한 설명 중 옳지 않은 것은?

① 소유자·점유자 또는 보관자가 임의로 제출한 물품이나 남겨둔 물품은 영장 없이 압수할 수 없다.
② 세관공무원이 관세범 조사에 필요하다고 인정하는 때에는 피의자·증인 또는 참고인을 조사할 수 있다.
③ 관세범에 관한 서류는 인편 또는 등기우편으로 송달한다.
④ 여성의 신변을 수색할 때에는 성년의 여성을 참여시켜야 한다.

정답 및 해설

27 ② 수입의 의제는 귀속, 몰수, 매각, 우편물 등이 있다.
28 ③ 상표권 보호의 목적으로 상표권을 신고하는 경우, 상표권의 가액은 신고대상이 아니다.
29 ① 영장 없이 압수할 수 있다.

30 다음은 관세법상 관세의 납세의무자에 대한 설명이다. 잘못된 것은?

① 해외 직구를 한 물품이 특송화물로 수입되는 경우 : 구매자
② 보세창고에 보관중인 외국물품이 도난된 경우 : 보세창고 운영인
③ 위탁받은 수입업체가 대행 수입한 경우 : 송품장에 표시된 수입자
④ 우편으로 수입되는 물품인 경우 : 우편물의 수취인

31 "(주)EPASS"는 관할 세관장으로부터 이미 납부한 세액이 부족하다고 하여 그 부족세액 10억원 상당을 징수하겠다는 과세전통지를 받았다. 이때 "(주)EPASS"가 이에 불복하여 제기할 수 있는 것은?

① 이의신청
② 심사청구
③ 심판청구
④ 과세전적부심사청구

32 세관장이 종합보세사업장 운영인의 종합보세기능의 수행을 중지시킬 수 있는 사유가 아닌 것은?

① 운영인이 설비유지 의무를 위반한 경우
② 운영인이 수행하는 종합보세기능과 관련하여 반입·반출되는 물량이 감소하는 경우
③ 1년 동안 계속하여 외국물품의 반입·반출 실적이 없는 경우
④ 거짓이나 그 밖의 부정한 방법으로 종합보세사업장의 설치·운영에 관한 신고를 한 경우

정답 및 해설

30 ③ 위탁받은 수입업체가 대행 수입한 경우에는 물품의 수입을 위탁한자가 납세의무자가 된다.
31 ④ 사전적 구제제도의 성격인 과세전적부심사에 관한 내용이다.
32 ④ 이는 종합보세사업장의 중지 사유가 아닌, 폐쇄 사유이다.

33
관세법상 납세의무자가 신고납부한 세액에 부족이 있는 경우와, 신고납부한 세액이 과다한 것을 알게 되었을 때에 납세의무자가 행할 수 있는 조치를 알맞게 짝지어 놓은 것은?

① 경정청구 – 수정신고
② 보정신청 – 수정신고
③ 수정신고 – 경정청구
④ 경정청구 – 보정신청

34
다음은 수입업체(주) EPASS가 중국으로부터 플라스틱 케이스(가격 : USD10,000)를 수입한 사례다. 다음 설명 중 잘못된 것은?

- 부산항 입항일 : 12.22
- 부산 보세창고 반입일 : 12.23
- 부산 보세창고 무료 보관기간 : 창고반입일로부터 10일간
- 과세환율

구분	12.19.–12.25	12.26.–01.01
수출	1,290	1,187
수입	1,311	1,208

① 플라스틱 케이스 수입시 관세는 수입신고 당시의 법령에 따라 부과하는 것이 원칙이다.
② 수입물품의 관세액을 계산하기 위해서는 수입 송품장에 기재된 외화 USD 10,000를 원화로 환산해야 한다.
③ (주)EPASS는 12.22에 수입신고할 수 있다.
④ (주)EPASS의 수입 과세환율은 입항일 기준으로 미화 달러당 1,311원이다.

정답 및 해설

33 ③ 신고납부에 중점을 두고 판단을 하면 된다.
34 ④ 환율은 수입신고일이 속하는 주의 전주의 기준환율 또는 재정환율을 평균하여 관세청장이 정하는 값이다.

35

(주)EPASS는 수입물품에 대한 관세 및 부가가치세액 합계액 145만원을 체납하였다. 납부기한이 지난 후 80일 되는 때에 체납세액을 납부하려는 경우, 세관장이 부과하는 가산세는 얼마인가?

① 없음
② 3만원
③ 3만 5천원
④ 4만 5천원

36

다음에 설명하는 제도가 적용될 수 있는 대상은?

> 관세청장이나 세관장은 수출신고가 수리되어 외국으로 반출되기 전에 있는 물품과 수입신고가 수리되어 반출된 물품으로서 관세법에 따른 의무사항을 위반하거나 국민보건 등을 해칠 우려가 있는 물품에 대해서는 이를 보세구역으로 반입할 것을 명할 수 있다.

① 상표권을 침해한 물품에 대하여 관련법령에 의하여 관계행정기관의 장의 시정조치가 있는 경우
② 원산지표시가 적법하게 표시되지 아니한 물품으로서 수출입신고가 수리된 후 3개월이 경과한 경우
③ 관세법 외의 다른 법령에 따라 수입 후 특정한 용도로 사용하여야 하는 등 의무를 이행하도록 되어 있는 물품에 대하여 의무를 이행하지 아니한 경우
④ 저작권을 침해한 물품으로서 수출입신고가 수리된 후 3개월이 경과한 경우

정답 및 해설

35 ① 관세 및 부가세 합계액이 150만원 미만인 경우에 가산세는 면제된다.
36 ③ 보세구역 반입명령에 관한 내용이다. 보세구역 반입명령은 관세청장이나 세관장이 한다.

37 (주)EPASS는 상표가 부착된 신발을 다음과 같은 조건으로 수입하고자 한다. (주)EPASS가 이행해야할 관세법상의 제도로 잘못된 것은?

- (주)EPASS는 매월 1회 FOB 가격으로 1억원의 신발을 수입하는 것을 원칙으로 한다.
- (주)EPASS는 운송사에 1회 선적시마다 국제운송관련 비용 100만원을 지급한다. 수입물량이 줄어드는 경우에는 별도 협의한다.
- (주)EPASS는 신발 수입에 따라 국내 매출액의 5%를 로열티로 지급하기로 한다.

① 납세의무자 (주)EPASS는 수입신고를 할 때 세관장에게 해당물품의 과세가격 산출내용에 관한 사항 등이 기재된 가격신고를 하여야 한다.
② 수입물량이 줄어 과세가격이 미화 1만불 이하인 일정물품의 경우 가격신고를 생략할 수 있다.
③ 수입신고시 신발 수입가격 1억원과 국제운송비용 100만원 및 예상 로열티를 추정하여 확정가격신고하면 된다.
④ 잠정가격신고 하였다면 매출액 5%의 로열티를 지급한 경우 (주)EPASS는 통관지 세관장에게 확정된 가격을 신고하여야 한다.

38 다음 중 관세감면의 종류가 다른 하나는?

① 학교·공공의료기관·공공직업훈련원·박물관, 그 밖에 이에 준하는 기획재정부령으로 정하는 기관에서 학술연구용·교육용·훈련용·실험실습용 및 과학기술연구용으로 사용할 물품 중 기획재정부령으로 정하는 물품
② 정부가 직접 수입하는 간행물, 음반, 녹음된 테이프, 녹화된 슬라이드, 촬영된 필름 그 밖에 이와 유사한 물품 및 자료
③ 국가기관·지방자치단체 및 기획재정부령으로 정하는 기관에서 사용할 학술연구용품·교육용품 및 실험실습용품으로서 기획재정부령으로 정하는 물품
④ 기획재정부령으로 정하는 자가 산업기술의 연구·개발에 사용하기 위하여 수입하는 물품으로서 기획재정부령으로 정하는 물품

정답 및 해설

37 ③ 수입신고시 가격을 확정할 수 없는 경우에는, 잠정가격신고를 한다.
38 ② 학술연구 용품과 정부용품을 구분하는 문제이다. 사용목적이 무엇인가를 판단하면 쉽다.

39

다음의 내용과 가장 관련이 깊은 두 제도 또는 개념은?

> 다음의 각 관세액 중 많은 금액
> - 수입물품의 가치의 감소에 따르는 가격의 저하분에 상응하는 관세액
> - 수입물품의 관세액에서 가치 감소후의 성질 및 수량에 의하여 산출한 관세액을 공제한 차액

① 손상물품에 대한 감면, 지정보세구역 장치물품의 멸실·손상으로 인한 관세환급
② 해외임가공물품 등의 감세, 지정보세구역 장치물품의 멸실·손상으로 인한 관세환급
③ 손상물품에 대한 감면, 과세물건의 확정시기
④ 해외임가공물품 등의 감세, 과세물건의 확정시기

40

외국으로부터 수취하는 우편물에 대한 수입통관절차와 관련된 다음 설명 중 관세법상 잘못된 것은?

① 수입하려는 우편물은 통관우체국을 경유하여야 하며, 통관우체국은 체신관서 중 관세청장이 지정한다.
② 법령에 의하여 수출입이 제한되거나 금지되는 우편물은 간이한 방법으로 통관할 수 없고 일반수입신고를 하여야 한다.
③ 우리나라 거주자가 우편물로 수취하는 소액물품으로서 총 과세가격 20만원 이하의 물품으로서 자가사용물품으로 인정되는 것은 면세가 가능하다.
④ 세관공무원이 당해 우편물을 검사할 필요가 있는 경우 화주의 허가 없이 포장을 풀 수 있다.

정답 및 해설

39 ① 관세법 100조의 손상물품에 대한 감면을 설명하는 내용이다.
40 ③ 우리나라 거주자가 우편물로 수취하는 소액물품으로서 총 과세가격 15만원 이하의 물품으로서 자가사용물품으로 인정되는 것은 면세가 가능하다.

41 고액·상습체납자의 명단공개와 관련하여, 거리가 먼 것은?

① 체납액의 50% 이상을 납부한 경우 명단공개 대상에서 제외한다.
② 체납발생일부터 1년이 경과한 체납에 적용된다.
③ 관세(내국세 제외)의 체납액이 2억원 이상인 경우에 적용된다.
④ 명단공개는 관보에 게재하거나 관세청장이 지정하는 정보통신망 또는 관할세관의 게시판에 게시하는 방법으로 한다.

42 구매자가 지급하였거나 지급하여야 할 총금액에서 수입물품에 대한 연불이자를 빼고자 할 때 해당 연불이자가 갖추어야 할 요건으로 적당하지 않은 것은?

① 연불이자가 수입물품의 대가로 실제로 지급하였거나 지급하여야 할 금액과 구분될 것
② 연불이자의 이자율이 금융이 제공된 국가에서 당시 그러한 거래에서 통용되는 수준을 초과하지 아니할 것
③ 연불이자가 서면에 의한 계약서로 확인될 것
④ 연불이자가 분할하여 지불되지 아니할 것

43 다음 중 관세법상 수수료가 납부되어야 하는 경우가 아닌 것은?

① 도로차량에 대한 사증을 발급하는 경우
② 보세구역외 장치허가를 하는 경우
③ 국제항 바깥에서 하역을 하기 위하여 허가를 받는 경우
④ 외국물품을 일시적으로 육지에 내려놓기 위하여 세관공무원의 확인을 받는 경우

정답 및 해설

41 ③ 내국세도 체납액 산정에 포함한다.
42 ④ 연불이자가 분할하여 지불되는지 여부는 상관없는 내용이다.
43 ④ 수수료를 납부하지 않는다.
　　① 400원의 수수료
　　② 1만 8천원
　　③ 1일 4만원(수출의 경우 1만원)

44 수출물품에 대한 관세 등의 환급과 관련하여 운영되고 있는 간이정액환급 제도에 대한 설명 중 올바른 것은?

① 개별환급 방법으로 관세 등을 환급받는 업체라 하더라도 일정금액 이하의 소액 수출의 경우 간이정액환급방법으로 관세 등의 환급이 가능하다.
② 개별환급을 적용받고자 하는 경우에는, '비적용승인'을 득하면, 개별환급 적용이 가능하다.(기타 조건에 해당함을 가정)
③ 간이정액환급률표의 적용을 받는 물품의 환급을 신청하는 경우에는, 소요량계산서를 필수로 제출하여야 한다.
④ 간이정액환급률표는 수출자의 소재지를 관할하는 세관장이 해당 물품의 평균환급액 또는 평균납부세액을 기초로 하여 작성한다.

45 (주)EPASS는 월별납부업체이다. (주)EPASS가 5월 3일, 10일, 13일, 14일, 15일, 16일, 17일, 18일, 20일에 각각 납세신고가 수리되었다. 그렇다면 5월 말일에 납부해야 하는 수입 건은 총 몇 건인가?

① 4건   ② 5건   ③ 6건   ④ 7건

46 관세법상 관세징수권의 소멸시효는 ( ) 중에는 진행하지 아니한다. 괄호 안에 들어갈 말로 적당하지 않은 것은?

① 사해행위취소소송기간   ② 일괄납부기간
③ 징수유예기간   ④ 분할납부기간

정답 및 해설

44 ② 간이정액환급의 비적용승인을 받으면, 개별환급의 적용을 받을 수 있다.
45 ③ 월별 납부는 납부기한이 동일한 달의 말일에 한꺼번에 납부하는 것이다. 5월은 31일까지 있다는 점도 유의해야 한다.
46 ② 일괄납부기간은 무관한 내용이다.
  소멸시효의 정지사유는 ①③④과 징수유예기간이 있다.

47 다음의 사례와 관련된 관세청(세관)의 관세법상의 지원대책 중 잘못된 것은?

> 관세청이 최근 특정 지역에 내린 기록적인 폭설로 인한 피해대책으로 관내의 수출입 업체에 대한 특별통관지원대책을 마련하여 즉시 시행할 예정이다.

① 수출물품에 대한 적기 선적이 곤란한 것임을 고려하여 적재기간 연장 필요시 적재기간을 연장할 수 있다.
② 폭설 등으로 인하여 수입신고 된 물품이 신고수리 전 변질·손상된 때에는 손상물품에 대한 감면 적용이 가능하다.
③ 수입신고가 수리된 물품이 수리 후 계속 지정보세구역에 장치되어 있던 중에 폭설 등으로 변질·손상된 경우, 변질·손상된 물품의 관세를 전부 또는 일부 돌려받을 수 있다.
④ 수출입업체가 폭설로 재산상 피해를 입은 경우 2년의 범위 내에서 관세 납부기한을 연장하거나 분할납부를 허용할 수 있다.

48 관세법에 규정된 국제무역선 및 국제무역기의 입출항 절차에 대하여 잘못 설명한 것은?

① 국제무역선이나 국제무역기가 국제항에 입항한 때에는 선장이나 기장은 입항보고를 하여야 한다.
② 국제무역선 또는 국제무역기가 국제항을 출항하려면 선장이나 기장은 출항하기 전에 관세청장이 정하는 바에 따라 세관장에게 출항허가를 받아야 한다.
③ 국제무역선이나 국제무역기가 국제항에 입항하여 물품을 하역하지 않고, 입항한 때부터 24시간 이내에 출항하는 경우 세관장은 간소한 입출항 절차를 적용할 수 있다.
④ 국제무역선 또는 국제무역기를 국내운항선 또는 국내운항기로 전환하거나, 국내운항선 또는 국내운항기를 국제무역선 또는 국제무역기로 전환하려면 선장이나 기장은 세관장의 허가를 받아야 한다.

정답 및 해설

47 ④ 분할납부 기간은 1년의 범위 내에서 정한다.
48 ④ 세관장의 승인을 받아야 한다.

49 법령은 법률현실에 적합하도록 수시로 개정되고 있으므로, 법령의 개정에 의하여 납세의무자의 이해관계가 크게 달라질 수 있다. 그러므로 어느 시기의 법령에 의하여 부과하는가의 문제를 법으로 규정해 놓고 있다. 다음 중 잘못된 것은?

① 원칙적으로 관세는 수입신고 당시의 법령에 따라 관세를 부과한다.
② 보세건설장에 반입된 외국물품의 경우 사용전수입신고 시점의 법령에 의하여 관세를 부과한다.
③ 수입신고가 수리되기 전에 소비 또는 사용하는 물품(소비 또는 사용을 수입으로 보지 아니하는 물품 제외)의 경우 해당 물품을 소비하거나 사용한 때의 법령에 의하여 관세를 부과한다.
④ 보세공장외 작업허가를 받아 작업을 하는 때에 그 허가기간이 경과하여 관세를 징수하는 경우, 그 허가를 받은 때의 법령에 의하여 관세를 부과한다.

50 국경출입차량의 도착 및 출발절차에 대한 설명으로 틀린 것은?

① 국경출입차량이 통관역이나 통관장에 도착한 때는 통관역장 또는 도로차량의 운전자는 지체없이 세관장에게 도착보고를 하여야 한다.
② 세관장은 신속한 입국 및 통관절차의 이행과 효율적인 감시·단속을 위하여 필요한 때에는 관세청장이 정하는 바에 따라 도착하는 해당 차량이 소속된 회사(업무대행자 포함)에 여객명부·적재화물목록 등을 도착하기 전에 제출하게 할 수 있다.
③ 모래·자갈 등 골재, 석탄·흑연 등 광물을 일정기간에 일정량으로 나누어 반복적으로 운송하는데 사용되는 도로차량의 운전자는 사증(査證)을 받는 것으로 도착보고를 대신할 수 있다. 다만, 최초 도착보고를 하는 경우 도로차량의 운전자는 차량용품목록 등의 서류를 한꺼번에 제출해야 한다.
④ 국경출입차량이 통관역 또는 통관장을 출발하려는 때에는 통관역장 또는 도로차량의 운전자는 출발하기 전에 세관장에게 출발보고를 하고 출발허가를 받아야 한다.

49 ② 수입신고수리일에 시행되는 법령이다.
50 ③ 최초가 아닌 최종이다.

51 다음 중 관세의 납부 방법으로 가능한 것은?

㉠ 은행 방문 직접 납부　㉡ 계좌이체납부
㉢ 신용카드에 의한 납부　㉣ 직불카드에 의한 납부

① ㉠
② ㉢, ㉣
③ ㉠, ㉡, ㉢
④ ㉠, ㉡, ㉢, ㉣

52 다음 중 관세청장으로부터 승인을 받아야 하는 경우는?

① 조난물품을 운송하고자 하는 경우
② 관세조사기간을 2회 이상 연장하고자 하는 경우
③ 용도세율 적용물품을 다른 용도에 사용하고자 하는 경우
④ 위약물품을 수출에 갈음하여 보세구역에 반입하여 폐기하고자 하는 경우

53 다음 중 환급 청구권의 소멸시효의 기산일이 잘못 짝지어진 것은?

① 착오납부 또는 이중납부로 인한 환급의 경우 – 납부일
② 수입신고 또는 입항전 수입신고를 하고 관세를 납부한 후 신고가 취하 또는 각하된 경우 – 수입신고수리일 또는 입항전 수입신고수리일
③ 적법하게 납부한 후 법률의 개정으로 인한 환급의 경우 – 그 법률의 시행일
④ 경정으로 인한 환급의 경우 – 경정결정일

정답 및 해설

51 ④ 모두 가능하다.
52 ② 관세청장 승인 사항이다.
　　　관세청장 승인사항은 위 사항과 신용카드 납부대행수수료 뿐이다.
　　　①③④ 세관장 승인 사항이다.
53 ② 취하 각하가 나왔을 경우에는 취하일 또는 각하일이다.

54 다음 중 관세평가의 목적과 거리가 먼 것은?

① 외화유출 방지
② 국제수지 개선
③ 공정무역 유도
④ 관세수입 확보

55 다음의 기사와 관련된 설명 중 관세법상 잘못된 것은?

> **인천세관, 1천억대 '짝퉁' 명품시계 적발**
> – 국민일보 기사 중 일부 발췌 –
> 인천세관은 고가 유명브랜드 시계를 위조한 이른바 짝퉁 명품시계 989억 원(진품시가) 상당을 적발해, 27일 인천 중구 항동 인천본부세관 강당에 진열해 놓고 있다. 위조 명품시계는 스피커 내부공간이나 원단 안쪽에 은닉하는 수법으로 밀수 되었다.

① 설정등록된 상표권이나 저작권 등을 침해하는 물품은 수출입할 수 없다.
② 중국으로부터 부산항으로 수입되어 일본으로 향하는 환적신고된 물품이 상표권을 침해한 경우 해당 상표권자가 담보를 제공하고 통관보류를 요청하더라도 국내 수입되는 것이 아니므로 통관보류를 할 수 없다.
③ 관세청장은 상표권 등 지식재산권을 침해하는 물품을 효율적으로 단속하기 위하여 필요한 경우에는 해당 지식재산권에 관한 사항을 신고하게 할 수 있다.
④ 여행자 휴대품으로서 소량을 개인용도에 사용하기 위해 수입한 물품에 대해서는 상표권 침해여부 검토 대상이 아니다.

정답 및 해설

54 ② 국제수지와 관세평가와는 관련성이 없다. 관세평가는 세액을 부과하기 위함이다.
55 ② 국내에서 최종소비되는 물품이 아니더라도, 국내에는 상표권 침해 물품이 수입 및 통관될 수 없다.

56 다음 중 관세법상의 원산지 확인 규정에 대한 설명으로 옳지 않은 것은?

① 지리적 또는 운송상의 이유로 원산지가 아닌 국가를 단순경유하는 경우로서 원산지가 아닌 국가에서 환적되거나 일시적으로 장치된 경우 해당 물품을 우리나라로 직접 반입한 것으로 본다.
② 포장용품은 그 내용물품의 원산지로 한다. 다만, 관세법 별표 관세율표상 포장용품과 내용품을 각각 별개의 품목번호로 하고 있는 때에는 그러하지 아니하다.
③ 원칙적으로 해당 물품의 전부를 생산·가공 또는 제조한 나라를 원산지로 한다.
④ 2개국 이상에 걸쳐 생산·가공 또는 제조된 물품의 경우, 판매를 위한 물품의 포장개선 또는 상표표시 등 상품성 향상을 위한 개수작업을 한 나라가 원산지로 인정된다.

57 한-EU FTA를 활용하여 수출물품에 협정관세를 적용할 수 있게 수출자가 원산지증명서를 자율적으로 발급하려고 한다. 이 때, 수출자에게 필요한 서류를 모두 기재한 것은?

가. 원산지확인서   나. 국내제조확인서
다. 수입신고필증   라. 분할증명서
마. 기초원재료납세증명서

① 가, 나
② 가, 나, 다
③ 가, 나, 다, 라
④ 가, 나, 다, 라, 마

58 관세법상 보세건설장의 외국물품 반입 및 통관절차를 순서대로 나열한 것은?

① 반입신고 ⇨ 사용전수입신고 ⇨ 건설공사완료보고 ⇨ 수입신고수리 ⇨ 가동
② 사용전수입신고 ⇨ 반입신고 ⇨ 건설공사완료보고 ⇨ 수입신고수리 ⇨ 가동
③ 반입신고 ⇨ 건설공사완료보고 ⇨ 사용전수입신고 ⇨ 수입신고수리 ⇨ 가동
④ 사용전수입신고 ⇨ 반입신고 ⇨ 건설공사완료보고 ⇨ 가동 ⇨ 수입신고수리

정답 및 해설

56 ④ 불인정공정기준이다.
57 ① 다. 원산지증명서를 발급하기 위해서는 필요 없는 서류이다.
   라, 마. 모두 환급 절차를 수행하기 위해 필요한 서류이다.
58 ① 보세건설장은 사용하기 전에 수입신고를 하고 건설공사 완료보고 후 수입신고 수리가 되면 가동을 할 수 있다.

59 관세법 및 동 시행령에서 지식재산권 보호에 관한 내용 중 잘못된 것은?

① 세관장은 수출입신고된 물품이 신고된 상표권을 침해하였다고 인정될 때에는 그 상표권을 신고한 자에게 수출입신고사실을 통보하여야 한다.
② 상표권을 보호받고자 하는 자는 세관장에게 담보를 제공하고 해당 물품의 통관의 보류를 요청할 수 있다.
③ 세관장은 통관의 보류를 요청한 자가 해당 물품의 통관의 보류사실을 통보받은 후 10일 이내에 법원에의 제소사실을 입증하는 때에는 해당 통관의 보류를 계속 할 수 있다.
④ 여행자 휴대품 또는 우편물 등 상업적 목적이 아닌 개인용도에 사용하기 위하여 소량으로 수출입되는 물품에 대해서도 지식재산권 보호에 관한 관세법 사항들이 적용된다.

60 관세법상 장치기간 경과물품의 매각대행기관으로 적당하지 않은 것은?

① 한국보훈복지의료공단
② 관세청장이 정하는 기준에 따라 전자문서를 통한 매각을 수행할 수 있는 시설 및 시스템 등을 갖춘 것으로 인정되는 법인 또는 단체
③ 대한무역투자진흥공사
④ 한국자산관리공사

정답 및 해설

59 ④ 개인용도는 지식재산권과 무관하다.
60 ③ "①②④"는 매각대행기관이다.

61 송품장에 표시된 가격이 CFR BUSAN USD 30,000로 되어 있는 물품의 관세법 상 과세가격은? (단, 수출자가 해외항구에서 부산항까지 운송계약을 체결하며 운임 USD 5,000를 지불하였고, 수입자는 보험에 부보하고 보험료 USD 1,500을 지불하였다. 이 때 관세평가 상 고려해야 할 다른 요소는 없다고 본다.)

① USD 30,000
② USD 31,500
③ USD 35,000
④ USD 36,500

62 다음 중 덤핑방지관세의 특징으로 적당하지 않은 것은?

① 실제 피해가 있는지 여부가 조사를 통해서 확인 되어야 한다.
② 산업구제의 효과가 크다.
③ 반덤핑제소가 있거나 그 움직임만 있어도 해당 상품의 수출이 크게 위축된다.
④ 덤핑수출한 국가의 생산품에 포괄적으로 적용된다.

63 관세법에 규정된 세관공무원(관세청장 및 세관장 포함)의 권한이 아닌 것은?

① 관세청장이나 세관장은 관세법에 따른 명령을 집행하기 위하여 필요하다고 인정될 때에는 운송수단의 출발을 중지시키거나 그 진행을 정지시킬 수 있다.
② 관세청장이나 세관장은 직무를 집행하기 위하여 필요하다고 인정될 때에는 그 소속공무원으로 하여금 총기를 휴대하게 할 수 있다.
③ 세관공무원은 해상에서 직무를 집행하기 위하여 필요하다고 인정될 때에는 해양경찰관서의 장의 협조를 요청할 수 있다.
④ 세관공무원은 관세범에 관하여 사법경찰관리의 직무를 행하므로, 현행범인을 발견한 때에는 즉시 체포하여 경찰공무원에게 인도하여야 한다.

정답 및 해설

61 ② CFR가격(USD 30,000)에는 부산항까지의 운송료 USD 5,000가 이미 포함되어 있고, 보험료 USD 1,500는 포함되어 있지 않으므로, 보험료만 추가한 USD 31,500이 답이다.
62 ④ 포괄적이 아닌 공급자·공급국 지정하여 선별적으로 적용한다.
63 ④ 관세범에 관한 처리는 세관에서 한다. 경찰공무원에게 인도할 필요는 없다.

64 A는 B의 명의를 빌려 아르헨티나로부터 콩을 수입하여 C가 운영하는 보세창고에 반입하고 수입신고를 하였다. 이때 세관이 담보제공을 요구함에 따라 A는 D의 납세보증을 받아 담보를 제공하였다. 통관이 진행되는 도중에 창고에 보관중인 콩이 도난되었다. 이 경우 관세의 납세의무자는?

① A와 B는 공동 납세의무가 있다.
② C
③ A 와 D는 공동 납세의무가 있다.
④ A, B, C, D 중 그 누구에게도 납세의무가 없다.

65 보세운송을 하려는 자는 관세청장이 정하는 바에 따라 세관장에게 보세운송의 신고를 하여야 한다. 다만, 물품의 감시 등을 위하여 필요하다고 인정되는 경우에는 세관장의 승인을 받아야 한다. 다음 중 보세운송의 승인을 받아야 하는 것은?

① 비금속설, 통관이 보류되거나 수입신고 수리가 불가능한 물품
② 화물이 국내에 도착된 후 최초로 보세구역에 반입된 날부터 15일이 경과한 물품, 화주가 직접 보세운송하는 물품
③ 귀석·반귀석·귀금속·한약재·의약품·향료 등과 같이 부피가 크고 저가인 물품
④ 보세운송의 의뢰를 받은 자가 운송하는 물품

정답 및 해설

64 ② 보세구역 운영자에게 납세의무가 있다.

65 ① 보세운송의 승인대상이다.
　② 15일이 아닌 30일
　③ 부피가 작고 고가인 물품
　④ 화주 또는 화물에 대한 권리를 가진 자가 직접 보세운송하는 물품

66 다음 기사와 관련된 설명 중 관세법상 잘못된 것은?

> **'비양심' 관세 체납자 명단공개…못 거둔 세금 1,706억 –**
>
> 고액의 관세를 상습적으로 체납해 온 이들의 총 체납액이 1,706억원에 달하는 것으로 나타났다. 관세청은 16일 관세 고액·상습 체납자 80명의 명단을 관세청 홈페이지(www.customs.go.kr)와 관보, 세관 게시판을 통해 공개했다. 이번에 공개된 고액·상습 체납자들은 2억원 이상의 관세와 내국세 등을 1년 이상 체납한 개인 46명과 법인 34명으로 총 체납액은 1,706억원(개인 : 1,084억원, 법인 : 622억원)에 달했다.
> – 이하 생략 –

① 세관공무원은 납세자가 납세의무를 이행하기 위하여 제출한 자료나 관세의 부과·징수 또는 통관을 목적으로 업무상 취득한 자료 등을 타인에게 제공하거나 누설하여서는 안된다.

② 관세 등을 3회 이상 체납, 체납발생일부터 각 1년이 경과, 체납금액의 합계가 2억원 이상인 경우에는 납부될 때까지, 30일의 범위에서 체납자를 감치에 처할 수 있다.

③ 관세청장은 국가인권위원회 심의를 거친 체납자 공개 예정자에게 소명할 기회를 주지 않는다.

④ 고액·상습체납자의 명단공개는 관보에 게재하거나 관세청장이 지정하는 정보통신망 또는 관할 세관의 게시판에 게시하는 방법으로 한다.

정답 및 해설

66 ③ 소명할 기회가 부여된다.

●●●● 이패스코리아 국제무역사 1급

무역영어 제4부

- 제1장 다양한 표현
- 제2장 간단한 예문 연습
- 제3장 무역계약의 성립과 이행
- 제4장 Bill of Lading(선하증권)의 종류
- 제5장 Air Transportation(항공운송)
- 제6장 Marine Insurance(해상보험)
- 제7장 무역결제
- 제4부 무역영어 핵심문제
- 제4부 무역영어 출제예상문제

학습포인트

4부   무역영어 출제 빈도 분석

무역영어 30문항 중 출제비중

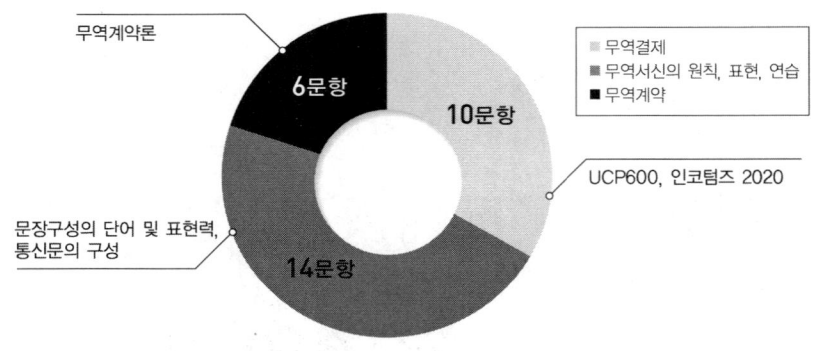

- 무역계약론: 6문항
- 무역결제 (UCP600, 인코텀즈 2020): 10문항
- 문장구성의 단어 및 표현력, 통신문의 구성: 14문항

범례:
- 무역결제
- 무역서신의 원칙, 표현, 연습
- 무역계약

4부   무역영어 주요 키워드

- INCOTEMR 2020 조건별 사용조건
- CISG의 청약, 승낙 등의 조건구분
- UCP600의 사용방식
- URC(추심) 대금결제 방식의 이해
- 선하증권의 종류
- 신용장의 해석
- 협회적하보험 및 해상보험법 규정
- 서신해석
- 무역계약서의 해석
- 동의어, 반의어, 기타 문법 문제

4부   무역영어 체크리스트

체크리스트	상세페이지
무역영어 빈출 단어, 숙어를 학습하였다.	431~472
무역결제, 무역계약에 관한 내용을 영어로 학습하였다.	전체파트
UCP600 및 INCOTERMS2020의 원문(영어)을 학습하였다.	무역결제파트(UCP600) 무역계약파트(INCOTERMS2020)
선하증권의 종류에 대하여 알고 있다.	486~487
추심 결제 방식에 대하여 알고 있다.	496~497

# 다양한 표현

1 문의(Business Inquiry)

1. 상대방을 알게 된 경위

① Your firm has been recommended to us by Korea Chamber of Commerce and Industry.
대한상공회의소는 귀사를 저희에게 추천해주었습니다.

② I learned about your company at the Busan Marine Fair last month.
나는 지난달 부산 마린페어에서 귀사를 알게 되었습니다.

③ I learned from KOTRA in Seoul that you are looking for a reliable exporter of marine products here in Korea.
나는 서울에 있는 코트라(한국무역진흥공사)로 부터 귀사가 여기 한국의 믿을만한 수산물 수출업자를 찾고 있다는 사실을 알게 되었습니다.

④ I visited your web site and I'd like more information about your products.
나는 귀사의 웹사이트를 방문하였고 제품에 대한 자세한 정보를 원합니다.

⑤ We have seen your advertisement in April issue of Business Now and we are interested in importing your leather products.
우리는 비즈니스 나우 4월호에 실린 귀사의 광고를 보았으며 귀사의 가죽제품의 수입에 관심이 있습니다.

2. 자기소개

① We are a Korean exporter handling computer parts listed below, and we are looking for reliable partners to distribute our products in your country.
당사는 아래의 컴퓨터 부품을 취급하는 수출업체로 귀국에서 저희 제품을 판매해줄 믿을만한 판매업자를 찾고 있습니다.

② We are a large importer of computer software here in Korea.
저희는 여기 한국에서 컴퓨터 소프트웨어의 큰 수입상입니다.

③ We are a manufacturer of high-quality computers and printers and supply a wide range of products at moderate prices.
저희는 품질이 좋은 컴퓨터와 프린터의 제조업체로 저렴한 가격에 다양한 상품을 공급하고 있습니다.

3. 자료요청

① We are pleased to invite you to submit a quotation for the goods in accordance with the attached sheet.
첨부시트에 명시된 물품에 대한 귀사의 견적서를 제출해주세요.

② I visited your web site and I'd like more information about your products.
저는 귀사의 웹사이트를 방문하였고 제품에 대한 자세한 정보를 원합니다.

③ Would you please send me your best price on the basis of FOB Busan and let us know about your volume discount program if it's available.
FOB부산 조건으로 가장 좋은 가격을 보내주시고, 대량주문에 따른 할인제도가 있으면 알려주세요.

④ We would like your best quotation with payment terms and delivery time by this Friday.
이번 금요일까지 결제조건과 납기를 기재한 최선의 견적을 보내주세요.

⑤ Please let us have your lowest possible offer on the following items :
다음의 품목에 대하여 될 수 있는 대로 낮은 가격의 오퍼를 보내주세요.

⑥ We would appreciate your offering your best terms on the following items :
다음의 품목에 대하여 될 수 있는 대로 낮은 가격의 오퍼를 보내주세요.

⑦ We would very appreciate it if you could send us some free samples.
무상견본을 보내준다면 매우 감사하겠습니다.

⑧ Please e-mail or fax your best offer within a week to the following :
일주일 이내에 귀사의 최선의 오퍼를 다음의 곳으로 이메일이나 팩스로 보내주세요.

4. 협조와 신속한 답장 요청

① We look forward to having your reply soon.
귀사의 빠른 답장을 기다리겠습니다.
② Your prompt reply would be very appreciated.
신속한 답장 주시면 감사하겠습니다.
③ We would very appreciate it if you let us have your prompt reply.
신속한 답장 주시면 감사하겠습니다.
④ Thank you for your cooperation in advance.
협조해주셔서 감사합니다.
⑤ I look forward to hearing from you soon.
소식 기다리고 있겠습니다.
⑥ Thank you very much for your cooperation and we look forward to discussing matters with you soon.
협조해주셔서 감사 드리고 곧 함께 의논할 수 있기를 기다립니다.

2 문의에 대한 답장

1. 문의에 대한 감사

① Thank you for your inquiry about our products.
= We appreciate your inquiry about our products.
당사 제품에 대한 귀사의 문의에 감사합니다.
② Thank you for your e-mail of April 6.
= Thank you for your e-mail dated April 6.
4월 6일자 당신의 이메일 감사합니다.
③ Many thanks for your letter of December 1 inquiring about our products.
당사제품에 대한 12월 1일자 귀사의 문의에 감사합니다.

2. 조회 받은 제품이 없는 경우 대체품 권유

① Unfortunately, this product is out of stock at the moment.
  유감스럽게도 이 제품은 현재 재고가 없습니다.

② We are sorry to inform you that this product is sold out.
  죄송하지만 이 제품은 매진되었음을 알려드립니다.

③ The goods you inquired about are sold out, but we can offer you the following items as good substitutes.
  당신이 문의하신 제품은 매진되고 없지만, 아래의 상품을 대체품으로 오퍼합니다.

④ The item you requested is now unavailable because its production has discontinued. We will send you a sample of a similar one instead.
  귀사가 요구한 물품은 생산이 중지되었습니다. 대신 유사품의 견본을 보내드립니다.

3. 조건 등의 제시

① The payment terms we propose are cash against shipping documents. We hope you can accept these terms.
  저희가 제시하는 지급조건은 선적서류상환 현금지급 조건입니다. 이 조건을 승낙할 수 있기를 바랍니다.

② For payment, please arrange for an irrevocable credit in our favor valid until November 2.
  대금결제에 관해서는 당사를 수익자로 해서 11월 2일까지 유효한 취소불능신용장을 개설해주세요.

③ Delivery(shipment) will be made within one month of receipt of your order.
  인도(선적)은 주문 접수 후 1달 이내에 이루어질 것입니다.

4. 자료/견적/카탈로그 등의 제시

① I'm attaching to this e-mail the brief specifications for the product you requested on your letter of May 2.
  당신이 5월 2일자 메시지에서 요청하셨던 제품의 간단한 제품사양을 해당 이메일 메시지에 첨부하였습니다.

② Attached is our latest price list. Please check the list and let me know if you have any questions.
당사의 가장 최근의 가격표를 첨부하였습니다. 확인해보시고 의문사항이 있으면 알려주세요.

③ I'm pleased to send you the information you requested on January 25.
1월 25일에 당신이 요청 하신 자료를 보내드립니다.

④ Attached is a copy of our brochure. The original will be mailed to your today.
당사의 브로슈어 사본을 첨부하였습니다. 원본은 오늘 우편으로 보내드리겠습니다.

⑤ It was very nice talking to you on the phone today. As you requested, I'm enclosing some information about our firm.
오늘 전화통화 하게 되어 반가웠습니다. 요청하신 대로 저희 회사에 대한 자료를 동봉합니다.

⑥ We have enclosed a catalog, specifications, technical data and a price list, and we will be pleased to send samples upon your request.
카탈로그, 명세서, 기술문헌 및 가격표를 동봉하였습니다. 요청하시면 견본을 보내드리겠습니다.

5. 마무리

① If you have any question about our products illustrated in the enclosed catalog, we would be pleased to hear from you.
동봉한 카탈로그에서 설명되어 있는 당사 제품에 대하여 질문이 있으면 연락주세요.

② If you would like to have any further information, please do not hesitate to contact us by e-mail or fax.
더 많은 정보가 필요하시면 언제든 이메일이나 팩스 주십시오.

③ If we can offer any further assistance to you, please feel free to let us know.
다른 더 도와드릴 방법이 있으면 편히 알려주십시오.

④ If you are interested in our products, please let us know.
저희 제품에 관심이 있으면 알려주십시오.

⑤ If you have any questions, you can contact me by the below numbers or e-mail.
의문사항이 있으면 아래의 전화번호나 이메일로 연락 주십시오.

⑥ To place an order, or for additional information, please contact me any time by e-mail or fax.
발주하시거나 다른 자료가 필요하시다면, 언제든 이메일이나 팩스로 연락주세요.

3 오퍼 및 주문

1. 조회에 대한 감사

① Thank you for your inquiry of April 20 and we are pleased to offer you as follows subject to our final confirmation.
4월 20일자 조회에 대하여 감사하고 당사 최종확인조건부로 다음과 같이 귀사에 오퍼합니다.

② We offer you the following subject to our final confirmation.
당사의 최종확인을 조건으로 아래와 같이 오퍼합니다.

③ Thank you for your fax of July 13 asking for an offer for our power tools. As requested, we are making you a firm offer subject to your reply reaching us by July 31 as follows :
당사의 전동공구에 대한 7월 13일자 귀사의 문의 감사합니다. 문의하신 대로 7월 31일까지 귀사의 회답이 도착하는 것을 조건으로하여 아래와 같이 오퍼합니다.

2. 오퍼의 조건 제시 및 설득

① We are pleased to hereby submit an offer to you as follows :
We trust this offer is clearly a win-win proposition, and we look forward to receiving your positive response at your earliest convenience.
아래와 같이 당사의 오퍼를 제출합니다. 당사의 오퍼는 양사에 확실히 이익이 되는 제안이라고 확신하며, 가급적 조속하고 긍정적인 귀사의 회신을 기대합니다.

② In addition to the early-payment discount, as discussed earlier, a 10% volume discount will be applied when our annual revenue from your company exceed USD 1,000,000.
일전에 합의한 대로 조기 지불에 대한 할인 이외에 귀사의 연간 구매액이 백만 달러를 초과하는 경우에는 대량 구매에 대한 할인으로 10퍼센트를 추가 할인해 드리겠습니다.

③ We have dealt on a 3% quantity discount for orders over 500 unites, and we would like to offer you an additional 2% discount when payment is made within 30 days after the receipt of the invoice.
당사는 5백 개 이상의 주문에 대해서는 3퍼센트를 할인해 드리며, 인보이스 접수 후 30일 이내에 지불 시 추가로 2퍼센트를 할인해 드리겠습니다.

④ As per your request, we've decided to revise our payment terms for our generators as the attachment. However, as the offer is based on the exchange rates on November 1 and valid for one month, prices are subject to change should your order be placed after the end of November. Please also be reminded that our offer is subject to prior sale.
귀사의 요청에 따라 당사의 발전기에 대한 지불조건을 첨부된 문서와 같이 조정하기로 결정하였습니다. 그러나 당사의 오퍼는 11월 1일 환율을 기준으로 1개월간 유효하므로 만일 11월 이후에 주문하신다면 가격이 변경될 수도 있으므로 이점 양지하시기 바랍니다. 또한 이 오퍼는 먼저 구매하는 고객에게 판매될 수도 있음을 상기하여 주십시오.

⑤ We appreciate your interest in our products and are pleased to inform you that all the items you inquired about are in stock now. Enclosed please find the itemized quotation for each item. We look forward to hearing from you in the nearest future.
당사 제품에 관심을 가져 주신 것에 감사 드리며, 문의하신 품목은 모두 재고가 있음을 알려 드립니다. 품목별 세부 견적을 동봉합니다. 곧 좋은 소식을 주시기를 기대하겠습니다.

3. 카운터 오퍼 – 오퍼조건 변경 요구

① Your offer price is around 10 percent higher than the market price. Would you please ask your supplier to come down to the suggested level?
귀사 오퍼가격은 시장가격보다 10퍼센트 정도 높습니다. 귀사 공급처에 당사 제시 수준까지 가격을 인하하도록 요청해 보시겠습니까?

② We are not in a position to accept your offer of tinted glass. We are obtaining the same quality through another channel at a price far below what you quoted us.
이 조건으로는 귀사의 색유리에 대한 오퍼를 승낙할 수 없습니다. 당사는 다른 경로를 통해 귀사가 제시한 가격보다 훨씬 싼 가격으로 공급받고 있습니다.

③ We will accept your offer if you guarantee shipment during September, not October.
귀사가 10월이 아닌 9월 선적을 보증한다면 귀사의 오퍼를 받아들이겠습니다.

④ We find the quality satisfactory. We are prepared to place an order for 10,000 pieces if the shipment can be effected by March 31.
품질은 만족스럽다고 생각됩니다. 3월 31일까지 선적할 수 있다면 10,000개의 주문을 할 준비가 되어있습니다.

⑤ If you could offer us payment terms on a D/A basis, we would ask you to change payment from an L/C at sight to a D/A at 60 days basis.
서류인수조건인도방식으로 지급조건을 오퍼해 주신다면 귀사에 발주를 하겠습니다.

4. 마무리

① We hope that you will accept this offer immediately.
당사는 귀사가 이 오퍼를 승낙하기를 바랍니다.

② We hope you will accept our offer and that we may soon have your firm order.
귀사가 당사의 오퍼를 승낙하고 곧 귀사의 확정주문을 받기를 바랍니다.

③ The demand is so heavy for this article that we ask you to e-mail your acceptance immediately.
이 품목에 대한 수요가 많은 편이므로 즉시 귀사의 승낙을 이메일로 보내주실 것을 요청합니다.

4 주문의 의사표시

1. 주문의 의사표시

① Thank you for your quotation. We would like to order articles as follows :
귀사 견적에 감사 드립니다. 다음과 같은 상품을 주문하고자 합니다.

② We are pleased to place a purchase order with you in accordance with the terms and conditions mentioned below
아래의 조건으로 귀사에 발주하고자 합니다.

③ Please accept this order under the following terms and conditions.
다음의 조건으로 발주한 주문을 받아주십시오.

④ We would like to order 100 sets of model No. 1234.
모델번호 1234번 100대를 주문하고자 합니다.

2. 주문내용 및 기타사항

① The goods must be of exactly the same quality as the samples furnished.
상품은 제공된 견본과 완전히 같은 품질이어야 합니다.

② Our schedule is tight on this one, so we are relying on your fast and efficient service.
이번에는 스케줄이 타이트하기 때문에 빠르고 효율적인 귀사의 서비스를 믿고 있습니다.

③ Please note that the goods must be sent to the address indicated in the enclosed order sheet.
상품은 동봉한 주문서에 지시된 주소로 보내져야 된다는 점을 명심하세요.

④ You are requested to ship this order by the end of September at the latest since all merchandise is seasonal.
상품은 모두 계절상품이므로 늦어도 9월말까지는 선적되어야 합니다.

⑤ Partial shipments are not allowed. → Partial shipments are not acceptable.
분할선적은 허용되지 않습니다.

3. 주문승낙 요청

① Please confirm by fax or e-mail that you accept the terms and conditions above.
위의 조건을 승낙한다는 것을 팩스나 이메일로 확인해 주십시오.

② We would appreciate your order confirmation by e-mail.
이메일로 주문을 확인해 주시면 감사하겠습니다.

③ We are prepared to open a covering L/C upon your acceptance of our order.
당사는 귀사의 주문 승낙에 대해 신용장을 개설할 준비가 되어있습니다.

5 주문승낙 및 확인

1. 주문에 대한 감사표시

① Thank you for your order for our office desks. = Thank you for ordering our office desks.
당사의 사무용 책상을 주문해 주셔서 감사합니다.

② We appreciate your order dated May 5 for 5,000 sets of valves.
 = We appreciate your order of May 5 for 5,000 sets of valves.
 = Thank you for your order of May 5 for 5,000 sets of valves.
당사에게 5천 세트의 밸브를 발주해주셔서 감사합니다.

③ This is to confirm your order placed by fax on January 3.
1월 3일자 팩스로 받은 주문을 확인하고자 합니다.

④ We appreciate your confidence in our products.
당사의 제품을 선택해 주신 데 감사드립니다.

⑤ This is to confirm our order as follows
아래와 같이 주문을 확인합니다.

2. 주문 거절 및 사유

① Unfortunately, we are unable to offer the service you have requested.
 유감스럽게도 요구하시는 서비스를 제공할 수 없습니다.
② I'm sorry, but we do not sell directly to consumers.
 죄송하지만 당사는 일반 고객에게 직접 판매를 하고 있지 않습니다.
③ I'm sorry that our products are not available in Russia yet.
 죄송하지만 당사의 제품은 러시아에서는 아직 판매하고 있지 않습니다.
④ In reply to your request for ABD model, I'm sorry that we no longer manufacture that product. However, we offer the following that could substitute ABD model.
 ABD모델에 대한 귀사의 주문에 대해서, 죄송하지만 당사는 더 이상 그 제품을 제조하지 않습니다. 그러나 ABD모델을 대체할 다음의 제품을 오퍼합니다.
⑤ No company likes to turn down business, but I'm afraid we have to.
 거래를 거절할 회사는 없겠지만, 유감스럽게도 이번에는 그렇게 해야 할 것 같습니다.

3. 주문 내용 확인 및 기타 문의

① Are there any shipping marks you would like to put on the cartons?
 포장상자에 기재하고 싶은 쉬핑 마크가 있습니까?
② Are you sure you want to have the merchandise shipped by air? It will cost you over $10,000.
 상품을 항공으로 출하시키는 것이 맞습니까? 비용은 1만달러 이상 듭니다.
③ To ensure the arrival of the machines in good condition, please observe the packing instructions attached to this order sheet.
 기계가 좋은 상태로 도착될 수 있도록 이 주문서에 첨부된 포장 지시서를 준수해주세요.
④ We would like to ask you to open a letter of credit by cable to cover your order for $80,000.
 8만불의 오더를 커버하는 신용장을 전신으로 개설해 주십시오.

⑤ We would like to know when an irrevocable L/C will be established and what documents are required.
취소불능신용장이 언제 개설되는지 그리고 어떠한 서류가 요구되는지 알려주십시오.

4. 마무리

① We hope that this initial order will become the first step to a good relationship between your company and mine.
이 첫 번째 주문이 양사의 좋은 관계의 첫 단계가 되기를 희망합니다.

② We assure you that this order will have our careful attention.
이 주문에 주의를 다할 것을 약속합니다.

6 가격, 조건의 교섭

1. 제의를 받았음을 확인

① Thank you for your estimate dated December 1 you offered a special price.
특별한 가격을 오퍼해주신 12월 1일 견적서 감사합니다.

② Well received your e-mail asking for a 5% discount.
5%의 할인을 요청하는 귀하의 이메일 잘 받았습니다.

2. 가격 / 조건 등의 교섭

① Could you give us a 10% discount?
10%를 할인해 주시겠습니까?

② We will accept your offer if the goods can be shipped by the end of May.
5월말까지 출하가 가능하다면, 귀사의 오퍼를 수락하겠습니다.

③ I'm sorry that we cannot accept your counteroffer of January 28.
죄송하지만 1월28일자 귀사의 카운터오퍼는 수락할 수 없습니다.

④ We cannot accept partial shipment.
부분출하는 인정할 수 없습니다.

⑤ The volume discount is available for an order of 10,000 pieces or larger.
대량주문에 대한 할인은 10,000개 이상의 주문에 대하여 적용됩니다.

⑥ We cannot meet your request price, which is 20% lower than our list price.
당사 정가보다 20% 낮은 귀사의 제시가격은 따르기 어렵습니다.

⑦ We usually work for a 10% commission, not for less.
저희는 주로 10%의 커미션을 받는데 그 이하로는 팔 수 없습니다.

⑧ The 8% commission will barely cover our expenses. We'll need at least 10%.
8%의 커미션으로는 이익이 거의 나지 않습니다. 적어도 10%는 필요합니다.

⑨ Our royalty to other licensees is 4% and we cannot accept a lower rate.
다른 라이센시에 대한 로열티는 4%입니다. 그 이하로는 받아들일 수 없습니다.

⑩ We'd like to have the payment terms changed from 40 days after sight to at sight.
지불 조건을 서류제시 후 15일로부터 일시불로 바꿔주셨으면 합니다.

⑪ For international transactions, we accept only an L/C or prepayment.
국제거래에서 저희는 L/C혹은 선불로만 받고 있습니다.

3. 마무리

① I hope these conditions are acceptable and look forward to hearing from you soon.
이 조건이 받아들여 질 수 있기를 희망하고 귀사의 연락을 기다리겠습니다.

② We are really sorry not to be able to be helpful, but I hope you will understand our situation.
도움 드리지 못해 죄송합니다. 당사의 입장을 이해해주시기 바랍니다.

③ We regret the increase but we have no alternative, sorry.
가격을 올리게 되어 유감이지만, 다른 대안이 없었습니다. 죄송합니다.

④ If you have any questions, please let me know.
  의문이 있으면 연락바랍니다.

7 출하 및 선적

1. 주문/송금에 대한 감사

① Thank you for your order for our product.
  저희 제품을 주문해 주셔서 감사합니다.
② Well received your payment of USD 10,000 on December 1.
  12월 1일에 1만불 결제 잘 받았습니다.

2. 출하 통지 및 서류통지

① We are pleased to inform you that the goods ordered in your order number 1234 was sent yesterday and it will arrive in New York on Saturday local time.
  귀사가 주문번호 1234로 주문하신 상품을 어제 보냈으며 현지시각으로 이번 토요일에 뉴욕에 도착할 것임을 알려드립니다.
② Your order is ready for shipment and awaiting your shipping instructions.
  귀사의 주문품은 선적준비가 완료되었으며, 귀사의 지시를 기다리고 있습니다.
③ We are writing to inform you that the order number 1234 is on the way to New York and it will arrive by the end of the month.
  오더번호 1234번은 뉴욕으로 가고 있으며 이달 말까지는 도착할 것입니다.
④ The air waybill for the shipment of 1234 is attached.
  1234번 오더의 항공 운송장을 첨부합니다.
⑤ You should receive the order by the end of the week. If not, please let me know.
  이번 주말까지는 도착할 것입니다. 만일 도착이 안되면 연락 주십시오.
⑥ The sample was supposed to arrive at our laboratory yesterday, but we have not received it yet.
  샘플이 어제 저희 실험실에 도착할 예정이었으나 아직 받지 못했습니다.

⑦ Has the shipment arrived yet?
화물이 도착했습니까?

⑧ The shipping documents haven't arrived yet. Please send them right away.
선적서류가 아직 도착하지 않았습니다. 바로 보내주십시오.

3. 마무리

① We hope all products ordered will reach you in good condition.
모든 상품이 좋은 상태로 도착되기를 바랍니다.

② We appreciate your notice to us upon arrival of the cargo.
화물이 도착하면 연락 주십시오.

③ Please feel free to contact me for any problems or delay.
문제가 생기거나 지연이 일어나면 편히 연락 주십시오.

8 클레임 제기

클레임 제기와 해결요구

① Unfortunately, we have not received our order as of today.
유감스럽게도 오늘까지도 물건을 받지 못했습니다.

② We would like to draw your attention to our order No. 1234 which has not reached us yet.
주문번호 1234번이 아직 도착하지 않았음에 대하여 귀사의 주의를 상기시키고자 합니다.

③ The product was suppose to be delivered on March 5, but as of April 10 we have yet to receive it.
3월 5일 도착하기로 되어있던 제품을 4월 10일 현재까지도 못 받고 있습니다.

④ The delayed delivery has already affected our sales.
납품 지연이 이미 판매에 영향을 미치고 있습니다.

⑤ We are receiving inquiries and complaints from our customers. Unless our order is delivered by September 11, we will have to cancel it.
고객으로부터 문의와 불만이 쏟아져 들어오고 있습니다. 9월 11일 까지 주문품이 도착하지 않으면 취소할 수 밖에 없습니다.

⑥ Unless we receive immediate delivery, we'll cancel our order and seek refund.
당장 납품이 안되면 주문을 취소하고 환불을 청구하겠습니다.

⑦ We received the wrong size. Please send us the right size immediately.
잘못된 사이즈를 받았습니다. 올바른 사이즈를 즉시 보내주십시오.

⑧ The order was received incomplete, lacking the following items :
주문품이 다음의 품목이 모자란 채로 도착했습니다.

⑨ I am returning the merchandise delivered, which we did not order.
주문하지 않은 상품을 반품합니다.

⑩ Please reship the ordered merchandise and also let us know what you want us to do with the mistaken shipment.
주문대로의 상품을 제출해 주십시오. 또 바뀐 상품을 어떻게 처리해야 할지도 알려 주십시오.

⑪ I'll be looking for the replacement shipment within ten days.
대체품을 10일 이내에 출하시켜 주십시오.

⑫ Please correct the problems as soon as possible.
가능한 빨리 문제를 바로잡아 주십시오.

9 클레임 처리

클레임의 처리

① I'm sorry for the delay in shipment. → Sorry for the delayed shipment.
출하가 지연되어 죄송합니다.

② We are sorry that we are unable to fulfill your order by the requested delivery date.
죄송합니다만, 희망하시는 납기일까지 주문을 받을 수가 없습니다.

③ I'm sorry to inform you that your order of parts will be delayed for the manufacturer's tight production schedule by two weeks.
죄송합니다만, 제조사의 생산스케줄이 차서 주문하신 부품의 납품이 2주일 지연됩니다.

④ The ordered item is currently out of stock and backordered until September.
주문하신 물건은 현재 재고가 없으며, 9월까지 수주가 밀려 있습니다.

⑤ Due to unexpectedly great demand from customers, it is on backorder until February.
고객으로부터의 예상 이상의 요청 때문에, 2월까지 수주가 밀려 있습니다.

⑥ We are very sorry that we are unable to complete the project by the scheduled deadline.
프로젝트를 예정일까지 끝내지 못하여 대단히 죄송합니다.

⑦ We have found that the goods were damaged due to malhandling by the carrier.
운송회사의 부주의로 상품이 손상된 것임을 알게 되었습니다.

⑧ We will deduct the shipping charge for the return from our invoice.
반품의 운송료는 청구액에서 공제하겠습니다.

⑨ I hope the discount will compensate in part for the trouble we have caused you.
불편을 끼쳐드린 만큼, 가격 할인으로 일부라도 보상이 될 수 있었으면 합니다.

⑩ We will do everything possible to prevent such a mistake in the future.
장차 이러한 잘못이 일어나지 않도록 가능한 모든 노력을 기울이겠습니다.

⑪ I assure you that this kind of mistake will never happen again.
이런 잘못이 다시는 일어나지 않도록 하겠습니다.

⑫ We hope you have not been seriously inconvenienced by the delay.
이번 지연으로 중대한 차질이 생기지 않기를 바랍니다.

⑬ We hope this won't cause you any problems.
이번 건이 큰 문제를 일으키지 않기를 바랍니다.

⑭ We would issue a 30% discount if you could accept the merchandise as it is.
상품을 그대로 받아주신다면 30%를 할인해 드리겠습니다.

⑮ Please accept our sincere apologies for the damaged items.
파손된 상품에 대해서 심심한 사과를 드립니다.

10 결제 및 지불

미지급금의 확인 및 요청

① This is just a reminder about an overdue payment.
지불 기일이 넘은 미수금이 있음을 알려드립니다.

② Our records show that your payment is not up to date.
당사의 기록에 의하면 귀사의 결제가 늦어지고 있습니다.

③ I'd like to remind you that your payment of USD 100 us now 90 days overdue.
100달러에 대한 지불이 기일보다 90일이 늦어졌음을 알려드립니다.

④ We are writing you to remind that the payment of the order 1234 is now overdue.
주문번호 1234에 대한 결제가 기한을 넘겼음을 알려드리고자 이 편지를 씁니다.

⑤ This is to notify you that our invoice 1234 is now more than 90 days past due.
인보이스 1234번의 지불 기일이 90일 이상 초과하고 있음을 알려드립니다.

⑥ Just in case you have misplaced the invoice, we are enclosing another copy.
청구서를 분실하셨을지도 몰라, 새로 1통을 동봉합니다.

⑦ We have received no response from you to our letter of November 20 asking for payment.
11월 20일자 지불을 부탁하는 편지에 대하여 전혀 회답을 받지 못했습니다.

⑧ We are enclosing another copy of our invoice 1234 dated March 12.
3월 12일자 인보이스 1234번의 사본을 첨부합니다.

⑨ If there is any difficulty or specific situation we should be aware of, we would like to know.
만일 어떤 어려움이나 문제가 있으면 알려주십시오.

⑩ If there is any reason you cannot make the payment, please let us know. We may be able to work it out.
지불을 하지 못하는 이유가 있으면 알려 주십시오. 어떤 방법을 취할 수 있을지 모릅니다.

⑪ Despite our several requests, we have not been successful in collecting the outstanding balance from your company.
여러 차례 독촉을 하였으나, 귀사로부터 미지급금을 수금하지 못했습니다.

⑫ Unfortunately, you have made no effort to settle your account nor give an explanation shy you haven't paid.
유감스럽게도 귀사로부터 결제를 위한 노력도, 미불 이유의 설명도 듣지 못했습니다.

⑬ If full payment is not received within the next 15 days, we will have to suspend your account and turn it over for collection.
15일 이내에 전액 지불하지 않으시면 거래를 일시 정지하고, 추심에 들어갈 것입니다.

⑭ If we do not hear from you within the next seven days, we will have no choice but to turn your account to our collection agency.
7일 이내에 답장이 없으면, 이 건은 환수업자에게 돌릴 수 밖에 없습니다.

11 가격 인상 및 변경 안내

가격 변경의 상황 설명 및 가격 변경 통지

① Due to the recent appreciation of won, it's necessary to increase our prices by 5%.
최근의 원화 강세 때문에 가격을 5% 올릴 필요가 있습니다.

② Because of the increase in raw material costs, we have no choice but to raise the price.
원자재 가격의 상승으로 인하여 가격을 올릴 수 밖에 없습니다.

③ We have not had a price increase in the last three years.
최근 3년간 가격을 올리지 않았습니다.

④ Ace Co. Ltd., is announcing a price increase in our all products line effective May 1.
에이스 주식회사는 5월 1일부터 모든 제품에 대하여 가격인상을 알려드립니다.

⑤ I hope you could understand the necessity for this price increase.
이 가격 인상의 불가피성을 이해해 주시기 바랍니다.

⑥ We would like to inform you of some price change. Attached to this e-mail is a new price list.
일부 가격의 변경을 알려드립니다. 이 이메일에 새 가격표가 첨부되어 있습니다.

⑦ An increase in the price of raw material is the main reason for this change.
원료 가격의 상승이 당사 가격 변경의 주요 이유입니다.

⑧ We will apply the old prices to all of our quotations which are effective until October.
10월까지 유효한 견적서에 대해서는 구가격을 적용하겠습니다.

⑨ In view of the fact that current prices have remained unchanged for four years, we reluctantly came to the conclusion that we will have to increase all our prices by 10% effective January 1.
현재의 가격이 4년 동안 변경이 없었음을 감안하여 당사의 모든 가격을 1월 1일부로 10% 인상하기로 결정할 수 밖에 없었습니다.

12 편지영업, 신규 서비스 소개

1. 소개하고 싶은 제품/서비스에 대한 소개

   ① We would like to have an opportunity to introduce our services to you.
   당사의 서비스를 소개하고 싶습니다.

   ② I'd appreciate the opportunity to discuss how we can work together.
   양사의 협력에 관해 의논할 기회를 주신다면 감사하겠습니다.

   ③ I'm writing to let you know about an exciting new program that we

have just added to our service.
당사의 서비스에 새롭게 추가된 획기적인 프로그램을 알려드리기 위한 편지입니다.

④ DOUBLE Engineering Inc. is selling a worldwide stat-of-the art turnkey waste water treatment system.
더블 엔지니어링 주식회사는 세계적으로 최첨단의 턴키 방식의 폐수처리시설을 판매하고 있습니다.

⑤ This program is designed to provide special assistance to small business owners.
이 프로그램은 소규모 사업자에게 특별한 도움을 주기 위해 개발 되었습니다.

⑥ We tailor our seminar so that it'll be best suited to the customer's requirements.
당사는 고객님의 요구에 가장 잘 부응할 수 있는 세미나를 기획합니다.

2. 편지에 대한 답장

① We would appreciate it if you could send us additional information about your company.
귀사에 대한 더 많은 정보를 주신다면 감사하겠습니다.

② We would like a more specific description of the products.
보다 상세한 제품설명을 듣고 싶습니다.

③ I'm sorry but we are not interested in the proposed project at the moment.
죄송하지만 말씀하신 사업에 대해 현재는 흥미가 없습니다.

④ We are happy with our current supplier.
현재의 공급업자에게 만족하고 있습니다.

⑤ After reviewing your proposal, we concluded that your terms are not suitable for us.
제안을 검토해본 결과, 당신의 조건은 저희와는 맞지 않다는 결론을 냈습니다.

⑥ Please provide us with some client references.
고객 조회 처 몇 군데를 제시해 주십시오.

3. 상대방을 알게 된 경위

① We got your name and address from Mr. Kim.
저희는 김과장을 통해 당신의 이름과 주소를 알게 되었습니다.

② Thank you for your message of July 2 about your company and we are interested to receive your samples.
7월 2일자 귀사의 소개가 담긴 메시지 감사 드리며 귀사의 샘플을 받아보고 싶습니다.

4. 호응 요청 및 마무리

① I hope we can cooperate in future project.
앞으로 함께 프로젝트를 할 수 있기를 기대합니다.

② We will be pleased to answer any questions you may have on our products.
제품에 관해서 질문이 있으시면 기꺼이 대답해 드리겠습니다.

③ I'll be calling you shortly to follow up on this letter.
이 편지의 진행을 확인하기 위해 곧 연락 드리겠습니다.

④ We are looking forward to doing business with you in the near future.
가까운 미래에 함께 일할 수 있기를 기대합니다.

13 출장 및 행사안내

1. 출장 관련 표현

① We think it will be helpful to have a face-to-face meeting to discuss our business at this point.
이 시점에서 직접 만나서 사업에 대해 논의하는 것이 도움이 될 것 같습니다.

② We would like to visit you in mid March-preferably the 11th. Could you please let us know if this day is available for us to meet, and if not, what day would be good for you?
3월 중순경, 11일에 귀사를 방문하고 싶습니다. 그날이 괜찮으신지, 만약 그날이 안 된다면 언제가 좋을지 알려주십시오.

③ I'll be visiting in Tokyo on December 24 for a week. I would like to make an appointment with you if you're fine.
저는 12월 24일에 도쿄를 방문하여 1주일간 머물 예정입니다. 괜찮으시다면 뵙고 싶습니다.

④ If you have an alternate suggestion, please let me know, Any time on Tuesday or Wednesday would be fine with me.
다른 안이 있으면 알려 주십시오. 화요일이나 수요일이면 언제든지 좋습니다.

⑤ Please let me know the date and time most feasible for you.
가장 좋은 날짜와 시간을 알려주십시오.

⑥ When would it be convenient for us to meet?
언제가 만나 뵙기 가장 편리하시겠습니까?

⑦ I'm sorry to inconvenience you, but I need to postpone our appointment until next month.
죄송합니다만 약속을 다음 달까지 연기해야 할 것 같습니다.

⑧ I'm sorry, but I have to cancel my appointment with you for February 12 due to personal emergency. I'll get back to you to reschedule our appointment.
죄송합니다만 개인적으로 급한 사정이 생겨서 2월 12일의 약속을 취소해야 할 것 같습니다. 약속을 다시 정하는 문제는 추후 연락을 드리겠습니다.

⑨ I'll be visiting your company on January 5. Could you please arrange accommodations for me? I would prefer either Hyatt or Hilton.
1월 5일에 귀사를 방문합니다. 호텔을 예약해 주실 수 있을까요? 하얏트나 힐튼이 좋겠습니다.

2. 행사 등의 안내

① We will be holding a series of events for our 20th anniversary. Please come and join the celebration.
20주년을 기념하여 일련의 행사를 개최합니다. 오셔서 함께 축하해주세요.

② We will be co-sponsoring the Housing Exhibition at the Coex for three cays from August 1 through 3.
8월 1일부터 3일간 코엑스에서 주택전시를 공동 후원합니다.

③ We will be participating in the International Friendship Festival as one of the supporting organizations which will be held at the Busan Exhibition & Convention Center(BEXCO) on May 4 and 5. Please join us to promote international understanding.
당사는 5월 4일과 5일 부산전시컨벤션 센터(벡스코)에서 개최되는 국제 우정 페스티벌에 후원기업의 하나로서 참가합니다. 국제 친선을 위해서 꼭 참가해 주십시오.

④ We'll be holding a career management seminar on December 2. If you are interested, please let us know so that we can send you details.
12월 2일에 캐리어 관리 세미나를 개최합니다. 흥미가 있으신 분은 알려주시면 자세한 자료를 보내드리겠습니다.

14 회의, 제안, 설득, 독촉, 승진

1. 제안, 설득, 허가

① This is a request for permission to cater the new employee orientation program.
신입사원 오리엔테이션 프로그램 케이터링 준비의 허가를 부탁합니다.

② In order to meet the increase demand, we will need to add 10 more representatives.
증가된 수요를 충족시킬만한 새로운 서비스 요원이 10명 더 필요합니다.

③ I recommend that you don't tell them exactly who will be working on this project because if things change, this may create a problem.
변경이 있으면 문제가 되므로, 누가 이 프로젝트에 해당하는지 상대방에게 전달하지 않는 게 좋을 것입니다.

④ All the entertainment expenses will be frozen until the end of the year.
모든 접대비는 연내 동결될 것입니다.

⑤ The committee has decided to set up a task force to evaluate the current reporting system.
위원회는 현재의 보고 시스템을 검토하기 위하여 태스크포스 설치를 결정하였습니다.

⑥ I really want to get this project moving. I'm afraid that if we delay much longer, the market opportunity will be gone. The longer we wait the more difficult and more costly it will be to dislodge the competitive product.
정말로 이 프로젝트를 진행시키고 싶습니다. 이 이상 늦어진다면 시장 진출의 기회는 사라져 버리고 말 겁니다. 길게 끌면 끌수록 경쟁제품을 따돌리는 것이 더 어려워지고 비용이 더 많이 들게 됩니다.

2. 회의 통지

① The strategic meeting is being held on Tuesday, February 2 beginning at 10 o'clock in the conference room B.
전략회의는 2월 2일 10시에 B회의실에서 열립니다.

② The purpose of the meeting is to review the performance appraisal process.
회의의 목적은 인사평가 프로세스의 검토입니다.

③ All employees who have anything to do with shipping are expected to attend the meeting.
출하에 관계하고 있는 모든 사원은 전원 회의에 참석해 주십시오.

④ We will welcome any other issues you may want to discuss.
다른 의논하고 싶은 의제가 있다면 환영합니다.

⑤ Attached are minutes of the last sales meeting. Any input will be welcomed.
첨부된 서류는 지난번 회의의 회의록입니다. 더 첨가하실 사항이 있으면 환영합니다.

15 전근, 이동, 퇴직, 인수, 합병, 조직재편성

1. 인수/합병, 조직 재편성

① We are pleased to announce that E-pass Corporation has acquired Jeil Engineering.
주식회사 E-pass는 제일 엔지니어링을 인수했다는 사실을 발표하게 되어 기쁩니다.

② We are excited to join the leader in the machine tool industry; our current and future customers will benefit greatly from this merger.
당사는 기계공구 업계의 리더로 합류한다는 사실에 흥분하고 있습니다. 이 합병은 당사와 기존의 그리고 장래의 고객님께 대단히 유익한 것입니다.

③ Today, we completed the acquisition of ABC Company, a leading distributor of computer products with annual sales of approximately $800 million.
오늘 연간 매출 8억 달러인 컴퓨터 제품의 주요 판매업체인 ABC사의 인수를 완료하였습니다.

④ It became evident that we need to eliminate 15 jobs in the operations division.
업무팀에서 15개의 직을 삭감할 필요가 있음이 분명해졌습니다.

⑤ Each organization is expected to reduce its personnel 5% by the end of the fiscal year.
각 조직은 회계연도 말까지 5%의 인원 삭감을 요구하고 있습니다.

2. 전근 / 이동 / 퇴직

① I'm a new sales representative of Ace Corporation. I'll be handling your account, starting September 1.
저는 에이스 주식회사의 새로운 영업담당자입니다. 9월 1일부터 귀사를 담당하게 되었습니다.

② I'm the new export specialist at All Korea, replacing Kim Cheol-Su. I'll be handling Malaysia and Thailand.
김철수를 대신하여 올코리아의 새로운 수출담당자가 되었습니다. 저는 말레이시아와 태국을 담당합니다.

③ As of April, I will be transferred to our Seoul office.
4월 1일자로 서울지점으로 전근을 가게 되었습니다.

④ I have enjoyed working with you and your staff for the last five years.
지난 5년간 당신과 당신 직원들과 함께 일할 수 있어서 즐거웠습니다.

⑤ I'll resign my position as a marketing manager as of March 1.
3월 1일자로 마케팅 매니저를 퇴직합니다.

⑥ Alice Kim will take over my place and will be responsible for order processing.
앨리스 김이 저의 후임이 되어 주문 처리를 담당합니다.

⑦ I left World Trading earlier this year and started my own business last month.
올 초, 월드 트레이딩을 그만두고 지난달 제 사업을 시작했습니다.

16 간단한 계약서

계약내용 예문

① These royalties will remain in effect for five years from the date of the purchase, or until $400,000 have been paid to translator, whichever comes first.
이들 인세는 구입일로부터 5년간 혹은 번역자에게 40만 달러가 지불되기까지의 어느 쪽이든 먼저 발생한 때까지 유효하다.

② Client shall reimburse consultant for our-of-pocket expenses upon receipt of invoice.
클라이언트는 청구서 수령과 함께 컨설턴트에게 현금 지불 경비를 변제하는 것으로 한다.

③ Either party may terminate this arrangement by informing the other party in writing upon 30 days notice.
어느 쪽 당사자도 30일 전에 서면으로 상대방에게 통지함으로써, 이 계약을 종료할 수가 있다.

④ Attached is the agreement revised by our counsel.
저희 쪽 고문 변호사에 의해 수정된 계약서를 첨부합니다.

⑤ Korea Camera will receive from World Camera an initial license fee, potential additional milestone payments plus royalties on product sales. Korea will receive exclusive worldwide rights to develop Digital X.
코리아 카메라는 월드 카메라로부터 초기 라이센스료, 경우에 따라서는 구분마다의 추가료, 및 제품 판매 금액에 대한 로열티를 받는 것으로 한다. 코리아 카메라는 디지털 X의 세계적 독점 개발권을 얻는 것으로 한다.

⑥ This letter is to set forth our understanding regarding the investment by Korea Co., Ltd., a Korean corporation, of $1,000,000 in ABC Corporation, a Delaware corporation.
이 편지는 한국 법인인 코리아 상사 주식회사에 의한 델라웨어 법인인 ABC사와 미화 백만달러의 투자에 관한 합의를 정하는 것이다.

⑦ BTN Corporation and VAT, Inc. are entering a non-binding letter of intent to cross-license an d market certain technologies.
BTN 사와 VAT사는 일정한 기술에 관하여, 크로스 라이선스 및 시장 판매의 비구속적이고 예비적인 합의를 맺고자 한다.

제2장 간단한 예문 연습

1 예문연습 1

Dear Allan

I am writing to confirm our understanding that I will conduct research to identify the following :

      Number of ISPs(Internet Service Providers) in Korea
      Top 10 ISPs in terms of the number of subscribers
      Free schedules of the top 10 ISPs

The report written in English will be e-mailed to you in Word format no later than May 31.

The fee for the above research is USD 3,000 including expenses. It will be wired into the bank account designate in may invoice upon receipt of my invoice.
I look forward to working with you.

앨런님께,

다음의 사항을 알아보기 위해서 조사를 한다는 합의를 확인합니다.

      한국에서의 인터넷 프로바이더의 수
      이용자의 수로 본 ISP의 상위 10개사
      상위 10개사의 요금 체계

영어 보고서를 3월 31일까지 워드 포맷에 의한 이메일로 송부하는 것으로 한다. 상기의 조사 비용은 경비를 포함하여 3천불로 한다. 비용은 청구서 수령 후 청구서에 지정된 은행 계좌에 송금되는 것으로 한다. 일을 주시기를 고대하고 있겠습니다.

[어휘 및 표현 다시보기]

identify 확인하다 → verify / no later than 늦어도 ~까지 / Including expenses 경비를 포함하여 / wired into 전신으로 송금하다

2 예문연습 2

Dear Mr. Allan :

I read about your company in the December issue of Epass Now and I am very interested in your company. I'd appreciate it if you could send us more information about your company.

We deal with office equipment and currently export mainly to North America and Europe. We are trying to enter the Asian market and finding a local distributor or partner.

I look forward to hearing from you.

Very truly yours,

저는 '비즈니스 이패스' 12월호에서 귀사에 대한 기사를 읽었고, 귀사에 매우 관심이 있습니다. 귀사에 대한 보다 자세한 정보를 보내주시면 감사하겠습니다.
저희는 사무용 장비를 취급하는 회사로서 현재 주로 북미와 유럽에 수출을 하고 있습니다. 저희는 아시아 시장진입을 위해 노력하고 있으며 현지 판매인 및 파트너를 찾고 있습니다.
빠른 소식 기다리겠습니다. 감사합니다.

[어휘 및 표현 다시보기]

① issue 발행하다, 화제(hot issue), (잡지 등의)호 * December issue 12월호
② be interested in~ ~에 관심이 있다. Interest는 '관심을 끌다'이므로 사물이 관심을 끌고(interesting) 사람은 관심을 가져야(be interested) 한다. In은 interest와 항상 함께 오는 전치사.
  예 저희 제품에 관심 가져 주셔서 감사합니다.
  Thanks for your interest in our products. → interest가 명사로 쓰여도 in이 따라온다.
③ appreciate 가치를 평가하다, 감사하다. *타동사이므로 목적어(it이라도)가 꼭 필요하다.
  예 협조해주셔서 감사합니다.
  We would very appreciate your cooperation.
   → 본문에서 appreciate it했는데 it 자리에 your cooperation(목적어) 등이 올 수 있겠다.

본문의 I'd appreciate it if you could send us more information about your company.는 수동형태로도 쓸 수 있다.

It would be appreciated if you could send us more information about your company.

④ deal with 다루다, 취급하다, 대처하다, 거래하다.

handle 다루다, 취급하다. carry 나르다, 취급하다, 거래하다. cope with 대응하다, 처리하다.

trade 거래하다, 매매하다. sell 팔다. distribute 나누다, 분배하다, 유통시키다.

⑤ distributor 판매자

importer 수입자, exporter 수출자, seller 판매자, buyer 구매자, merchant 상인, vendor 상인, wholesaler 도매상, retailer 소매상

3 예문연습 3

We owe your name to Mr. Kim, Vice President of ABC Engineering. We are looking for a reliable manufacturer which specializes in producing high performance valves for vessels. The specifications for our project are attached. Should you be interested in this project, please send us a proposal, including your costing scheme, as to how your company could assist us this matter.

ABC엔지니어링의 김부사장님으로부터 귀사의 이름을 알게 되었습니다. 당사는 선박용 고성능 밸브를 생산하는 믿을만한 제조업체를 물색 중입니다. 저희의 프로젝트에 대한 세부사항은 첨부되어 있습니다. 귀사가 이 프로젝트에 관심이 있으시다면 이 일에 있어서 당사를 어떻게 도와주실 수 있을지 가격 계획과 제안서를 보내주시기 바랍니다.

[어휘 및 표현 다시보기]

① We owe to your name to~ ~로부터 이름을 알게 되다.

② look for 찾다. search, seek

　* look into 조사하다

③ a reliable manufacturer 믿을만한 제조업체

　manufacturer는 셀 수 있으므로 a를 붙여야한다.

④ specialize in ~~을 전문적으로 하다.

　예 We specialize in exporting machinery parts to China.
　　 우리는 기계부품 중국수출전문이다.

　예 I work for a company which specializes in manufacturing special vehicles including cranes, wreckers and refrigerator vehicles.
　　 나는 크레인, 렉카, 냉장차 등의 특수차량을 생산하는 회사에 근무한다. Cf. work for ~에 근무하다.

　　* be interested in ~에 관심이 있다. majored in ~전공이다. specialize in ~전문이다.

⑤ high performance valve 고성능 밸브

　* perform 이행하다, 실행하다, 연기하다
　* performance 이행, 수행, 실행, 성과, 실적, 효율, 성능, 연기… 여러 가지로 해석됨을 주의

⑥ Should you be interested in~ 만약 관심이 있다면

　* Should you~ : should와 주어가 도치되어 있을 때 if의 뜻으로 사용될 수 있음.

　예 Should you have any questions or problems, please let me know.
　　 의문이나 문제가 있으면 알려 주십시오.

4 예문연습 4

With deep appreciation we received your letter of March 9 inquiring about the price of our HP123 printer. Unfortunately, the HP123 printer was discontinued last year, and we would like to suggest our newest model in a similar price range, the HP234. This new model has exactly the same dimensions with more advanced functions as detailed in the enclosed brochure. If you are satisfied with this model, please let us know so that we can prepare an offer.

저희의 HP123 프린터에 대한 귀사의 3월 9일자 서신 감사히 잘 받았습니다. 유감스럽게도, HP123 프린터는 작년에 생산이 중단되었으며, 대신에 그 비슷한 가격대의 최신 모델인 HP234를 권해드리고 싶습니다. 동봉한 안내책자에서 보시는 바와 같이 이 신모델은 동일한 크기에 보다 우수한 최신 기능을 갖춘 제품입니다. 이 모델에 만족하시면 저희가 오퍼를 준비할 수 있도록 연락 주시기 바랍니다.

[어휘 및 표현 다시보기]

① With deep appreciation we received~ 깊은 감사와 함께 ~을 받았다.
  예 We will send you our best quotation with pleasure upon your request.
  당신이 요청 하신다면 기꺼이 최선의 견적을 보내드리겠습니다.
② was discontinued 생산이 중단되었다.
③ in a similar price range 비슷한 가격대에
  * in a ~ range ~범위에, in a ~ way(manner, fashion) ~방법/방식으로
  예 We have provided our customers with a wide range of products for 20 years.
  당사는 20년 동안 저희 고객들에게 다양한 상품을 공급해 왔습니다.
④ the same dimensions with more advanced functions 같은 크기에 보다 나은 기능
⑤ as detailed in the enclosed brochure 동봉된 책자에 명시한 대로
⑥ be satisfied with~ ~에 만족하다
  satisfy 만족시키다. → be satisfied with 만족하다. satisfactory 만족스러운, satisfaction 만족감

5 예문연습 5

ABC Company is please to place a purchase order with J Corporation in accordance with the following terms and conditions :

1. Order number : PO 1234
2. Goods, quantity, and specifications : one set copper valves described in our specifications No. 234 of December 22.
3. Price : total USD 800,000 CIF Chicago
4. Payment terms : Irrevocable L/C
5. Deliver place & time : CIF Chicago & March 31.

Please confirm by fax or e-mail that you accept the terms and conditions above. Our formal purchase order will be issued by January 15.

ABC 회사는 J주식회사에 다음의 거래조건에 의거하여 매입주문을 하고자 합니다.

1. 오더번호 : PO 1234
2. 품명, 수량 및 명세 : 구리 밸브 1세트, 12월 22일자 당사 명세서 234번에 명시된 것
3. 가격 : CIF 시카고 조건을 USD 800,000
4. 결제조건 : 취소불능 신용장
5. 인도 장소 & 시기 : CIF 시카고 & 3월 31일

귀사가 위의 거래조건을 승낙한다는 것을 팩스나 이메일로 확인해 주시기 바랍니다. 당사의 정식 주문서는 1월 15일에 발행될 것입니다.

[어휘 및 표현 다시보기]

① be please to place a purchase order with ~ ~에게 발주하게 되어 기쁘다
  ** please는 '기쁘게 하다'는 뜻이므로 '기쁘다'를 나타내려면 수동으로 표현해야한다.
  예) I'm pleased to inform you that you've passed the exam.
     시험에 합격했다는 사실을 말씀 드리게 되어 기쁩니다.
  예) We are pleased to announce that we will start providing a new sevice effective January 1.
     당사는 1월1일부터 새로운 서비스를 제공할 것을 발표하게 되어 기쁩니다.
② irrevocable L/C 취소불능 신용장 ↔ revocable L/C

6 예문연습 6

We have duly received your letter of December 21 and the enclosed brochure describing your product line. Enclosed please find our order form, No. EDPP-1234, which will give you the particulars of this order. This is just a trial order and our ensuing orders on a regular basis will depend on our satisfaction with the quality of your product and the price for future orders.

12월 21일자 귀하의 서신과 동봉하신 귀사 제품에 관한 안내 책자 잘 받았습니다. 당사의 주문서 EDPP-1234를 동봉하며 세부내용은 동 주문서에 명시되어 있습니다. 이번 주문은 단지 시험 주문일 뿐이며 정기적인 후속 주문은 제품의 품질과 가격에 대한 당사의 만족 여부에 달려 있습니다.

[어휘 및 표현 다시보기]

duly 정식으로
on a regular basis 규칙적인 → on a ~ basis ~을 기본으로 하여
depend on ~에 달려있다, 의존하다

7 예문연습 7

Thank you for your order No.1234 dated January 22 for 200 units of our desktop. Unfortunately, however, the unit price you listed in your order form is last year's price. We trust that a simple oversight might have been involved while preparing the order form. Please refer to the enclosed new price on which we've agreed already, and end us a revised order form.

당사의 데스크탑 200대에 대한 귀사의 1월 22일자 주문서 1234번에 감사 드립니다. 그러나 유감스럽게도 귀사의 주문서에 기재되어 있는 단가는 작년 단가입니다. 주문서를 작성하는 과정에서 실수가 있었던 것으로 사료됩니다. 양사가 이미 합의한 바 있는 신규 가격을 동봉하오니 참고하시어 수정 주문서를 송부하여 주시기 바랍니다.

[어휘 및 표현 다시보기]

oversight 간과, 빠뜨림 / be involved in ~와 관련하여 /
refer to ~를 참조하다 / revise 수정하다

8 예문연습 8

Thank you for your quotation. While we appreciate the quality of your products, we find your price is rather high for our purpose in using equipment. We have to point out that similar equipment can be purchased from Chinese manufacturers at a price from 10% to 15% below your quoted price.

We would like to place our order with you because we value the quality, but have to ask you to offer a lower price. Please e-mail me your reply by November 20 so that we will be able to make a final decision by the end of November.

귀사의 견적 감사합니다. 귀사의 제품의 품질이 좋은 것은 인정하지만, 귀사의 가격은 이 기기의 당사 사용목적으로 볼 때 다소 비쌉니다. 중국 제조업체로부터는 유사한 기계를 귀사의 가격보다 10~15% 싸게 구입할 수 있다는 사실을 말씀 드리고 싶습니다.
제품의 품질을 높이 평가하기 때문에 귀사에게 주문하고 싶지만, 값을 좀 싸게 오퍼해 달라고 요청 드립니다. 당사가 11월말까지 결정을 내릴 수 있도록 20일까지 회답을 이메일로 주십시오.

[어휘 및 표현 다시보기]

while~하는 동시에, ~하는 반면에 / appreciate 감상하다, 평가하다, 감사하다 / purpose in using equipment 이 설비를 사용하는 목적 / point out 지적하다 / value 평가하다, 가치를 매기다 / ask 목적어 to R 목적어에게 ~해달라고 요청하다

9 예문연습 9

As you might have notice, the sharp increase in wages throughout all industries for the last two years has been forcing us to adjust our price structures. We would also like to assure you that the proposed 5% increase reflects only half as much as the increase of our cost incurred by the recent hike in oil prices together with labor costs.

이미 알고 계시겠지만, 지난 2년간 전 산업 분야에 걸친 임금 인상이 가격 인상을 불가피하게 해왔습니다. 또한 당사가 제안한 5% 인상은 최근의 인건비 상승과 아울러 유가 인상으로 인한 당사의 원가 상승폭의 절반에 불과한 수준임을 밝혀 드리는 바입니다.

[어휘 및 표현 다시보기]

As you might have notice 아시는 바와 같이 / sharp increase 급격한 증가 /
wage 임금 / force 목적어 to R 목적어를 ~하도록 강요하다 /
adjust our price structures 가격구조를 조정하다 /
assure 목적어 that~ ~이라고 확신시키다 / reflect 반영하다 /
Incur 초래하다, 손실 등을 입다

10 예문연습 10

First of all, we deeply apologize for the delay in shipment.
We have contacted the shipping company and have found out that they are on strike. The goods are still on board. We arranged today for another company to deal with the shipment of your order quickly. It will be shipped in a few days. I will inform you as soon as I have received any new information.
We are really sorry for any inconvenience caused by this situation.

먼저 선적지연에 대하여 깊이 사과 드립니다. 당사는 운송회사와 접촉하였고 그 회사는 파업 중이라는 것을 알게 되었습니다. 그 물건은 아직 선적된 상태로 있습니다. 귀사 주문품의 선적을 신속하게 처리하도록 다른 회사를 오늘 수배하였습니다. 2~3일 내에 선적될 것입니다. 새로운 정보를 입수하면 바로 연락 드리겠습니다. 이 상황에 의해 발생한 불편에 대해 진심으로 죄송하게 생각합니다.

[어휘 및 표현 다시보기]

First of all 먼저 / apologize for ~에 대하여 사과하다 / on strike 파업중인
deal with 다루다, 취급하다, 처리하다 / in a few days 며칠 후에

11 예문연습 11

Well received your e-mail reminder about the overdue delivery of the order 1234. Because of an unusually heavy demand for the product, we're temporarily out of stock, but everything possible is being done to ensure that you receive delivery as soon as possible.
We apologize for the delay, and hope that it doesn't inconvenience you too much.

오더번호 1234번의 인도지연을 상기시키는 이메일 잘 받았습니다. 이 제품에 대한 전에 없던 큰 수요 때문에 일시적으로 재고가 품절되어 있습니다. 그러나 되도록 빨리 귀사가 물건을 받을 수 있도록 가능한 모든 일을 다 하고 있습니다. 상품 발송 지연에 사과 드리며 너무 많은 불편을 끼치지 않기를 바랍니다.

[어휘 및 표현 다시보기]

because of ~때문에 / overdue 시일이 지난 / unusually 흔치 않은 /
out of stock 품절 / heavy demand for ~에 대한 많은 수요 /
temporarily 일시적인 / apologize for ~에 대해 사과하다

12 예문연습 12

Thanks for your shipment and we received the order 1234 today. But we found that one of the cartons arrived damaged. The marked items on the attached shipping invoice were badly damaged and need to be replaced.

Please ship replacements immediately. On receipt of the replacements, we will arrange to return the damaged items.

보내주신 주문번호 1234 제품 오늘 잘 받았습니다. 그러나 카톤 중 하나가 파손되었음을 알게 되었습니다. 첨부된 송장에 표시한 제품은 심하게 파손되어 교환을 해 주셔야 할 것 같습니다.
대체품을 바로 보내주십시오. 대체품을 받는 대로 파손된 물건을 돌려드리겠습니다.

[어휘 및 표현 다시보기]

thanks for ~에 대해 감사히 생각하다 / replacement 대체품
on receipt of ~을 받는 대로 = on receiving /
one of ~ ~ 중의 하나 → one of 다음에는 항상 복수명사가 온다. /
carton 마분지 → 종이 상자

13 예문연습 13

I'm sorry to take your message telling us that you received the wrong merchandise.

We are embarrassed to have made such a careless mistake. We are shipping today the correct parts you ordered by air at our expense. I hope that the air shipment will reach you in time to avoid any serious delay in your fulfillment.

We apologize for the inconvenience and assure you that this kind of mistake will never happen again.

귀하가 잘못된 물건을 받았다는 메시지를 받게 되어 죄송합니다. 이런 부주의한 실수를 저지르다니 부끄럽습니다. 귀하가 주문하셨던 올바른 부품을 오늘 저희 비용으로 항공으로 보냈습니다. 귀사의 납품에 문제가 생기지 않도록 항공운송이 제 시간에 도착하기를 바랍니다.
불편을 끼쳐드려 죄송하며, 다시는 이러한 실수가 발생하지 않을 것임을 약속드립니다.

[어휘 및 표현 다시보기]

message telling us that ~라는 내용의 메시지 → 메시지가 어떤 사실을 능동적으로 설명하기 때문에 telling 을 쓴다. /
embarrassed 당황한 → 부끄러운, 창피한 / careless mistake 부주의한 실수 /
at our expense 우리 비용으로 / in time 제때에 / fulfillment 이행, 주문의 납품

14 예문연습 14

I apologize for the oversight in not issuing the credit of USD 100 to your account. I have today issued USD 110 in credits to your account to make up for this oversight and delay. This should appear on you statement in the next billing cycle.

If you have any further problems or questions, please contact our office any time.

100달러를 공제하는 것을 빠뜨린 점 사과 드립니다. 이 누락을 보상하고자 오늘 110달러를 크레딧 하였습니다. 이것은 다음 번 청구서에 기재될 것입니다. 다른 문제나 의문이 있으면 언제든 사무실로 연락 주십시오.

[어휘 및 표현 다시보기]

Oversight 누락 = overlook / issue 발행하다 / credit 신용, 대출, 대변 ↔ debit 차변 make up for ~의 보상을 하다, 메꾸다 / the next billing cycle 다음 번 청구

15 예문연습 15

We regret that we will not be able to clear the bill No.1234 due on June 10.

You are probably aware of the recent depreciation of US dollar. Due to this, our sales have dropped, leaving us in financial difficulties. Are you able to allow us a further 3 months to clear this bill?

We would appreciate if you could grant us this concession. We are confident of being able to settle the account in full by September 10. We trust you will understand our present situation.

유감스럽지만 6월 10일 기한의 청구서 1234번은 정리되지 못할 것입니다. 귀사도 US달러의 하락을 아시겠지만, 이것 때문에 저희의 매출이 줄었고, 재정적으로 어려운 처지가 되었습니다. 지불하는데 3개월을 추가로 유예해 주실 수 있겠습니까?
지불을 연기해 주시면 감사하겠습니다. 저희는 9월 10일까지는 전액의 지급을 완료할 자신이 있습니다. 저희의 현재 상황을 이해해 주시리라 믿겠습니다.

[어휘 및 표현 다시보기]

Regret 유감이다 / clear the bill 청구서를 정산하다 → 대금을 지급하다.
be aware of ~에 대하여 알다 /
depreciation 평가절하 ↔ appreciation 평가절상 /
grant 증여하다 / concession 양보

16 예문연습 16

I would like to inform you that the price of our generator model No. 1234 will change as of October 1. Attached to this e-mail is the new price list.

The current Won appreciation is the main reason for this price change. I hope this does not negatively influence sales but owing to the new costs we have to bear, we have no alternative.

If you have any questions, please feel free to contact me by e-mail or fax.

당사의 발전기 모델번호 1234의 가격이 10월 1일자로 변경될 것을 알려드립니다. 새로운 가격표는 첨부되어 있습니다. 원화의 평가절상이 이번 가격변경의 주요한 이유이며 이것이 매출에 부정적인 영향을 주지 않기를 바랍니다. 그러나 당사가 부담해야 할 비용 때문에 다른 선택의 여지가 없었습니다. 의문이 있으면 언제든 이메일이나 팩스로 연락 주십시오.

[어휘 및 표현 다시보기]

Generator 발전기 / as of ~일자로 / current 현재의
Won appreciation 원화의 평가절상 ↔ depreciation /
the main reason for ~에 대한 주요 이유
negatively 부정적으로 / influence 영향, 영향을 끼치다 /
owing to ~ 때문에 → due to, because of / alternative 선택의, 양자택일의, 대안

17 예문연습 17

Dear Valued Customers :

Please accept this letter as our request to be included in the bid process for the purchase of any machine tool in the near future.

Daesung Co., Ltd has been a world leader in the machine tool industry for over 50 years. Our experience has helped many companies just like yours run smoother and more efficiently. As the head of the overseas department, it is my goal to build long-lasting relationships with the business leaders.

If you would like more information on how we can help your company, please contact me at the below numbers anytime. I look forward to having an opportunity to discuss your business needs.

가까운 장래의 기계공구 구입에 대해 당사에게도 입찰 기회를 주십사 연락 드립니다. 주식회사 대성은 50년 이상 기계공구 산업의 리더였습니다. 저희의 경험은 많은 귀사와 같은 회사가 보다 원활하고 보다 효율적으로 비즈니스를 할 수 있도록 도왔습니다. 해외영업부 책임자로서 저의 목표는 비즈니스 리더 분들과 오랫동안 좋은 관계로 지내는 것입니다. 귀사에 얼마나 도움이 될 수 있을지에 대한 자료가 필요하시면 아래의 번호로 연락 주십시오. 귀사의 비즈니스에 대해 상담할 수 있는 기회가 있기를 기대합니다.

[어휘 및 표현 다시보기]

be included in the bid process for ~에 대한 입찰과정에 포함되다 /
purchase 구매, 구매하다 = buy / experience 경험 / run 경영하다 /
smooth 매끄럽게 / efficiently 효율적으로 /
long-lasting relationship 오래 지속되는 관계

 무역계약의 성립과 이행

1 무역계약의 정의

영국 물품매매법(Sale of Goods Act : SGA)

"a contract whereby the seller transfers or agrees to transfer the property in goods to the buyer for a money consideration called the price"

"매도인이 대금이라는 금전적인 대가(consideration ; 약인)를 받고 매수인에게 물품의 소유권을 이전하거나 이전하기로 약속하는 계약"

2 무역계약의 법적 성격

(1) 낙성계약(consensual contract)

계약당사자의 합의만으로 성립하는 계약이다. 즉, 일방의 청약(offer)에 대해 상대방이 승낙(acceptance)함으로써 성립되는 계약을 말한다.

(2) 쌍무계약(bilateral contract)

계약의 성립에 의해 당사자 쌍방이 상호 채무를 부담하는 계약을 말한다. 즉, 매도인은 물품인도의 의무를 부담하고 매수인은 대금지급의무를 부담하는 것을 의미한다.

(3) 유상계약(remunerative contract)

당사자 쌍방이 서로 대가적 관계에 있는 급부를 목적으로 하는 계약을 말한다.

(4) 불요식계약(informal contract)

요식에 의하지 않고 문서나 구두에 의한 명시계약이나 묵시계약으로도 계약이 성립되는 계약을 말한다.

3 CISG의 특징

1. 비엔나협약의 적용대상

2. 당사자가 체약국내에 영업소(사업장이나 일상의 거주지를 가지고 있어야 한다.)

3. 국내물품거래가 아닌 국제간의 거래하여야 하며 물품의 매매에만 적용된다.

4. 양당사자가 모두 비엔나협약의 체약국이 아니거나 어느 일방만이 체약국일 경우에는 본 협약의 명시적인 준거법 적용합의가 있어야 한다.

5. 양당사자가 모두 체약국일 경우에는 본 협약을 배제한다고 명시하지 않는 한 자동적으로 적용된다.

6. 양당사자가 모두 체약국이라 하더라도 합의에 따라 본 협약을 배제할 수 있고, 협약의 일부조항을 달리규정하거나 배제하여도 무방한 임의 법규이다. - 당사자 자치의 원칙존중

7. 양당사자가 비엔나 협약의 체약국이 아니면서 비엔나협약의 준거법적용 문언이 없는 경우에는 본 협약은 적용되지 않는다.

4 비엔나 협약의 적용대상이 아닌 매매

1. 개인용, 가족용 또는 가정용으로 구입된 물품의 매매. (다만 매도인이 계약체결 전이나 그 체결시에 물품이 그와 같은 용도로 구입된 사실을 알지 못하였고 알았어야 했던 것도 아닌 경우는 제외)

2. 경매에 의한 매매

3. 강제집행 그 밖의 법령에 의한 매매

4. 주식, 지분, 투자증권, 유통증권 또는 통화의 매매

5. 선박, 소선, 부선 또는 항공기의 매매

6. 전기의 매매

7. 서비스(용역)

5 매도인과 매수인의 의무(CISG)

1. 매도인의 의무 Article 30

The seller must deliver the goods, hand over any documents relating to them and transfer the property in the goods, as required by the contract and this Convention.

매도인은 계약과 이 협약에 따라 물품을 인도하고, 관련 서류를 교부하며 물품의 소유권을 이전하여야 한다.

2. 매도인의 warranty 의무 Article 35

The seller must deliver goods which are of the quantity, quality and description required by the contract and which are contained or packaged in the manner required by the contract.

매도인은 계약에서 정한 수량, 품질 및 종류에 적합하고, 계약에서 정한 방법으로 용기에 담겨지거나 포장된 물품을 인도하여야 한다.

3. 매수인의 의무 Article 53

The buyer must pay the price for the goods and take delivery of them as required by the contract and this Convention.

매수인은 계약과 이 협약에 따라, 물품의 대금을 지급하고 물품의 인도를 수령하여야 한다.

4. 인도의 수령 Article 60

The buyer's obligation to take delivery consists : (a) in doing all the acts which could reasonably be expected of him in order to enable the seller to make delivery; and (b) in taking over the goods.

매수인의 수령의무는 다음과 같다.
(가) 매도인의 인도를 가능하게 하기 위하여 매수인에게 합리적으로 기대될 수 있는 모든 행위를 하는 것, 및 (나) 물품을 수령하는 것

6 청약과 승낙

1. 청약(Offer)

Offer : an expression of willingness to contract on certain terms made with the intention that it shall be become binding as soon as it is accepted by the offeree

2. Offer의 종류

① 확정청약(Firm offer) : An offer which offeror gives offeree assurance that it will be held open during fixed period and irrevocable. Acceptance against it concludes a contract.

수출상이 오퍼를 발행할 때 수락기한을 명시하고 그 기간(유효기간)내에 승낙할 경우에만 유효한 오퍼를 말한다. 유효기간(Validity, Expiry Date)이 명시되어 있거나 확정(Firm) 또는 취소불능(Irrevocable)의 문구가 있는 청약을 말한다.

② 불확정청약(Free offer) : an offer which is open for a reasonable time in which the offerer merely states the terms and conditions on which he sells certain merchandise without binding the offeree to accept it within a specified period.

회답기한인 유효기일이 제시되지 않는 오퍼로써 판매할 상품과 거래조건을 표시한 일종의 매매권유장이다. 이 오퍼는 Seller가 Buyer에게 사전통고 없이 언제든지 취소 또는 변경이 가능하고, Buyer가 승낙을 하였다 하더라도 Seller의 최종확인이 있어야 계약이 성립된다. 피청약자의 승낙이 있기 전까지는 청약자가 그 내용을 임의로 변경, 취소 또는 철회할 수 있다.

③ 청약의 유인(Invitation to offer) : A proposal for concluding a contract addressed to one or more specific persons constitutes an offer if it is sufficiently definite and indicates the intention of the offeror to be bound in case of acceptance. But a proposal other than one addressed to one or more specific persons is to be considered merely as an invitation to make offers, unless the contrary is clearly indicated by the person making the proposal.

청약을 유도하는 단순한 의사표시이다.

④ 반대청약(Counter offer) : A reply to an offer which purports to be an acceptance but contains additions, limitations or other modification

피청약자가 원청약 내용에 대해서 그 조건을 변경하거나 또는 새로운 조항을 추가한 청약을 원청약자에게 보내는 것을 말한다. 반대청약은 원청약을 소멸시키는 사유가 된다.

⑤ 조건부 청약(Conditional Offer)
   a. 최종확인 조건부청약(Offer Subject to Final Confirmation)
   b. 재고잔유 조건부청약(Offer Subject to Being Unsold)
   c. 선착순매매 조건부청약(Offer Subject to Prior Sale)
   d. 점검매매 조건부청약(Offer on Approval)
   e. 반품허용 조건부 청약(Offer on Sale or Return)
   f. 무확약 청약(Offer Without Engagement)

3. 승낙(Acceptance)

The offeree's notification to the offeror that the offeree agrees to be bound by the terms of the offeror's offer. the terms of acceptance have to be the mirror image of the terms of the offer.
피청약자가 청약자의 청약을 수락하여 계약을 성립시키겠다는 의사표시이다.

4. Breach of Contract(계약위반)

계약당사자가 자신의 귀책사유에 의해 계약상의 의무를 이행하지 않는 것을 의미 한다.
계약위반의 유형 : 이행지체 / 이행거절 / 이행불능 / 불완전이행

5. Frustration(계약의 이행불능)

"계약의 성립 후 물품의 소유권이 매수인에게 이전하기 전에 양당사자의 과실 없이 계약이 법적으로 이행불능이 되거나 이행이 요구되는 상황이 계약시에 예상했던 것과는 현저하게 달라졌기 때문에 이행할 수 없게 된 경우"

7 Remedy for Breach of Contract

1. Remedy for Seller

① 손해배상청구권(claim damages)
② 특정이행청구권(request for specific performance)

③ 추가기간설정권(fix an additional period of time for performance)
④ 계약해제권(avoid of contract)
⑤ 물품 명세 확정권(make specification)

2. Remedy for Buyer
① 손해배상 청구권(claim damages)
② 특정이행청구권(request for specific performance)
③ 대체품인도청구건(request for delivery of substitute goods)
④ 하자보완청구권(request for repair)
⑤ 추가기간설정권(fix an additional period of time for performance)
⑥ 계약해제권(avoid the contract)
⑦ 대금감액청구권(reduction of the price)

8 무역계약의 체결

1. Sales contract(Conductor)
무역계약에 따라 운송계약, 보험계약 등 의 계약이 체결되게 된다. 무역계약과 독립적인 계약인 신용장계약의 존재이유도 무역계약에 있다고 할 수 있다.

2. 무역계약의 주요 거래조건
무역계약을 구성하는 주요 거래조건에는 품질(Quality), 수량(Quantity), 가격(Price), 선적(Shipping), 보험(Insurance), 결제(Payment) 등에 관한 조건이 있다.

3. 이면약정(일반조항)
무역계약에 관한 일반약정(General Terms and Conditions)으로서 무역계약에 대리인이 개입되지 않고, 계약상 권리와 의무의 당사자인 본인 대 본인계약(Principal to Principal Basis Contract)이라는 사항과 계약서의 표면약정사항인 품질, 수량, 가격 및 선적조건 등을 정하는 기준 등 개별약정 사항을 해석하는 기준과 계약불이행과 관련한 조항으로서 수출입 거래시 일반적으로 적용되는 공통사항이 여기에 포함된다.

4. 본인 대 본인 거래(Principal to Principal)

매도인과 매수인이 각자 본인의 계산(비용)과 책임(위험)으로 매도인과 매수인간에 이루어지는 거래형태를 말한다.

Business is to be transacted between the Seller and Buyer on their own account and responsibility.

5. 주요조항

① Governing ; Proper ; Applicable Law(준거법조항)

계약해석의 기준이 되는 법률을 지정해 두는 조항이다.

"The formation, validity, construction and the performance of this Agreement are governed by the laws of Republic of Korea."

② Force Majeure Clause(불가항력조항)

A term or condition that relieves either party from contract obligation if major unforseen events beyond their control prevent compliance, typically the obligation is suspended for resumption at a later time.

불가항력에 의해 계약이행이 지연 또는 불가능하게 되는 경우를 대비하여 두고 있는 조항

"Seller shall not be responsible for the non-delivery or the delay in shipment caused by prohibition of export, refusal to issue export license or permit, arrests and restraints of rulers, government and people, war or warlike operations, blockade, revolution, insurrection, mobilization, strikes, lockouts, civil commotions, riots, act of god, plague or other epidemics, destruction of goods by fire or flood or any other cause beyond seller's control. In the event of the after causes arising, documents provide occurrence or existence shall be submitted by Seller to Buyer without delay. The order will be considered cancelled as far as the causes continue to exist."

③ Infringement Clause(권리침해조항)

매도인은 매수인의 지시대로 물품을 선적한 결과 발생하는 특허(patent), 상표(trade mark), 저작권(copy right) 등의 침해에 대하여 책임을 지지 않는다는 면책조항이다.

"The seller shall not be held responsible for infringement of the right of design, trade mark, patent and copyright which are caused out of the observance of the buyer's instructions to the seller and anydisputes or claims raised thereon shall be settled by the buyer for his account."

④ Entire Agreement Clause(완전합의조항)

This agreement contains the entire understanding of the parties as to the terms and conditions of their relationship, and supersedes all prior agreement and representations between the parties, which shall hereby be repealed.

거래교섭 중에 교환한 문서나 구두의 표시 등은 무효로 하며, 계약서가 유일한 합의서이고 그것이외의 내용은 인정하지 않는 조항이다.

"This Agreement sets forth the entire agreement and understanding between the parties to the subject matter of this Agreement and merges and supersedes all prior discussions agreements and understandings of any and every nature between them."

⑤ Whereas Clause ; Recitals(설명조항)

In a contract, an introductory or prefactory statement meaning "considering that" or "that being the case" and not an essential part of the operation portions of the contract.

계약서의 전문에 삽입되어 계약체결의 배경이나 목적 등의 내용을 담고 있는 조항

⑥ Warranty Clause(품질보증조항)

"Each goods supplied by the Seller is hereby expressly warranted to be free from defect in material and workmanship under normal use and service. The Warranty shall be limited to a period of 12 months after delivery of the goods at destination."

매도인이 물품의 품질에 대하여 무거운 책임을 지는 것을 회피하기 위해 계약서의 이면에 인쇄하여 두는 면책조항

⑦ Arbitration Clause(중재조항)

클레임 해결수단의 하나인 중재조항에 관한 것으로, 중재지, 중재기관, 준거법이 명시되어 있고 중재인이 내리는 판정은 최종적이며 관련 양당사자에게 구속력이 있다.

"All disputes, controversies or differences which may arise between the parties out of or in relation to or in connection with this Contract or for the breach there of shall be finally settled by arbitration in Seoul, Korea in accordance with the Commercial Arbitration Rules of The Korea Commercial Arbitration Board and under the Law of Korea. The award rendered by the arbitrator(s) shall be final and binding upon both parties concerned."

⑧ Hardship Clause(이행곤란조항)

불가항력조항이 불가항력적 사태가 발생한 경우의 당사자의 면책을 규정함에 주안을 두고 있는 데에 비해, 이 조항은 계약체결 후 원재료비의 폭등 등 제환경의 변화에 의해 계약당사자의 일방의 이행이 곤란하게 된 경우 매매양당사자가 서로 성의를 가지고 가격조정이나 기간 연장 등 계약내용의 변경에 대하여 협의할 것을 규정하고 있다.

Hardship clause is a clause in a contract that is intended to cover cases in which unforeseen events occur that fundamentally alter the equilibrium of a contract resulting in an excessive burden being placed on one of the parties involved.

⑨ Escalation ; Escalator Clause(신축조항)

An escalator clause is a clause in a lease or contract that guarantees a change in the agreement price once a particular factor beyond control of either party affecting the value has been determined. Escalator clauses are quite common in construction contracts to cover unexpected costs due to fluctuations in the prices for raw materials, fuel, and labor during the course of the construction project.

장기인도계약에서 계약성립이후 인도시까지에 원료비, 운임, 보험료, 환율변동에 따라 계약가격을 변경할 것을 미리 계약에 정해 두는 조항을 말한다.

9 International Transportation Party(무역운송 당사자)

1. Carrier : 운송인

any person who, in a contract of carriage, undertakes to perform or to procure the performance of carriage by rail, road, sea, air, inland waterway or by a combination of such modes.

2. **Shipper : 송화인**

   the person who hands over the goods for carriage or the person who makes the contract with the carrier.

3. **Consignee : 수화인**
   - A person who is entitled to take delivery of the goods shipped from the owner
   - A person to whom goods are delivered
   - consignee means that the person entitled to take delivery of the goods.

4. **Charterer : 용선자**
   - a person or company that rents a plane or ship

10 해상운송관련 용어정리

① **Letter of Indemnity(파손화물보상장)** : This is a document which is tendered by shipper to shipping company in order to get clean bill of lading.

A document called letter of indemnity signed by the shipper may be given to the steamship company in order to make up for the inconvenience, holding the company harmless against issuing a clean bill of lading for shipment in foul condition.

Letter of Indemnity(파손화물보상장)이란 본선수취증(M/R)상에 결함 내용이 기재된 경우에 Clean B/L(무고장선화증권)을 교부받기 위해서 선적인이 선박회사에 제출하는 일종의 각서를 말한다.

(To make foul or dirty B/L into Clean B/L)

② **Letter of Guarantee(수입화물선취보증서)**

A Document commonly used in international trade to allow a carrier to release goods to a consignee who is not yet in possession of the bill of lading and assuring the carrier that he will not suffer any financial loss by having released the goods in the absence of a bill of lading.

선하증권 원본의 제시 없이 선사로부터 화물을 찾을 수 있도록 하기 위하여 은행이 선박회사 앞으로 발행하는 일종의 연대보증서로서, 선박회사가 Original B/L(원본 선화증권)을 회수하지 않은 채 화물을 인도함에 따라 발생할 수 있는 모든 문제에 대하여 은행이 보증하는 것은 물론, 차후에 선하증권 원본이 도착하는 대로 이를 선박회사에 제출할 것을 약속하는 증서이다.

③ Trust Receipt(수입화물대도) : 수입화물대도란 개설은행이 수입화물에 대한 소유권(property)을 유지하면서, 개설의뢰인이 수입대금을 결제하기 전에 미리 화물을 처분할 수 있도록 허용하는 제도를 말한다.

④ Laydays(정박일) : 항해용선계약의 경우 선적 또는 양륙을 하기 위해 정박할 수 있는 기간을 정확히 합의하여야 하며, 합의한 정박기간이 지났음에도 불구하고 작업이 완료 되지 못했다면, 용선자는 선주에게 체선료를 지급하여야 한다. 반대로 예상 보다 일찍 작업이 마무리 되는 경우에는 선주가 용선자에게 조출료를 지급하게 된다.
- CQD(Customary Quick Dispatch) : 관습적 조속하역
- Running Laydays or Consecutive days : 연속정박기간
- WWD(Weather Working Days) : 청천하역일
- SHEX(Sundays and Holidays Excepted)
- SHEXUU(Sundays and Holidays Excepted Unless Used)

⑤ Demurrage(체선료)

An exporter can ship his cargo on a freight collect basis if contracted FOB. If the number of laydays be exceeded, the charterer have to pay demurrage.

체선료란 용선계약에서 정한 정박기간을 초과하여 하역이 행해진 경우 그 초과정박기간에 대해 용선자가 선주에게 지급하는 일종의 손해배상금을 말한다.

⑥ Dispatch money(조출료) : 조출료란 용선계약에서 정한 정박기간보다 빨리 하역이 종료된 경우에 그 앞당긴 정박기간에 대해 선주가 용선자(화주)에게 지급하는 보상금으로 일반적으로 체선료의 1/2이다.

⑦ Lump Sum Charter(총괄운임용선계약)

Freight charges are fixed not based upon freight per ton, but based upon fixed freight charges per voyage, irrespective of whether the shipper uses the hired space to full capacity or loads below capacity or does not load at all.

항해용선계약에서는 일반적으로 실제의 적재수량에 따라 운임이 계산되는데 비해,

실제의 적재수량에 상관없이 선복 또는 항해를 단위로 포괄적으로 운임을 정하는 용선계약

⑧ Unknown Clause(부지약관)

A transport document bearing a clause such as "shipper's load and count" and "said by shipper to contain" is acceptable.

컨테이너에 의하여 sealed(봉인된) 화물의 경우에는 선적시 그 외관 상태만을 확인할 수 있을 뿐 내용물에 대한 검사가 실질적으로 불가능하며, 선적화물의 종류, 수량, 상태 등에 관하여는 물품의 적입자인 송화인의 진술에 전적으로 의존할 수 밖에 없으므로, 선사는 이와 같은 위험을 면하기 위해 선하증권 상에 Unknown Clause(부지약관)을 면책조항으로 두고 있다.

⑨ A/N ; Arrival Notice(착화통지) : A notice sent by the carrier to the consignee informing him of the arrival of the goods.

⑩ Latent Defect(잠재적 하자)

Defect which could not be discovered by reasonable and customary inspection.

합당하고 관습적인 검사로 발견될 수 없는 하자

⑪ 운임 : 운임은 지급시기에 따라 선급운임과 후급운임으로 구분된다.
- Freight Prepaid(선급운임)
- Freight Collect(후급운임)

⑫ Specific duty : A customs duty based on weight, quantity, or other physical characteristics of imported items. : 종량세

⑬ Ad valorem duty : A duty based upon the value of the goods. : 종가세
일반적으로 고가품의 경우에는 가격을 기준으로 하는 종가운임을 사용한다.

⑭ Tramper(부정기선)의 운임정리
- Lump-Sum Freight(총괄운임 ; 선복운임)

  A single payment to cover the hire of a vessel or part thereof irrespective of the amount of cargo loaded.

  용선계약에서 실제의 적재수량과 관계없이 선복 또는 항해를 단위로 포괄적으로 정해지는 운임을 말한다.

- Dead Freight(부적운임)

  Space booked by a shipper or charterer but not used.

  선복계약에서 정한 선적수량보다 실제선적수량이 부족한 경우에 발생하는 미선적

선복에 대하여 지급되는 운임으로 일종의 위약배상금(penalty)에 해당한다.
- Pro Rata Freight(비례운임) : 항해가 불가항력 등에 의해 계속할 수 없게 되어 중도에 화물을 인도할 경우에 이행된 항해비율에 따라 지급·취득하는 운임을 말하며 수송거리운임 이라고도 한다.
- Back Freight(반송운임) : 후급운임조건으로 운송되는 화물에 대하여 수하인이 화물의 인수를 거절하거나 또는 화인의 잘못 등 운송인의 귀책사유에 의하지 않고 화물이 잘못 발송되었기 때문에 화물의 반송이 필요한 경우에 송하인이 부담해야 하는 반송을 위한 운임을 말한다.

11 Container(컨테이너)

(1) 용도에 따른 분류
- Dry Container : 전자제품, 일반잡화용
- Reefer[Refrigerated] Container : 육류, 어류, 과일 등의 화물
- Pen[Live Stock] Container : 가축 또는 동물
- Open Top Container : 장척물이나 기계류 등(천장 개방식의 컨테이너)
- Flat Rack Container : 기계류, 플랜트 목재 등(바닥과 4개 기둥만이 존재)
- Tank Container : 유류, 화학제품 등의 액상화물
- Bulk Cargo : 곡물, 사료, 화학제품 등 분말상의 화물
- Hanger Container : 의류

(2) 컨테이너 하역방법
- RO/RO ; Roll on/Roll off : 화물을 적재한 트레일러나 트럭이 선측이나 선미의 경사도(ramp way)를 지나 그대로 선내에 들어와 하역할 수 있는 방식
- LO/LO ; Lift on/Lift off : 본선에 설치되어 있는 기중기나 Derrick을 이용하여 컨테이너를 본선에 수직으로 적재 또는 양하하는 방식
- FO/FO ; Float on/Float off : 부선(barge)에 컨테이너 및 기타 화물을 적재한 채 본선의 기중기로 부선자체를 적재 또는 양하하는 방식으로 LASH선 등이 채택하고 있는 하역방식 이다.

(3) LASH(Lighter Aboard Ship) : 래쉬선
A system for carrying loaded barges or lighters on ocean voyages.

제4장 Bill of Lading(선하증권)의 종류

선하증권은 물품의 권리(Title)를 표창하는 권리증권 이므로 국제무역거래에 있어서 매우 중요한 서류이다. 신용장거래방식에서 선하증권을 요구하게 되는데 이때 조건에 맞는 선하증권을 제시 하는 것은 대금결제와 직접적으로 연관 되므로 선화증권을 취급하는데 있어 유의 하여야 한다.

> 선하증권의 3가지 특징
> ① Receipt of goods
> ② Evidence of contract of carriage
> ③ Document of title

1 신용장에서 선하증권 요구 시 자동수리가 인정되지 않는 서류

1. On Deck Shipment B/L

On deck clause : A clause on a transport document stating that the goods may be loaded on deck is acceptable.

2. Foul ; Dirty B/L(고장부선화증권) ≠ Clean B/L(무고장선하증권)

A bill of lading which has been qualified by the carrier to show that the goods were not sound when loaded.

3. Received B/L ≠ Shipped B/L

- Received B/L : A bill of lading evidencing that the goods have been received into the care of the carrier, but not yet loaded on board.
- Shipped B/L : A bill of lading issued when the goods have been loaded on board the ship.

2 신용장에서 선하증권 요구 시 자동수리가 인정되는 서류

1. Unknown Clause B/L(운송인이 선적된 물품의 내용을 알지 못한다는 약관이 포함된 B/L)

2. Short Form B/L

    A bill of lading which does not have printed on it the full terms and conditions of the contract of carriage but instead contains a reference to the carrier's conditions, normally stating that a copy is available on request.
    선하증권의 뒷면에 기재되는 상세한 운송약관이 생략된 채, 그 일부 또는 전부에 대하여 다른 서류를 참조하도록 표시하고 있는 B/L을 말한다.

3 기명식 선하증권과 지시식 선하증권

1. Straight B/L(기명식 선하증권)

    A bill of lading which stipulates that the goods are to be delivered only to the named consignee.
    화물의 수하인란에 수입상의 이름을 기재한 선하증권으로 무역거래보다는 이삿짐이나 개인물품운송에 주로 이용된다. 무역에 이용할 때에는 사전에 송금을 받은 경우 이외에는 이용하지 않는 것이 안전하다. 원칙적으로 유통이 불가능하다.

2. Order B/L(지시식 선하증권)

    Full set of clean on board marine B/L made out to order of shipper.
    "To order", "To order of shipper", "To order of ABC bank"식으로 수하인이 표시되지 않고 지시인이 표시되는 방식이다. 유통을 목적으로 하는 선하증권으로 무역거래에서는 대부분 Order B/L을 사용한다. 배서를 통하여 선하증권이 유통된다.

Air Transportation(항공운송)

국제물품운송은 해상과 육상운송이 주류를 이루고 있었지만 기업의 경영방식 변화로 인해 항공운송의 수요가 많아지고 있다. 소비자의 소비특성이 변하면서 기업은 소품종대량생산체제에서 다품종 소량생산체제로 생산체제의 변화를 겪고 있다. 대량의 화물을 시장에 공급하는 것보다 소량의 화물을 적시에 시장에 공급함과 동시에 적정재고수준을 유지하는 것이 기업의 과제가 될 것이다. 신속성, 안정성, 정시성의 특징을 가진 항공운송은 앞으로도 그 이용 비중이 늘어날 것으로 보인다.

1 Air waybill(항공화물운송장)

항공화물운송장이란 항공운송계약 및 항공회사가 물품을 수령했음을 나타내는 증거서류이다.

> 항공화물운송장의 2가지 특징
> ① Receipt of goods
> ② Evidence of contract of carriage

2 선하증권과 항공화물운송장의 비교

[표] 항공화물운송장과 선하증권의 비교

항공화물운송장(AWB)	선하증권(B/L)
• 유가증권이 아닌 단순한 화물수취증	• 유가증권
• 비유통성(non-negotiable)	• 유통성(negotiable)
• 기명식	• 지시식(무기명식)
• 수취식(창고에서 수취하고 발행)	• 선적식(본선 선적 후 발행)
• 송하인이 작성함이 원칙	• 선사가 작성

 Marine Insurance(해상보험)

1 해상보험의 정의

Marine insurance defined. – "A contract of marine insurance is a contract whereby the insurer undertakes to indemnify the assured, in manner and to the extent thereby agreed, against marine losses, that is to say, the losses incident to marine adventure."

"해상보험계약은 그 계약에 의해 합의한 방법과 범위 내에서 해상손해, 즉 해상사업에 수반하는 손해를 보험자가 피보험자에게 보상할 것을 인수하는 계약이다."

2 Parties to Contract of Marine Insurance

- Insurer(보험자)
- Policy Holder(보험계약자)
- Insured ; Assured(피보험자)
- Insurance Agent(보험대리점)
- Insurance Broker(보험중개인)

We(Policy Holder) have effected marine insurance on the cargo for one million USD against ICC(A) with the ABC Insurance Company(Insurer).

3 해상보험 관련 용어 정리

1. 보험계약의 요소

    ① Subject-matter insured : 보험의 목적물
    해상보험의 경우 보험사고 발생의 객체가 되는 선박이나 화물을 말한다.

② Insurance premium : 보험료

Insurance Premium is the remunerative amount to be paid to the insurer for the conclusion of the insurance contract against the marine loss.

보험자의 위험부담에 대한 대가로 보험계약자가 납부하는 금액을 의미한다.

③ Claim amount : 보험금

보험사고로 피보험자가 입은 재산상의 손해에 대해 보험자가 지급하는 보상금이다.

④ Insurable value : 보험가액

피보험목적물을 금전으로 평가한 가액, 즉 사고가 발생한 경우에 피보험자가 입게 되는 손해액의 최고한도액을 말한다. 따라서 당사자간에 약정하는 보험금액은 보험가액을 초과할 수 없는 것이 원칙이다.

⑤ The sum insured(insured amount) : 보험금액

손해발생시에 보험자가 부담하는 보상책임의 최고한도로서 미리 당사자간에 약정한 금액이다.

⑥ Insurable Interest : 피보험이익

보험의 목적(subject-matter insured)에 보험사고가 발생하여 피보험자가 경제적 손해를 입을 가능성이 있는 경우 이러한 보험의 목적에 대하여 특정인이 가지는 이해관계를 피보험이익이라고 하며, 이를 보험계약의 목적(우리나라 상법 제668조 규정)이라고도 한다. "이익 없는 곳에 보험 없다"(no interest, no insurance)는 말과 같이 피보험이익이 존재하지 않으면 사고가 발생해도 손해를 보지 않으므로 해상보험은 성립하지 않는다.

2. ICC ; INSTITUTE CARGO CLAUSE(협회적하약관)

① FPA(Free from Particular average) Clause ; 분손 부담보조건 - ICC(C)

It provides minimum level of coverage.

ICC(C) provides similar minimum coverages.

It covers total or partial loss from stranding, sinking, burning or collision.

② WA(With Average) Clause ; 분손 담보조건 - ICC(B)

③ AR(All Risks) Clause ; 전위험 담보조건 - ICC(A)

5 신용장통일규칙과 보험서류의 관계

1. **Article 28 Insurance Document and Coverage : 보험서류와 부보범위**

    a. An insurance document, such as an insurance policy, an insurance certificate or a declaration under an open cover, must appear to be issued and signed by an insurance company, an underwriter or their agents or their proxies.
    Any signature by an agent or proxy must indicate whether the agent or proxy has signed for or on behalf of the insurance company or underwriter.
    보험증권 또는 포괄예정보험하의 보험증명서 또는 선언서와 같은 보험서류는 보험회사, 인수업자 또는 그들의 대리인 또는 수탁인이 발행하고 서명하는 것으로 나타나야 한다. 대리인 또는 수탁인에 의한 서명은 대리인 또는 수탁인이 보험회사 또는 인수업자를 위하여 또는 대리로 서명하였는지를 표시하여야 한다.

    b. When the insurance document indicates that it has been issued in more than one original, all originals must be presented.
    보험서류가 원본 한 통을 초과하여 발행되었을 때 모든 원본이 제시되어야 한다.

    ➡ When the insurance document indicates that it has been issued in more than one original, all originals must be presented.

    c. Cover notes will not be accepted.
    부보각서는 수리되지 않는다.

    d. An insurance policy is acceptable in lieu of an insurance certificate or a declaration under an open cover.
    보험증권은 포괄예정보험하의 보험증명서 또는 선언서 대신에 수리될 수 있다.

    ➡ The insurance policy and cover note are not acceptable instead of an insurance certificate or declaration under an open cover.

    e. The date of the insurance document must be no later than the date of shipment, unless it appears from the insurance document that the cover is effective from a date not later than the date of shipment.
    보험서류 일자는 부보가 선적일보다 늦지 않게 유효하다는 것이 보험서류에 나타나지 않는 한 선적일보다 늦어서는 안 된다.

f. ⅰ. The insurance document must indicate the amount of insurance coverage and be in the same currency as the credit.
  ⅰ. 보험서류는 부보금액을 표시하여야 하고 신용장과 동일한 통화로 표시하여야 한다.
     ➡ The insurance document must indicate the amount of insurance coverage and be in the same currency as the credit.
  ⅱ. A requirement in the credit for insurance coverage to be for a percentage of the value of the goods, of the invoice value or similar is deemed to be the minimum amount of coverage required.
     If there is no indication in the credit of the insurance coverage required, the amount of insurance coverage must be at least 110% of the CIF or CIP value of the goods.
     When the CIF or CIP value cannot be determined from the documents, the amount of insurance coverage must be calculated on the basis of the amount for which honour or negotiation is requested or the gross value of the goods as shown on the invoice, whichever is greater.
  ⅱ. 신용장에 부보금액이 물품의 금액, 송장금액 또는 그와 유사한 금액에 대한 백분율을 표시하여야 한다는 요건이 있는 경우, 이는 요구되는 부보금액의 최소한으로 본다. 신용장에 부보금액에 대한 명시가 없는 경우, 부보금액은 최소한 물품의 CIF 또는 CIP금액을 결정할 수 없는 경우, 부보금액은 요구된 결제 또는 매입금액 또는 송장에 나타난 물품에 대한 총금액 중 더 큰 금액을 기준으로 산출되어야 한다.
     ➡ If there is no indication in the credit of the insurance coverage required, the amount of insurance coverage must be at least 110% of the CIF value of the goods.
  ⅲ. The insurance document must indicate that risks are covered at least between the place of taking in charge or shipment and the place of discharge or final destination as stated in the credit.
  ⅲ. 보험서류는 최소한 신용장에 명시된 수탁지 또는 선적지로부터 하역지 또는 최종목적지 사이에 발생하는 위험에 대하여 부보가 되는 것이어야 한다.

g. A credit should state the type of insurance required and, if any, the additional risks to be covered. An insurance document will be accepted without regard to any risks that are not covered if the credit uses imprecise terms such as "usual risks" or "customary risks".
신용장은 요구되는 보험의 종류를 명시하여야 하고, 부보 되어야 할 추가위험이 있다면 그것도 명시하여야 한다. 신용장이 "통상의 위험" 또는 "관습적 위험"과 같이 부정확한 용어를 사용하는 경우 보험서류는 특정 위험을 부보하지 않는지 여부와 관계없이 수리된다.

➡ The insurance document will be accepted without regard to any risks that are not covered if the credit uses imprecise terms such as "usual risks" or "customary risks".

h. When a credit requires insurance against "all risks" and an insurance document is presented containing any "all risks" notation or clause, whether or not bearing the heading "all risks", the insurance document will be accepted without regard to any risks stated to be excluded.
신용장이 "전위험"에 대한 부보를 요구하는 경우, 어떠한 "전위험" 표시 또는 문구를 포함하는 보험서류가 제시되는 때에는, 제목에 "전위험"이 포함되는가에 관계없이, 또한 어떠한 위험이 제외된다고 기재하는가에 관계없이 수리된다.

I. An insurance document may contain reference to any exclusion clause.
보험서류에 어떠한 제외문구에 대한 언급을 포함할 수 있다.

j. An insurance document may indicate that the cover is subject to a franchise or excess(deductible).
보험서류는 일정한도 본인부담이라는 조건 또는 일정한도 이상 보상조건(일정액 공제제도)의 적용을 받고 있음을 표시할 수 있다.

6 보험위부와 보험대위

1. Abandonment(위부)

In the case of Constructive Total Loss, a surrender of property by the owner to the insurer in order to claim a total loss.

추정전손의 사유로 전손에 대한 보험금을 청구하기 위하여 피보험자가 보험목적물에 대해 갖는 일체의 권리, 즉 잔존화물의 소유권 및 잔존가액, 기타 관리 등을 보험자에게 양도하는 것을 말한다.

2. Subrogation(대위)

The right of the insurer to any remedies which the assured may have against third parties wholly or partly responsible for the loss in respect of which a claim has been paid.

보험자가 피보험자에게 보험금을 지급한 경우 피보험목적물에 대한 일체의 권리와 손해발생에 과실이 있는 제3자에 대한 구상권 등을 승계하는 것을 말한다. 위부가 통지를 통하여 전손을 완성하며 전손 보험금을 청구할 수 있는 권리를 발생시키는 데 비해 대위는 보험금을 지급한 보험자에게 자동으로 승계, 취득되는 권리를 말한다. 보험은 부당이득 금지의 원칙이 적용되기 때문에 보험을 통하여 이중, 실 손해 이상으로 지급받는 것을 방지하기 위함이다.

제7장 무역결제

1 다양한 결제 방식

The major risks in international trade are the exporter's risk of importer's non payment and the importer's risk that the shipped goods may not conform to the sales contract. That is to say that buyers and sellers have certain basic objectives when they settle upon a mutually acceptable method of payment.

2 Cash(현금)과 Exchange(환)

국제무역거래에서는 현금을 직접 사용하지 않는다. 격지자간의 거래인 국제무역거래를 위해 현금을 운반한다는 것은 분실이나 도난 등의 다른 위험도 수반할 수 있다. 이와 같이 멀리 떨어져 있는 사람들 사이에 발생한 거래의 자금결제를 위하여 사용되는 신용수단을 환(exchange)이라고 한다. 즉 환이란 격지자간의 채권과 채무를 현금이동 없이 지급위탁 등의 방법에 의하여 결제하는 수단을 말한다.

1. 환어음의 정의

환어음은 발행인이 제3자인 지급인에 대하여 어음상의 정당한 권리자에게 어음지급을 위탁하는 지급위탁증권이다.

'A bill of exchange is an unconditional order in writing, addressed by one person to another, signed by the person giving it, requiring the person to whom it is addressed to pay on demand or at a fixed or determinable future time a sum certain in money to or to the order of a specified person or to bearer.'

환어음이란 어음발행인이 지급인인 제3자로 하여금 증권상에 기재된 일정금액을 증권상에 기재된 수취인 또는 그 지시인 또는 소지인에게 지급일에 일정장소에서 지급할 것을 무조건적으로 위탁하는 요식유가증권이며 유통증권이다.

2. 송금방식(Remittance Basis)

remittance method, the seller can claim for the payment without a documentary bill.

3. 사전송금방식

CWO ; Cash with Order : 주문시지급

Payment for goods in which the buyer pays when ordering and in which the transaction is binding on both parties.

수입상의 물품주문시 수출상은 수출대금을 미리 받고 물품은 계약기간 내에 선적하는 방식으로 물품 선적전 대금을 지급받기 때문에 수출상에게 매우 유리한 대금결제방식이다.

4. 사후송금방식

① COD ; Cash on Delivery : 상품인도결제방식
② CAD ; Cash against Document : 서류인도결제방식

Term in a sales contract that provides for the seller to deliver shipping document and title to a bank for release to the buyer, delivers to the bank a receipt from the seller verifying that the seller has received payment.

③ O/A ; Open Account : 청산계정방식

An account which has not been finally settled or closed, but is still running or open to future adjustment or liquidation.

5. 추심방식(Collection Basis)

① It means the handling by banks of financial documents and/or commercial documents, in accordance with instructions received, in order to obtain payment and/or against acceptance, or deliver documents on other terms and conditions.

② Clean Collection - collection of financial documents not accompanied by commercial documents.

③ Commercial(Documentary) Collection - collection of financial documents accompanied by commercial documents.

6. 추심계약의 당사자(Parties to Collection)

- The "principal", who is the party(normally exporter) entrusting the operation of collection to his bank.
- The "remitting bank", which is the bank that acts for the "principal" and is usually based in the exporter's own country and is often the exporter's own bank
- The "collecting bank", normally a correspondent of the remitting bank based in the importer's country. The collecting bank will present the documents to the drawee, acting as agent of the remitting bank.
The "collecting bank", which is any bank, other than the remitting bank, involved in processing the collection order.
- The "presenting bank" is the collecting bank that notifies the drawee of the arrival of the collection and is the bank that requests payment.
- The "drawee" is the party to whom presentation is to be made according to the collection order, usually the importer.
drawee - party on whom a bill is drawn and the one to whom presentation is to be made according to the collection order.

7. 추심방식의 종류

① D/P ; Documents against payment : 어음지급서류인도조건

A method of payment under which the documents transferring title to goods are released to the importer on payment of a draft drawn on him by the exporter.

② D/A ; Documents against acceptance : 어음인수서류인도조건

A method of payment under which the documents transferring title to goods are released to the importer on acceptance of a draft drawn on him by the exporter.

4 신용장방식(Letter of Credit)

An 'irrevocable undertaking by a bank to honour presentation of documents submitted in accordance with the terms of and conditions of the credit and in compliance with UCP 600

1. Parties to Letter of Credit(신용장방식의 관계당사자)

① **Beneficiary** : The person in whose favor a letter of credit is issued or a draft is drawn.
  ➡ Beneficiary must present the required documents under the relevant L/C to the nominated bank not later than the expiry date.

② **Issuing bank** : The bank which opens the credit initially and acts for the applicant.

③ **Applicant** : One who applies to his bank to issue a documentary credit.

④ **Advising bank** : The bank is also known as the correspondent bank which is requested by the issuing to inform the beneficiary of a credit.

⑤ **Confirming bank** : The bank which adds its own undertaking to that of the issuing bank.

⑥ **Negotiating bank** : The bank that makes negotiation to the beneficiary against the presentation of shipping documents.
  ➡ A negotiating bank has discounted or purchased a draft drawn by the beneficiary under a letter of credit.

2. 신용장의 종류

① **Documentary Credit(화환신용장)과 Clean Credit(무화환신용장)**
  Clean Credit(무화환신용장) : Any letter of credit from a bank against which foreign seller can draw a bill without documentary support. This credit is available only to firms having the best credit reputation.

② **Confirmed Credit(확인신용장)** : A documentary credit issued by a foreign bank which has been confirmed by another bank, usually advising bank

③ **Transferable Credit(양도가능신용장)** : A credit which permits the beneficiary to transfer all or some of the rights and obligations under the credit to second beneficiary or beneficiaries.
　▶ transferred credit(양도된신용장)과 구분
④ **Sight Credit(일람출급신용장)과 Usance Credit(기한부신용장)**
⑤ **Local L/C(내국신용장)** : This credit issued by a bank in korean in favour of the domestic supplier is to undertake the bank's payment to the Supplier of raw materials or finished goods for exports on behalf of the Exporter.
⑥ **Revolving Credit(회전신용장)**
　A Credit by which under the terms and conditions thereof, the amount is renewed or reinstated without specific amendments to the documentary credit being required. This credit may be revocable or irrevocable, and may rotate(or revolve) in relation to time or value.
　- revolving L/C
　그 조건에 의거하여 화환신용장에 대한 특정의 변경이 요구되지 않고 금액이 갱신되거나 환원되는 신용장. 이 신용장은 취소가능이거나 취소불능일 수 있고 기간이나 금액과 관련하여 회전될 수 있다.
⑦ **Packing Credit ; Red clause Credit ; Anticipatory Credit ; Advance payment Credit(선지급신용장 or 전대신용장)** : This is the credit where the negotiating bank is authorised by the issuing bank to make advances to a beneficiary in order to enable him to purchase goods for which the credit is opened.
⑧ **Stand-by Credit(보증신용장)** : Stand-by credit stipulate that a sum will be paid to the beneficiary on demand submitting a signed statement setting forth that there has been default or non-performance.
　stand-by L/C is issued on a non-documentary credit basis, that is to be payable in case of default or non-performance by a party obliged to the beneficiary.

5 팩토링(Factoring) 및 포페이팅(Forfaiting)방식

1. Factoring(팩토링)

Factoring is the process in which the firm buys the outstanding invoices (외상매출채권) of a manufacturer's(exporter) customers(importer), keeps the accounts, then obtains payment.

수출자가 수입자에게 무신용장 방식으로 외상수출한 후 수출채권을 팩토링회사에 일괄 양도하고 팩토링회사로부터 수출대금의 전부 또는 일부를 미리 지급받는 방식

2. Forfaiting(포페이팅)

Forfaiting is the purchase of a series of notes, usually bills of exchanges, or other freely negotiable instruments on a non-recourse basis. Accordingly there is no comeback on the exporter if the importer does not pay.

수출자가 무역거래에서 발생하는 장기외상채권을 forfaiter에게 비소구조건으로 고정이자율로 할인받는 금융기법이다.

3. Aval(지급보증)

Aval is a guarantee provided by a third party that it will honour an obligation in case the drawee fails to do so. Draft are normally used for aval situations, and the party guaranteeing the drawee's performance normally accepts the draft along with the drawee.

장기외상채권과 관련하여 수출자가 발행한 환어음이나 수입자가 발행한 약속어음의 지급을 보증한다는 의미로 어음의 뒷면에 "Aval"이라고 표시하는 것을 뜻한다. 포페이터는 소구권없이 어음을 매입하게 되므로 전적으로 수입상의 신용에 의지하는 것은 많은 위험이 따른다. 그러므로 은행의 Aval(어음상의 지급보증)을 요구하게 된다.

[무역영어 기출 영문표현]

- have close connections with~ : ~와 밀접한 거래관계를 가지고 있다.
- easy : 시장의 약세
- '잘 팔리다.'의 표현

  (상품주어) find a ready(prompt) sale, enjoy a ready sale, have a quick sale, meet with a quick sale

  (매도인 주어) find a ready(prompt, quick, speedy) sale(market) for ~, obtain(procure, enjoy) a quick sale for~

- 상품의 품질조건과 관련하여

  be equal to~, be the same as, be up to : ~와 같다.
  similar to, be about the same as~, be about equal to~, ~와 유사하다.

- 보험과 관련하여

  effect(cover, open, close, provide)(the) insurance on : ~에 대한 보험계약을 체결하다.
  take[undertake] the insurance of : ~의 보험계약을 체결하다.

- 가격표현

  moderate : 가격이 적절한
  floor price, rock-bottom price, lowest price : 최저가격
  ceiling price : 최고가격

- in favor of ~ : ~를 수익자로 하여

- 서류의 통수 관련 표현

  original(1 fold), duplicate(2 fold), triplicate(3 fold), quadruplicate(4 fold), quintuplicate(5 fold), sextuplicate(6 fold), septuplicate(7 fold), octuplicate(8 fold)

- 가격관련 동사형 표현

  raise(uplift, advance, hike, increase) a price : 가격을 올리다.
  lower [bring down, lessen, reduce, cut(down)] a price : 가격을 내리다.
  rise [advance, go up(wards), run up] in price : 가격이 상승하다.
  fall [decline, drop, come down] in price : 가격이 하락하다.
  slump [dip, tumble, collapse] : 가격이 폭락하다.
  sag [slide off] : 가격이 차츰차츰 떨어지다, 하락하다.

- 거래를 시작하다.

  to enter into business relation with you.
  to establish a business with you.
  to commence a business with you.

- to close a business with you.

  거래를 끝내다.

- be anxious to + 동사원형, be desirous of + 동명사 : ~하고 싶다.

- general goods, sundries : 잡화

- 무료를 나타내는 표현

  gratis, no commercial value(샘플과 함께 사용할 경우), without pay, free of charge

- 요건을 충족시키다.

  meet requirements

- ~하고 싶다. ~하기를 고대하다.

  look forward to ~ing

- 신용장 효력의 지속기간 관련 표현

  be valid till, shall expire on, be to be open until, remains in force pending

- ~의 대리점이라는 표현

  we are their agent.
  we are entrusted with the representation of the company.
  the firm is represented by us.
  we are representatives of the firm

- 시황이 나빠지다.

  market declines / market collapse / market sags

- 시황이 폭등하다. 시황이 급하게 상승한다.

  market soars

- 시황표현

  short, weak, declining, failing : 약세의
  long, strong, stiffening, hardening, bullish : 강세의

- 주문하다.
  place an order with A on a trial basis.
  place an order with A on trial.
  place a trial order with A.

- inform A of B : A에게 B사실을 통지하다.

- concerning = as to : ~에 관해서

- status = standing : (재정)상태

- for your flies = for your guidance(information)

- price reduction = price concession : 가격인하

- 지체 없이
  without delay, without loss of time, as soon as possible

- 이 청약을 언제까지 유효하게 유지하다.
  make[hold, keep] this offer good[open, effective, in force] until the duration.

- floating policy(선명미상 보험증권) - Named policy(선명기재 보험증권)

- 채무를 변제하다.
  meet their obligations[commitments, liabilities, engagements, debts]

- effect[make] shipment of ~을 선적하다.

- be indebted to A for B : A에게서 B를 알게 되다, B를 A를 통하여 알게 되다.
  = owe B to A = know B from A

Fill out blanks!
- we owe(   ) your name(   ) KITA as one of reliable importers handling various travel bags.

- we are indebted (   ) KITA(   ) your name as one of the well-known importers of cotton goods.

- shipment must be made within the time stipulated in each contract, and the date of shipment shall be taken as a conclusive proof of the date of shipment.
  선적은 각 계약에서 규정된 시간 내에 이루어져야만 하고 선적(선하증권)일자는 선적일자의 확정적 증거로 간주된다. prima-facie proof : 추정적 증거

제7장 무역결제 **507**

- fortnight = 2 weeks

- make out : 작성하다.

- claims payable at ~ : 손해배상은 ~에서 지급되도록

- We will arrange(　) our bank(　) opening an L/C in your favor.
  arrange with ~ for : ~에게 ~에 대해 수배(조처)하다.

- 대체품의 영문표현(a substitute, a replacement, an alternative one, the closet one)

- (품질 등이)같아야 한다. = must be equal to, must be identical to, must come up to, must be up to, must be same as.

- 할인에 관한 표현
  give us a special discount of the price

- be subject to ~ : ~을 조건으로 하여.

- shading = allowance : 물건 값을 조금 내리다.

- captioned = above : 상기의

- fall short of = was scanty : ~에 미치지 못하다. 부족하다.

- the first available vessel clears on : 가장먼저 이용가능한 선박이 출항하다.

- engagement clause
  신용장의 "대금지급확약조항(Engagement Clause)"
  We hereby agree with the drawer, endorser and bona-fide holder of drafts drawn under and in compliance with terms of this credit that such drafts shall be duly honored on presentation and surrender of the documents.

- treat A as strictly[absolutely] confidential = treat A in strict confidence = keep in strict confidence(secrecy) : 극비로 취급하다. treat with utmost discretion : 아주 신중하게 처리하다.

- debit A to one's account : A를 차변에 기재하다. = (place[carry, pass] A to one's debit

- hold up : 지연시키다.

- resumption of production : 생산의 재개

- beyond control : 통제할 수 없는

- ruling price - current price : 현행가격

- bidding - tender : (경매 등 에) 입찰

- reaching : 도달하는

- by~ : ~까지, 금액의 감액/증액 등 변화에 쓰이는 전치사 until~ : ~까지

- unless otherwise specified : 달리 명시되지 않는 한

- in 결제통화

- on CIF New York basis

- Body of Letter is consists of 'OPAP'
  Opening 서한문 작성의 이유
  Purpose 서한문을 작성하여 알리고자 하는 내용을 자세하게 설명
  Action 상황에 대한 조치, 행동, 결과를 설명
  Polite Expression 감사표현, 예의표현의 기재

- undulate(물결치다, 기복지다, 굽이치다, 물결을 일으키다, 진동시키다)는 fluctuate(= rise and fall, be unstable, vary, shift, change, alter, swing)와 유사한 단어

- in comparison with, compared to ~와 비교하여

- 매출은 countable 명사 , 이익은 uncountable 명사

- by far, so far 현재까지는

- little, a little 의 구분 : '적다' 와 '거의 없다'의 의미 차이를 이해

- file, lodge, enter a claim : 클레임을 제기하다.

- have no choice but to do : ~하지 않을 수 없다.

- of, dated 일자 : 몇 일자의~

- on 수신날짜(date)날짜 명사 앞의 전치사 on의 사용

- postmarked : 편지의 날인 날짜

- come into force, become effective, stand good : 효력을 발휘하다.

- be inferior to~ : ~보다 못하다.

- reaching us : 당사에 도착한

- Owing to the rush of orders from China, the market is strong and our material is almost exhausted.

- claim : 클레임을 제기하다.

- trade deficit ; A nation's excess of imports over exports over a period of time : 무역수지 적자

- expropriation(소유권의 박탈, 몰수) : the taking of possession by a government of someone else's property or goods.

- shipment : Delivery of cargo to a carrier for transportation.

- discharge : The unloading of cargo from a carrier, or of the contents from a container. : 운송선(기)으로부터 화물을, 또는 컨테이너로부터 내용물을 하역하는 것

제4부 무역영어 핵심문제

01 | 출제키워드 | 정기선vs부정기선

다음 문장에서 설명하는 용어는 무엇인가?

> A vessel carrying passengers and cargo that operates with a fixed schedule on a particular route.

① Time Charter
② Trip Charter
③ Liner
④ Tramper

02 | 출제키워드 | 영작, 자동사vs타동사

다음 문장을 영작한 것 중 바른 것은?

> 농업용 기기를 취급하는 몇 명 믿을 만한 수입업자들을 소개해 주시면 감사하겠습니다.

① We will appreciate it if you introduce us some of reliable importers handling farm equipment.
② We shall be obliged if you will introduce us to some believable importers handling farm equipment.
③ We would be most grateful if you introduce us to some of believable importers handling farm equipment.
④ It would be thankful for you will supply us to some reliable importers handling farm equipment.

정답 및 해설

01 ③ ① Time Charter 기간용선
② Trip Charter 항해용선
③ Liner 정기선
④ Tramper 부정기선

02 ① ① We will appreciate it if you~ "~해 주면 감사하겠습니다."의 전형적인 표현. appreciate는 타동사이므로 "it"이 필요하다.
| 어휘 | introduce 소개하다 / reliable 안정적인 / equipment 장비, 설비
be obliged 고맙게 여기다

03

| 출제키워드 | 무역서신

다음 주어진 문장을 배열했을 때 순서가 가장 적합한 것을 고르시오.

> ⓐ Please write us your need for which we will give our best attention immediately.
> ⓑ It is our custom to trade on an Irrevocable L/C, under which we draw a draft at sight.
> ⓒ Your early attention to this matter will be much appreciated.
> ⓓ But if you have some ideas about the terms of payment.

① ⓐ − ⓑ − ⓒ − ⓓ
② ⓐ − ⓒ − ⓑ − ⓓ
③ ⓑ − ⓓ − ⓐ − ⓒ
④ ⓑ − ⓐ − ⓓ − ⓒ

04

| 출제키워드 | 목적, 무역서신

Which of the following has a different purpose?

① Could you please send your catalogue and price list for exhibition stands? We are particularly interested in stands suitable for displaying furniture.
② We have heard about your latest equipment in laser surgery and would like more details. Please send us any information you can supply.
③ Please would you send me an up-to-date price list for your building materials?
④ We are writing to negotiates the proposed price. Could you give us a discount?

정답 및 해설

03 ③ "일람출급 환어음과 함께 취소불능신용장으로 거래하는 것이 관계이나, 대금결제조건에 대한 다른 아이디어가 있는 경우에는 알려주기 바란다."는 내용으로 순서가 구성된다.

04 ④ ① 박람회 스탠드에 대한 카탈로그와 가격표를 보내주시겠어요? 우리는 특히 전시용 가구에 적합한 스탠드에 관심이 있습니다.
② 저희는 최근에 귀사의 레이저 외과수술용 장비에 대해 들었고 자세한 정보를 원합니다. 주실 수 있는 아무 정보라도 좀 보내주시겠어요?
③ 건설자재에 대한 가장 최근에 업데이트된 가격표를 보내주세요.
④ 저희는 제안된 가격을 협상하기 위해 글을 씁니다. 할인 제공이 될까요?
| 어휘 | exhibition 전시 / particularly 특히 / suitable 알맞은 / detail 세부사항
up-to-date price list 최근의 가격표 / estimate 견적 / competitive 경쟁력 있는

05

| 출제키워드 | 계약 체결의 자유의지

다음은 비엔나 협약(CISG, 1980)에서 매도인의 의무를 규정하고 있는 내용이다. 문장의 괄호 속에 들어 갈 내용으로 적절하지 않은 것은?

> The seller must(   ), as required by the contract and this Convention.

① conclude the contract
② transfer the property in the goods
③ deliver the goods
④ hand over any documents relating to the goods

06

| 출제키워드 | INCOTERMS와 매매계약의 관계

다음 문장의 괄호 안에 들어갈 수 있는 용어를 고르시오.

> While it is essential for exporters and importers to consider the very practical relationship between the various contracts needed to perform an international sales transaction — where not only the contract of sale is required, but also contracts of carriage, insurance and financing — incoterms relate to only one of these contracts, namely(   ).

① the contract of sale
② the contract of financing
③ the contract of carriage
④ the contract of insurance

정답 및 해설

05 ① 계약을 체결해야하는 의무는 없다. (자유의지)
06 ① INCOTERMS에는 운송, 보험 등에 대한 언급이 있더라도, 최종적으로는 매매계약에만 관련이 있다.

07 | 출제키워드 | 서한의 목적

이 서한은 다음 중 어떤 종류의 것인가?

> I am writing this letter for our delivery issues. When we placed the order we pointed out that the shipment was of special importance because we had given our customers a definite assurance with which we could supply the ordered by the end of July.
> Your delay has caused us considerable difficulties in handling them and we would like to ask you to do your utmost to dispatch the products overdue from the delivery date as soon as you can.
> Please inform us of when you are able to ship them with the definite shipment date so that we can promise the exact time of delivery to our customers currently proposing to cancel this order.

① A letter asking for the urgent shipment of the outstanding
② A letter of complaints informing of incompletion of order and arranging shipment
③ A letter of adjustment asking for airlifting of partial goods
④ A letter of claim concerning the shipping date

정답 및 해설

07 ① | 해석 | 인도 문제에 대하여 이 편지를 씁니다. 저희는 저희 고객에게 7월말까지 공급해 줄 수 있겠다고 확실히 말했기 때문에 저희도 발주할 당시에 이번 건은 특히 납기가 중요하다는 것을 귀사에게 분명히 말씀 드렸습니다. 귀사가 선적을 지연하여 저희는 저희 고객을 대하기가 상당히 힘들어졌으며, 인도날짜가 지난 물품을 최대한 빨리 보내주실 것에 최선을 다해주시기를 요청합니다. 주문을 취소하겠다고 하는 고객들에게 확실한 인도가능 날짜를 알려줄 수 있도록 언제 확실히 선적하실 수 있을지 알려주십시오.

| 해설 | ① A letter asking for the urgent shipment of the outstanding
인도기한을 넘긴 물품의 긴급선적을 요청하는 편지 – 정답
② A letter of complaints informing of incompletion of order and arranging shipment
물건의 미완성과 선적처리의 미흡함을 불평하는 편지
③ A letter of adjustment asking for airlifting of partial goods
일부 물품에 대하여 항공운송으로 조정을 요청하는 편지
④ A letter of claim concerning the shipping date
선적일자에 관한 클레임 제기 편지

| 어휘 | ask for ~을 요청하다 / urgent 긴급한, 급한
outstanding 눈에 띄는, 걸출한, 우수한, 미해결의
complaint 불평 → complain 불평하다 / partial 부분의
airlift 공수하다, 항공으로 보내다
incompletion 불완전, 미완성 → incomplete 불완전한, complete 완전한,
completely 완전히 / adjustment 조정, 조절, 변경

08 | 출제키워드 | 정박기간의 구분

In deciding the time during which ship load/unload the cargoes, ( ) means that Sundays and holidays shall not be included in the laydays.

① SHEX
② SHEXUU
③ Wheather Working Days
④ Laydays

09 | 출제키워드 | 인코텀즈 규칙의 구분

다음은 Incoterms 2020 소개문(Introduction)에 규정하고 있는 내용이다. 괄호 속에 들어갈 수 있는 용어는 무엇인가?

> The Incoterms rules explain a set of ( ) of the most commonly-used three-letter trade terms, e.g. CIF, DAP, etc., reflecting business-to- business practice in contracts for the sale and purchase of goods.

① seven
② four
③ eleven
④ thirteen

정답 및 해설

08 ① | 해석 | 선박에서 화물을 적재/양하하는 기간을 나타낼 때, ( )은 일요일과 공휴일을 작업일로 포함하지 않는 방식을 말한다.
| 해설 | 운송관련 용어 문제이다. 청천하역일(Weather Working Days - WWD) 하역 가능한 날씨만 정박기간으로 계산하여 정박기간을 표기하는데 다음의 3가지를 주로 쓴다.
SHEX - Sunday and Holidays Excepted - 일요일과 공휴일을 정박기간에 산정하지 않는 방식
SHEXUU - Sunday and Holidays Excepted Unless Used - 일요일과 공휴일에 작업을 하는 경우에만 정박기간에 산정하는 방식
SHEXEIU - Sunday and Holidays Excepted / Excluded Even If Used - 일요일과 공휴일에 작업을 하더라도 정박기간에 산정하지 않는 방식

09 ③ | 해석 | INCOTERMS 2020은 총 11개의 조건으로 구성되어 있다.

10
| 출제키워드 | 청약의 종류

다음은 비엔나 협약(CISG, 1980)에서 규정하고 있는 오퍼에 관한 내용이다. 괄호 안에 들어갈 용어로 적절한 것은?

> A reply to an offer which purports to be an acceptance but contains additions, limitations or other modifications is a rejection of the offer and constitutes a (   )

① conditional offer ② firm offer
③ free offer ④ counter offer

11
| 출제키워드 | 인도, 위험

다음 문장의 괄호 안에 들어 갈 내용으로 적절하지 않은 것은?

> The Incoterms rules do NOT deal with the following matters : (   )

① whether there is a contract of sale at all
② the specifications of the goods sold
③ the time, place, method or currency of payment of the price
④ where and when the seller "delivers" the goods, in other words where risk transfers from seller to buyer

---

정답 및 해설

10 ④ | 해설 | 원청약의 내용을 변경하여 송부하는 회신은 원청약에 대한 거절이자, 새로운 청약(counter offer)을 구성한다.

11 ④ | 해설 | 위험(매도인은 어디서 그리고 언제 물품을 "인도"하는지, 다시 말해 위험은 어디서 매도인으로부터 매수인에게 이전하는지)에 대한 설명이다.

12
| 출제키워드 | 체선료, 조출료

What is a charge payable to the port authorities on a vessel or the goods for some infringement of regulations, eg the delay in berthing, a penalty for not moving goods in a timely manner?

① Trimming charge　　② Stevedorage
③ Stowage charge　　④ Demurrage

13
| 출제키워드 | 권리침해 조항의 목적 및 주체

다음은 권리침해 조항(infringement clause)에 관한 내용이다. 괄호 안에 들어갈 당사자가 올바르게 된 것은?

> ( ) shall hold the ( ) harmless from liability for the infringement with regard to patent, trade mark, design and/or copyright originated or chosen by buyer.

① Buyer – buyer　　② Buyer – seller
③ Seller – buyer　　④ Seller – seller

정답 및 해설

12 ④ | 해석 | 적재의 연기 등과 같이 제 시간에 화물을 싣지 못하는 등의 규칙위반에 대하여 부두관리당국에 납부해야 하는 요금은 무엇인가?
① Trimming charge 화물정리비용
② Steavedorage 선내하역비용
③ Stowage charge 선창내적부비용
④ Demurrage 체선료 ↔ Dispatch money 조출료
| 어휘 | charge payable 내야 하는 요금
authority 권위, 권한, 행정청 → the port authorities 부두를 관리하는 관청 및 관리주체
infringement 위반, 위배, 침해 / regulation 규제, 규칙, 규정 / eg 예를 들면 → for example
penalty for ~에 대한 벌칙 / in a timely manner 제 시간에

13 ② 매수인은 본인이 선택하고 제공하는 상표권 등에 대한 권리침해로부터 매도인에게 피해가 가지 않도록 보호하여야 한다.

14
| 출제키워드 | 영작

다음 중 가장 적절하게 영작된 것을 고르시오.

> 귀사가 일반잡화 가격을 어느 정도 인하하면 당사는 주문 할 수 있습니다.

① We will place an order if you reduce the price of General Merchandise for some extent.
② We can give an order if you reducing the price of General Merchandise for some extent.
③ We may place an order if you can reduce the price of General Merchandise for some extent.
④ We shall give an order if you reduce the price of General Merchandise for some extent.

15
| 출제키워드 | 선하증권의 사용 방법

다음에서 설명하는 용어를 고르시오.

> A document commonly used in international trade to allow a carrier to release goods to a consignee who is not yet in possession of the bill of lading and assuring the carrier that he will not suffer from any financial loss by having released the goods in the absence of a bill of lading.

① Received Bill of Lading   ② Clean on Board Bill of Lading
③ Letter of Guarantee   ④ Letter of Credit

정답 및 해설

14 ③ | 해석 | '주문할 수 있다'고 했으므로, ① will이나 ④ shall은 제외한다. ②③ 중에서 '발주하다'로는 보통 place an order를 쓰므로 ③을 정답으로 한다.

15 ③ 선하증권 원본의 제시 없이 선사로부터 화물을 찾을 수 있도록 하기 위하여 은행이 선박회사 앞으로 발행하는 일종의 연대보증서로서, 선박회사가 Original B/L(원본선화증권)을 회수하지 않은 채 화물을 인도함에 따라 발생할 수 있는 모든 문제에 대하여 은행이 보증하는 것은 물론, 차후에 선하증권 원본이 도착하는 대로 이를 선박회사에 제출할 것을 약속하는 증서이다.

16
| 출제키워드 | 신용장의 종류, 사용방법

다음 문장에서 언급되고 있는 신용장의 종류인 것은?

> We hereby issue in your favor this credit which is available by negotiation with advising bank of your draft at sight drawn on us bearing the clause "Drawn under Credit No. HB1234 of ABC Bank, Seoul" accompanied by the following documents.

① Revocable credit
② Special credit
③ Confirmed credit
④ Irrevocable credit

17
| 출제키워드 | T/R vs LI vs LG

다음 문장에서 설명하고 있는 서류의 종류는 무엇인가?

> This is a financial document attended to by a bank and business that has received delivery of goods buy cannot pay for the purchase until after the inventory is sold.

① Trust Receipt
② Letter of Indemnity
③ Letter of Guarantee
④ Letter of Credit

정답 및 해설

16 ② Special credit(특수신용장): 특정 은행만이 선적서류의 매입을 취급할 수 있는 신용장을 가리키는데 보통은 통지은행만이 취급한다.

17 ① Trust Receipt(수입화물대도): 수입자가 대금을 지급하지 않고 물품을 입수하기 위해 개설은행에 제출하는 보증장

18 | 출제키워드 | 영작, 무역서신

다음 문장을 표현 한 것 중 가장 바른 것은?

> 귀사의 어려운 사정을 감안하여 당사에서는 9월 1일부터 전 모델을 FOB 가격을 8% 인하하도록 합의했습니다.

① Concerning your difficult situation, we agree with reduce the FOB prices of all models by 8% effective September 1.

② In recognition of your difficult situation, we agree with reducing the FOB prices of all models with 8% effective September 1.

③ Concerning your difficult situation, we agree to reduce the FOB prices of all models by 8% until September 1.

④ In consideration of your difficult situation, we agree to reduce the FOB prices of all models by 8 percent effective from September 1.

정답 및 해설

18 ④ ① Concerning your difficult situation, we agree to reduce the FOB prices of all models by 8% effective September 1.
② In recognition of your difficult situation, we agree with reducing the FOB prices of all models by (몇 %를 올리고 내리고 하는 간격을 나타낼 때는 by를 쓴다)8% effective September 1.
③ Concerning your difficult situation, we agree to reduce the FOB prices of all models by 8% from September 1.
④ In consideration of your difficult situation, we agree to reduce the FOB prices of all models by 8 percent effective from September 1.

| 어휘 | concerning ~를 고려해서 / effective(언제)부터
recognition 인지, 인식 → recognize 알다, 인지하다 → in recognition of ~에 대한 인지로

19

| 출제키워드 | 추심거래 당사자

다음은 추심에 관한 통일규칙(Uniform Rules for Collection)에서 추심의 관계당사자를 정의하고 있는 내용이다. 잘못 된 것을 고르시오.

① The "principal" who is the party entrusting the operation of collection to his bank.
② The "remitting bank" which is the bank to which the principal has entrusted the operation of remittance.
③ The "collecting bank" which is any bank, other than the remitting bank, involved in processing the collection order.
④ The "drawee" is the one to whom presentation is to be made according to the collection order.

정답 및 해설

19 ② operation of remittance → handling of a collection
추심의뢰은행은 추심의뢰인으로 부터 추심의 취급을 의뢰받은 은행을 말한다.

20

| 출제키워드 | 신용장 대금결제, 승낙

In this e-mail, Mr. Yamamoto is placing an order, but the sentences have become confused. Please choose the best answer that provides the correct order.

> To : Daniel
> 1. Please note the order must be here by September 10, in time for the new season. Best wishes.
> 2. As we all agreed, we will pay by letter of credit. I have already arranged this with the bank. As soon as the bank hands over the shipping documents, the credit will be released.
> 3. I attach our order No.43207 for the selection of blouses, skirts, and dresses which we discussed on the phone yesterday. I can confirm that the 15% quantity discount off net prices that you offered is acceptable.
> 4. When you send the order, please make sure all cartons are clearly labeled with our logo and numbered. If some of the items are out of stock, please do not send substitutes.

① 1-3-2-4   ② 3-4-2-1   ③ 4-3-1-2   ④ 2-4-1-3

정답 및 해설

20 ② | 해설 | I attach our order No.43207 for the selection of blouses, skirts, and dresses which we discussed on the phone yesterday. I can confirm that the 15% quantity discount off net prices that you offered is acceptable. When you send the order, please make sure all cartons are clearly labeled with our logo and numbered. If some of the items are out of stock, please do not send substitutes. As we all agreed, we will pay by letter of credit. I have already arranged this with the bank. As soon as the bank hands over the shipping documents, the credit will be released. Please note the order must be here by September 10, in time for the new season. Best wishes.

| 해석 | (3) 어제 통화했던 블라우스, 스커트, 원피스에 대한 오더인 No.43207번 주문서를 첨부합니다. 저는 당신이 대량주문에 따라 정가에서 15%를 할인해 주시겠다는 오퍼를 승낙하겠습니다.
(4) 주문된 물건을 보내실 때 포장상자에 저희 로고를 분명히 라벨링 해주시고, 번호를 매겨주세요. 주문하는 물건 일부가 재고에 없다면 대체품은 보내지 마십시오.
(2) 저희와 귀사가 모두 동의했듯이, 신용장으로 결제를 하겠으며, 이미 저희 은행과 정리해 놓았습니다. 은행이 선적서류를 보내는 대로 신용장이 보내질 것입니다.
(1) 새 시즌에 맞추기 위해서는 주문한 물품은 9월 10일까지 도착해야함을 명심해주세요. 감사합니다.

| 어휘 | on the phone 전화로 / confirm 확인하다
out of stock 재고가 없는 ↔ in stock / substitute 대체품
15% quantity discount 대량주문에 따른 할인 → volume discount
net price 정가 → fixed price / acceptable 수용 가능한, 승낙하는
make sure 확실히 하다 / carton 마분지 → 종이 포장상자

21 | 출제키워드 | 무역서신의 순서

다음 중 가장 적절한 순서대로 영작된 것을 고르시오.

> (1) Against this shipment, we have drawn a draft at sight, for which we ask the favor of your kind protection on presentation.
> (2) You will find the enclosed copies of shipping documents.
> (3) We trust that the good will reach you in good time and give you complete satisfaction condition. We hope you may place future orders with us in the very near future.
> (4) We have completed the shipment of your order No. 111 for 10 dozens of a TV set, A type, having been shipped by the m/s "Korea Maro" sailed from Pusan to the final destination.

① 3-2-4-1 ② 3-1-2-4
③ 4-2-1-3 ④ 4-1-2-3

정답 및 해설

21 ③ | 해설 | (4) We have completed the shipment of your order No. 111 for 10 dozens of a TV set, A type, having been shipped by the m/s "Korea Maro" sailed from Pusan to the final destination.
(2) You will find the enclosed copies of shipping documents.
(1) Against this shipment, we have drawn a draft at sight, for which we ask the favor of your kind protection on presentation.
(3) We trust that the good will reach you in good time and give you complete satisfaction condition. We hope you may place future orders with us in the very near future.

| 해석 | (4) 당사는 귀사가 120대의 A type TV를 주문하신 오더번호 No. 111를 부산에서 출발하는 Korea Maro호에 선적을 완료했습니다.
(2) 첨부된 선적서류를 확인해 주십시오.
(1) 이 선적에 대해, 당사는 일람불환어음을 발행하였으며 서류가 제시되었을 때 결제해 주시기를 요청 드립니다.
(3) 당사는 제품이 적시에 도착하여 귀사가 완전히 만족하실 수 있으리라 확신합니다. 조만간 또 다른 발주도 받을 수 있기를 기대합니다.

| 어휘 | Complete 완전한, 완료시키다 / drawn a draft at sight 일람불 환어음을 발행하다 Protection 보호 → 결제 / satisfaction 만족

22
| 출제키워드 | 무역조항, 준거법조항

다음은 일반거래조건협정서 내용의 일부분이다. 다음 내용을 칭하는 조항으로 적절한 것을 고르시오.

> The formation, validity, construction and the performance of this agreement shall be governed by the laws of the Republic of Korea.

① Special law
② Witness clause
③ Whereas clause
④ Applicable law

23
| 출제키워드 | 인코텀즈 조건, 인도조건 구분

다음과 가장 관련이 있는 것을 고르시오.

> Delivery and risk—"This" means that the seller delivers the goods to the buyer in one or other of two ways.
> ▸ First when the named place is the seller's premises, the goods are delivered
> ▸ when they are loaded on the means of transport arranged by the buyer.
> ▸ Second, when the named place is another place, the goods are delivered
> ▸ when, having been loaded on the seller's means of transport,
> ▸ they reach the named other place and
> ▸ are ready for unloading from that seller's means of transport and
> ▸ at the disposal of the carrier or of another person nominated by the buyer.

① FCA   ② FOB   ③ CPT   ④ EXW

정답 및 해설

22 ④ 계약의 형성, 유효성 등의 근거법을 언급하는 준거법 조항에 대한 내용이다.

23 ① FCA(Free Carrier)에 대한 정의이다.
| 해석 | 인도와 위험 – "운송인인도(지정장소)"는 매도인이 물품을 매수인에게 다음과 같은 두 가지 방법 중 어느 하나로 인도하는 것을 의미한다.
▸ 첫째, 지정장소가 매도인의 영업구내인 경우, 물품은 다음과 같이 된 때 인도된다.
▸ 물품이 매수인이 마련한 운송수단에 적재된 때
▸ 둘째, 지정장소가 그 밖의 장소인 경우, 물품은 다음과 같이 된 때 인도된다.
▸ 매도인의 운송수단에 적재되어서
▸ 지정장소에 도착하고
▸ 매도인의 운송수단에 실린 채 양하준비된 상태로
▸ 매수인이 지정한 운송인이나 제3자의 처분하에 놓인 때

24
| 출제키워드 | 신용장 관련 서류, 보험서류

다음에서 설명하고 있는 서류는 무엇인가?

> This document is a broker's notice that an insurance has been placed pending the production of policy or certificate. This sometimes takes the form of a letter of insurance but does not contain any details of the insurance said to be effected.

① Insurance Policy
② Insurance Certificate
③ Cover Note
④ Inspection Certificate

25
| 출제키워드 | 매도인과 매수인의 권리 및 의무

다음은 Vienna Convention, 1980(CISG)에서 규정하고 있는 매수인의 계약 위반에 대한 매도인의 구제(remedy)에 관한 내용이다. 괄호 속에 들어갈 내용으로 적절하지 않은 것을 고르시오.

> If the buyer fails to perform any of his obligations under the contract or this Convention, the seller may require the buyer to (   ).

① perform his other obligations
② take delivery
③ pay the price
④ request for substitute goods

정답 및 해설

24 ③ | 해설 | 부보각서는 UCP600 상 은행에서 수리하지 않는다.
25 ④ | 해설 | 대체품 요청은 매수인의 권리구제수단이다.

[문제 26~27] Please answer after reading the following offer.

We are pleased to offer you firm subject to your reply reaching here by April 20 as follows :
Article : Shoes
Quality : 200 pairs
Price : US$ 40 a pair FOB Busan
Shipment : May-June
Terms : (a) at 60d/s under(b)
We are sure that this is the best offer we can make and not that no other firm can offer you better terms than these.
Now we are receiving a lot of orders from all over the world and there is a possibility of our running out of stock one of these days.
Therefore, we think it will be to your interest to place an order at once.

26
| 출제키워드 | 무역서신의 해석

Which of the following is correct according to the offer?

① 오퍼의 품목은 구두이며 FOB 인천으로 한다.
② 전 세계적으로 인기가 좋아서 계속 생산 중에 있다.
③ 당사가 제안한 최선의 오퍼로 다른 회사는 이보다 더 좋은 조건의 제안을 할 수 없다.
④ 최선의 오퍼로 계속 생산 중에 있으며, 추후 주문도 가능하다.

정답 및 해설

26 ③ | 해석 | 귀사의 대답이 4월20일까지 도착하는 것을 조건으로 하여 다음과 같은 확정청약을 보냅니다.
제품 : 신발
수량 : 20켤레
가격 : FOB부산 조건으로 한 켤레에 미화 40불
선적 : 5월~6월
조건 : (b)에 대하여 60일(a)
당사는 이것이 저희가 낼 수 있는 최상의 오퍼라고 확신하며 이보다 더 좋은 조건을 제시할 수 있는 다른 회사는 없을 것으로 생각합니다. 당사는 세계전역에서 매우 많은 오더를 수주하고 있으며, 조만간 재고가 소진될 수 있습니다. 따라서 바로 주문을 하는 것이 귀사에게 이익이 될 것으로 생각합니다.
| 어휘 | be pleased to R ~하게 되어 기쁩니다. / subject to ~을 조건으로 하여
reach 도달하다 / as follows : 다음과 같이 / article 기사, 조항, 물품
all over the world 세계 곳곳에서/ possibility 가능성
run out 다 써버리다 → sold out / interest 흥미, 관심, 이자, 이익
place an order 발주하다 / at once 한번에, 당장에

27 | 출제키워드 | 신용장, 환어음

상기의 거래를 취소불가능한 화환신용장 및 일람환어음 거래로 진행한다고 했을 경우, A와 B에 적절한 것은?

① Time Draft – Special L/C
② Draft – Irrevocable Letter of Credit
③ Draft – D/P
④ Draft – remittance

28 | 출제키워드 | DAP 규칙의 양하조건

Incoterms 2020의 DAP 규칙의 설명 중 옳지 않은 것은?

① The seller bears all risks involved in bringing the goods to the named place of destination or to the agreed point within that place.
② This rule may be used irrespective of the mode of transport selected and may also be used where more than one mode of transport is employed.
③ The reference to "procure" here caters for multiple sales down a chain (string sales), particularly common in the commodity trades.
④ The seller is required to unload the goods from the arriving means of transportation.

정답 및 해설

27 ② 환어음(Draft)와 취소불가능한 화환신용장(Irrevocable Letter of Credit)에 대한 내용이다.
| 어휘 | draft 어음 / remittance 송금 / D/P → Documents against Payment 추심결제방식

28 ④ is required → is not required
매도인은 도착운송수단으로부터 물품을 양하(unload)할 필요가 없다.

29 | 출제키워드 | 매도인 의무와 매수인 의무의 구별

Vienna Convention, 1980(CISG)에서는 매도인과 매수인의 의무를 규정하고 있다. 다음 중 매도인의 의무로만 묶인 것을 고르시오.

① obligation to take delivery of the goods, hand over the documents, and transfer the property in the goods.
② obligation to deliver the goods, hand over the documents, and transfer the property in the goods.
③ obligation to deliver the goods, hand over the documents, and pay the price for the goods.
④ obligation to take delivery of the goods, pay the price for the goods, and transfer the property in the goods.

30 | 출제키워드 | 과부족용인조항

다음 UCP600의 내용 중 괄호 속에 들어갈 올바른 용어를 고르시오.

> A tolerance not to exceed (　) than the quantity of the goods is allowed, provided the credit does not state the quantity in terms of a stipulated number of packing units or individual items and the total amount of the drawings does not exceed the amount of the credit.

① 3% more or 3% less
② 5% more or 5% less
③ 7% more or 7% less
④ 10% more or 10% less

정답 및 해설

29 ② CISG에서 매도인은 물품인도, 서류교부, 소유권이전 의무가 있다.
30 ② 살화물(5% 과부족), 개별포장(10% 과부족)

31 | 출제키워드 | 선측인도 조건

다음에서 설명하고 있는 Incoterms 2020 조건으로 옳은 것은?

> Delivery and risk—This means that the seller delivers the goods to the buyer
> ▸ when the goods are placed alongside the ship(e.g. on a quay or a barge)
> ▸ nominated by the buyer
> ▸ at the named port of shipment
> ▸ or when the seller procures goods already so delivered.
> The risk of loss of or damage to the goods transfers when the goods are alongside the ship, and the buyer bears all costs from that moment onwards.

① EXW
② FCA
③ DAP
④ FAS

정답 및 해설

31 ④ 인도와 위험 – "선측인도"는 다음과 같이 된 때 매도인이 물품을 매수인에게 인도하는 것을 의미한다.
  ▸ 지정선적항에서
  ▸ 매수인이 지정한 선박의
  ▸ 선측에 (예컨대 부두 또는 바지(barge)에 물품이 놓인 때
  ▸ 또는 이미 그렇게 인도된 물품을 조달한 때. 물품의 멸실 또는 훼손의 위험은 물품이 선측에 놓인 때 이전하고, 매수인은 그 순간부터 향후의 모든 비용을 부담한다.

32 | 출제키워드 | 매도인 양하조건

다음에서 설명하고 있는 Incoterms 2020 조건으로 옳은 것은?

> Delivery and risk- This means that the seller delivers the goods—and transfers risk-to the buyer
> ▸ when the goods,
> ▸ once unloaded from the arriving means of transport,
> ▸ are placed at the disposal of the buyer
> ▸ at a named place of destination or
> ▸ at the agreed point within that place, if any such point is agreed.

① CIP
② DPU
③ FOB
④ EXW

33 | 출제키워드 | 보험부보 의무

다음 문장의 괄호 속에 들어 갈 Incoterms 2020 조건으로 맞는 것을 고르시오.

> Under (   ), the seller contracts for insurance cover[ICC(A)] against buyer's risk of loss of or damage to the goods during the carriage. The buyer should note that under (   ) the seller is required to obtain insurance only on minimum[ICC(C)] cover.

① CFR, CPT
② CIP, CIF
③ CFR, CIF
④ CPT, CIP

정답 및 해설

32 ② 인도와 위험 – "도착지양하인도"는 다음과 같이 된 때 매도인이 매수인에게 물품을 인도하는 것을 – 그리고 위험을 이전하는 것을 – 의미한다.
▸ 물품이
▸ 지정목적지에서 또는
▸ 지정목적지 내에 어떠한 지점이 합의된 경우에는 그 지점에서
▸ 도착운송수단으로부터 양하된 상태로
▸ 매수인의 처분하에 놓인 때

33 ② INCOTERMS 2020에서 매수인의 위험부담에 대하여 매도인에게 보험부보가 있는 규칙은 CIP(ICC_A)와 CIF(ICC_C)이다.

34
| 출제키워드 | 2가지 분기점

다음 괄호 속에 들어 갈수 없는 Incoterms 2020의 조건을 고르시오.

> Under the Incoterms 2020 rules (   ), the named place is the place where delivery takes place and where risk passes from the seller to the buyer. However, cost passes in different place.

① EXW   ② FOB   ③ CFR   ④ DPU

35
| 출제키워드 | 거절의 효력, 청약의 소멸

비엔나 협약(CISG, 1980)에서 규정하고 있는 오퍼에 관한 내용 중 옳지 않은 것은?

① An offer becomes effective when it reaches the offeree.
② An offer, even if it is irrevocable, may be withdrawn if the withdrawal reaches the offeree before or at the same time as the offer.
③ Until a contract is concluded, an offer may be revoked if the revocation reaches the offeree before he has despatched an acceptance.
④ An irrevocable offer is not terminated when a rejection reaches the offeror.

36
| 출제키워드 | 신용장의 종류, 선지급

다음에서 설명하고 있는 신용장은 무엇인가?

> This credit enables the seller to obtain the price or an advance against it before the shipment of the goods.

① Escrow credit   ② Revolving credit
③ Back to back credit   ④ Red clause credit

정답 및 해설

34 ③ C조건에서는 인도장소(위험이전)와 목적지(운송 또는 보험계약 체결)의 분기점이 상이하다.
35 ④ 취소불가능한 청약이라하더라도 거절의 의사표시가 도달하면 청약은 종료된다.
36 ④ 선지급신용장에 대한 설명이다.

37

| 출제키워드 | 보험 부보 조건, 위험조건

다음은 UCP600 제28조에서 규정하고 있는 보험서류 및 부보에 관한 내용 이다. 잘못된 것을 고르시오.

① The insurance policy and cover note are acceptable instead of an insurance certificate or declaration under an open cover.
② The insurance document will be accepted without regard to any risks that are not covered if the credit uses imprecise terms such as "usual risks" or "customary risks".
③ The insurance document must indicate the amount of insurance coverage and be in the same currency as the credit.
④ When the insurance document indicates that it has been issued in more than one original, all originals must be presented.

38

| 출제키워드 | 서신해석

다음 내용의 서신에 대한 상대방의 회신으로 적절치 않은 것을 고르시오.

> Upon unpacking the shipment, we are disappointed to find that the goods were much inferior in quality to the sample submitted and were somewhat different in shade also.

① We ask you to look into the matter and compensate for the damages.
② We are prepared to ship replacements for all the items you have found unsatisfactory.
③ You are assured that we will take every precaution against such an incident arising in the future.
④ We wish to meet you halfway by offering a 5% allowance.

정답 및 해설

37 ① Cover Note(부보각서)는 수리되지 않는다.
38 ① 서신 내용은 저품질에 대한 불만을 표시하는 내용이고, 보기 ①은 보상을 요청하는 내용이므로, 서한의 답신이 아닌 서한 내용의 일부로 보아야 한다.

39
| 출제키워드 | 보험부보 범위

다음 괄호 안에 들어갈 내용이 올바르게 연결된 것을 고르시오.

> Under the Institute Cargo Clause drafted by the Institute of London Underwriters, insurance is available in "minimum cover" under (　　), "medium cover" under (　　) and "most extended cover" under (　　).

① clause C − clause B − clause A
② clause A − clause B − clause C
③ clause B − clause C − clause A
④ clause B − clause A − clause C

40
| 출제키워드 | 선적vs양륙품질조건

다음 중 'Tale Quale'의 품질조건과 맞지 않는 것을 고르시오.

① Expression used particularly in the grain trade agreement which means that the buyer will accept the cargo in the condition in which it arrives without question as to quality of soundness.
② The terms are subject to a satisfactory certificate of quality at the port of shipment.
③ Usually these terms are acceptable only where grain is carried in dry cargo vessels and not in tankers.
④ It is a kind of landed quality terms.

정답 및 해설

39 ① ICC(C) < ICC(B) < ICC(A)로 갈수록 보험자의 담보범위가 넓어진다.

40 ④ | 해석 | ① 곡물거래계약에서 주로 사용되는 표현으로, 바이어는 화물이 도착했을 때 품질에 대해서 이의를 제기함 없이 인수하는 조건을 의미한다.
② 이 조건은 선적항에서 품질을 만족한다는 증명서 첨부를 조건으로 한다.
③ 주로 이러한 조건은 탱커가 아닌 건화물 선박으로 운송될 때 인정된다.
④ 이것은 양륙품질조건 중의 하나이다. → 틀림. 선적품질조건이다.
| 해설 | ** 곡물의 품질조건
(1) Tale Quale : 선적품질조건(shipped quality term)으로 매도인은 선적할 때까지만 품질에 대해 책임을 진다.
(2) Rye Terms : 호밀(rye)거래에서 물품 도착 시 손상분에 대해 보상해주는 데서 유래되었으며, 양륙품질조건(landed quality term)이다.
(3) Sea Damage : 원래는 선적품질조건인 것을 해수로 인한 피해에 대해서만 일부 보상해 주는 품질조건으로 수정된 선적조건(modified shipped term)이다.

41
| 출제키워드 | 인코텀즈 조건의 사용방식

An exporter based in Busan, Korea has agreed to sell goods to company in London. The importer is responsible for arranging freight and insurance. Which of the following trade terms is correct?

① CIF London
② FAS Busan
③ FAS London
④ CIF Busan

42
| 출제키워드 | 팩토링 vs 포페이팅

What definition the following sentence refers to?

> Purchasing of claims by the bank, mainly resulting from medium or long term export transactions. The discounted amount is being paid out without recourse on the seller of the receivables. The predominant payment instruments are bill of exchange, promissory note or documentary credits available by deferred payment.

① Factoring
② Confirmation
③ Project financing
④ Forfaiting

정답 및 해설

41 ② | 해석 | 한국 부산의 수출업자가 런던의 어느 회사에게 물건을 판매할 계약을 채결했다. 수입자가 운임과 보험에 대한 책임을 진다.
| 해설 | ** 바이어가 운임과 보험료를 낸다고 하면 일단 E조건 혹은 F조건이다. 그런데 F조건은 F조건 뒤에 선적지가 나와야 하므로, 답은 ②.
| 어휘 | Be responsible for ~에 책임을 지다 / freight 운임, 화물, 운송

42 ④ | 해설 | 은행이 주로 중장기 수출계약 건에 대해 서류를 매입한다. 매도인에게 소구권 없이 할인된 어음금액을 셀러에게 지급한다. 주로 사용하는 방법은 환어음, 약속어음, 연지급 신용장 등이다. - 포페이팅에 관한 전형적인 설명.
| 어휘 | Purchasing 구매 / medium or long term export transactions 중장기 수출계약
discounted amount 할인된 금액 / without recourse 소구권 없이
predominant 유리한, 우세한 / payment instrument 결제수단
bill of exchange 환어음 / promissory note 약속어음

43 | 출제키워드 | 선적기간 포함 및 제외

다음 UCP 600에서 규정하고 있는 내용 중 옳지 않은 것은?

① The word "till" when used to determine a period of shipment include the mentioned.
② The word "to" when used to determine a period of shipment include the mentioned.
③ The word "from" when used to determine a period of shipment include the mentioned.
④ The word "before" when used to determine a period of shipment include the mentioned.

44 | 출제키워드 | 유효기일, 제시기한, 당사자

신용장의 사용가능성 및 유효기일과 관련하여 UCP 600에서 규정하고 있는 내용 중 옳지 않은 것은?

① A credit must state whether it is available by sight payment, deferred payment, acceptance or negotiation.
② A credit must state the bank with which it is available or whether it is available with any bank.
③ A credit must state an expiry date for presentation.
④ A credit must be issued available by a draft drawn on the applicant.

정답 및 해설

43 ④ | 해석 | 선적기한을 정하기 위하여 "before"가 사용되면 함께 언급된 날짜는 제외된다.

44 ④ must be → must not be
| 해석 | 신용장은 개설의뢰인을 지급인으로 하는 환어음에 의하여 이용될 수 있도록 발행되어서는 아니된다.

45 | 출제키워드 | 선적조항의 당사자

계약서의 선적조항 내용 중 괄호 속에 들어 갈 당사자가 올바르게 연결된 것은 무엇인가?

> Shipment : Shipment is to be made within the time stipulated in each contract, except in circumstances beyond the seller's control. If seller fails to ship the goods within the period stipulated, (   ) shall have a right to cancel the order thus unshipped and (   ) shall bear the loss incurred in the consequence.

① seller – buyer
② buyer – seller
③ seller – seller
④ buyer – buyer

46 | 출제키워드 | 상업송장 vs 견적송장

다음에서 설명하고 있는 서류는 무엇인가?

> This document is a pre-invoicing to the buyer and often required by him so that authorities of the import's country grant him an import licence and/or foreign exchange permit.

① Commercial invoice
② Consular invoice
③ Customs invoice
④ Proforma invoice

정답 및 해설

45 ②

46 ④ 견적송장
| 해석 | 무역 거래에서 매도인이 매수인에게 수입 가격을 산정할 수 있도록 매매 계약 체결 전에 보내는 문서

47 | 출제키워드 | 영작, 무역서신

다음을 영작한 것으로 옳지 않은 것은?

> 시장은 중국으로부터 쇄도하는 주문에 의하여 활기에 차 있습니다. 이러한 상황 하에서 10월의 인도시기와 더불어 최상의 가격을 제시하였습니다.

① Our market has been brisk since huge orders are rushing into us from China. Under these circumstances we have quoted you the best prices possible with the delivery in October.

② Our market is very active because we have a great number of orders rushed from China. Under these circumstances you are quoted the best prices possible with the delivery date of October.

③ Our market has been slow but many orders are currently rushing in from China. Under these circumstances, we have quoted you the lowest prices possible, as with the delivery of October.

④ We have been in bull market because we have a rush of orders from China. Under these circumstances you are quoted the lowest prices possible for the delivery in October.

정답 및 해설

47 ③ | 해설 | ③ Our market has been slow but many orders are currently rushing in from China. Under these circumstances, we have quoted you the lowest prices possible, as with the delivery of October.
당 시장은 침체되어 있으나 현재 많은 오더가 중국으로부터 밀려오고 있습니다. → 내용이 다름.
| 어휘 | Brisk 활발한, 기운찬 = bullish, active
under these circumstances 이러한 환경에서는 / a great number of 많은
bull market 활발한 시장

48

| 출제키워드 | 추심거래, 추심결제

다음의 연결된 문장에서 틀린 부분을 고르시오.

① If a collection contains a bill of exchange payable at a future date and
② the collection instruction indicates that commercial documents are to be released against payment,
③ documents will be released only against such payment and
④ the collecting bank will be responsible for any consequences arising out of any delay in the delivery of documents.

49

| 출제키워드 | 무역용어, 운임

다음 중 무역용어에 대한 설명이 잘못된 것을 고르시오.

① Foul B/L : B/L which was qualified by the carrier to show that the goods were not sound when loaded.
② Charter party B/L : The amount paid by a charterer for that part of the vessel's capacity which he does not occupy although he has contracted for it
③ F.I.O. terms : Chartering terms whereby the charterer of a vessel under voyage charter agrees to pay the costs of loading and discharging the cargo.
④ Order B/L : B/L in which it is stated that goods are consigned to order of any person named therein.

정답 및 해설

48 ④ | 해석 | ① 추심이 미래의 어느 날짜를 만기로 하는 환어음을 포함하고 있다면
② 추심지시서에는 대금지급을 받으려면 서류를 보내라고 표시한다.
③ 서류들은 결제를 한 경우에만 보내어지며
④ 추심은행은 서류 도착이 늦어져서 생기는 결과에 대한 책임을 진다. → 책임 지지 않는다.
| 어휘 | contain 담다, 포함하다 / collection instruction 추심지시서
collecting bank 추심은행 / be responsible for ~에 대해 책임지다
consequence 결과, 중요성

49 ② 부적운임
| 해석 | 화물의 실제 선적수량이 선복예약수량보다 부족할 때 그 부족분에 대해 지급되는 운임으로서 일종의 손해배상금이다.

50 | 출제키워드 | 무역계약의 4대 특징

Choose the phrase that has the closest possible meaning to the following sentence.

> A contract of sale need not be concluded in or evidenced by writing and is not subject to any other requirement as to form. It may be proved by any means, including witness.

① consensual contract
② informal contract
③ remunerative contract
④ bilateral contract

정답 및 해설

50 ② | 해석 | 다음 문장의 의미에 가장 가까운 무역계약의 성격을 고르세요.
"매매계약은 서면에 의하여 체결되거나 입증될 필요가 없고, 방식에 관한 그 밖의 어떠한 요거도 요구되지 아니한다. 매매계약은 증인을 포함하여 어떠한 방법에 의하여도 입증될 수 있다(비엔나협약 제11조).
① consensual contract – 낙성계약 – 쌍방의 합의로 이루어진 계약
② informal contract – 불요식계약 – 방법에 상관없이 계약을 체결할 수 있다는 의미
③ remunerative contract – 유상계약 – 무상계약의 반대말로 무역계약은 상업적 목적임을 의미
④ bilateral contract – 쌍무계약 – 서로서로 상대방에게 의무를 다해야 한다는 의미

[문제 51~52] 다음을 읽고 물음에 답하시오.

> It is hereby agreed between the Seller, Chungang Trading Co.,Ltd. Seoul and the Buyer, Seiko Traders, Yokohama, Japan, that all business shall be concluded on the following terms and condition :
>
> Business :
> As principal to principal, on their own account and responsibility for the sale of Korean Ginseng in Japan.
> (1) : Unless otherwise stated in fax, telex or letters prices are to be quoted in US dollars on the basis CIF Yokohama, Japan.
> Offer & Acceptance : (2) are to remain effective for forty-eight hours after the time of dispatch, and acceptance must be made by telecommunication within the time specified.
> Shipment : Shipment is to be made within the time stipulated in each contract, except in (3) circumstances beyond the seller's control. The date of bill of lading shall be taken as conclusive proof of the date of shipment.

51

| 출제키워드 | 불가항력사태

(3)과 관계 없는 것은?

① Force Majeure ② Riot
③ Blockades   ④ Insurance

정답 및 해설

51 ④ | 해설 | 매도인의 통제를 벗어난 상황은 불가항력(force majeure)으로 볼 수 있는데, 불가항력의 사례로 폭동(riot), 봉쇄(blockades) 등이 있다.
| 해석 | 매도인인 서울의 중앙 트레이딩과 매수인인 일본 요코하마의 세이코 트레이더는 다음의 조건에 동의하는 것으로 한다.
Business – 당사자와 당사자로 일본에서의 한국 인삼의 판매에 대하여 다음과 같은 책임을 이행한다.
(1) : 팩스, 텔렉스, 서신 등에서 다른 언급이 없으면, 가격은 CIF요코하마 조건으로 US달러로 견적된다.
청약과 승낙 : (2)는 보낸 시간으로부터 48시간 동안 유효하며, 승낙은 이 정해진 시간 안에 전신으로 이루어져야 한다.
선적 : 선적은(3) 매도인의 통제를 벗어난 상황을 제외하고는 각 계약서에서 규정된 시간 안에 이루어져야 한다. B/L날짜는 선적의 최종적인 증거로 간주된다.

52
| 출제키워드 | 가격조건, 승낙기간

(1)과 (2)에 가장 적절한 단어는?

① Prices – B/L
② Prices – Firm Offers
③ Insurance – B/L
④ Insurance – Firm Offers

53
| 출제키워드 | 대금지급

다음 빈칸에 가장 어울리는 용어가 순서대로 나열 된 것은?

> There are a variety of payment methods available in international trade. The major risks in international trade are the exporter's risk of importer's(   ) and the importer's risk that the shipped goods may not (   ) to the sales contract. That is to say that buyers and sellers have certain basic objectives when they settle upon a mutually acceptable method of payment.

① non compliance – be fit
② bankrupcy – undeliver
③ non payment – conform
④ deferred payment – be suitable

54
| 출제키워드 | 추심, 신용장, 송금

다음 상황에 가장 적합한 지급조건은 무엇인가?

> • The Importer wants to see evidence of shipment before payment.
> • The Importer's credit status is a bit satisfactory.
> • The Importer does not like to pay by letter of credit.

① Forfaiting
② Collection
③ Cash in advance
④ Letter of credit

정답 및 해설

52 ② | 해설 | (1)번은 가격조건과 견적 방법을 말하며, (2)번은 오퍼의 승낙 유효기간에 대한 설명이다.
53 ③ Non payment(미지급) – conform(일치하다)
54 ② 신용이 좋은 수입자가 후불조건으로 대금결제를 원하면서 신용장거래를 기피하는 경우에는 일반적으로 추심거래 방식으로 대금결제를 한다.

55 | 출제키워드 | 추심결제 당사자

추심거래에서 밑줄 친 은행을 무엇이라 하는지 가장 적절한 용어는 무엇인가?

> According to a sales contract, the seller effects shipment to the buyer overseas and then presents shipping documents in the sales contract to his bank. The seller's bank then forward the documents to his agent bank in importing country for obtaining payment.

① Negotiating bank   ② Collecting bank
③ Issuing bank   ④ Remitting bank

56 | 출제키워드 | 여러개의 운송수단 사용

다음 괄호 안에 가장 적절한 단어를 고르시오.

> It is becoming popular in international trade that insurance is arranged by freight forwarders on behalf of shippers covering 'warehouse to warehouse' under (   ) shipments.

① ocean   ② multimodal   ③ rail   ④ air

57 | 출제키워드 | 지급인도

추심(documentary collection) 결제 방식 중 D/P의 장점이 아닌 것은?

① Straightforward, less expensive settlement process than L/C.
② Payment is usually quicker than that with open account.
③ Payment is guaranteed as credit risks are covered.
④ The documents and thus the goods can be released to the importer simultaneously on payment of the amount owed.

정답 및 해설

55 ④ 추심의뢰인으로 부터 추심의 취급을 의뢰받은 은행인 "추심의뢰은행"
56 ② 복합운송(multimodal transportation)에 대한 설명이다.
57 ③ 추심방식(은행 지급보증 없음)과 신용장방식(은행 지급보증 있음)의 차이

58 | 출제키워드 | 신용장의 양도, 양도의 조건

다음은 UCP600에서 양도가능신용장을 설명하는 내용이다. 잘못 된 것을 고르시오.

① A credit can be transferred if it is expressly designated as "transferable", "assignable", and "transmissible".
② A transferable credit may be made available in whole or in part to another beneficiary at the request of the beneficiary.
③ A transferable credit may be transferred in part to more than one second beneficiary provided partial drawings or shipments are allowed.
④ A transferred credit cannot be transferred at the request of second beneficiary to any subsequent beneficiary.

정답 및 해설

58 ① 양도가능신용장은 "Transferable"이라는 단어가 반드시 포함되어야 한다.

59 | 출제키워드 | 서신의 목적

다음 서신을 읽고 옳지 않은 문장을 고르시오.

> Attn : Adrian Van Gellen
> Thank you for your order, No. SU 12778, which we received today. Unfortunately, we cannot offer the 30% trade discount you asked for. 20% is our maximum discount, even on large orders, as our prices are extremely competitive. Therefore, in this instance, I regret that we have to turn down your order.
> Daniel Pont
> Pier 1 Wholesalers Inc.

① Mr. Pont refused the order because the customer wants a very large discount.
② Mr. Pont implied that Pier 1 Wholesalers Inc. has no intention of doing business with this particular customer because of the business standing.
③ Mr. Pont generalized his refusal by saying that 20% is his maximum discount.
④ None of the above.

정답 및 해설

59 ② | 해석 | 참조 : Adrian Van Gellen
귀사의 오더 SU12778 오늘 감사히 잘 받았습니다. 유감스럽게도, 귀사가 요청하신 30%의 할인은 드릴 수 없겠습니다. 대량 주문을 하신다고 하더라도, 20%가 저희가 드릴 수 있는 최대치입니다. 저희의 가격은 매우 경쟁력이 있습니다. 따라서 현재로서는 이번 오더를 거절할 수 밖에 없겠고 유감으로 생각합니다.
Daniel Pont
Pier 1 Wholesalers Inc.
| 어휘 | Thank you for~ ~에 대해 감사하다
in this instance 현재 → at the moment, currently
trade discount 거래할인 ** 30% discount를 쓸 때 a(혹은 the)30% discount로 써야 함을 유의한다.
ask for 요청하다 / even ~라 하더라도, ~조차도 / extremely 매우
competitive 경쟁력 있는 / turn down 거절하다 → refuse, reject
pier 부두 → quay, wharf / wholesale 도매 ↔ retail 소매

60 | 출제키워드 | 선적완료 통지

다음 중 다른 문장과 그 성격이 다른 것을 고르시오.

① Your order, No. TI/895/C, is being sent express rail-freight and can be collected after 09 : 00 tomorrow. Enclosed is consignment note No. 3346908, which should be presented on collection. You should contact us immediately if any problems arise.

② We are pleased to inform you that we have already made up you order, No. 8701/1/5, for 1000 bed-linen packets, and are not making arrangements for shipment to Rotterdam.

③ We are pleased to advise you that the watches you ordered - No. 34612/12 - will be on flight KE 123 leaving Inchoen at 20 : 20, 15 May, arriving Brisbane 07 : 45, 16 May. Please find enclosed air waybill DC 12390/7 and copies of invoice B754/1, which you will need for collection.

④ Your order, No. D/398/S, is already on board the Hanjin Blue Bird, sailing from Busan on September 19 and arriving New York on October 10. The shipping documents have been forwarded to your bank in New York for collection.

정답 및 해설

60 ② | 해설 | 나머지는 모두 이미 선적을 했다는 의미이고, ②은 선적을 하지 않았다는 의미다.
| 해석 | ① 귀사의 오더 No. TI/895/C은 열차로 운송 중이며, 내일 오전 9시면 도착할 것입니다. 첨부된 것은 No. 3346908 인수증이며 이것은 물건을 찾을 때 제시해야 할 것입니다. 문제가 있으면 연락 주십시오.
② 1000개의 침대보를 주문한 귀사의 오더 No. 8701/1/5는 생산이 완료되었음을 알려드립니다. 로테르담으로 가는 운송은 아직 정리되지 않았습니다.
③ 귀사가 주문하신 시계, 오더번호 No. 34612/12가 생산 완료되었음을 알려드립니다. 이 주문은 KE 123편으로 인천에서 5월 15일 20시 20분에 항공 운송될 것입니다. 첨부된 항공운송장 DC 12390/7과 인보이스 B754/1를 확인해 주십시오. 물건의 인도를 위해 이 서류들이 필요할 것입니다.
④ 귀사의 오더 D/398/S는 부산에서 9월 19일에 출발하여 뉴욕에 10월 10일에 도착하는 Hanjin Blue Bird호에 선적되었습니다. 추심을 위하여 선적서류는 뉴욕의 귀사거래은행으로 보냈습니다.
| 어휘 | collect 모으다, 수집하다, 찾다, 추심하다 / consignment 인수 / present 제시하다
make an arrangement for ~에 대한 준비를 하다
advise 충고하다, 통보하다 → advice 통보
forward 앞으로, 나아가게 하다, 전송하다, 보내다

61

| 출제키워드 | 본선수취증 VS 부두수취증

What is the document which is to evidence the receipt of goods on behalf of the master of a vessel indicating that the goods have been received in good order and conditions?

① Mate's Receipt
② Delivery Order
③ Dock Receipt
④ Forwarder's Cargo Receipt

62

| 출제키워드 | 환어음 양도

다음은 환어음의 일부를 설명하는 것이다. 밑줄 친 A에 가장 적당한 당사자는 누구인지 고르시오.

> "A" takes a position similar to the drawer undertaking that the acceptor will pay and to any other 'holder in due course'(a person or business that has acquired the bill for value and in good faith) that the drawer's signature is genuine.

① drawee ② payee ③ payor ④ endorser

63

| 출제키워드 | 확정청약 VS 불확정청약

다음 firm offer에 관한 내용 중 잘못된 것을 고르시오.

① It is terminated when rejection reaches the offeror.
② The offeree can amend or reject it.
③ It becomes effective when it reaches the offeree.
④ It can be amended or revoked at any time.

정답 및 해설

61 ① | 해석 | 좋은 상태의 화물을 선박에서 수취했다는 것을 증명하는 서류로서 선장을 대신하여 발행되는 서류는 무엇인가?
① Mate's Receipt 본선 수취증
② Delivery Order 화물인도 지시서
③ Dock Receipt 부두 수취증
④ Forwarder's Cargo Receipt 운송인 수취증

62 ④ 배서를 하여 어음의 권리를 양도하는 배서인(endorse)에 대한 설명이다.

63 ④ 확정청약은 특정한 상황에서만 취소가 가능하다.

64 | 출제키워드 | 납기 및 대금결제

다음의 회화에서 괄호 안에 들어갈 가장 적절한 말을 고르시오.

> Brown : We'd like to place an order for 5 different models as you see in the purchase order.
> Park : (   )
> Brown : At least, we have to receive them before the 10th of September.

① I want us to receive.
② Well, how much do you want the prices to be reduces?
③ Well, why don't you order more products, enabling us to meet your delivery date?
④ Well, would you please arrange for us to receive L/C by the middle of September?

정답 및 해설

64 ④ | 해석 | Brown : 주문서에서 보는 것과 같이 우리는 5개의 다른 모델을 주문하고자 합니다.
Park :
Brown : 적어도 우리는 9월 10일까지는 물건을 받아야 합니다.
① I want us to receive. 우리가 받기를 원합니다. → 말이 안됨.
② Well, how much do you want the prices to be reduces? 그러면, 할인해 주기를 바랍니까?
③ Well, why don't you order more products, enabling us to meet your delivery date? 그러면, 저희가 납기를 맞출 수 있도록 좀 더 많이 주문하시는 것이 어떨까요?
④ Well, would you please arrange for us to receive L/C by the middle of September? 그러면, 9월 중순까지 저희가 신용장을 받을 수 있도록 해주시겠습니까?
| 어휘 | place an order for ~을 발주하다 → ~에게 발주한다고 하면 place an order with~
purchase 사다, 구매하다 / by the middle of September 9월 중순까지
at the beginning of ~ ~초에 / in the middle of ~ ~ 중순에
at the end of ~ ~말에

65 | 출제키워드 | INCOTERMS 조건에 따른 단가 산정

다음의 회화에서 괄호 안에 들어갈 가장 적절한 말을 고르시오.

> A. Danison : How about an FOB Korean port basis?
> Lee : I understand, but we recommend you a CIF New York basis ( ). It will be beneficial for you to import our goods on a CIF New York basis.
> A. Danison : It's a good idea. That will be fine.

① because our woolen yarn is superior to that of American make.
② because the same food waste machines you asked for are out of production for the time being.
③ as we can get higher premium and freight rate from our clients compared to those in the U.S.
④ as we can get lower premiums and freight rates from our clients compared with those in the U.S.

정답 및 해설

65 ④ | 해석 | A. Danison : FOB 한국 조건으로 하는 건 어떤가요?
Lee : 이해는 합니다만, 저희는 CIF뉴욕 조건을 추천합니다. (왜냐하면 미국과 비교했을 때 저희가 더 낮은 보험료와 운임을 받을 수 있기 때문입니다.) CIF 뉴욕조건으로 저희 제품을 수입하는 것이 당신에게 더 이익이 될 것입니다.
A. Danison : 좋은 생각이군요. 그게 좋겠네요.

① because our woolen yarn is superior to that of American make.
저희의 양모사가 미국산보다 더 좋기 때문입니다.
② because the same food waste machines you asked for are out of production for the time being.
당신이 요청하신 것과 같은 음식물쓰레기 처리기가 당분간 생산이 중단되었기 때문입니다.
③ as we can get higher premium and freight rate from our clients compared to those in the U.S.
미국과 비교해 보았을 때 저희가 보다 높은 보험료와 운임을 받을 수 있기 때문입니다.
④ as we can get lower premiums and freight rates from our clients compared with those in the U.S.
미국과 비교해 보았을 때 저희가 보다 낮은 보험료와 운임을 받을 수 있기 때문입니다.

| 어휘 | Beneficial 유익한, 이로운 / woolen 양모의 / yarn 실
superior 우등한, 우수한 ↔ inferior 열등한
out of production 생산이 안 되는, 생산 중단된 / for the time being 당분간
premium 할증금, 이자, 보험료 → insurance premium / freight rate 운임
compared to ~에 비유하다 / compare with ~와 비교하다 → 그렇지만 구분 없이 쓸 때도 많음.

제4부 무역영어 출제예상문제

01 다음을 올바르게 영작한 것은?

> 귀사에서 아래 회사의 조직, 경영, 사업활동, 재정상태, 일반적인 평판 및 장점에 대한 정보를 아주 상세하게 제공해 주시면 감사하겠습니다.

① We will be pleased should you supply us more information with respect to the organization, management, business activities, credit standing, general reputation and advantages on the followed company.

② We will thank you if you will furnish us specified informations regarding the organization, managements, business activities, credit standing, general reputation and recommendation on the following company.

③ We would very appreciate providing us with fairly comprehensive information in regard to the following firm's organization, management, business activities, financial stating, general reputation and advantages.

④ We will be grateful if you furnish us informations on the organization, managements, business activities, credit standing, general reputation and recommendation of the followed company.

정답 및 해설

01 ③ | 해설 | ②④ information은 불가산 명사이므로 informations는 없다. ① supply → provide
| 어휘 | appreciate 감사하다, 감상하다 / provide 제공하다
comprehensive 이해력이 있는, 포괄적인 / organization 조직, 구성, 편성
financial stating 재정상태 / reputation 평판 / advantage 유리한 점, 이점, 강점
specified 구체적인 → specific 구체적인 / be grateful 고맙게 여기는, 감사하는
credit standing 신용상태 / recommendation 추천

02 다음 중 ISO가 묘사하는 것으로 가장 알맞은 것은?

> The ISO describes a particular form of cargo packaging as a weatherproof rectangular box that confines and protects a number of cargo packages of dry-bulk material, that can be separated from its means of transport to be handled and transshipped without rehandling its contents. Which of the following is the ISO describing best?

① a unit load
② an apron
③ piggy back
④ a general purpose freight container

03 다음은 거래선의 거래 은행에게 그 거래선에 대한 신용조회를 요청할 때 쓰는 문장인데 괄호 안에 들어갈 가장 알맞은 단어를 고르시오.

> Any information(   ) which you may provide us(   ) will be treated as strictly(   ), (   ) not be(   ) to the public.

① upon – not only – confidential – but – disclosed
② with – not only – confidential – but – disclosed
③ upon – not only – careful – but also – revealed
④ with – only – crucial – but also – revealed

정답 및 해설

02 ④ | 해석 | ISO(국제표준화기구)는 날씨 등에 구애 받지 않는 기능을 가진 특수한 형태의 직사각형 화물포장을 정의하고 있는데, 이것은 건화물을 적입하고 많은 화물의 포장을 보호하며, 운송수단으로부터 분리가 가능하고 내용물을 해체하지 않고도 환적이 가능하다고 한다.
| 해설 | ① a unit load 단위화물 / ② an apron 계류장 / ③ piggy back 피기백 방식(화물을 실은 대형 트레일러를 바로 화차에 실어 철도로 수송하는 방법) / ④ a general purpose freight container 다목적 운송 컨테이너
| 어휘 | weatherproof 날씨에 영향을 받지 않는, 비바람에 견디는 → waterproof 방수의
rectangular 직사각형의 / confine 제한하다, 한정하다, 영역, 범위
protect 보호하다 / transship 환적하다 / rehandle 다시 다루다, 개조하다

03 ② | 해설 | 귀사가 당사에게 제공하는 모든 정보는 공개적으로 노출되지 않도록 극비로 취급할 것입니다.
Any information(with) which you may provide us(not only) will be treated as strictly(confidential), (but) not be(disclosed) to the public.

04 다음 문장의 밑줄 친 단어를 대체하는데 가장 적절한 것은?

> We shall indemnify you for any loss you may incur due to our late shipment.

① waive a claim ② compensate
③ withdraw ④ claim

05 다음 중 밑줄 친 부분과 대체 될 수 없는 것은?

> We are very sorry to advise you that the shipment covering your order No. 1234 is difficult to carry out until March 23, owing to labor strike.

① take care of ② implement
③ execute ④ fulfill

정답 및 해설

04 ② | 해설 | Indemnify : 배상하다

05 ① | 해석 | 파업으로 인하여 귀사의 주문번호 1234번 주문이 3월 23일까지 선적되기 어렵겠다는 것을 알려드리게 되어 대단히 죄송합니다.
| 어휘 | owing to ~때문에 / labor strike 노동파업
take care of 주의를 기울이다, 보살피다, 문제 등을 해결하다
execute 실행하다, 수행하다 / fulfill 다하다, 실행하다, 성취하다
implement 도구, 수단, 충족시키다, 이행하다.

06 다음 문장의 해석이 바르게 된 것은?

> You are assured that any information given to us will be kept as strictly confidential and you will be quite free from any responsibilities concerning the contents.

① 당사에게 제공하여 주시는 어떠한 정보도 극비로 취급할 것이며 그 내용에 관하여 귀사 측에 하등의 책임이 없다는 것을 약속합니다.
② 귀사는 극비로 취급할 정보를 당사에게 제공하고 그 내용에 관해서도 당사 측에 하등의 책임이 없다는 것을 약속해야 합니다.
③ 당사는 극비로 취급할 정보를 귀사에게 제공하고 그 내용에 관해서도 귀사 측에 하등의 책임이 없다는 것을 약속합니다.
④ 귀사는 당사가 제공하여 주는 어떠한 정보라도 극비로 취급할 것이며 그 내용에 관하여 당사 측에 하등의 책임이 없다는 것을 약속해야 합니다.

정답 및 해설

06 ① 타 회사로부터 정보를 수령하는 경우, 그 사용을 극도로 비밀스럽게 제한적으로 취급할 것이라는 의지를 전달하는 과정에서 사용되는 문구이다.

07 다음을 영작한 것 중 적절하지 못한 것을 고르시오.

> 당사는 그 품목을 재고로 보유하고 있으며 귀사의 주문을 받는 즉시 인도할 수 있습니다.

① The items are in stock and we will be able to immediately deliver them upon receipt of your order.
② We have stocks of the items, which will be able to deliver shortly after receiving your order.
③ The items are at present available for immediate delivery right after receiving your order.
④ We are currently carrying the items which can be at once deliver as soon as we will receive your order.

08 다음 문장의 괄호 안에 들어갈 단어가 적절하게 연결된 것은?

> In view of both the costs of materials and labor having been on a steady (   ) earlier this year, we have decided to (   ) our price to $20 in U.S. currency.

① raise – rise
② raise – raise
③ rise – rise
④ rise – raise

정답 및 해설

07 ④ | 해설 | ①②③ the items are in stock, we have stocks of the item, it's available 등은 현재 재고가 있음을 표현하는 일반적 표현들이지만, ④번의 carry는 '다루다, 취급하다'로 '현재 재고로 보유하다'와는 뜻의 차이가 있다. 또한 can be at once deliver의 경우, be동사 다음에 deliver와 같이 동사 원형이 올 수도 없다.
| 어휘 | in stock 재고가 있는 / immediately 즉시 / upon receipt of ~를 받는 대로 currently 현재 / carry 옮기다, 취급하다 / at once 단번에, 바로

08 ④ | 어휘 | rise(명사) – 증가, raise(동사) – 들어올리다

09 다음 문장의 밑줄 친 부분에 들어갈 내용으로 논리상 적절하지 않은 것을 고르시오.

> Owing to the rush of orders from China, the market is strong and our material is almost exhausted. Therefore, _____

① We regret that we are unable to allow you any discount in this instance.
② We are not in a position to promise delivery within four weeks.
③ We would suggest that you pass an order to us promptly.
④ We are willing to allow a special discount of 10% off the price list.

10 다음 협회적하약관(2009) ICC(A)의 면책에 대한 내용으로 옳지 않은 것은?

① Deliberate damage to or deliberate destruction of the subject-matter insured or any part thereof by the wrongful act of any person or persons
② Loss damage or expense attributable to wilful misconduct of the Assured
③ Ordinary leakage, ordinary loss in weight or volume, or ordinary wear and tear of the subject-matter insured
④ Loss damage or expense caused by inherent vice or nature of the subject-matter insured

---

정답 및 해설

09 ④ 시장이 호황이므로, 할인을 제공할 이유는 없다.
10 ① ICC(A)에서는 피보험자 이외 제3자의 고의적인 손상 또는 파괴에 의한 손해도 보험자가 보상한다. (면책위험으로 규정되어 있지 않음)

11 다음은 해상운송에서의 선적과 B/L발급과정을 나열한 것이다. 괄호 안에 들어갈 바르게 된 용어를 고르시오.

> shipping request → (　) → export declaration → shipment → mate's receipt → B/L

① buyer's order
② delivery order
③ shipper's order
④ shipping order

정답 및 해설

11 ④ 선사에 선적요청(shipping request)을 하고, 선사로부터 선적지시(shipping order)를 받은 후에 선적을 진행하게 된다.

12 Choose the answer that correctly states the following situation.

> 대한민국의 핍박한 외환상황에 비추어 보아 신용장 방식으로 직물을 수입할 입장이 아니다. 따라서 30일 인수도 조건으로 날염 직물 7천 야드를 당사에게 공급해주면 고맙겠으며 그 기간에 대한 금리는 당사가 부담하겠다.

① With a view of tight foreign exchange situations of the Republic of Korea, we are not on a position to import fabrics on an L/C basis. Therefore, we would appreciate you to supply us with 7,000 yards of dyed fabrics on 30 days' D/A basis. If possible, the interest for that period will be borne by us.

② With a view of deficit foreign exchange situations of the Republic of Korea, we are not on a position to import fabrics on an L/C basis. Therefore, we would appreciate your supplying us with 7,000 yards of dyed fabrics on 30 days' D/A basis. If possible, the interest for that period will be borne by us.

③ In view of tight foreign exchange situations of the Republic of Korea, we are not in a position to import fabrics on an L/C basis. Therefore, we would appreciate your supplying us with 7,000 yards of printed fabrics on 30 days' D/A basis. The interest for that period will be borne by us.

④ In view of deficit foreign exchange situations of the Republic of Korea, we are not in a position to import fabrics on an L/C basis. Therefore, we would appreciate you to supply us with 7,000 yards of printed fabrics on 30 days' D/A basis. If possible, the interest for that period will be borne by us.

정답 및 해설

12 ③ Appreciate는 타동사 이므로 we would appreciate 목적어의 형태로 사용되기에, your supplying이 맞고 appreciate you to supply는 쓸 수 없다. 따라서 ① ④은 틀림. 그리고 ②③번 중에 '날염'을 ②은 dyed 즉, 염색으로 표기했으므로, 정답은 ③이다.

13 다음 중 영작이 잘못된 것을 고르시오.

① 현재 선적할 준비가 완료되어 있으며, 대금 지불이 확인되는 대로 곧바로 선적을 시작하겠습니다.
- We are now ready for shipping, and shipment will be initiated as soon as your payment is confirmed.

② 귀사의 6월 20일자 문의에 따라 당사의 가격표를 송부합니다.
- We take great pleasure in sending you our price list in response to your inquiry dated June 20.

③ 당사의 공장은 현재 주문이 차서 어쩔 수 없이 귀사의 주문을 거절해야 되겠습니다.
- We regret having to incline your order as our factory is at present fully occupied with orders.

④ 고객들이 품질이 견본과 다르다고 하여 화물을 거부하였습니다.
- The customers have refused the goods since the quality is not up to that of the sample.

정답 및 해설

13 ③　③ 당사의 공장은 현재 주문이 차서 어쩔 수 없이 귀사의 주문을 거절해야 되겠습니다.
- We regret having to incline(incline은 '마음이 내키게 한다', '기울다'의 뜻이므로 decline이 되어야 한다) your order as our factory is at present fully occupied with orders.

|어휘| Initiate 시작하다 / in response to ~에 대한 회신으로
incline ~할 마음이 들다, 기울다 ↔ decline 거절하다, 쇠퇴하다 / at present 현재
occupy 점령하다 → be occupied with ~으로 가득 차다
refuse 거절하다 → reject, decline
up to ~이르다 → not up to ~이 미치지 못하다.

14 다음 ( ) 속에 넣을 수 없는 용어는?

> In the case of CFR contract, the arrangement of marine insurance is the total responsibility of the importer. The importer must manage all the details of such an insurance, including the selection of a(an) ( ), insurance amount and other conditions.

① assurer
② policy holder
③ insurer
④ underwriter

15 Choose a word or a term which is necessary to complete the following sentence.

> For all practical purposes, a contract should always be reduced to writing and signed by parties whenever possible. However, this does not mean that ( ) is unenforceable. It might be harder to prove, but it still can be enforced by either party.

① written agreement
② by writing
③ an oral contract
④ contract

정답 및 해설

14 ② Policy holder : 보험증권 소지인

15 ③ | 해석 | 실질적인 목적으로, 계약은 가능하면 서면으로 작성되어 양 당사자가 서명하는 것으로 집약된다. 그러나 이것은 구두계약은 사용할 수 없다는 것을 의미하는 것은 아니다. 그것(구두계약)은 증명하기가 어려울 수 있지만, 한쪽의 당사자에 의해서 구두계약이 이루어질 수 있다.
| 어휘 | practical 실용적인, 실질적인 / purpose 목적 / contract 계약
unenforceable 시행할 수 없는 prove 증명하다
enforce 실시, 시행하다, 강요하다, 시키다

16 Which of the following explanation is wrong?

① Consignee means the person entitled to take the delivery of the goods.
② Shipper means any person by whom or in whose name or on whose behalf of a contract of carriage of goods by sea has been concluded with a carrier.
③ Carrier means any person who undertakes to perform or to procure the performance of carriage such as by rail, road or sea.
④ The underwriter must be interested in the subject-matter insured at the time of the loss.

정답 및 해설

16 ④ ① 인수자는 화물을 인도 받을 수 있는 권리를 가진 사람이다.
② 화주는 운송인과 화물의 해상운송에 대한 계약을 직접 맺거나, 본인의 이름으로 운송계약이 체결되는 사람이다.
③ 운송인은 열차, 도로, 해상을 통하여 운송을 이행하는 사람이다.
| 어휘 | consignee 인수자 / entitle 권리를 주다, 자격이 되다 / shipper 화주
on behalf of ~를 대신하여 / contract of carriage 운송계약 / carrier 운송인
undertakes 맡다, 떠맡다, 착수하다 / perform 이행하다 / procure 획득하다
underwriter 보험자 / subject-matter 대상이 되는

17 Choose the most appropriate answer after reading the dialogue.
What is the problem?

> A : Could you type this letter for me and get it in mail today?
> B : I'd love to, but I've got to finish this report first. Try Jerry.
> A : I don't believe this! How do they expect us to run this office when we are understaffed like this?

① There aren't enough workers.
② Jerry is absent.
③ The report must be mailed today.
④ The letter must be e-mailed today.

정답 및 해설

17 ① │해석│ A : 이 편지 좀 오늘 부쳐주겠어요?
B : 그러고 싶은데 나는 이 리포트부터 먼저 끝내야 해요. 제리에게 얘기 해보지 그래요?
B : 어떻게 그 사람들은 이렇게 적은 인원으로 우리에게 사무실을 운영하라고 하는지 모르겠어요.

18 다음 중 영작이 가장 잘 된 문장을 고르시오.

> 귀사의 주문품을 10월 4일에 부산항으로 출항예정인 'Happy Star V-12'에 선적될 예정임을 알려드립니다.

① We are glad to inform you that the goods covering your order will be shipped by 'Happy Star V-12' scheduled to start to Busan October 4.
② We are glad to advise you that the consignment covering your order will departure by 'Happy Star V-12' scheduled to arrive at Busan on October 4.
③ We are glad to inform you that the goods covering your order is scheduled to ship on boarded 'Happy Star V-12' and depart from Busan on October4.
④ We are glad to advise you that the ordered goods will be shipped on a vessel of 'Happy Star V-12' scheduled to leave for Busan October 4.

정답 및 해설

18 ④ ① We are glad to inform you that the goods covering your order will be shipped by 'Happy Star V-12' scheduled to sail Busan on October 4.
② We are glad to advise you that the consignment covering your order will departure(will depart로 고쳐야 함 → 조동사 + 동사원형)by 'Happy Star V-12' scheduled to arrive at Busan on October 4.
③ We are glad to inform you that the goods covering your order is scheduled to ship on boarded 'Happy Star V-12' and arrive at Busan on October4.
④ We are glad to advise you that the ordered goods will be shipped on a vessel of 'Happy Star V-12' scheduled to leave Busan on October 4. (10월 4일 부산출항으로 가장 알맞다.)
| 어휘 | Consignment 인수 / departure 출발 → depart 출발하다
leave 떠나다, 남겨두다 → leave ~ ~를 떠나다 , leave for ~ ~로 향해 떠나다

19 다음 중 용어 설명의 내용이 잘못된 것은?

① Acknowledgement : Declaration of the execution of an order with a view to contracting as acceptance.
② Expiry date : The last date for presentation of document by the beneficiary in the L/C transaction.
③ Conciliation : The act of the third person intermediating between two contending parties with a view to persuading them to adjust or settle their dispute.
④ Consignor : The person entitled to take delivery of the goods.

정답 및 해설

19 ④ Consignor는 위탁자, 화주를 의미한다.

20 The following is a credit inquiry under the below situation which contains some errors except one. Choose the option that contains no errors.

> 수출상인 K무역(K Trading Co., Ltd.)은 미국 소재 DQ Clothing 회사가 신용조회처로 제공한 The Bank of America에게 신용조회 서한을 작성하려고 한다. DQ Clothing 회사는 분기별 결제조건을 요구해왔으나, 수출상은 이 회사의 재정 상태를 모르는 것은 물론 신용 공여를 해 주는 것이 매우 불안하여 거래 은행의 보고 및 조언을 구하고자 한다. 조회 관련 비용은 당해 은행의 청구서를 받는 즉시 송금한다.

① Your name has been given us as reference by DQ Clothing in America whom we wish to open an account.
② Would you favor us a report on their financial status and your advise.
③ on whether to grant credit on a quarterly account is safe.
④ Any expenses connecting with this inquiry will be remitted by us after receipt of our bill.

---

20 ③ ① as reference → as a reference, open an account with~ ~와 거래를 시작하다. 즉, whom we wish to open an account with 혹은 with whom we wish to open an account로 써야 맞다.
② advise → advice가 맞다. Advise는 동사이므로 your advise는 틀림. your가 오려면 advice.
④ '이 문의와 관련된 비용일체는'이라고 쓰려면 any expenses connected with이 맞다.

21 다음을 가장 적절하게 해석한 것을 고르시오.

> We made a careful test on our goods and we do not find any evidence of inferior quality or workmanship. We find no discrepancy between the shipping sample and the duplicate sample in our hands.

① 당사 상품을 면밀히 테스트 해 보았으나 불량품이라든가 조립을 잘못한 증거는 아무것도 발견하지 못했습니다. 당사의 선적 견본과 귀사의 동일 견본과는 아무런 차이가 없습니다.
② 당사 상품을 면밀히 테스트 해 보았으나 부품에 이상이 있다라든가 잘못된 마무리를 나타내는 증거는 아무것도 발견하지 못했습니다. 선적 물품과 당사의 동일 견본과는 아무런 차이가 없습니다.
③ 귀사의 상품을 면밀히 테스트 해 보았으나 불량품이라든가 잘못된 마무리를 나타내는 증거는 아무것도 발견하지 못했습니다. 귀사의 선적 견본과 당사의 동일 견본과는 아무런 차이가 없습니다.
④ 당사 상품을 면밀히 테스트 해 보았으니 불량품이라든가 잘못된 마무리를 나타내는 증거는 아무것도 발견하지 못했습니다. 선적 견본과 당사의 동일 견본과는 아무런 차이가 없습니다.

정답 및 해설

21 ④ | **어휘** | Evidence 증거 / inferior quality 낮은 품질, 열등한 품질 workmanship 솜씨, 기량, 공정 / discrepancy 불일치 / duplicate 이중의, 부본의

22 다음 무역서신의 문장 구성이 논리적으로 가장 잘 배열된 것을 고르시오.

> (a) More than a year, however, has passed since we made the first transaction on a D/P basis.
> (b) When we initially contacted you last March, you told us that you would be willing to reconsider the terms of payment once we had created good business relationship.
> (c) We appreciate receiving the documents for our last order No. 3562. Today, I am writing this letter in order to discuss payment terms.
> (d) I look forward to hearing from you before our additional order.
> (e) As we are planning to ship another order next week, could you please confirm that you are able to agree to these new terms of payment?
> (f) We would like to amend it to a 60-day bill of exchange, D/A

① c-a-b-e-f-d
② b-c-f-a-e-d
③ c-b-a-f-e-d
④ e-c-a-f-b-d

정답 및 해설

22 ③ 대금결제조건에 대해 양사의 선호도가 달라, 조율해나가는 과정을 담고 있는 무역서신이다.

[문제 23~25] Read the following and answer the questions.

(1) Date : _____
   To : (Supplier)
(2) • Goods were not delivered within required time.
   • Goods were defective as described on reverse side.
   • Goods were non-conforming to sample or specifications as stated on reverse side.
   • Notice of acceptance of our order, as(A) has not been(B), and we(C) the goods from other sources.
   • Prices for said goods do not conform to quote, catalogue or order.
   • Goods represent only a partial shipment.
   • Other(Describe)_
(3) Very truly
(4) Please take appropriate credits or refunds if prepaid, and provide instruction for return at your expense.
(5) We hereby reject said goods for the reason(s) checked.
(6) We received goods from you pursuant to our order or contract dated Oct. 20.
(7) Rejection of said goods shall not be a waiver of any other claim we may have.

23 What kind of business letter the above is?

① Notice of Rejected Counter-proposal
② Notice of Rejection of Goods
③ Notice of Resale
④ Notice of Rescission

정답 및 해설

23 ② |해석| (1) 날짜 : _
To : 공급자
(2) • 제품이 납기 내에 도착하지 못했음.
• 뒷면에 명시된 것과 같이 제품에 결함이 있었음.
• 뒷면에 명시된 것과 같이 제품이 샘플 또는 사양과 일치하지 않았음.
• 우리가 주문한 것을 충족하는 제품을 받지 못했음을 통보하는 바입니다.
• 언급한 제품에 대한 가격이 견적서, 카탈로그, 오더의 가격과 일치하지 않음.
• 제품이 부분선적만 되었음
• 기타(기술)
(3) 감사합니다.
(4) 선금 지급 되었다면 적절한 공제 또는 환불 조치 해주시고, 귀사의 비용으로 반품에 대한 방법도 알려 주십시오.
(5) 저희는 체크한 이유로 인해 위의 제품을 반품하고자 합니다.
(6) 당사는 10월 20일자 계약에 따른 제품을 받았습니다.
(7) 위의 제품에 대한 반품은 다른 클레임 제기한다고 해도 포기되지 않습니다.

24 In the above letter, sentences were placed without an order. Please place sentences in a good order.

① 1-4-5-6-2-7-3
② 1-5-2-7-3-4-6
③ 1-6-5-2-4-7-3
④ 1-5-6-2-3-7-3

25 Choose appropriate words to fill in the blank(A), (B) and(C) in order.

① ordered - received - required
② required - received - ordered
③ required - ordered - received
④ ordered - required - received

정답 및 해설

24 ③   제품에 대한 불만을 이야기하며, 환불 절차의 진행을 요청하는 내용이다.
25 ② |어휘| on reverse side 뒷면에 / non-conforming to ~에 일치하지 않다
         specifications 사양 / pursuant ~에 준하여, ~에 따른 / waiver 포기, 기권

26 In order to make an effective sales agreement, which of the following issues seller and buyer need NOT to resolve in discussion between them?

① Whether an export insurance is required or not in order to cover the risks of non-payment.
② Who should clear goods through customs and up to what point.
③ What commercial documents are needed and what should be shown as covered on the insurance document.
④ The point at which the risks in respect of goods pass from seller to buyer.

---

26 ① |해석| 효과적인 매매계약을 체결하기 위하여, 매수인과 매도인이 함께 의논하여 해결할 사항이 아닌 것은?
① 지불불능의 위험에 대비하여 수출보험이 필요한 것인지 아닌지
② 누가 통관을 하고 그 통관지점은 어디로 할 것인지
③ 어떤 상업서류가 필요할지, 그리고 어떤 위험이 커버될 것으로 보험서류에 나타낼지
④ 매도인으로부터 매수인에게 물품이 인도될 때 위험의 분기점은 어디로 할 것인지
|해설| ** 수출보험은 매도인이 수출채권 회수불능의 위험에 대비해서 수출보험공사에 스스로 보험계약을 체결하는 것이며, 이는 바이어와는 아무런 관계가 없다.
|어휘| Resolve 결심/결정하다, 풀다, 해결하다, 용해하다, 녹이다
clear 통관시키다 → clear customs 통관시키다.
(customs 세관), customs clearance 통관

27 다음을 가장 올바르게 해석한 것을 고르시오.

> If documents presented under this L/C are realized with a discrepancy, we shall give its notice of refusal and shall hold documents at your disposal subject to the following condition if we have not received your disposal instructions for the discrepant documents prior to a receipt of the applicant's waiver of discrepancies, we shall release the documents to the applicant without notice to you.

① 개설은행은 신용장조건과 완벽하게 일치하지 않는 서류가 제사되면 거절통보를 보내겠지만 개설의뢰인이 그 하자를 포기하면 거절통보를 보내지 않고 지급하겠다.
② 개설은행은 하자 있는 서류가 제시되면 거절통보를 보내고 제시인의 처분권으로 서류를 보관하겠지만 개설의뢰인이 그 하자포기를 인정할 때까지 서류의 처분지시를 받지 못하면 제시인에게 통보하지 않고 서류를 인도하겠다.
③ 개설은행은 하자 있는 서류를 제시 받으면 합리적인 시간 이내에 서류를 검토하여 하자를 발견하면 개설의뢰인이 그 하자사항을 용인하여도 반드시 지급을 이행할 의무는 없다.
④ 개설은행은 하자 있는 서류가 제시되면 거절통보를 보내지 않아도 언제라도 지급을 거절할 권리가 있으므로 제시인이 반환요구를 하지 않는 한 서류를 보관할 권리가 있다.

정답 및 해설

27 ② | 해석 | 신용장에 대하여 제시된 서류의 불일치가 확인될 경우, 저희(은행)는 거절의 통지를 보내고, 다음의 조건에 따라 저희 은행의 처분권에 따라 서류를 보관할 것이다. 불일치에 대한 개설의뢰인의 하자포기를 받기 전에 불일치 서류에 대한 당신의 처분지시를 받지 못할 경우에는 저희는 당신에게 사전통지 없이 개설의뢰인에게 본 서류를 인도하겠다.
| 어휘 | present 발표하다, 제공하다 → 서류 등을 제시하다
realize 실현하다, 이해하다, 파악하다.
discrepancy 불일치 → discrepant 모순되는, 불일치한 / notice 통지, 고시
refusal 거절 → refuse 거절하다 / subject to ~을 조건으로 하여
waiver 기권, 포기
disposal 처분 → be at your disposal 당신의 처분에 두다, 임의로 쓸 수 있다
condition 조건 → terms and conditions 조건, conditional 조건부의, unconditional 무조건적인
instruction 지시 / prior to ~ 이전에 / applicant 지원자 → (신용장의) 개설의뢰인

28 A letter of credit is simply another contract – a promise by buyer's bank which runs directly to seller that (   ) will pay the amount of sales contract to seller, if seller produces the documents, required by letter of credit, which evidence that seller has shipped the goods(i.e. a negotiable bill of lading).

① seller's bank
② buyer's bank
③ negotiating bank
④ advising bank

29 다음을 가장 적절하게 배열한 것을 고르시오.

(1) who will present them to you through the National Bank of Canada
(2) we have drawn a draft on you and
(3) passed the draft with a full set of shipping documents to our bank
(4) against your acceptance of the draft

① 2-1-4-3
② 2-1-3-4
③ 2-3-1-4
④ 2-3-4-1

정답 및 해설

28 ② | 해석 | 신용장은 완전히 별개의 계약이다. – 바이어의 은행은 셀러에게 자신(바이어의 은행)이 계약한 금액을 셀러에게 지급 하겠다고 하는 약속이다. 셀러가 신용장에서 요구하는 대로 서류를 발행하면(예를 들어 매입가능 선하증권) 이것은 셀러가 선적을 완료했다는 증거가 된다.

29 ③ | 해설 | We have drawn a draft on you and passed the draft with a full set of shipping documents to our bank who will present them to you through the National Bank of Canada against your acceptance of the draft.
| 해석 | 당사는 귀사를 지급인으로 하여 환어음을 발행하였으며, 이것을 선적서류와 함께 당사의 거래은행에 주었으며, 이 환어음에 대하여 귀사가 인수를 하면 저희 거래은행이 캐나다 뱅크를 통해 귀사에게 서류를 제시할 것입니다.

30 다음 문장과 관련이 없는 용어는 무엇인가?

> The carrier may not be in a position to verify that the goods are of the type, amount, and/or weight specified by the consignor.

① Said by shipper to contain
② Shipper's load and count
③ Unknown Clause
④ Waiver

31 If an exporter is willing to release the shipping documents directly to the buyer, but wishes to retain some guarantee of payment should the buyer fail to pay on the due date, which of the following documentary credit best suits the exporter's needs?

① transferable   ② evergreen
③ standby   ④ revolving

정답 및 해설

30 ④ 본문은 부지약관(Unknown clause)에 대한 설명인데, Waiver는 권리포기에 대한 내용이므로, 관련이 없다.

31 ③ | 해석 | 만약 수출업자가 바이어에게 선적서류를 바로 보내고 싶지만, 바이어가 정해진 날짜에 대금을 지급할 것을 보증하는 수단을 가지고 싶다면, 어느 종류의 신용장이 수출업자에게 가장 적절한가?
① 양도가능 신용장   ② 에버그린
③ 보증신용장   ④ 회전신용장
| 어휘 | release 풀다, 내보내다, 방출하다 / guarantee 보증, 보장
on the due date 만기에 / retain 보유하다, 간직하다

32 Choose the answer that correctly states the following situation.

> 당사는 작년부터 귀사의 환어음 매입으로 사용가능하고, 매월 금액 미화 20만 달러에 대해 미사용 잔액은 그 다음 달에 사용하지 않는 유형의 신용장을 발행할 것입니다.

① On and after last year, we will issue a credit in the sum of US$200,000 for a month transferring cumulative available by negotiation of your draft(s).

② On and after last year, we will issue a credit in the sum of US$200,000 monthly transferring non-cumulative available by negotiation of your draft(s).

③ On and after last year, we will issue a credit in the sum of US$200,000 for a month revolving cumulative available by negotiation of your draft(s).

④ On and after last year, we will issue a credit in the sum of US$200,000 monthly revolving non-cumulative available by negotiation of your draft(s).

33 What is the type of invoice the exporter often sends the importer indication details of the goods and their unit prices prior to the conclusion of a trade transaction?

① customers invoice
② consular invoice
③ proforma invoice
④ final invoice

정답 및 해설

32 ④ 신용장 발행 예고를 하며, 해당 신용장의 사용방식(Negotiation)에 대해 언급하고 있다.

33 ③ | 해석 | 계약의 결론이 나기 전에 수출자가 수입자에게 제품의 명세, 단가 등을 표시해 보내는 인보이스는 어떤 인보이스인가?

34 신용장의 조건변경과 관련된 다음의 내용 중 옳지 않은 것은?

① The beneficiary should give notification of acceptance or rejection of an amendment.
② A credit can neither be amended nor cancelled without agreement of the issuing bank and beneficiary.
③ A provision in an amendment to the effect that the amendment shall enter into force unless rejected by the beneficiary within a certain time shall be disregarded.
④ Partial acceptance of an amendment is allowed and will be deemed to be notification of acceptance of amendment.

35 다음 문장의 괄호 안에 들어 갈 단어로 올바르게 짝지어진 것은?

> 원 문 : 당사는 4월 30일에 만기가 된 당사의 청구가 여전히 미결제된 상태로 남아있음을 귀사에게 다시 알리는 바입니다.
> 영작문 : We have to remind you again that our ( ) which ( ) on April 30 still remains ( ).

① specification - expired - valid
② descriptions - came to an end - pending
③ statement - fell due - outstanding
④ balance - was due - in force

정답 및 해설

34 ④ 조건변경의 일부승낙은 허용되지 않으며, 조건변경에 대한 거절로 간주된다.
35 ③ 대금지급기한(Due date)이 경과한 미결제 건에 대해 결제를 촉구하는 내용이다.

36 밑줄 친 부분을 대체하기에 가장 거리가 먼 것은?

> Following our telephone conversation today, I am pleased to tell you that our sales manager will visit you in a couple of days with the relevant parts, and the goods will be repaired accordingly.

① With regard to our telephone conversation today
② Further to today's our telephone conversation
③ As soon as our telephone conversation is started
④ Regarding our today's telephone conversation

정답 및 해설

36 ③ 유선통화 후 해당 내용에 대한 서신을 보내는 내용이다.

●●●● 이패스코리아 국제무역사 1급

최종실전모의고사

최종실전모의고사

● 시험시간 : 120분   ● 정답 및 해설 p.618   ● 채점점수 : _____점

| 무역규범 |

01 다음 중 대외무역법에서 규정하고 있는 '물품'의 정의가 잘못된 것은?

① 외국환거래법에서 정하는 지급수단(정부지폐·은행권, 환어음, 약속어음 등)
② 외국환거래법에서 정하는 증권(무기명양도성예금증서)
③ 외국환거래법에서 정하는 채권을 화체한 서류(증권, 금액을 나타내는 서류 등으로 물권의 권리를 나타낸 것을 말한다)
④ 외국환거래법에서 정하는 부동산(不動産)

02 다음 중 대외무역법에서 규정하고 있는 '수출'로 인정되는 거래는?

① 중국 청도에서 의류를 구입하여, 중국 상해의 상인에게 무상으로 의류를 인도하는 경우
② 우리나라 보세구역내의 보세공장으로부터 외국물품을 국내로 반입하는 것
③ 국내에 있는 무역전시장에서 전시기간 중 외국인에게 외화를 받고 현장에서 물품의 거래가 이루어지고, 외국인이 해당 물품을 외국으로 반출하는 것
④ 국내 A사가 국내에 위치한 일본 B기업과 매매계약을 체결 후 원화를 수령하고 해당 B기업 국내 지점에게 물품인도

03 다음 중 대외무역법에서 규정하고 있는 '수출입제한의 사유'가 아닌 것은?

① 헌법에 따라 체결·공포된 조약과 일반적으로 승인된 국제법규에 따른 의무의 이행
② 생물자원의 보호
③ 교역상대국의 요청
④ 과학기술의 발전

04 다음 중 대외무역법에서 규정하고 있는 '수출입승인'과 관련된 설명으로 옳지 않은 것은?

① 산업통상자원부장관은 헌법에 의하여 체결, 공포된 조약과 일반적으로 승인된 국제법규에 의한 의무의 이행, 생물자원의 헌법에 의하여 체결 공포된 조약과 일반적으로 승인된 국제법규에 의한 의무의 이행, 생물자원의 보호 등을 위하여 필요하다고 인정한 경우에는 물품의 수출 또는 수입을 제한할 수 있다. 그러한 물품의 산업통상부 장관의 승인을 받아야 한다.
② 물품의 수출 또는 수입승인의 유효기간은 1년을 원칙으로 한다.
③ 수출입승인을 받은 이후에, 승인의 유효기간 등의 변경을 원할 경우, 변경신고를 하여야 한다.
④ 수출입승인사항의 변경은 수출, 수입승인의 유효기간 내에 신청하여야 한다.

05 다음 중 대외무역법에서 규정하고 있는 '외화획득용 원료 또는 물품공급의 수출실적 인정'의 내용과 관련하여 옳지 않은 것은?

① 외화획득용 원료 또는 물품공급의 수출실적 인정 금액은 송금액으로 한다.
② 수출자 또는 수출 물품등의 제조업자에 대한 외화획득용 원료 또는 물품 등의 공급 중 내국신용장(Local L/C)에 의한 공급이 해당된다.
③ 수출실적의 인정시점은 외국환은행을 통하여 대금을 결제한 경우에는 결제일 기준이다.
④ 수출자 또는 수출 물품등의 제조업자에 대한 외화획득용 원료 또는 물품 등의 공급 중 구매확인서에 의한 공급이 해당된다.

06 다음 중 대외무역법에서 규정하고 있는 '수출입공고와 통합공고'에 대한 설명으로 옳지 않은 것은?

① 통합공고란 수출입을 제한하지는 않으나 요건을 갖추도록 하는 내용을 표시한 공고이다. 즉 식품 등의 수입에 대해서는 식품위생법 등에 의거 식품검사, 검역 등을 받도록 하고 전기용품은 전기용품안정관리법 등에 의거 전기용품안전인증을 받아 수입할 수 있도록 하는 제도이다.
② 수출입공고란 대외무역법상 관세청장이 수출입물품에 대한 직접적인 관리를 위하여 물품의 수출 또는 수입에 관한 승인품목, 허가품목, 금지품목 등의 구분에 관한 사항을 공고한 것을 말한다.
③ 국내에서 유통소비가 이루어지지 않는 물품은 수출입공고를 적용할 필요가 없다.
④ 수출입공고에는 물품의 종류별 수량, 금액의 한도, 규격 또는 지역 등의 제한에 관한 조항 및 동제한에 따른 추천 또는 확인 등에 관한 사항을 종합적으로 공고한다.

07 다음에서 설명하고 있는 '특정거래형태'로 옳은 것은?

> 해외 건설 현장 따위에서 사용한 중장비 등을 국내로 반입하지 않고 그것이 필요한 회사나 나라 등에 인도하고 대금은 본국의 본사에서 지급하는 거래 방식

① 외국인도수입 ② 중계무역
③ 외국인도수출 ④ 위탁가공무역

08 다음 중 대외무역법에서 규정하고 있는 '외화획득용 원료의 범위'에 대한 내용으로 옳지 않은 것은?

① 수출실적으로 인정되는 수출 물품 등을 생산하는데 소요되는 원료(포장재포함)
② 외화가득율이 60% 이상인 군납용 물품을 생산하는데 소요되는 원료
③ 해외에서의 건설 및 용역사업용 원료
④ 외화획득용 물품 등을 생산하는 데 소요되는 원료

09 다음에서 설명하고 있는 용어로 옳은 것은?

> 석유화학공업에서 원유를 분별 증류하여 화학적 정제를 하는 경우, 동일한 공정에서 휘발유·등유·경유·중유 등이 생산되는데, 이들 제품 사이에는 주종관계가 없으며 또 서로 종류가 다르므로 이를 (　　　)이라고 한다.

① 소요량　　　　　　　　② 단위실량
③ 손모량　　　　　　　　④ 연산품

10 다음 중 관세법에서 과세의 4대 요건에 해당하지 않는 것은?

① 과세물건　　　　　　　② 과세환율
③ 납세의무자　　　　　　④ 과세표준

11 다음 중 관세법에서 규정하는 과세물건 확정에 대한 설명 중 옳지 않은 것은?

① 일반적으로 관세는 수입신고수리를 하는 때에 물품의 성질과 수량에 따라 관세를 부과한다.
② 보세구역 외 보수작업 승인기간이 경과하여 관세를 징수하는 경우에는 보세구역 밖에서의 보수작업의 승인을 받은 때를 기준으로 관세를 부과한다.
③ 보세운송기간이 경과하여 관세를 징수하는 물품의 경우에는 보세운송을 신고하거나 승인을 받은 때를 기준으로 관세를 부과한다.
④ 도난물품 또는 분실물품의 경우에는 해당 물품이 도난되거나 분실된 때를 기준으로 관세를 부과한다.

12 다음 중 관세법에서 규정하는 특정한 상황에 처하여 있는 물품 - 특별납세의무자를 연결한 것으로 올바르지 않은 것은?

① 보세구역 외 보수작업의 승인기간이 경과하여 관세를 징수하는 물품 - 보세구역 밖에서의 보수작업의 승인을 받은 자
② 보세구역 장치물품의 멸실·폐기로 관세를 징수하는 물품 - 운영인 또는 보관인
③ 수입신고가 수리되기 전에 소비 또는 사용하는 물품(소비 또는 사용을 수입으로 보지 아니하는 물품 제외) - 소비자 또는 사용자
④ 우편으로 수입되는 물품 - 체신관서

13 다음 중 관세법에서 규정하는 과세표준 및 과세가격결정에 관한 내용으로 옳은 것은?

① 과세표준이란, 세액 산출의 기본이 되는 과세물건의 가격만을 말한다.
② 과세가격을 결정하는 방법은 6가지 방법이 있다.
③ 과세가격결정 방법 중 제 1방법은 수입물품의 가격을 기준으로 가격을 산출하는 것을 말한다.
④ 구매자와 판매자간에 특수 관계가 있는 경우 제 1방법은 적용 제외된다.

14 다음 중 관세법에서 규정하는 과세가격 신고제도에 관한 설명으로 옳지 않은 것은?

① 납세의무자는 수입신고를 하는 때에는 세관장에게 해당 물품의 가격에 대한 신고를 하여야 한다.
② 가격신고서를 제출하는 방법으로 가격을 신고할 수 있다.
③ 수입하고자 하는 모든 물품에 대해서는 가격신고를 하여야 한다. 이에 따라, 과세가격을 결정하기가 곤란하지 아니하다고 하더라도 가격신고는 생략할 수 없다.
④ 가격신고는 납세의무의 성립에 필요한 과세표준을 신고하는 것으로서 관세액을 결정하는 중요한 절차이다.

15 다음 중 관세법에서 규정하는 잠정가격신고에 대한 설명으로 옳지 않은 것은?

① 거래의 관행상 수입신고 당시에 거래가격이 확정되지 않고 일정기간 경과 후에 거래가격이 확정되는 물품에 대해 확정될 것으로 추정되는 가격을 신고하고 납부한 후 당해 물품의 가격이 확정되었을 때에 확정가격신고를 하여 잠정 가격신고로 납부한 세액을 정산하는 제도를 말한다.
② 잠정가격으로 가격신고를 한 자는 3년의 범위 안에서 구매자와 판매자 간의 거래계약의 내용 등을 고려하여 세관장이 지정하는 기간 내에 확정된 가격을 신고하여야 한다.
③ 세관장은 납세의무자가 확정가격신고기간 내에 확정된 가격의 신고를 하지 아니하는 때에는 해당 물품에 적용될 가격을 확정할 수 있다.
④ 확정 가격신고를 하지 않은 경우, 100만원 이하의 과태료가 부과된다.

16 다음 HS Code의 구조에 관한 내용으로 옳지 않은 것은?

> 0101.21-1000(10단위 HSK) : 농가사육용 말

① 앞 2자리를 류(Chapter)라고 부른다.
② 앞 4자리를 호(Heading)라고 부른다.
③ 앞 6자리를 소호(Subheading)라고 부른다.
④ 7자리부터는 고정된 코드로 각 국가에서 이를 세분화하여 사용할 수 없다.

17 다음은 무엇에 대한 설명인가?

> 특정물품에 대하여 기본세율과는 다른 세율을 잠정적으로 적용하기 위하여 마련된 세율이며 국회에서 제정되고 관세율표상에 기본세율과 함께 표시된다. 이 세율의 적용을 받는 물품과 관련이 있는 관계부처의 장 또는 이해관계인은 적용 정지, 세율 인상·인하의 필요가 있다고 인정되는 때에는 이를 기획재정부장관에게 요청할 수 있다.

① 잠정세율 ② 합의세율
③ 협정세율 ④ 기본세율

18 다음 중 관세법에서 규정하는 간이세율 적용 대상 물품이 아닌 것은 무엇인가?

① 여행자 휴대품 또는 승무원 휴대품
② 수출용원재료
③ 외국에서 선박 또는 항공기의 일부를 수리하거나 개체하기 위하여 사용된 물품
④ 탁송품 또는 별송품

19 관세법에서 규정하는 공정무역에 대한 국내산업보호기능을 위한 탄력관세에 해당하는 것은 무엇인가?

① 특정국물품긴급관세　　② 상계관세
③ 덤핑방지관세　　　　　④ 보복관세

20 다음 중 관세법에 규정된 관세납부방식에 대한 설명으로 옳지 않은 것은?

① 신고납부방식이란 납부하여야 할 세액을 납세의무자가 세관장에게 신고함으로써 확정하는 것을 말한다.
② 부과고지방식이란 납부하여야 할 세액을 세관장의 행정처분에 의하여 확정하는 방법을 말한다.
③ 관세의 납세의무자는 수입신고 시 수입신고서에 품명, 규격, 수량, 적용세번, 세율, 납부할 금액 감면 조항 등을 기재하여 세관장에게 신고하여야 한다.
④ 세관에서는 원칙적으로 신고된 세액에 대하여 수입신고를 수리하기 전에 이를 심사한다.

21 납세의무자가 납세신고를 한 경우, 관세는 납세신고수리일로부터 며칠 이내에 납부하여야 하는가?

① 10일　　　　　　　　　② 15일
③ 20일　　　　　　　　　④ 25일

22 아래와 같은 상황에서 납세의무자가 취할 수 있는 조치로 올바른 것은?

> 납세의무자는 수입신고수리를 받은지 1년 6개월 후, 신고납부한 세액에 부족이 있었다는 사실을 확인하여, 세관에 (   )를 하고자 한다.

① 정정신고 ② 보정신고
③ 수정신고 ④ 경정청구

23 다음 중 관세법에 규정된 감면세 규정에 대한 설명으로 옳지 않은 것은?

① 종교용품·자선용품·장애인용품 등의 면세 : 종교단체, 자선·구호시설, 평화봉사단체에 기증되는 물품이나 시각·청각·언어장애인 등을 위해 특수제작된 물품, 재활의료시설에서 장애인의 진단·치료를 위해 사용하는 의료용구 등에 대하여는 관세를 면제하고 있다. 자선 또는 구호의 목적이나 재활의료를 위하여 사용되는 물품에 대하여 수급지원을 하기 위한 제도로서 사회복지적 성격을 가지고 있다.

② 특정물품의 면세 : 특정용도에 사용되는 물품으로서 다른 감면세 조항에 분류되지 않는 물품들을 모아서 규정하고 있다. 잔여조항의 성격을 가지고 있고, 종마·종묘 등, 박람회 행사참가자가 수입하는 물품, 방사선 측정기, 단독 또는 합작하여 포획·채집한 수산물 중 일정한 것, 외국의 원수·가족·수행원의 물품, 조난선박 해체재, 사고선박·항공기의 수리물품, 올림픽·아시안게임 운동용구 등이 수입되는 경우 이에 대한 관세가 면제된다.

③ 환경오염방지물품 등에 대한 감면세 : 오염물질의 배출을 방지 또는 처리하고, 산업재해 및 직업병을 예방하거나, 폐기물처리를 위해 사용되는 기계·기구·설비에 대하여는 수입시 관세를 경감한다. 또한 기술고도화를 통하여 생산의 효율을 극대화하도록 공장자동화기계·기구 및 설비 등에 대하여도 일정한 율을 정하여 관세를 경감할 수 있다.

④ 재수출 면세 : 임대차계약 또는 도급계약(공사용 기계, 기구나 수리 가공용 기계, 기구를 외국에서 빌려와 국내에서 사용하다가 다시 반송하거나 외국으로부터 선박을 나용해 와서 사용하다가 반송하는 경우)의 이행과 관련하여 국내에서 일시적으로 사용하는 물품 중 내용연수로 보아 장기간에 걸쳐 사용할 수 있는 물품에 대하여 관세를 면세할 수 있다.

24 다음 중 관세법에 규정된 납세의무의 소멸사유로 옳지 않은 것은?

① 관세를 납부하려하는 때, 천재지변이 발생하는 경우
② 관세부과가 취소된 때
③ 관세를 부과할 수 있는 기간 내에 관세가 부과되지 아니하고 그 기간이 만료된 때
④ 관세징수권의 소멸시효가 완성된 때

25 다음 중 수출용 원재료에 대한 관세 등 환급에 관한 특례법에 규정된 정액환급방법에 대한 설명으로 옳지 않은 것은?

① 국가가 수출물품별로 전년도 평균 환급액 또는 원재료의 평균납부세액을 기초로 환급액을 책정하고 기업은 국가가 책정한 금액을 수출물품의 제조, 가공에 소요된 원자재의 납부세액으로 보고 환급하는 방법이다.
② 정액환급제도에는 간이정액환급과 특수공정물품(연산품) 정액환급이 있다.
③ 간이 정액환급방법은 정부가 정하는 일정한 금액(간이 정액환급율표상의 금액)을 소요원재료의 수입 시 납부세액으로 보고 환급금을 산출하도록 하는 방법이다.
④ 정액환급율표의 적용을 받는 수출업체의 신청에 의하여 정액환급율표를 적용하지 않고 개별 환급을 적용할 수 있으며, 비적용승인일로부터 3년 이내에는 다시 정액환급율표 적용 신청을 할 수 없다.

26 다음 중 수출용 원재료에 대한 관세 등 환급에 관한 특례법에 규정된 납부세액증명서류로 옳지 않은 것은?

① 수출신고필증
② 분할증명서
③ 기초원재료 납세증명서
④ 평균세액증명서

27 다음 중 관세법상 관세조사를 받는 경우, 납세자 권리와 관련된 설명으로 옳지 않은 것은?

① 해당 사안에 대하여 이미 조사를 받은 동일한 자에 대하여 재조사를 할 수 있다.
② 특별한 경우를 제외하고는 납세자를 성실하게 간주하여 납세자가 제출한 신고서 등이 진실한 것으로 추정하여야 한다.
③ 납세자권리헌장이란 납세자의 권리보호를 목적으로 제정된 것으로 조사권 남용금지, 조력을 받을 권리, 비밀 유지 등의 내용을 포함한다.
④ 관세조사를 받는 경우 변호사·관세사 등으로부터 조력을 받을 수 있는 권리가 있다.

28 자유무역협정(FTA)관세법령상 원산지증명서의 증명방식이 기관증명 방식인 국가로 옳은 것은?

① 미국 ② 칠레
③ 싱가포르 ④ 터키

29 자유무역협정(FTA)관세법령상 일반 기준에 해당하는 원산지기준으로 옳은 것은?

① 완전생산기준(Wholly Obtained Rule)
② 누적기준(Accumulation Rule)
③ 최소인정기준(De minimis Rule)
④ 직접운송기준(Direct Transport Rule)

30 자유무역협정(FTA)관세법령상 용어의 정의로 옳지 않은 것은?

① "체약상대국"이란 우리나라와 자유무역협정을 체결한 국가(국가연합·경제공동체 또는 독립된 관세영역을 포함)를 말한다.
② "협정관세"란 협정에 따라 체약상대국을 원산지로 하는 수입물품에 대하여 관세를 철폐하거나 세율을 연차적으로 인하하여 부과하여야 할 관세를 말한다.
③ "체약상대국의 관세당국"이란 체약상대국의 관세 관련 법령이나 협정(관세분야만 해당한다)의 이행을 관장하는 당국을 말한다.
④ "원산지"란 관세의 부과·징수 및 감면, 수출입물품의 통관 등을 할 때 협정에서 정하는 기준에 따라 물품의 포장 공정만 이루어진 것으로 보는 국가를 말한다.

| 무역결제 |

01 다음 중 동시지급방식에 해당하지 않는 것은?

① 현물상환도방식(Cash On Delivery : COD)
② 서류상환도방식(Cash Against Document, CAD)
③ 지급인도조건(D/P : Documents against payment)
④ 주문시지급(Cash With Order ; CWO)

02 다음 O/A 결제방식에 대한 설명으로 잘못된 것은?

① 수출입상 간에 일정기간 동안의 수출입거래와 관련한 기본매매계약(OA Contract)을 체결한 후, 매 건별로 구매주문서(Purchase Order) 등에 의거 수출상이 물품을 선적하고 선적서류 원본을 수입상에게 송부하면, 수입상은 기본매매계약서 상의 결제조건에 따라 선적일을 기준으로 일정기간이 경과한 후에 수출상이 지정한 Account로 대금을 송금하여 결제하는 방식의 거래를 말한다.
② OA 방식은 수출상이 물품을 선적한 후 해외의 수입상에게 선적사실을 '통지'함과 동시에 수출채권이 확정된다.
③ 청산계정방식에서 수출상은 환어음을 발행해야 한다.
④ 수입자는 채무로 장부상에 기재하여 일정시점에서 서로 상계하고 차액만을 계산하기로 한다.

03 추심거래 당사자에 대한 설명으로 옳지 않은 것은?

① 추심의뢰인(Principal) : 은행에 대금의 추심을 의뢰하는 수출상(Exporter)으로서 Seller, Consignor 또는 어음의 발행인(Drawer)을 말한다.
② 추심의뢰은행(Remitting Bank) : 추심의뢰인으로부터 추심을 의뢰받은 수출국의 은행을 말하며 추심의뢰인의 지시에 따라야 한다.
③ 추심은행(Collecting Bank) : 추심에 참가하는 은행 중 추심의뢰은행을 포함한 모든 은행을 말한다.
④ 제시은행(Presenting Bank) : 추심은행이 수입업자의 거래은행이 아닌 경우에 제시은행이 존재하며 제시은행은 지급인에게 추심서류를 제시하게 된다.

04 다음 URC522 제2조 추심의 정의에 대한 설명으로 옳지 않은 것은?

① "서류"(documents)라 함은 금융서류만을 의미한다.
② "금융서류"(financial documents)라 함은 환어음, 약속어음, 수표 또는 기타 금전의 지급을 취득하기 위하여 사용되는 이와 유사한 증권을 의미한다.
③ "상업서류"(commercial documents)라 함은 송장, 운송서류, 권리증권 또는 기타 이와 유사한 서류, 또는 그밖에 금융서류가 아닌 모든 서류를 의미한다.
④ "무담보추심"(clean collection)이라 함은 상업서류가 첨부되지 아니한 금융서류의 추심을 의미한다.

05 다음은 환어음(bill of exchange)에 대한 설명이다. 빈칸에 들어갈 내용을 잘못 기재한 것은?

> 환어음이란 (①)이 지급인(drawee)인 제3자로 하여금 증권상에 기재된 일정금액(a certain sum)을 증권상에 기재된 (②) 또는 그 지시인(order) 또는 (③)에게 지급일에 일정장소에서 지급할 것을 무조건적으로(unconditionally) 위탁하는 요식유가증권(formal instrument)이며 (④)이다.

① 어음발행인(drawer)
② 수취인(payee)
③ 소지인(bearer)
④ 비유통증권(Non-negotiable instrument)이다.

06 매입신용장기준에 의해 환어음을 작성할 경우에 대한 설명으로 옳지 않은 것은?

```
                        BILL OF EXCHANGE
   No._____                          Date _____
   For_____                          Place _____
   ㉠ At sight of this First Bill of Exchange (Second of the same tenor and
   date being unpaid) pay to ㉡ _____ or order the sum of _____value
   received and charge the same to account of _____ Drawn under ㉢
   _____ L/C No. _____ dated ㉣ _____.
   To      _____
           _____                                    _____
                                                         _____
                                                     Authorized signature
```

① ㉠ : 일람불 환어음을 의미한다.
② ㉡ : 매도인의 환어음 및 서류를 매입은행이 매입한 경우 매입은행명을 통상적으로 기재한다.
③ ㉢ : 신용장 개설은행을 기재한다.
④ ㉣ : 신용장 만기일을 기재한다.

07 다음 내용으로 발행되는 신용장으로 옳은 것은?

> 수출입상품 대금의 결제를 목적으로 하는 화환신용장이 아니고 금융이나 보증을 위해 발행되는 특수한 조건의 무담보신용장(Clean L/C)이다.

① 회전신용장 ② 보증신용장
③ 일람지급신용장 ④ 매입신용장

08 다음 중 화환신용장 통일규칙(UCP600)에서의 Honour의 의미에 해당하지 않는 것은 무엇인가?

① 신용장이 일람지급에 의하여 사용될 수 있는 경우 일람 후 지급하는 것
② 신용장이 연지급에 의하여 사용될 수 있는 경우 연지급 확약의무를 부담하고 만기일에 지급하는 것
③ 신용장이 인수에 의하여 사용될 수 있는 경우 수익자에 의하여 발행된 환어음("어음")을 인수하고 만기일에 지급하는 것
④ 상환이 지정은행에 행해져야 할 은행영업일에 또는 그 이전에 수익자에게 대금을 선지급하거나 또는 선지급하기로 약정함으로써, 일치하는 제시에 따른 환어음(지정은행이 아닌 은행을 지급인으로 하여 발행된) 및 또는 서류의 지정은행에 의한 구매를 하는 것

09 다음 중 화환신용장 통일규칙(UCP600)에서의 기본당사자에 해당하지 않는 것은 무엇인가?

① 개설의뢰인(Applicant)
② 수익자(Beneficiary)
③ 확인은행(Confirming bank)
④ 개설은행(Issuing bank)

10 다음은 화환신용장통일규칙(UCP 600)의 독립성에 관한 설명이다. 이에 대한 내용으로 옳은 것만으로 연결된 것은?

> A. 신용장은 그 성질상 그것이 근거될 수 있는 매매계약 또는 기타 계약과는 독립된 거래이다.
> B. 은행은 매매계약에 관한 어떠한 참조사항이 신용장에 포함되어 있다 하더라도 그러한 계약과는 아무런 관계가 없으며 또한 이에 구속되지 아니한다.
> C. 은행은 서류를 취급하는 것이며 그 서류와 관련될 수 있는 물품, 용역 또는 이행을 취급하는 것은 아니다.
> D. 개설은행은 신용장의 필수적인 부분으로서 근거계약의 사본, 견적송장 등을 포함시키고자하는 어떠한 시도도 저지하여야 한다.

① A, B, C ② A, B, D
③ B, C, D ④ A, C, D

11 화환신용장통일규칙(UCP 600)이 적용되는 경우, 다음의 신용장에서 요구하는 서류로 옳지 않은 것은?

> 46A : Documents Required
> + SIGNED COMMERCIAL INVOICE IN TRIPLICATE
> + FULL SET OF CLEAN OCEAN ON BOARD BILLS OF LADING MADE OUT TO THE ORDER OF SELLER AND ENDORSED IN BLANK AND MARKED 'FREIGHT PREPAID' AND NOTIFY APPLICANT
> + INSURANCE POLICY, IN DUPLICATE, ENDORSED IN BLANK FOR 110 PCT OF THE INVOICE VALUE INCLUDING INSTITUTE CARGO CLAUSE(ALL RISKS) INSTITUTE WAR CLAUSE AND INSTITUTE SRCC CLAUSE WITH CLAIMS PAYABLE IN USA IN THE CURRENCY OF THE DRAFTS
> + PACKING LIST IN TRIPLICATE

① 서명된 상업송장 3통 ② 수취선하증권 전통
③ 보험증권 전통 ④ 포장명세서 3통

12 신용장 관련 서류 심사의 내용에 대한 설명으로 옳지 않은 것은?

① 서류는 신용장의 일자보다 이전의 일자가 기재될 수 있으나 그 서류의 제시일보다 늦은 일자가 기재되어서는 안된다.
② 모든 서류상에 표시되는 물품의 송화인은 반드시 신용장의 수익자로 표시될 필요는 없다.
③ 지정은행, 확인은행, 개설은행은 제시가 일치하는지 여부를 결정하기 위하여 제시일의 다음날부터 최대 제5은행영업일을 각각 가진다.
④ 지정은행, 확인은행, 개설은행은 서류가 문면상 일치 하는 제시를 구성하는지 여부를 결정하기 위하여 서류뿐만 아니라, 물품이나 명세 등도 확인하여 그 제시를 심사하여야 한다.

13 신용장 관련 불일치서류의 제시를 받은 경우, 불일치 통지에 대한 설명으로 옳지 않은 것은?

① 불일치 통지 시, 해당 통지서에는 몇 번째 불일치 통지인지에 대하여 기재하여야 한다.
② 개설은행은 제시가 일치하지 아니하다고 결정하는 경우에는, 독자적인 판단으로 발행의 뢰인과 불일치에 관한 권리포기의 여부를 교섭할 수 있다.
③ 지정은행, 확인은행, 개설은행은 제시가 일치하지 아니한 것으로 결정하는 경우에는, 지급이행 또는 매입을 거절할 수 있다.
④ 불일치 통지는 제시일의 다음 제5은행영업일의 마감시간까지 행해져야 한다.

14 신용장 관련 원본서류 및 사본에 대한 설명으로 옳은 것은?

① 원본의 제시는 필요하지 않다.
② 명백히 서류발행인의 원본 서명, 표기, 스탬프, 또는 부전을 기재하고 있는 서류를 원본으로서 취급한다.
③ 서류발행인에 의하여 수기, 타자, 천공 또는 스탬프된 것으로 보이는 경우라도 원본으로 고려할 수는 없다.
④ 신용장이 서류의 사본의 제시를 요구하는 경우에는, 무조건 사본의 제시만 허용된다.

15 다음 중 UCP600에서 설명하는 상업송장의 조건으로 적절하지 않은 것은?

① 수익자에 의하여 발행된 것으로 보여야 한다.
② 개설의뢰인 앞으로 작성되어야 한다.
③ 포장명세서와 동일한 통화로 작성되어야 한다.
④ 서명될 필요가 없다.

16 다음 중 UCP600에 직접적으로 언급된 일치하는 제시(Complying presentation)를 판단하는 기준이 아닌 것은 무엇인가?

① UCP600
② 판례
③ 국제표준은행관행
④ 신용장조건

17 다음 중 UCP600에서 설명하는 복합운송서류(제19조)에 대한 설명으로 적절하지 않은 것은?

① 운송인의 명칭을 표시하고 운송인 등에 의하여 서명되어 있어야 한다.
② 대리인에 의한 모든 서명은 그 대리인이 운송인을 대리하여 서명하였는지, 또는 선장을 대리하여 서명하였는지를 표시하여야 한다.
③ 단일의 운송서류 원본 또는, 2통 이상의 원본으로 발행된 경우에는, 운송서류상에 표시된 대로 전통(Full set)이어야 한다.
④ 복합운송계약에 따른다는 어떠한 표시도 포함하고 있지 아니하여야 한다.

18 다음에서 설명하는 것은 무엇인가?

> 신용장이 양도가능한 것으로 명기되어 있지 아니하다는 사실은 적용 가능한 법률의 규정에 따라 그러한 신용장에 의하여 수권되거나, 또는 될 수 있는 대금을 양도할 수익자의 권리에 영향을 미치지 아니한다. 이 조는 대금의 양도에만 관련되어 있으며 신용장에 따라 이행할 권리의 양도에 관련되는 것은 아니다.

① 대금의 양도 ② 신용장의 양도
③ 은행 면책 ④ 대금지급 확약

19 다음 문장에 있어 번호가 붙여진 단어에 대하여 그 내용이 맞는 것은 어느 항인가?

> ⓐ We hereby authorize ⓑ you to draw on the ⓒ National Bank of Beijing on account of ⓓ China Silk Store Inc., Beijing up to the amount of Seven Thousand Dollars ($7,000).

	ⓐ	ⓑ	ⓒ	ⓓ
①	수입상	신용장통지은행	신용장개설은행	수출상
②	신용장개설은행	수출상	신용장개설은행	수입상
③	신용장개설은행	수출상	신용장통지은행	수입상
④	추심은행	수출상	신용장통지은행	수입상

20 신용장 거래 상 은행에서 수리하지 않는 선하증권은 무엇인가?

① 갑판에 적재될 수도(may) 있다고 기재된 운송서류
② 용선계약에 따른다는 표시가 있는 선하증권
③ 하역 관련 추가 비용이 표시된 운송서류
④ Unknown Clause가 기재된 선하증권

21 다음 중 수출상이 수출대금을 회수하는 시기가 가장 느린 신용장은?

① 선대신용장 ② 일람지급신용장
③ 인수신용장 ④ 매입신용장

22 다음 중 신용장통일규칙의 신용장 및 조건변경의 통지에 대한 내용으로 옳지 않은 것은?

① 신용장 및 모든 조건변경은 통지은행을 통하여 수익자에게 통지될 수 있다.
② 확인은행이 아닌 통지은행은 지급이행 또는 매입할 어떠한 확약 없이 신용장 및 모든 조건변경을 통한다.
③ 신용장 또는 조건변경을 통지함으로써, 통지은행은 그 자신이 신용장 또는 조건변경의 외관상의 진정성에 관하여 스스로 충족하였다는 것과 그 통지가 수령된 신용장 또는 조건변경의 제조건을 정확히 반영하고 있다는 것을 의미한다.
④ 통지은행은 수익자에게 신용장 및 모든 조건변경을 통지하기 위하여 타은행("제2통지은행")의 서비스를 제한적으로 이용할 수 있다. 다만, 외관상의 진정성에 대해서는 제1통지은행이 대신 검토하여 주어야 한다.

23 다음 중 개설은행(Issuing bank)이 신용장 조건변경서에 대하여 취소불가능의 의무를 부담하는 시점은 언제부터인가?

① 조건변경서를 개설한 시점
② 조건변경서에 확인을 추가한 시점
③ 조건변경서에 확인을 추가하고, 해외로 송부한 시점
④ 조건변경서에 대하여 제시하게 되는 시점

24 우리나라 외환시장과 환율구조에 대한 내용 가운데 잘못된 것은?

① 전신환매매율의 스프레드는 현찰매매율의 스프레드에 비해 크다.
② 외환브로커가 없다면 외환거래는 대부분 이루어지지 못할 것이다.
③ 외국환은행은 은행 간 외환시장에서 거래된 도매환율을 반영하여 매매기준율을 변경고시한다.
④ 외환시장에서는 한국 원화를 대가로 미국 달러나 중국 위안화만 거래할 수 있다.

25 현재 달러/원 현물환율(앞쪽 통화가 기준통화)은 1,100원이고 달러 3개월 금리는 3.5%, 원화 3개월 금리는 2.5%라면, 달러-원 3개월 선물환율은 어떻게 되는가?(간편식 사용)

① 1,027.25원　　　　　　② 1,100.25원
③ 1,097.25원　　　　　　④ 1,300.25원

26 외환시장에서 달러/원 환율(앞쪽 통화가 기준통화)이 하락(원화가치 절상)할 수 있는 요인으로 보기 어려운 것은?

① 미국과 중국의 무역 분쟁 심화
② 한국의 경상수지 흑자
③ 미국 시장의 금리 인하
④ 유로화 강세 전망

27 환위험 관리기법 중 기업이 수출입 거래 시 다양한 통화로 결제를 하는 기법으로, 각 통화의 환율 변동 방향성이 달라서 이익과 손실을 상쇄하는 효과가 있는 기법을 무엇이라고 하는가?

① 리딩　　　　　　　　　② 래깅
③ 포트폴리오 전략　　　　④ 상계

28 다음 중 외환시장에 대한 설명으로 옳은 것은?

① 외국환은행은 외환시장의 참가자라고 할 수 없다.
② 외환시장에서는 투기 목적의 거래는 허용하지 않는다.
③ 외환거래는 일반적으로 통신 수단 등을 활용한 장외거래가 일반적이다.
④ 대고객 외환시장보다 은행 간 외환시장의 규모가 작다.

29 다음 중 우리나라 기업의 환위험에 대한 설명으로 적절한 것은?

① 해당 통화의 자산이 부채보다 많은 경우를 Short Position이라고 한다.
② 해당 통화의 부채가 자산보다 많은 경우를 Long Position이라고 한다.
③ 수출거래 당시보다 실제 수출대금을 결제할 때의 환율이 하락한다면 거래환위험의 가능성이 높다.
④ 영업환위험이란 미국 자회사의 달러로 표시된 재무제표를 한국 모회사의 원화로 전환할 때 평가금액이 달라지는 경우 입을 수 있는 위험을 의미한다.

30 다음 중 역외선물환(NDF) 거래에 대한 설명으로 옳지 않은 것은?

① 선물환계약의 일종이다.
② 만기에 계약 원금의 교환이 필요하다.
③ 해외 금융시장에서 이루어지는 USD/KRW 선물환 거래이다.
④ 만기에는 지정통화인 미국 달러화로 결제하는 거래이다.

| 무역계약 |

01 다음 중 Vienna Convention(1980)에 대한 설명으로 옳지 않은 것은?

① 양 당사자가 서로 다른 국가에 영업소를 가지고 있는 경우 적용된다.
② 양 당사자의 국가가 모두 체약국이 아닌 경우라도, 적용될 수 있는 가능성이 있다.
③ 당사자의 국적은 CISG 적용의 주요 고려사항이다.
④ 정식명칭은 '국제물품매매계약에 관한 UN협약(The United Nations Convention on Contract for the International Sales of Goods)'이다.

02 다음 중 Vienna Convention(1980)의 적용이 제외되는 경우에 대한 설명으로 옳지 않은 것은?

① 전기를 매매하는 경우에는 CISG가 적용되지 않는다.
② 당사자의 의무의 중요한 부분이 서비스 공급에 있는 경우에는 적용이 제외된다.
③ 물품에 의하여 야기된 어떠한 자의 사망 또는 신체적인 상해에 대한 매도인의 책임에 대해서는 적용되지 아니한다.
④ 당사자 합의에 의한 제외는 인정되지 않는다.

03 다음 중 Vienna Convention(1980)에서의 청약의 요건으로 옳지 않은 것은?

① 1인 이상의 특정한 자에게 통지된 계약체결의 제의
② 충분히 확정적이고 또한 승낙이 있을 경우에 구속된다고 하는 청약자의 의사를 표시
③ 어떠한 제의가 물품을 표시하고, 또한 그 수량과 대금을 명시적 또는 묵시적으로 지정하거나 또는 이를 결정하는 규정을 두고 있는 경우에는 해당 제의는 충분히 확정적
④ 1인 이상의 특정한 자에게 통지된 것 이외의 어떠한 제의

04 다음 중 품질조건에 관한 설명으로 옳지 않은 것은?

① 상표매매(Sales by brand)는 매수인이 현물을 직접 확인한 후 매매계약을 체결하는 경우의 품질약정방법으로 매수인에 의한 직접 점검방식을 취하므로 국내거래에서는 널리 활용된다. 무역거래에서는 BWT(bonded warehouse transaction : 보세창고도조건) 거래, COD거래, "offer on approval(점검 후 매매조건 청약)" 또는 "offer on sale or return(반품허용조건청약)"에 의해 서적과 사무용품의 판로확장 및 신규상품의 시장개척에 이용된다.

② U.S.Q(Usual Standard Quality : 보통표준품질조건)이라 함은, 공인표준 기준 또는 공인검사기관에 의해서 보통품질을 표준품의 품질로 결정하는 조건으로 미국의 면화판매에서 시작된 것을 의미한다. 인삼, 오징어, 해태 등 우리나라에서 수출하는 상품 중에는 수출조합이나 정부지정 공공기관에서 판정하는 품질에 따라 1등급, 2등급 또는 A급, B급 또는 A1, B2 등으로 구분된다.

③ 명세서매매(Sales by description)란, 구조, 성능, 특징, 규격 등을 상세히 알려주는 설명서(description)나 명세서(specification), 도해목록(illustrated catalogue), 설계도(plan) 또는 청사진(blueprint) 등을 제시하여 이로서 거래할 상품의 품질을 약정하는 매매방법이다.

④ 규격매매(Sales by Grade)란, 상품규격이 국제적으로 특정되어 있거나 널리 채용되고 있는 조건을 이용하여 거래하는 것을 의미한다. 국제적으로 널리 채용되고 있는 ISO(International Standardization Organization), BBS(british standard), KS(Korean standard), JIS(Japan industrial standard) 등이 있으며, 전자제품과 같은 공산품 매매에서 사용된다.

05 다음에서 설명하는 것은 무엇인가?

> 총중량에서 외부 포장인 부대의 무게를 제외한 중량으로 비누나 화장품같이 소매 시에 포장된 채로 판매되는 상품에 적용된다. 이 방법이 가장 보편적으로 채용되는 계량방법이다.

① Gross weight　　　　　② Net weight
③ Net net weight　　　　 ④ CBM

06 다음 중 무역계약의 성립으로 볼 수 없는 것은 무엇인가?

① 매도인의 청약에 대하여 매수인이 단가를 변경하여 회신하였다.
② 매도인의 물품대금 선지급 요청에 대하여, 매수인이 승낙의 의사표시 없이 해당 물품 대금을 지급하였다.
③ 매수인의 책임 없는 지연된 승낙에 대하여, 매도인이 거절의 통지를 송부하였다.
④ 피청약자인 매수인의 승낙이 청약자인 매도인에게 도달한 이후, 3일 내에 매수인이 철회의 의사표시를 송부하였다.

07 다음 중 Vienna Convention(1980)에서 승낙기간 및 지연된 승낙에 대한 설명으로 옳지 않은 것은?

① 지연된 승낙이 포함되어 있는 서신 또는 기타의 서면상으로, 이것이 통상적으로 전달된 경우라면 적시에 청약자에게 도달할 수 있었던 사정에서 발송되었다는 사실을 나타내고 있는 경우에는, 그 지연된 승낙은 승낙으로서의 효력을 갖는다.
② 청약자가 지체없이 구두로 피청약자에게 유효하다는 취지를 통지하는 경우 승낙으로서의 효력이 없다.
③ 청약자가 지체없이 피청약자에게 청약이 효력을 상실한 것으로 본다는 취지를 구두로 통지하거나 또는 그러한 취지의 통지를 발송하지 아니하여야 한다.
④ 전화, 텔렉스 또는 기타의 동시적 통신수단에 의하여 청약자가 지정한 승낙의 기간은 청약이 피청약자에게 도달한 때로부터 기산된다.

08 신용조회 항목 중 3C's에 해당하지 않는 것은?

① Character ② Country
③ Capacity   ④ Capital

09 다음 서류의 전자적인 방식에 의한 발급 및 사용과 관련하여, 관련 규칙이 없는 서류는 무엇인가?

① 신용장   ② 추심
③ 선하증권   ④ 포장명세서

10 다음 중 수입자의 입장에서 곡물의 품질을 가장 안정적으로 보장 받기 위한 조건은 어느 것인가?

① T.Q
② R.T
③ S.D
④ FAQ

11 다음 중 Incoterms(2020)의 규칙에 대한 설명으로 올바른 것은?

① EXW : 매도인에게 수출통관의 의무가 있다.
② FAS : 매도인은 매수인을 위하여 운송계약을 체결하고, 운임을 지급하여야 한다.
③ CIP : 매도인은 매수인의 위험에 대하여, 보험계약을 체결[ICC(A)조건]하여야 한다.
④ DDP : 매도인에게는 수출통관의무, 매수인에게는 수입통관의무가 있다.

12 다음 중 Incoterms(2020)의 개정사항에 대한 설명으로 옳지 않은 것은?

① DAT 조건은 삭제되고, DPU 조건이 신설 되었다.
② CIP 조건에서 매도인은 매수인의 위험에 대하여 ICC(A)조건으로 보험계약을 체결하여야 한다.
③ FOB 조건은 금번 개정으로 삭제되었다.
④ DPU 조건에서 매도인은 도착장소에서 운송수단으로부터 물품을 양하 해야 할 의무가 있다.

13 다음 무역계약에 대한 내용으로 가장 옳지 않은 것은?

① 매매계약을 체결하고 난 후, 결제계약이나 운송계약 등 종속계약을 추가로 체결한다.
② 매매계약은 반드시 서면으로 체결될 필요는 없다.
③ 매매계약서를 작성하는 경우 일반적으로 영어로 작성한다.
④ 매매계약서를 작성하는 경우, 불요식계약이기 때문에 당사자가 1통씩 나눠 가질 필요는 없다.

14 중재에 대한 설명으로 옳지 않은 것은?

① 중재는 외국에서는 효력을 발생시키지 못하는 치명적인 단점이 있다.
② 소송과는 달리 단심제로 결정되므로, 시간 및 비용 절감 차원에서 유리하다.
③ 중재는 특별한 사유가 있는 경우라면, 중재안에 대해 승인 및 집행을 거부할 수 있다.
④ 당사자간 분쟁을 중재로 해결하기 위해서는, 반드시 중재합의가 서면으로 증빙되어야 한다.

15 다음에서 설명하고 있는 조항은 무엇인가?

> 계약서가 유일한 합의서이고 이것 이외의 내용은 인정하지 않는다는 조항

① 준거법 조항　　② 재판관할 조항
③ 설명조항　　　④ 완전합의조항

16 다음 중 정기선(Liner)에 대한 설명으로 옳지 않은 것은?

① 특정 항로를 미리 정해진 입출항 예정표(schedule)에 따라 규칙적으로 반복 운항하는 선박을 말한다.
② 운항 일정을 정하여 정기적으로 운항하는 선박을 말한다.
③ 운임율표에 따라 운임이 책정된다.
④ 부정기선(Tramper)에 비하여, 해운동맹을 체결하기가 어렵다.

17 다음 부정기선(Tramper)의 운임조건에 대한 설명으로 옳지 않은 것은?

① FI(Free In) : 선적항에서의 선적 시에 그 하역비를 화주가 부담하는 조건으로 양륙 시에는 선주가 부담한다.
② FO(Free Out) : 선적항에서 선적시에 하역비를 선주가 부담하고 도착항에서 양륙 시에는 화주가 부담하는 하역조건을 말한다.
③ FIO(Free In & Out) : 선적 및 양하시의 하역비를 모두 화주가 부담하는 조건이다.
④ FIOS(Free In & Out & Stowage) : 선적, 양하 시 및 창고 보관료 모두 선주가 부담하는 조건이다.

18 다음에서 설명하고 있는 것은 무엇인가?

> 화주인 용선자가 특정항로(양 항구간의 일정항해)를 정하여 선박을 용선하는 것인데 이 경우 용선자가 선박회사에 지급하는 보수는 용선료가 아니라 운임이다. 이 계약의 표준서식으로 현재 가장 많이 사용되고 있는 것은 GENCON이다. 이 계약의 주요계약내용에는 계약당사자의 명칭, 선박표시, 화물명세, 적양항, 운임과 운임지급조건, 하역비 부담조건, 정박기간의 표시, 체선료, 조출료, 정박기간의 개시시기, 적재회항기일 및 해약조항이 있다.

① 항해용선계약 ② 기간용선계약
③ 나용선계약   ④ 정기용선계약

19 해운동맹에서 화주를 구속하는 대외적 방법으로 옳지 않은 것은?

① 공동계산제(Pooling system)
② 계약운임제(Contract Rate System : Dual Rate System)
③ 운임연환급제(Deffered Rebate System)
④ 운임할려제(Fidelity Commission System)

20 다음의 무역계약의 일반조건에 관한 설명 중 옳지 않은 것은?

① 신용장에서 분할 선적을 금지하고 있다면 신용장의 분할양도는 불가능하다.
② 살화물(bulk cargo)을 신용장 결제방식으로 거래하는 경우에는 계약 물품의 수량 앞에 별다른 표시가 없더라도, 5%의 과부족은 허용된다.
③ DAP 조건에서 매도인은 매수인의 위험에 대하여 해상보험계약을 체결해야하는 의무가 있다.
④ 보험목적물이 전멸하지 않았어도 손해 정도가 심하여 본래의 목적에 사용할 수 없거나 그 손해를 수선할 수 있다고 하여도 수선비가 많이 소요되는 경우의 손해를 추정전손이라고 한다.

21 다음의 상사중재에 관한 설명으로 옳지 않은 것은?

① 상사중재는 무역전문가 집단에 의한 전문적인 중재안을 도출해낸다.
② 중재조항에는 중재지, 중재기관, 준거법이 포함되어야 한다.
③ 중재합의는 서면으로 합의되어야 한다.
④ 중재합의 후 일방 당사자는 소송으로 분쟁을 해결하고 싶은 경우, 바로 소송을 제기하면 된다.

22 선하증권의 특징으로 옳지 않은 것은?

① 권리증권성
② 매수인에 대한 물품인도완료의 증거
③ 화물수취증
④ 요식증권성

23 다음 중 해상화물운송장에 대한 설명으로 옳지 않은 것은?

① 운송인이 운송을 위해 화물을 수령했음을 인증하는 증서이다.
② UCP600에 따라 신용장거래에서 수리가 가능하다.
③ 일반적으로 해상화물운송장에는 서명이 포함된다.
④ 배서가 된다면 유통이 가능하다.

24 다음에서 설명하고 있는 서류로 옳은 것은?

> 화물이 양호하지 못한 상태로, 즉 수량이 맞지 않고 포장이나 물품에 하자가 있는 상태로 본선에 적재되어 B/L을 발행하는 것을 (　　　)이라고 한다.

① 파손화물보상장(letter of indemnity : L/I)
② 선적선하증권(Shipped B/L : On Board B/L)
③ 사고부 선하증권(Foul B/L)
④ 수입화물대도(Trust Receipt : T/R)

25 다음 중 복합운송(International Multimodal/Combined Transport)의 특징에 대한 설명으로 옳지 않은 것은?

① 수송기관의 접점에서 비용이 많이 소요된다.
② 서류를 단순화할 수 있다.
③ 운송책임이 일원화되어 있다.
④ 화물 추적이 쉽다.

26 다음에서 설명하는 복합운송의 책임체계에 대한 것으로 옳은 것은?

> 복합운송 중 운송품의 멸실, 손상이 발생한 경우 손해구간이 판명된 경우에는 그 구간에 적용되는 기존의 국제협약이나 강행적 국내법에 따르는 체계이다. 모르는 경우에는 일정한 별도의 책임원칙과 책임한도를 둔다.

① 동종책임체계(단일책임체계, Uniform Liability System)
② 절충식책임체계(수정동종책임체계Modified Uniform Liability System)
③ 이종책임체계(복수책임체계, Network Liability System)
④ 혼합책임체계(결합책임체계, Mixed Liability System)

27 다음에서 설명하는 보험에 대한 내용으로 옳은 것은?

> 보험가액보다 보험금액이 적은 경우로, 손해가 발생하면 보험자는 보험금액의 보험가액에 대한 비율에 따라 손해를 보상한다. 이것을 비례보상의 원칙 또는 비례부담의 원칙이라고 한다.

① 전부보험　　　　　　　　② 일부보험
③ 초과보험　　　　　　　　④ 중복보험

28 다음 중 해상고유의 위험(perils of the seas)에 해당하지 않는 것은?

① 침몰(Sinking)　　　　　　② 충돌(Collision)
③ 악천후(Heavy Weather)　　④ 강도(thieves)

29 다음에서 설명하는 보험용어는 무엇인가?

> 보험자가 보험금 전액을 지급하였을 경우 잔존물에 대해 피보험자의 모든 권리를 취득하는 것을 말한다. 이 권한은 전손보험금을 지급한 경우에 한하며, 만약 보험자가 분손보험금을 지급했다면 잔존물에 대한 소유권을 취득할 수 없다.

① 잔존물 대위　　　　② 구상권 대위
③ 위부　　　　　　　④ 현실전손

30 다음에서 설명하는 무역관련 용어는 무엇인가?

> 일반적으로 국적이 상이한 둘 이상의 자연인, 회사 또는 공법인 등이 특정사업의 공동 수행을 위하여 상당기간 투자할 것을 내용으로 하는 공동사업형태를 의미한다. 현금출자 이외에도 기술, 제조방법, 특허권. 상표권과 같은 무체자산 등 다양한 합작투자의 목적물이 있다.

① Exclusive Contract(독점계약)
② Joint Venture Agreement(합작투자계약)
③ Licensing Agreement(라이센스계약)
④ Agency Agreement(대리점계약)

| 무역영어 |

01 신용장 조건에서 은행의 역할로 옳지 않은 것은?

> A. The letter of credit authorizes the beneficiary draw drafts (or demand payment) on the bank under certain conditions.
> B. The banks provide additional comfort for both exporter and importer in a trade transaction by playing the role of intermediaries.
> C. The banks assure the importer that he would be paid if he provides the necessary documents to the issuing bank.
> D. The banks assure the buyer that his money would not be released unless the shipping documents evidencing proper and accurate shipment of goods are presented.

① A
② B
③ C
④ D

02 보험에 관한 설명으로 옳지 않은 것은?

> A. Insured has an insurable interest when loss of or damage would cause the insurer to cover the loss.
> B. Open cover is most flexible if goods are moved regularly in a fixed time.
> C. Cargo insurance covers loss of or damage to goods while in transit by land, sea and air.
> D. Applying CIF and CIP, the seller can take out insurance for 100% of the value of the goods.

① A
② B
③ C
④ D

03 다음을 순서대로 배열한 것으로 옳은 것은?

> Dear Ms Hansen
> Thank you for your letter of 18 August and for the samples of cotton underwear you very kindly sent to me.
> (A) I appreciate the good quality of these garments, but unfortunately your prices appear to be on the high side even for garments of this quality.
> (B) May I suggest that perhaps you could make some allowance on your quoted prices which would help to introduce your goods to my customers.
> (C) To accept the prices you quote would leave me with only a small profit on my sales since this is an area in which the principal demand is for articles in the medium price range.
> (D) If you cannot do so, then I must regretfully decline your offer as it stands.
> I hope to hear from you soon.
> Yours sincerely

① (A) − (B) − (C) − (D)
② (C) − (A) − (D) − (B)
③ (A) − (C) − (B) − (D)
④ (D) − (B) − (C) − (A)

04 다음 중 CISG에 대한 설명으로 옳지 않은 것은?

① Contracts for the supply of goods to be manufactured or produced are to be considered sales unless the party who orders the goods undertakes to supply a substantial part of the materials necessary for such manufacture or production.
② CISG does not apply to contracts in which the preponderant part of the obligations of the party who furnishes the goods consists in the supply of labour or other services.
③ CISG does not apply to the liability of the seller for death or personal injury caused by the goods to any person.
④ Either the nationality of the parties or the civil or commercial character of the parties or of the contract is to be taken into consideration in determining the application of CISG.

05 다음 중 CISG에 대한 설명으로 옳지 않은 것은?

① For the purposes of this Convention "writing" includes telegram and telex.
② A contract of sale need not be concluded in or evidenced by writing and is not subject to any other requirement as to form.
③ It may be proved by any means, including witnesses.
④ If a party does not have a habitual residence, reference is to be made to his place of business.

06 다음 서신의 주제로 옳은 것은?

> Dear sirs
> J & H of Newyork wishes to open an account with us and have given your name as a reference.
> We should be grateful for your view about the firm's general standing and your opinion on whether they are likely to be reliable for credit up to USD 5,000 and to settle their accounts promptly.
> Any information provided will be treated in strict confidence.
> We enclose a stamped, addressed envelope for your reply.
> Yours faithfully

① 신용조회 ② 가격협상
③ 시장조사 ④ 클레임제기

07 다음 괄호 안에 들어갈 내용으로 옳은 것은?

> A ( ) is an unconditional order in writing addressed by one person to another signed by the person giving it, requiring the person to whom it is addressed to pay on demand or at a fixed future time a certain sum of ( ).

① bill of exchange – check
② letter of credit – check
③ bill of exchange – money
④ collection – money

08 다음에서 설명하는 Incoterms 2020 조건으로 옳은 것은?

> Delivery and risk – "This" means that the seller delivers the goods – and transfers risk – to the buyer
> • when the goods are placed at the disposal of the buyer
> • on the arriving means of transport ready for unloading
> • at the named place of destination or
> • at the agreed point within that place, if any such point is agreed

① FCA
② CIP
③ DAP
④ DDP

09 다음 Incoterms 2020 CPT 조건에 대한 설명을 모두 고른 것은?

> A. "Carriage Paid To" means that the seller delivers the goods—and transfers the risk—to the buyer by handing them over to the carrier contracted by the seller or by procuring the goods so delivered.
> B. The seller may do so by giving the carrier physical possession of the goods in the manner and at the place appropriate to the means of transport used.
> C. This rule may be used irrespective of the mode of transport selected and may also be used where more than one mode of transport is employed.
> D. CPT with delivery happening at destination and with the seller being responsible for the payment of import duty and applicable taxes is the Incoterms® rule imposing on the seller the maximum level of obligation of all eleven Incoterms® rules.

① A, B, C
② A, C
③ B, C, D
④ B, D

10 다음은 무엇에 대한 계약서 조항인가?

> A clause used to indicate in the contract the process by which the parties reached the conclusion of the contract or the main contents of the contract.

① Severability clause
② Witness clause
③ Arbitration clause
④ Whereas clause

11 다음 중 옳은 것은 무엇인가?

> We are pleased to inform you that your order No.135, has been shipped on 10 May on the SA TAKE which is due in Newyork in 30 days.

① The seller will carry the cargo in 30 days from 10 May
② The consignee have arranged the shipment
③ The buyer informs the shipment to a seller
④ The ship may arrive at Newyork before 15 June

12 다음 문장의 뒤에 위치할 문장으로 옳은 것은?

> We have received the shipment of 100 pairs of headsets with Order No. QA-1234 on March 13, for which payment was made on April 5 through bank transfer. However, 36 pairs out of 48 sold thus far have been returned for refund due to poor sound and inherent noise in the high frequency band. Accordingly, we had to immediately refund the purchasing price in full and had to take the remaining stocks off. This not only has caused considerable loss to our company but has seriously damaged our reputation in the market.

① We appreciate it if you let us know about the reference.
② The item is very satisfactory, so we are going to place substantial order more.
③ We therefore demand that you make a refund to us and take the items back to your country at your expense.
④ How long does it take to get the order sheet?

13 다음 괄호 안에 들어갈 내용으로 옳은 것은?

> Safety ( ) our workplace can never be overemphasized. The Company has well-defined safety regulations and procedures covering all areas of our operation. Failure to observe the safety precautions could result ( ) an accident causing damage or loss of property and even our health and lives. Be reminded that we can protect our lives and property only through strict compliance ( ) the safety regulations and procedures.

① in - in - with
② on - in - for
③ in - to - with
④ on - for - with

14 다음 괄호 안에 들어갈 것으로 묶인 것은?

> L/C can be used for the method of payment, it can also be used to provide financing to the applicant. Deferred and ( ) credits (i.e. term credits) are considered to be financing instruments for the ( ). Both payment structures provide the exporter the time opportunity to sell the goods and the importer to pay the amount due with future proceeds.

① sight-applicant
② acceptance-exporter
③ sight-exporter
④ acceptance-applicant

15 아래의 내용이 의미하는 바로 옳은 것은?

> This letter confirms our acceptance of the terms and conditions of the proposed Agreement. Please send us two copies of the Agreement, duly signed by yourself, at your earliest convenience. Upon receipt of the two copies, I'll countersign them and will return one copy for your file. Thank you again for your patience that has been essential in consummating this Agreement.

① 청약에 대한 거절
② 추가수량 주문
③ 계약 내용의 확인
④ 신용조회

16 다음의 내용을 옳게 설명한 것은?

> Though your products are slow down in this market, the main reason we have decided to order more is that you confirmed that your company is trying to make the quality of the item greater than ever. We think if the quality is improved, the item will be in popular day by day.

① The company has some problems in payment.
② The writer will order the items more.
③ There are a number of reasons for discontinuing the order.
④ The receiver and his company did not want to supply the items to the writer.

17 For the presentation to negotiating bank under UCP600, which of the documents MUST be signed?

① Contract sheet
② transportation document
③ Commercial invoice
④ Packing list

18 Which is WRONG in explanation of destination under Bill of Lading?

> A. The port of discharge are generally mentioned in the bill of lading.
> B. If there is an on board notation, the date will be regarded as the date for on board.
> C. If the port of delivery has been mentioned in the bill of lading, it is the responsibility of the carrier to deliver the goods to the port.
> D. If the carrier issue the bill of lading after receiving the cargo, he will issue of on board bill of lading.

① A
② B
③ C
④ D

19 다음 괄호 안에 들어갈 것으로 묶인 것은?

> (　　) is the remunerative amount to be paid to the (　　) for the conclusion of the insurance contract against the (　　) loss.

① insurance claim − insured − air
② insurance premium − insurer − marine
③ insurance claim − insurer − air
④ insurance premium − insured − marine

20 다음은 무엇에 관한 설명인가?

> Each goods supplied by the Seller is hereby expressly warranted to be free from defect in material and workmanship under normal use and service. The Warranty shall be limited to a period of 12 months after delivery of the goods at destination.

① Whereas Clause ; Recitals(설명조항)
② Arbitration Clause(중재조항)
③ Hardship Clause(이행곤란조항)
④ Warranty Clause(품질보증조항)

21 다음(괄호 안에 들어갈 개념)은 무엇에 관한 설명인가?

> A proposal for concluding a contract addressed to one or more specific persons constitutes an offer if it is sufficiently definite and indicates the intention of the offeror to be bound in case of acceptance. But a proposal other than one addressed to one or more specific persons is to be considered merely as an (   ), unless the contrary is clearly indicated by the person making the proposal.

① 청약의 유인(Invitation to offer)
② 수정청약(Counter offer)
③ 승낙(Acceptance)
④ 조건부 청약(Conditional Offer)

22 다음은 무엇에 관한 설명인가?

> The Buyer undertakes to pay the total price which appears in the present Contract. Payment of said price shall be effected by:
>
> Alternative A. Cash, check or bank transfer to the account and bank branch designated by the Seller.
>
> Alternative B. Bill of exchange or direct debit to the account and bank branch designated by the Buyer.
>
> Alternative C. Irrevocable and guaranteed letter of credit payable to the account and bank branch designated by the Seller.

① DELIVERY CONDITIONS
② PACKAGING
③ MEANS OF PAYMENT
④ DATE OF PAYMENT

23 다음 괄호 안에 들어갈 공통적인 단어로 옳은 것은?

> A ( ) is a document that can be issued by the owner of freight, consignee, shipper or a carrier to deliver the goods to another party. A ( ) should be differentiated from the bill of lading. The ( ) is not a negotiable document and it does not act as evidence or receipt of goods.

① Trust receipt　　　　　② Bill of lading
③ Delivery order　　　　④ Mate's receipt

24 다음 괄호 안에 들어갈 단어로 옳은 것은?

> According to the letter of credit rules a presentation consists of a transport document should be presented to the nominated bank within 21 days after the date of shipment, but not later than the expiry date of the letter of credit. Bill of lading is a transport document covering the carriage of goods by sea. If a set of documents, which consists of a bill of lading as a transport document, could not be presented to the nominated bank within 21 days after the date of shipment by the beneficiary, then late presentation discrepancy is emerged. A bill of lading that is not presented within 21 days after shipment is called a (   ).

① Stale Bill of Lading ② Third party Bill of Lading
③ Through Bill of Lading ④ E-Bill of Lading

25 다음 URC522에 관한 설명으로 옳지 않은 것은?

> a. Collections should contain bills of exchange payable at a future date with instructions that commercial documents are to be delivered against payment.
> b. If a collection contains a bill of exchange payable at a future date, the collection instruction should state whether the commercial documents are to be released to the drawee against acceptance (D/A) or against payment (D/P).
> c. In the absence of such statement commercial documents will be released only against payment and the collecting bank will not be responsible for any consequences arising out of any delay in the delivery of documents.
> d. If a collection contains a bill of exchange payable at a future date and the collection instruction indicates that commercial documents are to be released against payment, documents will be released only against such payment and the collecting bank will not be responsible for any consequences arising out of any delay in the delivery of documents.

① a ② b
③ c ④ d

26 다음 중 무역서신의 기본요소가 아닌 것은 무엇인가?

① Letter Head   ② Inside Address
③ Body of Letter   ④ Postscript

27 다음을 순서대로 바르게 나열한 것은?

> A. We are enclosing our illustrated catalog together with Price List so that you decide the order.
> B. We assure you that the prices and quality will be satisfactory.
> C. Thank you for your letter of May 5 concerning the inquiry of Silk Shirts.
> D. If you want to obtain any additional information, please do not hesitate to contact us.

① a – b – c – d   ② a – c – b – d
③ c – a – b – d   ④ c – b – b – a

28 다음의 보기에서 A의 문장을 B로 변경하는 경우 무역서신의 작성원칙 5C's 중 무엇에 따라 변경한 것인가?

> A : We have your recent order.
> B : We have your order No. 123 of May 3, 2021, for 300 pieces leather handbags.

① Correctness   ② Conciseness
③ Clearness   ④ Completeness

29 다음 중 무역계약의 성립과정에서 필요한 서류가 아닌 것은?

① 견적서(Quotation) ② 송장(Invoice)
③ 주문서(Order Sheet) ④ 가격표(Price List)

30 다음과 같은 요소를 측정하는 신용조회의 3C's는 무엇인가?

> personality, integrity, reputation, attitude toward business, willingness to meet obligation

① Character(거래성격) ② Capacity(거래능력)
③ Capital(자본) ④ Currency(거래통화)

정답 및 해설

무역규범

01	④	02	③	03	③	04	③	05	①	06	②	07	③	08	②	09	④	10	②
11	①	12	④	13	④	14	③	15	②	16	④	17	①	18	②	19	①	20	④
21	②	22	③	23	④	24	①	25	④	26	①	27	①	28	③	29	①	30	④

무역결제

01	④	02	③	03	③	04	①	05	④	06	④	07	②	08	④	09	①	10	②
11	②	12	①	13	①	14	②	15	③	16	②	17	④	18	①	19	①	20	②
21	③	22	④	23	①	24	①	25	③	26	①	27	③	28	③	29	③	30	②

무역계약

01	③	02	④	03	④	04	①	05	②	06	①	07	②	08	②	09	④	10	②
11	③	12	③	13	④	14	①	15	④	16	①	17	④	18	①	19	①	20	③
21	④	22	②	23	④	24	④	25	①	26	③	27	②	28	②	29	①	30	②

무역영어

01	③	02	④	03	③	04	④	05	④	06	①	07	③	08	③	09	①	10	④
11	①	12	③	13	①	14	④	15	③	16	②	17	②	18	④	19	②	20	④
21	①	22	③	23	③	24	①	25	①	26	④	27	③	28	③	29	②	30	①

1 무역규범

01 ④
대외무역법에서 규정하고 있는 "물품"이란 상기의 ①, ②, ③을 제외한 동산(不動産)이다.

02 ③
만약 외국인이 해당 물품을 외국으로 반출하지 않은 경우에는, 수출로 인정되지 않는다.

03 ③
'교역상대국과의 경제협력 증진', '과학기술의 발전'이 추가로 해당한다.

04 ③
수출입승인을 받은 이후에, 승인의 유효기간 등의 변경이 필요한 경우는, 변경승인대상이다.

05 ①
외국환은행의 결제액 또는 확인액으로 한다.

06 ②
수출입공고는 대외무역법상 산업자원부장관이 공고한다.

07 ③
해외에서 사용한 중장비 등을 그것이 필요한 나라 등에 인도하고 대금은 본국의 본사에서 지급하는 거래 방식은 외국인도수출 방식이다.

08 ②
외화가득율이 30% 이상인 군납용 물품을 생산하는데 소요되는 원료

09 ④
연제품(連製品) 또는 연산물(連産物)이라고도 한다.

10 ②
과세의 4대 요건에는 추가로 관세율이 포함된다.

11 ①
일반적으로 관세는 수입신고(입항 전 수입신고 포함)를 하는 때의 물품의 성질과 수량에 따라 관세를 부과한다.

12 ④
'우편으로 수입되는 물품 – 수취인'이다.

13 ④
제1방법 내지 제6방법까지 존재한다.

14 ③
수입하고자 하는 모든 물품에 대해서는 가격신고를 하여야 하지만, 가격신고가 없더라도 과세가격을 결정하기가 곤란하지 아니하다고 인정되는 경우에는 가격신고를 생략할 수 있다.

15 ②
잠정가격으로 가격신고를 한 자는 2년의 범위 안에서 구매자와 판매자 간의 거래 계약의 내용 등을 고려하여 세관장이 지정하는 기간 내에 확정된 가격("확정가격")을 신고하여야 한다.

16 ④
7단위 이하는 6단위에서 정하는 범위 내에서 각국이 이를 세분하여 사용할 수 있다.

17 ①
한시적으로 적용되는 세율인 잠정세율에 대한 설명이다.

18 ②
간이세율적용 제외 물품이다.

19 ①
②③④는 모두 불공정무역에 대한 국내산업보호기능을 위한 탄력관세의 종류이다.

20 ④
세액심사는 원칙적으로 수입신고 수리 후에 심사하며, 예외적으로 신고한 세액에 대하여 관세채권확보가 곤란한 경우 등에는 수입신고를 수리하기 전에 이를 심사한다.

21 ②
납세 신고수리일로부터 15일 이내에 납부하여야 한다.

22 ③
보정기간(신고납부한 날부터 6개월 이후)이 지난 경우, 신고 납부한 세액에 부족이 있는 경우에 납세의무자는 수정신고를 할 수 있다.

23 ④
재수출감면세에 대한 설명이다.

24 ①
천재지변이 발생하더라도, 납세의무는 소멸되지 않는다.

25 ④
정액환급율표의 적용을 받는 수출업체의 신청에 의하여 정액환급율표를 적용하지 않고 개별환급을 적용할 수 있으며, 비적용승인일로부터 2년 이내에는 다시 정액환급율표 적용 신청을 할 수 없다.

26 ①
수출신고필증이 아닌 수입신고필증이 되어야 한다.

27 ①
해당 사안에 대하여 이미 조사를 받은 동일한 자에 대하여 재조사를 할 수 없다.(중복조사의 금지)

28 ③
미국, 칠레, 터키 등은 자율발급 증명 방식을 따른다.

29 ①

일반기준에는 완전생산기준(Wholly Obtained)과 실질변형기준(Substantial Transformation)이 있다.

30 ④

"원산지"란 관세의 부과·징수 및 감면, 수출입물품의 통관 등을 할 때 협정에서 정하는기준에 따라 물품의 생산·가공·제조 등이 이루어진 것으로 보는 국가를 말한다.

2 무역결제

01 ④

주문시지급 방식은 수입상의 물품주문시 수출상은 수출대금을 미리 받고 물품은 일정기간 이내에 선적하여 주는 방식이다.

02 ③

청산계정방식에서 수출상은 환어음을 발행하지 않는다.

03 ③

추심은행(Collecting Bank) : 추심에 참가하는 은행 중 추심의뢰은행을 제외한 모든 은행을 말한다.

04 ①

"서류"(documents)라 함은 금융서류 및/또는 상업서류를 의미한다.

05 ④

유통이 가능한 유통증권(negotiable instrument)이다.

06 ④

신용장 만기일이 아닌 신용장 발행일을 기재한다.

07 ②

일반적으로 수출입상품의 거래 목적에는 적합하지 않은 신용장의 형태이다.

08 ④

해당 보기는 Honour(결제)가 아닌, Negotiation(매입)과 관련된 내용이다.

09 ①

개설의뢰인(Applicant)은 기타당사자이다.

10 ②
C는 추상성에 대한 설명이다.

11 ②
On board 선하증권을 요구하고 있으므로, 수취선하증권이 아닌 본선적재선하증권 전통이 요구된다.

12 ④
서류가 문면상 일치하는 제시를 구성하는지 여부를 결정하기 위하여 서류만을 기초로 하여 그 제시를 심사하여야 한다.

13 ①
제시인에게 그러한 취지를 1회에 한하여 통지하여야 한다.

14 ②
① 최소 원본 1통은 제시되어야 한다.
③ 서류발행인에 의하여 수기, 타자, 천공 또는 스탬프된 것으로 보이는 경우는 원본으로 취급한다.
④ 원본 또는 사본의 제시가 허용된다.

15 ③
신용장과 동일한 통화로 작성되어야 한다.

16 ②
UCP600과 관련하여, 규정 중 판례에 대한 내용은 없다.

17 ④
용선계약에 따른다는 어떠한 표시도 포함하고 있지 아니하여야 한다.

18 ①
신용장 대금을 지급 받을 권리의 양도에 관한 내용이다.

19 ②
각 당사자의 위치는 고정되어 있으므로, 암기하는 것이 중요하다.

20 ②
용선계약에 따른다는 어떠한 표시도 포함하지 않아야 한다.

21 ③
인수신용장의 경우 환어음 발행 및 인수 후 만기에 대금이 지급되므로 가장 절차가 오래 걸린다.

| 22 | ④ |

통지은행은 수익자에게 신용장 및 모든 조건변경을 통지하기 위하여 타은행("제2통지은행")의 서비스를 이용할 수 있다. 신용장 또는 조건변경을 통지함으로써 제2통지은행은 자신이 수령한 그 통지의 외관상의 진정성에 관하여 스스로 충족하였다는 것과 그 통지가 수령된 신용장 또는 조건변경의 제조건을 정확히 반영하고 있다는 것을 의미한다.

| 23 | ① |

개설은행은 신용장을 개설(Issue)하는 시점부터 취소 불가능한 대금결제 의무를 부담한다.

| 24 | ① |

은행은 외화현찰 거래를 위해서 운송료 등 비용이 발생한다. 이에 따라 전신환매매에 비하여 스프레드를 크게 해서 고시하여야 손해가 발생하지 않는다.

| 25 | ③ |

선물환율 = 현물환율 + 스왑레이트
       = 현물환율 + 현물환율 × [피고시통화금리(원화) − 기준통화금리(달러)] × 기간/360
       = 1,100원 + 1,100원 × [2.5% − 3.5%] × 90/360
       = 1,100원 − 2.75원
       = 1,097.25원

| 26 | ① |

중국경제에 타격이 있는 경우, 한국도 연쇄적으로 경제 타격을 입을 가능성이 높다.

| 27 | ③ |

포트폴리오 전략(Portfolio Management)에 대한 설명으로, 이를 통해 환위험 규모를 축소시킬 수 있다.

| 28 | ③ |

① 외국환은행이나 외환 브로커 등은 외환시장의 주요 참가자다.
② 외환시장에서는 투기목적의 거래가 훨씬 많다.
④ 대고객 외환시장보다 은행 간 외환시장의 규모가 크다.

| 29 | ③ |

① 해당 통화의 자산이 부채보다 많은 경우를 Long Position이라고 한다.
② 해당 통화의 부채가 자산보다 많은 경우를 Short Position이라고 한다.
④ 환산환위험은 미국 자회사의 달러로 표시된 재무제표를 한국 모회사의 원화로 전환할 때 평가금액이 달라지는 경우 입을 수 있는 위험을 의미한다.

| 30 | ② |

만기에 계약 원금의 교환 없이, 선물환율과 현물환율 간의 차이만을 미국 달러화로 결제하는 거래이다.

3 무역계약

01 ③
당사자의 국적은 고려하지 않는다.

02 ④
당사자는 CISG의 적용을 배제하거나, 또는 CISG 제12조를 제외하고 CISG의 어느 규정에 관해서는 그 효력을 감퇴시키거나 변경시킬 수 있다.

03 ④
청약의 전 단계(필수는 아님)인 청약의 유인(Invitation to offer)에 대한 설명이다.

04 ①
점검매매(Sales by Inspection)에 관한 설명이다.

05 ②
Net weight(순량, 순중량)조건을 의미한다.

06 ①
원래의 피청약자가 원청약의 조건을 변경해서 송부하는 반대청약(Counter Offer)에 해당하는 내용이다.

07 ②
청약자가 지체없이 구두로 피청약자에게 유효하다는 취지를 통지하는 경우 승낙으로서의 효력이 있다.

08 ②
㉠ Character(인격, 거래성격, 상도덕) : 상대 업체의 개성(Personality), 성실성(Integrity), 평판(Reputation), 영업태도(Business Attitude) 및 채무변제이행의무의 이행열의(Willingness to meet obligation) 등을 조사한다.
㉡ Capacity(거래능력) : 손익계산서(Profit and Loss Statement)상의 사항들을 기준으로 연간매출액(Turnover), 업체의 형태, 회사의 연혁 또는 영업능력(Business Ability), 영업권(goodwill) 등을 알아본다.
㉢ Capital(자본, 대금지불능력) : 재무상태(Financial Status), 즉 수권자본금(Authorized Capital)과 납입자본금(Paid-up Capital), 자기자본과 타인자본의 비율 등 거래상대의 지불능력을 조사한다(대차대조표, 손익계산서 요구하기도 함).
• 기타 : Currency(통화), Country(국가), Condition(거래조건), Collateral(담보능력)

09 ④
① eUCP
② eURC
③ CMI통일규칙(전자식선하증권)

10 ② Rye terms
양륙품질조건을 선택해야 한다.

11 ③
① EXW조건에서는 해당되는 경우, 매수인이 수출통관을 이행한다.
② FAS조건에서는 매수인이 운송계약을 체결한다.
④ DDP 조건에서는 매도인이 수출통관 및 수입통관의 의무가 있다.

12 ③
Incoterms는 1936년 제정이후, 최근에는 약 10년에 한 번씩 개정되며, FOB 조건은 그 중 가장 오랜 기간 사용되어온 조건 중 하나이다.

13 ④
불요식계약의 특성상 매매계약서를 작성할 필요는 없지만, 만약 매매계약서를 작성했다면 사후 분쟁방지를 위하여, 동일한 내용이 기재된 계약서를 당사자가 1통씩 나눠 갖는 것이 바람직하다.

14 ①
외국중재판정의 승인 및 집행에 관한 유엔 협약(뉴욕협약)에 의하여, 외국에서 승인된 중재판정에도 집행이 가능하다.

15 ④
완전합의 조항 [Entire Agreement Clause]에 관한 설명이다.

16 ④
해운동맹은 정기선(Liner)운송에서만 가능하다.

17 ④
FIOS(Free In & Out & Stowage) : 선적, 양하 시 및 창고 보관료 모두 화주가 부담하는 조건이다.

18 ①
항해[항로]용선계약(Voyage[Trip] Charter)에 대한 설명이다.

19 ①
공동계산제(Pooling system) : 각 선사가 일정기간 내에 획득한 운임을 미리 정해진 배분율(pool point)에 따라 동맹선사간에 수익을 배분하는 방법이다.

20 ③
DAP 조건에서 매도인은 해상보험계약을 체결해야하는 의무는 없다. 본인의 위험에 대하여 부보를 결정할 뿐이다.

21 ④
중재합의가 있는 경우, 소송으로 해결 할 수 없다.

22 ②
선하증권은 Shipper와 선사(운송인) 간의 운송계약체결의 증거다.

23 ④
비유통성 증서이기 때문에 배서가 불가능하다.

24 ③
사고부 선하증권(Foul B/L : Dirty B/L : Claused B/L : Unclean B/L)이라고 한다.

25 ①
수송기관의 접점에서 비용을 절감할 수 있다.

26 ③
이종책임체계(복수책임체계, Network Liability System)에 대한 설명이다.

27 ②
Under Insurance(일부보험) 보험가액 > 보험금액

28 ④
해상위험(perils on the sea)에 대한 내용이다. [화재, 강도, 투하, 해적 등]

29 ①
대위 중 잔존물 대위(보험목적물에 대한 대위)에 대한 설명이다.

30 ②
합작투자사업에 있어서는 사업의 기본적인 사항을 약정한 계약의 체결이 무엇보다 중요하다. 왜냐하면 관련 당사자의 이해가 충돌하는 경우가 많기 때문이다.

4 무역영어

01 ③
수익자(수출자)에게 대금지급확약을 해준다.

02 ④
CIF 및 CIP 금액의 110%가 최소부보금액이다.

03 ③
제안된 가격에 대해 경쟁력을 갖기 위해서는 좀 더 낮은 가격이 제시되어야 함을 어필하는 내용이다.

04 ④
Neither the nationality of the parties nor the civil or commercial character of the parties or of the contract is to be taken into consideration in determining the application of CISG.

05 ④
If a party does not have a place of business, reference is to be made to his habitual residence.

06 ①
새로운 회사와 거래를 시작하기 전에, 해당 회사의 신용에 대한 조회를 요청하는 신용조회에 대한 내용이다.

07 ③
대금결제 시 사용되는 환어음(Bill of exchange)에 대한 설명이다.

08 ③
도착지인도 조건인 DAP에 대한 설명이다. 특히 DAP의 경우 도착지에서 운송수단으로부터 양하되지 않은 상태로 매수인에게 인도한다는 내용이 중요하다.

09 ①
매도인 최대의무 조건은 DDP 조건이다. 이에 반해 매도인 최소의무 조건은 EXW이다.

10 ④
당사자 간 계약에 도달하게 된 경위나, 계약의 중요한 부분을 언급하는 설명조항(Whereas clause)에 대한 설명이다.

11 ①
당신의 주문번호 135는 SA TAKE선에 5월 10일 선적 완료 되었으며, 30일 안에 뉴욕에 도착할 것이다.

12 ③
구매한 상품의 하자로 인하여, 경제적 손해뿐만 아니라 평판에 큰 손상을 입고 있으므로, 환불을 요구하고 있다.

13 ①
in our workplace(직장에서), result in(~을 야기하다), compliance with(~을 준수해서)

14 ④
acceptance credit(인수 신용장), the applicant(개설의뢰인)

15 ③
청약내용에 대하여 승낙한다는 의미를 담고 있는 서신으로, 계약서를 송부하여 줄 것을 요구하고 있다.

16 ②
판매가 저조한 상품이라 할지라도, 판매자가 계속해서 품질개선의 노력을 보이고 있으므로 추가 수량을 주문하겠다는 서신이다.

17 ②
UCP600에서 복합운송증권이나 선하증권 등의 운송서류는 서명이 필수적으로 요구된다.

18 ④
운송인이 물품을 수취한 후에 발행하는 선하증권은 수취선하증권(Received Bill of Lading)이다. 본선적재선하증권(On-board Bill of Lading)은 본선에 적재한 이후에 발행하는 선하증권이다.

19 ②
보험료는 해상손해보험계약 체결의 대가로 보험자에게 지급되는 보수이다.

20 ④
물품이 인도된 이후로 12개월 동안 해당 물품의 품질을 보증하겠다는 내용이다.

21 ①
불특정인에게 행하는 제의는 청약이 아닌 청약의 유인이다.

22 ③
현금, 환어음, 신용장 등은 지급수단의 종류이다.

23 ③
화물인도지시서(Delivery order)는 선박회사나 대리인이 선장에 대하여 해당 화물의 인도를 지시하는 증서이다.

24 ①
선적 후 21일이 경과한 다음에 제시되는 선하증권을 기간경과선하증권(Stale B/L)이라고 한다.

25 ①
Collections should not contain bills of exchange payable at a future date with instructions that commercial documents are to be delivered against payment.

26 ④
① Letter Head(서두)
② Inside Address(수신자 주소)
③ Body of Letter(본문)
④ Postscript(추신)

27 ③
상품(Silk shirt)에 대한 문의에 대하여 카탈로그 및 가격표를 송부하는 서신 내용이다.

28 ③
5C's : 정확성(Correctness), 간결성(Conciseness), 명료성(Clearness), 완전성(Completeness) 예의성(Courtesy)

29 ②
송장은 무역계약의 이행과정에서 필요한 서류이다.

30 ①
personality(업체의 개성), integrity(성실성), reputation(평판), attitude toward business(영업태도) 및 의무(특히 채무변제) willingness to meet obligation(이행열의) 등 계약이행에 대한 도의심에 관련된 내용이 주를 이룬다. 신용조회에서의 신뢰도 측정요소 중 가장 중요한 것이다.

[저자소개]

■ 김동엽강사

약력
- 31회 관세사 자격시험 합격 (2014년)
- 前 세인관세법인 근무
- 이패스관세사 무역영어 전임강사
- 이패스코리아 국제무역사 1급, 무역영어, 물류관리사 전임강사
- 3대 시중은행 외환전문역 2종 특강
- 동국대학교 취업(무역 관련) 특강
- 북서부 FTA센터 무역영어 특강 등

2025 이패스 국제무역사1급 합격예감

개정6판 1쇄 인쇄 / 2025년 02월 20일
개정6판 1쇄 발행 / 2025년 02월 27일

지 은 이 김 동 엽
발 행 인 이 재 남
발 행 처 이패스코리아
　　　　 서울시 영등포구 경인로 775 에이스하이테크시티 2동 10층
　　　　 전　　화 1600-0522
　　　　 팩　　스 02-6345-6701
　　　　 홈페이지 www.epasskorea.com
　　　　 이 메 일 edu@epasskorea.com
등 록 번 호 제318-2003-000119호(2003년 10월 15일)

※잘못된 책은 교환해드립니다.